쉽게 배우는
중국경제

EASY - TO - LEARN CHINA ECONOMIES

한재현

박영사

머 리 말

중학교 시절에 한문 수업이 있었다. 연세가 지긋하신 할아버지 선생님이셨는데 한문 글씨를 보고 해주신 칭찬 때문에 저자는 한문을 좋아하게 되었다. 좋아하면 더 알고 싶어지는 것이 인지상정인지라 한문에 대한 관심은 이후 중국의 역사, 문화, 정치, 사회 등 다양한 분야로 확대되었다. 어쩌면 20년 전 직장 생활과 함께 시작한 중국어 공부, 중국금융을 주제로 한 석사·박사 학위 취득, 한국은행 북경사무소 및 현재의 중국경제팀 근무 등이 결국은 중학교 시절의 한문 시간에서 시작되었다고도 할 수 있다.

우리의 이웃 국가, 세계 최고의 인구와 두 번째로 큰 경제규모를 자랑하는 국가, 이미 역사의 뒤안길로 거의 사라진 사회주의국가의 명맥을 여전히 굳건히 유지하고 있는 국가! 바로 중화민주주의인민공화국, 즉 중국이다. 동일한 한자문화권에 속해 있으며 현재의 중국보다 어쩌면 더욱 유교적 사상과 관습에 젖어 있다고 할 수 있는 우리는 과연 얼마나 중국을 잘 알고 있을까? 중국에 대해 그리고 중국인에 대해 알고 있는 상식들이 정말 맞는 것일까? 정작 중국에 대한 우리의 지식은 상당히 단편적이고 왜곡되어 있는 경우가 많다. 특히 일부 책에서 보거나 자신이 겪은 편향된 내용을 마치 중국의 전부인 양 혹은 참모습인 양 착각하는 경우도 종종 생기곤 한다.

이 책은 저자가 한국은행에서 중국경제 관련 업무를 하면서 틈틈이 모아 놓았던 자료와 작성했던 보고서 등을 기초로 쓴 중국경제에 대한 개설서이다. 중국에서의 석사과정 2년 반, 북경사무소 근무 3년, 중국경제팀 근무 7년 반 등의 시간을 한 번 정리해 본다는 의미로 쓴 책이다.

구체적으로 책의 내용구성은 다음과 같다.

우선 1장에서는 중국 경제체제 및 정책운영상의 특징을 서술하였다. 어느 자본주의 국가보다 더 자본주의적인 성격을 보일 때가 있지만 본질적으로는 사회주의 시장경제 시스템을 채택하고 있는 중국 경제체제의 특징을 설명하였다. 또한 독특한 경제체제 및 국가구조에 기인한 중국 경제정책 운영상의 특징을 소개하였다.

2장에서는 중국경제의 개혁개방 진행과정을 개괄하였다. 1978년 12월의 개혁개방정책 선언 이후 40여 년 동안 중국경제가 어떤 과정을 겪어 왔는지, 얼마나 급격한 변화가 발생하였는지를 소개하였다. 특히 중요한 사건이나 제도 변화를 중심으로 서술하였다.

3장에서는 중국의 주요 시장별 현황을 설명하였다. 부동산시장, 주식시장 및 노동시장으로 구분하여 각 시장의 발전과정과 특징을 간략하게 소개하였다. 이들 시장을 분석할 때는 사회주의 시장경제라는 제약으로 인해 발생하게 되는 제약점 등을 특히 유의해야 할 필요가 있다.

4장에서는 중국경제와 관련하여 자주 논의되는 주요 이슈에 대해 설명하였다. 경제성장, 위안화국제화, 환경문제, 소득재분배 문제 등이 그것이다. 이들 문제는 중국경제가 지속가능한 성장을 위해 반드시 해결해야 하는 과제들이라 할 수 있다.

5장은 중국의 주요 경제지표에 대한 해설 부분이다. 중국경제를 분석할 때 자주 이용하는 대표적인 경제지표의 특징, 내용 및 한계 등을 설명하였다. 이들에 대한 이해는 중국경제 동향을 파악하고 조사연구 업무를 수행할 때의 기본이라 할 수 있다.

6장은 중국경제의 미래에 대한 부분이다. Big data, AI 및 클라우드 컴퓨팅 등 미래 신성장산업과 관련된 중국의 준비와 도전을 간략하게 설명하고 있다. 또한 책을 마무리하는 의미로 중국경제의 과제 및 전망 등도 담고 있다.

한편 각 장이 끝날 때마다 중국 역사, 정치 및 문화 등 다양한 주제의 관련 책들을 소개하고 간단한 감상을 적었다. 독자들이 중국의 다채로운 모습을 알아가면서 중국 및 중국경제에 흥미를 느끼게 되길 바란다.

또한 각 장은 본문 내용과 관련된 가벼운 이야기로 시작하여 관심을 유발할 수 있도록 노력하였다. 각 장을 마무리하면서는 잠시 쉬어가는 페이지를 두었다. 여기에서는 우리가 중국 및 중국경제에 대해 흔히 가지는 오해 및 다양한 상식 등을 소개하였다.

이 책이 목표로 하는 독자는 중국경제에 대해 관심이 있거나 공부하고 싶은 관련 전공 대학생 및 일반인들이다. 이미 중국경제론 내지 비슷한 제목의 책들이 시중에 여러 권 나와 있다. 많은 정보를 충실히 전달한다는 점에서 이런 책들은 충분히 훌륭하지만 분량이 너무 방대하고 어렵다는 점은 다소 아쉽게 느낀 부분이었다. 그런 점을 감안하여 이 책을 쓰면서 가장 역점을 둔 부분은 쉽고 재미있되 가급적이면 간략하게 쓰려고 했다는 점이다. 다만 필요한 정보는 빠뜨리지 않으려고 노력했다. 한편 각 장은 독립되어 있으므로 필요한 부분만 발췌하여 읽어도 좋다.

원고를 쓰면서 아직 내공이 많이 부족함을 느꼈다. 중국은 너무 큰 나라이므로 어느 한 지역 혹은 한 부문의 전문가가 될 가능성은 있지만 중국 전문가는 될 수 없다는 말이 있다. 저자 역시 아직 중국 전문가는 물론이거니와 중국경제 전문가라고 하기에도 공부와 경험이 많이 부족한 수준이다. 다만 중국의 역사와 문화에 대해 애정을 가진 한 사람의 연구자로서 중국경제에 대해 쓴 쉬운 개론서 하나 정도를 추가하는 것은 큰 무리가 아니지 않을까 하는 생각에서 이 책을 내놓는다. 부족한 부분은 추후에 수정 보완할 기회가 있을 것이라고 믿는다.

책을 쓰면서 많은 분들의 도움을 받았다. 우선 저자에게 중국에서 공부하고 일할 수 있는 기회를 준 한국은행 선후배님들께 감사드린다. 한국은행은 가장 지적이고 따뜻한 사람들이 모여 있는 직장이라고 감히 자부한다.

또한 책을 낼 수 있는 자리를 마련해 주신 박영사 직원 분들의 노고에도 감사한다. 대학 및 대학원 시절 박영사에서 펴낸 교과서로 공부했던 기억이 있는 저자로서는 첫 책을 이곳에서 펴낼 수 있게 되어 매우 기뻤다.

부모님과 장모님께도 이 자리를 빌려 다시 한번 감사의 말씀을 드린다. 이분들의 기도 덕분에 저자가 지금까지 건강하고 평온하게 살아왔음을 확신한다. 마지막으로 아내 문선에게 고맙고 사랑한다는 말을 하고 싶다. 저자가 그나마 조금이라도 나은 사람이 되기 위해 노력하면서 감사하며 살고 있는 것은 거의 전적으로 아내의 온유하고 평온한 성품과 사랑과 유머 덕분이다.

2020년 1월

한 재 현

차 례

✔ 1장을 시작하며

제1장 중국 경제체제 및 정책운영상의 특징

✔ 2장을 시작하며

제2장 중국경제 개혁개방 진행과정

✔ 3장을 시작하며

제3장　중국의 주요 시장별 현황

✔ 5장을 시작하며

제5장   중국 주요 경제지표 해설

✔ 6장을 시작하며

제6장 중국경제의 미래

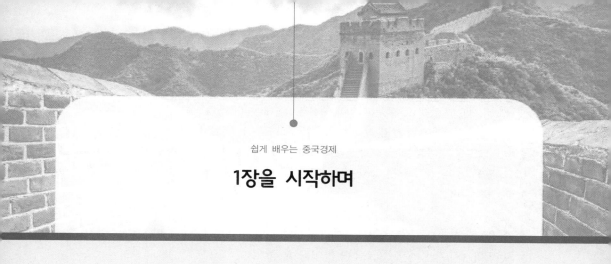

1장을 시작하며

우선 중국 여행객들의 필수코스 중 하나인 만리장성 이야기로 시작해볼까 한다.

중국인들이 자신들의 상징이자 문화적 자부심으로 흔히 내세우는 만리장성은 중국의 대표적인 유네스코(UNESCO) 세계문화유산 중 하나이다.[1] 이는 동쪽 허베이(河北)성에서 서쪽 간쑤(甘肅)성에 이르는 총 길이 약 2,700km~6,300km의 거대한 성벽이다. 춘추시대의 제(齊)를 비롯하여 여러 국가에서 만들었으며 기원전 221년 중국을 통일한 진(秦)의 시황제(BC 259년~BC 210년)가 대규모로 개축하였다. 이후에도 끊임없이 보수 작업을 거쳤다. 처음에 만리장성을 쌓은 이유는 이민족의 침입에 대한 대비 및 국경의 의미였다. 그러나 이후 성격이 변화되어 군사적 의의는 거의 상실하게 되었다. 현재 성벽 높이는 6~9m에 이른다. 마오쩌둥(毛澤東)(1893년~1976년)은 일찍이 '장성에 오르지 않은 자는 사나이가 아니다(不到長城非好漢)'라고 한 바 있다. 또한 덩샤오핑(鄧小平)(1904년~1997년)도 '우리 중국을 사랑한다면 우리의 장성을 잘 가꾸자(我愛中華修我長城)'라고 할 정도로 중국인들의 만리장성에 대한 애정은 특별하다.[2]

이렇게 유명한 만리장성이다 보니 '만리장성은 달에서 보이는 유일한 건축물이다'라는 속설이 생겨나고 퍼지게 되었다. 이 이야기를 들어본 독자들도 꽤 있을 것이다. 많은 사람들이 이를 사실로 알고 있으며 또 매체 등에서 가끔 인용되기도 한다. 하지만 실제로는 아무런 과학적 근거가 없는 거짓말이다. 약 38만km에 이르는 지구와 달과의 거리를 감안할 때 지구상의 건축물 중 달에서 보이는 것이 하나도 없음은 물론이다. 이는 중국인 최초의 우주비행사인 양리웨이(楊利偉)가 2003년 10월 우주비행 성공 이후의 언론 인터뷰에서도 밝힌 내용이다. 우주에서 만리

---

1) 만리장성은 1987년 세계문화유산으로 등재되었다. 중국은 2018년 말 현재 53개의 UNESCO 세계문화유산을 보유하고 있다. 이는 이탈리아(54개)에 이어 두 번째로 많은 수준이다. 그 뒤를 스페인(47개), 프랑스(44개)와 독일(44개)이 잇고 있다. 구체적으로는 문화(cultural)유산 36개, 자연(natural)유산 13개, 문화 및 자연 복합(mixed)유산 4개이다. 한편 우리나라에는 총 13개의 UNESCO 세계문화유산이 있다.
2) 유홍준, 나의 문화유산답사기 중국편 1 돈황과 하서주랑, ㈜ 창비, 2019.4.

장성은 보이지 않더라는 그의 대답은 많은 중국인들을 뜻밖의(?) 실망에 빠뜨리며 그간의 환상을 깬 바 있다. 그럼에도 불구하고 이 속설은 여전히 남아 있다.

이와 비슷하게 우리가 흔히 착각하는 사례의 하나로 들 수 있는 것이 중국의 자금성(紫禁城, 현재 이름은 고궁(古宮))과 우리의 경복궁에 대한 크기 비교이다. 막연하게 생각해 보면 자금성이 최소 10배 이상은 클 것 같지만 그렇지 않다. 자금성(72만m^2)은 경복궁(43만m^2)보다 약 1.7배 클 뿐이다.[3]

중국은 우리와 지리적으로 가장 가까운 나라이다. 또한 비록 요즈음 젊은 세대는 그렇지 않은 것 같아 보이기는 하지만 상당수의 한국인들은 한자에도 익숙하다. 그래서 우리는 착각한다. 우리가 중국을 또한 중국인을 매우 잘 알고 있다고 … 하지만 꼭 그렇지는 않다. 중국음식을 소개하는 한 책[4]에서는 약간은 풍자적으로 '자장면 상식'을 기준으로 한국인의 중국에 대한 이해도를 평가하고 있다. 초보단계는 '중국에는 자장면이 없다', 발전단계는 '중국에도 자장면이 있다', 심화단계는 '중국 본토 자장면은 한국 자장면과 많이 다르다', 심화단계는 '한국 자장면의 원조는 중국 산둥 자장면이다' 등이 그것이다. 음식이라는 한 단면에서 파악한 우리의 중국에 대한 이해도를 상징적으로 잘 나타내는 설명이라고 생각한다.

만리장성이나 자금성과 관련된 오해가 여전히 만연해 있다는 사실은 우리가 중국이라는 나라에 대해 얼마나 잘못 알고 있는지를 상징적으로 보여준다. 국민성이나 국가관, 시공간에 대한 관념 등에서 양국간 차이는 더 말할 것도 없다. 선입견처럼 무서운 것은 없다. 겸허하게 객관적으로 바라보는 열린 자세가 필요한 시대이다. 특히 중국이라는 거대하고 복잡한 나라를 이해할 때에는 항상 염두에 두어야 할 기본 전제라는 생각이 든다. 중국과 관련된 사족을 하나 덧붙인다면 중국의 영문 표기로 흔히 'China'만을 떠올리지만 서양의 많은 문헌에서는 'Middle Kingdom'이라는 표현도 흔히 등장한다는 점이다. 당황하지 않기를 바란다.

여기 1장에서는 중국이 그리고 중국경제가 어떤 점에서 다른 나라와 다른지를 살펴보았다. 우리와 비슷하면서도 다른 중국경제의 특징을 파악하는 것은 중국경제를 제대로 이해하는 첫걸음이라 할 수 있다.

---

3) 폴 로프, 세계사의 맥락에서 중국을 공부하는 법, 도서출판 유유, 2016.
4) 정광호, 음식천국 중국을 맛보다, 매일경제신문사, 2008.

제1장

중국 경제체제 및 정책운영상의 특징

I. 서론

개혁개방 이후 이미 40년이 넘은 중국경제는 거의 완전한 자본주의 경제처럼 보일 때가 많다. 그래서 우리는 때때로 중국이 사회주의 국가라는 것을 잊고는 한다.

그러나 중국경제는 '사회주의 시장경제'라는 독특한 경제시스템하에서 움직이는 경제이다. 따라서 우리가 흔히 생각하는 것과는 다른 특징을 보여줄 때가 종종 있다. 그리고 그 가장 큰 이유는 코즈(R.H.Coase)가 일찍이 지적했듯[5] 중국의 경제모델이 '공산당＋사유재산권'이라는 서로 잘 안 어울리는 두 요소의 결합으로 이루어져 있기 때문이다. 우리가 중국경제를 해석하고 이해할 때 종종 어려움을 겪는 것은 이와 같은 근본적 부조화에 기인한다.

또한 어떤 입장에서 중국경제를 바라보고 해석하느냐에 따라 현재의 현상

---

[5] R.H.Coase & N.Wang, How China Became Capitalist, Palgrave Macmillan, 2012.

과 미래의 모습에 대한 판단과 전망은 각기 다르기 마련이다. 중국경제의 지속 가능한 성장 여부에 대해 중국 내외부에 여러 가지 다른 시각이 존재하는 것은 이러한 입장 차이에 근거한다. 미국 및 유럽을 중심으로 외부에서는 중국경제 시스템의 폐쇄성과 투명성 부족 등을 근거로 부정적인 시각이 많다. 반면, 중국 내부에서는 정책당국의 통제가능성 및 그동안의 성과에 대한 자신감 등을 들어 긍정적으로 보는 경향이 많다. 이러한 시각차는 본질적으로 사회주의 시장 경제시스템인 중국경제에 대한 이해 및 가치관의 차이에 상당부분 기인하는 것으로 추정할 수 있다. 우리가 중국경제 상황을 보다 정확히 파악하고 이해하기 위해 중국경제체제 및 정책운영상의 특징을 살펴볼 필요가 여기에 있다.

중국경제를 이해하고 해석하기 위해서는 다음의 세 가지 구조적 특징 내지 제약사항을 우선 염두에 두어야 한다고 생각한다.

첫 번째로, 중국의 경제시스템이 사회주의 시장경제를 채택하고 있다는 점이다. 이는 민간보다 국유, 시장보다 정책이 중시되는 경우가 많다는 사실을 감안해야 한다는 의미이다.

두 번째로, 당(黨) 중심의 정책결정이 이루어진다는 점이다. 이는 당의 정치적 성격과 추구 방향이 모든 정책결정의 최우선 고려사항이라는 의미이다. 경제정책의 경우에도 경제적 요인 이외에 정치적 및 사회적 요인 등이 강하게 고려된다. 이는 경제적 효율성이 정치적 정당성에 희생되는 경우가 발생할 수 있다는 뜻이기도 하다. 또한 정책시행 측면에서의 특징이 있다. 결정된 정책은 우선 일정 지역이나 시기를 대상으로 시범실시를 한 이후에 비로소 전면적으로 실시되는 경우가 빈번하여 시간이 많이 소요될 수 있다는 점이 대표적이다.

마지막으로, 경제분석의 기본 전제조건인 정보 및 통계의 공개가 미흡하고 통계의 품질이 낮은 경우가 많다는 점이다. 중국 통계의 조작논란이 발생하는 배경이기도 하다. 중국경제를 해석할 때 이와 같은 한계를 감안하여 신중한 접근이 필요하다는 의미이다.

결국 중국경제의 주요 이슈를 분석하고 전망할 때는 해석의 기본 전제가 되는 구조적 특징 및 제약 사항에 대한 이해가 선행되어야 한다. 즉, 민간보다 국유, 시장보다 정책이 중요시된다는 점 및 당(黨) 중심의 집단의사결정 시스템이 초래하는 장단점 등에 대한 이해가 필요하다. 또한 정보공개의 제한성에 대한 인식과 함께 통계자료의 해석에도 신중을 기할 필요가 있다. 이러한 점들을 감안하지 않는다면 중국 및 중국경제에 대해 그릇된 판단이나 해석을 내리기 쉽다. 우리나라를 비롯해 일반적인 자본주의 국가의 시장경제시스템 틀을 이용해 중국경제를 분석할 때 오류를 범하기 쉬운 이유이다.

Ⅱ. 사회주의 시장경제

중국은 사회주의 국가라고 하지만 실질적으로는 자본주의 국가가 아닐까?[6] 중국경제를 파악하고 분석하는데 우리가 흔히 사용하는 기준과 판단 근거를 적용할 수 있을까? 이에 답하기 위해서는 우선 중국의 경제체제인 '사회주의 시장경제'의 본질을 파악할 필요가 있다.

1978년 12월 덩샤오핑의 개혁개방정책 이후 중국경제는 자본주의의 다양한 요소를 도입하며 변화를 거듭해 왔다. 그럼에도 불구하고 사회주의 시장경제라는 경제시스템의 본질은 불변이라고 할 수 있다.[7] 사회주의 시장경제란 생산력의 발달이 미약한 초기 사회주의 단계에서 자본주의의 요소인 시장경제를 도입하여 경제성장을 추구한다는 취지로 창안된 개념이다. 한마디로 말해 사회주의와는 본질상 양립할 수 없는 자본주의 요소를 도입하여 경제개발을 하겠다는 것이다. 형식보다는 실질을 중시한 덩샤오핑의 '실사구시(實事求是)'정신이 잘 드러난 이론구조라 할 수 있다. 한편 일부에서는 이 개념이 사회주의와 자본주의의 요소 이외에 민족주의를 포함하고 있으며 유가 및 법가의 가치관도 혼재되어 있는 다층적인 의미를 지닌다는 지적을 하고 있다.[8]

중국에서 '사회주의 시장경제'는 공산당 및 정부가 중심이 되어[9] 중상주의

6) 세계 3대 상인의 하나로 꼽힐 정도로 고대부터 장사 수완이 탁월했던 중국인들이 1949년 현대 중국을 설립하면서 채택한 제도가 민주주의인민공화국 즉, 사회주의였다는 사실은 역사의 아이러니이다.
7) 중국의 개혁개방정책은 통상 1978년 12월의 제11차 공산당대표대회에서 덩샤오핑 등 당의 지도부가 개혁개방 사상을 발표하면서 시작된 것으로 간주된다. 다만 사회주의 시장경제라는 용어는 1992년 10월의 제14차 중국공산당대표대회에 이르러서야 정식으로 채택되었다.
8) 로스 테릴, 새로운 제국 중국, 나남출판, 2005.
9) 이를 중국에서는 공산당이 영도(領導)한다고 표현한다.

(重商主義, mercantilism)를 통해 성장을 추구하는 방식으로 진행되었다. 구체적으로 중국 정부는 경제성장을 견인하는 방법으로 수출과 대규모 투자를 선택하였다. 한편 당시 자본이 부족한 상황에서 투자를 위한 자본의 공급을 위해서는 다국적기업 및 해외자본의 유치가 필수적이었다. 이들을 유치하기 위해 중국 정부는 저렴한 노동력과 낮은 기준의 환경규제를 유지하였다. 또한 거액의 은행대출을 국유기업에 집중하는 동시에 환율의 실질적 페그제 유지를 통해 수출기업을 지원하는 정책을 동시에 실시하였다. 이와 같은 중국의 성장방식을 과거에는 베이징 컨센서스(Beijing Consensus)라고 표현하였다. 이는 시장원리 확대 및 탈규제 등을 주요 내용으로 하는 워싱턴 컨센서스(Washington Consensus)에 대치되는 개념으로 해석되기도 하였다. 그러나 이 개념 자체에 이론적 허점이 많은 데다 워싱턴의 대척점에 베이징이 서 있는 듯한 모양새로 비쳐 서방세계의 경계를 초래한다는 우려로 인해 요즈음에는 거의 사용되지 않는다.

중국은 사회주의 국가이다. 그러나 동시에 강조하는 것이 중국 특색의 사회주의이다. 이는 정치·경제·사회·문화 등의 다양한 부문에서 중국만의 독특한 사회주의 시스템을 유지하고 있다는 의미이다. 결국 사회주의 시장경제란 중국의 사회주의가 경제부문에서 어떻게 변용되어 운영되는지를 보여주는 개념이라 할 수 있다.

이와 같은 배경하에 중국경제는 민영기업보다는 국유기업이, 시장보다는 정부정책이 경제성장 및 경제시스템 변화의 더 중요한 동인(動因)으로 작용하고 있다. 이는 국유기업이 주요 기간산업을 지배하는 동시에 경제적 자원의 점유 및 사회적 영향력 등에서 절대적인 영향력을 발휘하고 있다는 의미이다. 또한 시장의 역할 확대에도 불구하고 아직은 정부정책이 경제활동에 더 큰 영향을 주는 구조라는 의미이기도 하다. 토지의 국유 및 공공부문의 주도적 역할이 강조된 경제성장 전략 등도 동일한 배경하에서 나온 현상이라 할 수 있다.

1. 민영 부문을 압도하는 국유 부문

중국의 국유기업은 그동안 중국경제의 중추를 구성해 왔다. 인프라 부문에서 핵심적인 역할을 담당해 온 데다 정부의 지원과 보호를 바탕으로 저가의 토지이용, 은행대출 활용 가능성 등에서 우월한 입지를 구축할 수 있었기 때문이다. 이는 공유제를 기본으로 출발한 중국경제의 필연적인 귀결이었다고 할 수 있다.

다만, 개혁개방정책 이후 국유기업의 역할과 구조는 여러 단계의 변화과정을 거쳐 왔다. 우선 1993년에는 헌법 개정을 통해 국영(國營)기업이란 명칭을 국유(國有)기업(SOEs: State Owned Enterprises)으로 대체하면서 소유와 경영의 분리를 강조하였다. 또한 1997년에는 국유기업을 공유제 지배의 주식회사로 전환하기 위해 국유기업의 재산권 거래를 전면적으로 허용하는 조치를 취하기도 하였다.

한편 중국경제의 규모가 확대되면서 민영기업의 수가 폭발적으로 확대되어 기업의 수나 취업인구 등에서는 민영기업이 국유기업을 크게 추월하게 되었다. 이렇게 변화한 민영기업의 위상과 중요성을 강조하는 수사(rhetoric)적 표현으로 최근 중국 정부가 자주 사용하는 표현이 소위 '민영기업 역할의 56789'이다. 즉, 민영기업은 조세수입의 50%, GDP의 60%, 혁신의 70%, 고용의 80%, 기업수의 90%를 담당하고 있다는 것이다.

다만 그럼에도 불구하고 중국경제에서 국유기업의 규모나 국민경제에서의 비중 및 중요성 등은 여전히 무시할 수 없는 수준이다. 현재 중국 정부는 산업을 크게 핵심(key), 기초(pillar), 일반(normal) 산업 등 세 가지로 구분하여 각각 다른 규제를 취하고 있다. 그 중 핵심(key)산업으로 분류된 통신, 철도, 석유·가스, 석탄, 운수, 항공 및 국방 산업 등의 경우 2018년 기준 국유기업이 총 매출의 85.5%를 차지할 정도로 그 비중은 절대적이다.[10]

(1) 국유기업의 위상

① 500대 기업 중 비중 기준

중국기업연합회가 매년 매출액을 기준으로 발표하는 중국 500대 기업 명단을 보면 민영기업은 2019년 기준 235개로 47.0%를 차지하고 있다. 여전히 국유기업 비중이 더 높은 상황임을 알 수 있다.[11]

---

10) D.H.Rosen, W.Leutert and S.Guo, Missing Link : Corporate Governance in China's State Sector, An Asia Society Special Report, 2018.11.

중국 500대 기업 중 국유기업과 민영기업 수 및 비중 변화

	2010	2012	2014	2016	2018	2019
국유기업(개)	325	310	300	295	263	265
(비중, %)	(65.0)	(62.0)	(60.0)	(59.0)	(52.6)	(53.0)
민영기업(개)	175	190	200	205	237	235
(비중, %)	(35.0)	(38.0)	(40.0)	(41.0)	(47.4)	(47.0)

자료: 중국기업연합회

더구나 규모를 고려할 경우 국유기업의 절대적인 비중은 더 심화된다. 매출액 상위 10대 기업은 모두 국유기업이다. 민영기업 중 가장 규모가 큰 화웨이의 2018년 매출액은 7,212억 위안으로 전체 순위는 15위에 불과하였다. 화웨이의 매출 규모는 국유기업 1위이자 전체기업 1위인 중국석화(中國石化, Sinopec)의 약 1/4 정도에 그치는 수준이다.[12]

중국의 대표적인 국유기업과 민영기업(2018년 매출액 기준, 억 위안)

국유기업			민영기업		
순위	기업	매출액	순위	기업	매출액
1	중국석화(中國石化)	27,428	15	화웨이(華爲)	7,212
2	중국석유(中國石油)	25,994	19	수닝(蘇寧)	6,025
3	국가전력망(國家電網)	25,603	29	정웨이(正威)	5,051
4	중국건축(中國建築)	11,993	34	헝다(恒大)	4,662
5	공상은행(工商銀行)	11,664	44	비꾸이(碧桂)	3,791

자료: 중국기업연합회

---

11) 특히 2018년을 정점으로 2019년 민영기업 비중은 최초로 감소하였는데 이는 국유기업 합병 등으로 국유기업의 규모가 더 커지고 있음을 반영하는 것으로 추정된다.
12) 화웨이의 2018년 매출액을 달러로 환산하면 1,052억 달러로 삼성전자(2,215억 달러)의 약 1/2 수준이다.

② 제조업 수 및 비중 기준

2017년 제조업[13) 기준 전체 법인 364.9만개 중 국유기업은 5.5만개로[14) 전체의 1.5%에 지나지 않는다. 그러나 총자산은 42.5조 위안으로 전체의 37.9%를 차지하고 있다.[15) 특히 주요 자원의 개발과 이용 등 국가안보 및 국민경제적 목적 등과 관련된 업종에서의 비중은 절대적이다.

국유기업 비중이 높은 대표적 업종과 비중(2017년 기준)

업종	총자산 중 비중(%)	총매출 중 비중(%)
석유천연가스채굴	94.7	83.9
석탄채굴	76.0	64.4
석유가공	50.5	55.3
전력생산공급	87.3	91.5
수력생산공급	81.9	67.9

자료: 중국국가통계국

③ 규모 및 수익성 등 기준

2018년 말 기준 24.2만 개로 전체 기업수의 1.3%에 불과한 중국의 국유기업은 자산총액이 178.7조 위안으로 GDP(91.9조 위안)의 약 두 배 수준이다. 특히 매출 및 순이익에 비해 자산총액이 최근 5년간 급증하면서 국유기업의 외형적 규모는 더욱 확장되고 있는 것으로 나타났다.

한편 2018년 국유기업 월평균임금은 6,864위안으로 민영기업(4,546위안)의 1.5배 수준이었다.[16) 대졸자들의 취업 선호도에서도 국유기업 내지 외자기업은 민영기업을 압도한다. 대졸자 중 민영기업 취업자는 2018년 기준 54%에 그치고 있다.[17)

---

13) 엄밀하게는 일정 규모(연간매출 2,000만 위안) 이상의 공업기업이다. 공업기업에는 제조업, 채광(採鑛)업, 전력·천연가스·수력 등 공급업이 포함되며 이 중 제조업이 약 90%의 비중을 차지한다.
14) 민영기업 285.9만개 및 외자기업 13.1만개 등이다.
15) 다만, 이는 2012년의 40.6%(31.2조 위안)를 감안할 때 점차 감소하는 추세이기는 하다.
16) 중국국가통계국(2019.5.14).
17) 麥可思, 2019年中國大學生就業報告, 2019.6.

중국의 국유기업 현황(조 위안)

	2013	2014	2015	2016	2017	2018
자산총액	91.1	102.1	119.2	131.7	151.7	178.7
(배, GDP 대비)	1.5	1.6	1.7	1.8	1.8	1.9
매출액	46.5	48.1	45.5	45.9	52.2	58.8
순이익	2.4	2.5	2.3	2.3	2.9	3.4

자료: 중국재정부

④ 상장사 기준

2018년 말 기준 상하이 및 션전 증시에 상장된 기업은 총 3,597개이며 이중 국유기업은 1,045개로 전체 상장기업의 29.1%를 차지한다.[18] 국유기업 상장사는 주식시장 총시가의 약 40%, 총수익의 약 50%를 차지한다.[19] 특히 상하이 주식시장의 경우 시가총액 상위 10대 기업이 모두 국유기업(7개) 내지 국유기업이 지배주주인 기업(3개)들로 이들 10대 기업은 전체 시가총액의 27.7%를 점하고 있다.[20]

(2) 국유기업의 분류

중국의 국유기업은 관리주체에 따라 크게 중앙기업과 지방기업으로 구분된다. 이 중 특히 중앙정부가 관리하는 중앙기업이 국유기업의 핵심이다. 중앙기업은 다시 포괄범위에 따라 다음 세 가지의 경우를 모두 지칭할 수 있다.

① 국무원 산하 '국유자산감독관리위원회(국자위, 國資委)'가 직접 관리하는 기업이다. 석유 및 천연가스 등 에너지, 전력, 석유화학, 통신 등 주로 공공재 성격을 지닌 재화와 서비스를 제공하는 기업들이다. 협의의 국유기업으로 흔히 중앙기업(央企)이라 하면 이들을 지칭한다. 2003년 국자위 설립 당시 196개에 달했던 중앙기업 수는 이후 인수합병 등을 거쳐 2019년 11월 현재 95개로 축소

---

18) 2017년 말 기준으로는 총 상장사 3,522개 중 국유기업이 1,004개로 비중은 28.5%였다.
19) D.H.Rosen 등(2018).
20) 2019.7.29 현재.

되었다. 2018년 포춘 500대 기업에 포함된 중국기업 103개 중 48개가 이들 중앙기업이었다.[21] 이들 중앙기업은 2018년 상장사 전체 매출액의 49.1%를 차지할 정도로 절대적 비중을 차지하고 있다.

② 중국인민은행, 중국은행보험감독관리위원회 및 중국증권감독관리위원회가 관리하는 금융기업을 의미한다. 5대 국유상업은행이 대표적이다. 5대 국유상업은행 이외에 중국 정부는 전체 상업은행 지분의 약 70%를 소유하여 사실상 은행자산의 95%를 통제하고 있는 것으로 추정되고 있다.[22] 이는 중국 정부가 금융산업을 기간산업으로 간주하고 있으며 자본시장이 아직 완전하게 개방되어 있지 않은 상황과 관련이 깊다. 다만 2018년 이후 자본시장 개방이 빠르게 진행되고 있어[23] 국유 금융기업들의 영향력은 점차 감소할 것으로 전망된다.

③ 국무원의 여타 부문에서 관리하는 담배, 황금, 철도, 비행기, 방송, 출판 등의 업무와 관련된 기업들이다. 이 부문은 공공성이 상대적으로 낮아 다른 나라의 경우 국유기업이 아니거나 혹은 국유·민영기업이 경쟁하는 경우가 많다.

(3) 국유기업의 경쟁력

중국의 국유기업들은 그 규모와 시장지배력에도 불구하고 국제경쟁력은 부족하다는 비판을 많이 받는다. 이들은 자국 시장에서 정부의 보호와 독점적 지위를 이용해 성장한 것에 불과하기 때문이라는 것이다. 특히 규모에 비해 브랜드 가치나 수익창출 능력 등에서 크게 미흡하다는 평가가 많다. 2018년 국유기업의 총자산수익률(ROA)은 4.4% 수준에 불과하여[24] 민영기업(9.0%)에 비해 크게 낮은 수준이다.

---

21) 중앙기업 이외에 지방국유기업이 24개, 재정부가 출자하여 지배하는 기업이 11개로 전체 (103개)의 80.6%인 83개 기업이 국유기업이었다.
22) 은행 종류별 국유지분은 5대 대형상업은행 70%, 주식제상업은행 57%, 도시상업은행 44%, 농촌상업은행 17% 등이다.(중국은행보험감독관리위원회, 2019.5.2., The Economist, Special Report: Finance in China, 2016.5.7)
23) 2018년 8월 은행에 대한 외국인 지분보유 제한이 폐지되었다. 또한 증권 및 생명보험사 등에 대한 지분보유 제한도 2020년까지 폐지될 예정이다.
24) D.H.Rosen 등(2018). 이는 2019년 9월 현재 자금차입 원가라 할 수 있는 은행 가중평균 대출금리(5.6% 내외)에도 크게 못 미치는 수준이다.

중국의 기업들은 2018년 시가총액 기준 글로벌 100대 기업 중 12개가 포함될 정도로 외형적으로는 성장하였다.[25] 이에는 알리바바, 텐센트 등의 민영기업뿐만 아니라 공상은행, 페트로차이나 등의 국유기업들도 포함되어 있다. 그러나 글로벌 브랜드 가치 기준으로는 100대 기업에 포함된 중국기업은 화웨이와 레노보 등 민영기업 단 2개에 불과할 정도로 아직은 취약한 실정이다.[26] 국유기업은 하나도 없다.

이처럼 국유기업의 경쟁력이 낮은 것은 근본적으로 공산당이 국유기업의 관리층에 대한 임면권을 가지며, 승진 여부 등이 경영활동과는 상관없이 당에 대한 충성도에 따라 결정되기 때문이다. 따라서 국유기업 경영진들은 원가 및 경쟁의식이 희박할 수밖에 없다. 실질적으로 국유기업 관리층은 고위 당정 간부층과 겹친다. 중요 국유기업 관리층에게는 당·정·군 주요 간부들과 마찬가지로 붉은 기계(red machine, 紅機)가 지급되는 것으로 알려져 있다.[27] 여기에서 붉은 기계란 중국 전역 고위 간부들을 연결하는 붉은 색 전화기로 공산당에서 관리하는 직통 핫라인을 말한다. 국유기업으로서는 경영실적보다 당의 정책목적 실현이나 지침 준수가 훨씬 중요할 수밖에 없다. 한편 2008년 10월부터는 국유기업의 손실발생시 임직원에게 책임을 추궁하는 제도[28]를 실시하고 있으나 거의 유명무실한 상황이다.

(4) 국유기업 개혁 전망

그동안 중국의 국유기업은 경제성장 과정에서 중요한 역할을 하였음에도 불구하고 방만한 관리 및 낮은 효율성 등으로 개혁의 필요성이 지속적으로 제기되어 왔다. 2003년 4월 국무원 직속으로 '국유자산감독관리위원회'를 신설하여 그간 여러 부처에 분산되어 있던 관리감독 기능을 일원화하고 국유자산 관

---

25) The 100 largest companies in the world by market value in 2018(Statista). 시가총액 최고의 중국기업인 알리바바(전체 6위, 4,994억 달러)의 시가총액은 글로벌 1위 기업인 애플(9,269억 달러)의 절반 수준에 이를 정도이다.

26) Best Global Brands 2018 Rankings(Interbrand). 브랜드 가치 기준 중국 최고 기업인 화웨이(68위, 76억 달러)의 브랜드 가치는 글로벌 1위 기업인 애플(2,145억 달러)의 3.5%에 불과하다.

27) 리처드 맥그레거, 중국 공산당의 비밀, 파이카, 2012.

28) 급여 및 상여금 축소 등의 경제적 제재, 경고 및 강등 등 행정처분, 일정 기간 재취업 금지와 같은 제한조치 등이 있다.

리의 효율화 및 국유기업 개혁의 가속화를 도모한 것이 대표적인 노력 중 하나이다.[29] 특히 중국 정부가 그동안 지지부진하던 국유기업 개혁 문제를 최근 다시 한 번 재강조하며 관련 정책을 발표하고 있는 것도 이 문제가 중국경제의 재도약과 효율성 증진을 위한 필수불가결한 과제임을 인식한 결과라 할 수 있다.

국유기업 개혁을 위해 우선 필요한 것으로 꼽히는 것은 부채감축이다. 중국의 기업부채 비율은 2018년 말 현재 명목 GDP대비 151.6%(BIS)에 이르는 상황이다. 문제는 총 기업부채의 65~70%가 국유기업 부채인 것으로 추정된다는 점이다.[30] 중국 정부는 부채감축을 위해 부채비율 관리제도 구축, 기업부채 감소를 위한 다원화 시스템 구축, 출자전환(debt to equity swap)[31] 조치 등을 적극적으로 추진하고 있다. 또한 부채비율 상승 기업에 대한 책임 추궁, 산업구조 전환을 통한 한계기업 처리, 신산업 및 신성장 동력 발굴 등도 모두 이와 관련된다. 2018년 9월에는, 2020년 말까지 국유기업들의 평균 자산부채비율을 2017년 말 수준(65.7%)보다 2%p 낮추기 위한 부채감축 방안이 발표되기도 하였다.[32]. 2019년 9월말 현재 국유기업 자산부채비율이 64.4%까지 하락하였으니 아직까지는 계획대로 진행 중인 셈이다.

두 번째는 유사 국유기업 합병 및 혼합소유제로의 개혁이다. 2015년 9월 국무원은 영리 목적의 국유기업을 2020년까지 민간자본 투입을 허용하는 혼합소유제 기업으로 개혁할 것임을 발표하고 이를 지속적으로 추진하고 있다.[33] 또한 2016년 9월에는 초상국(招商局), 중국석화(中國石油化工) 등 10개 정부부처와 국유기업이 초기자본금 1,310억 위안을 투자하여 국유기업 구조조정을 전담할 '국유기업 구조조정기금 주식회사'를 설립하였다. 이는 국유기업 발전 촉진, 인수합병 지원 등의 기능을 담당하는 회사로 2026년까지 10년간 활동할 계획이다.

---

29) 한편 2006년에는 국유기업 비유통주를 내·외국인에게 양도할 수 있도록 허용하는 조치를 취하였다.
30) Goldman Sachs 및 중국사회과학원 추정치이다.
31) 은행의 국유기업 대출을 출자주식으로 전환하는 조치를 말한다.
32) 「국유기업의 부채 억제 강화에 대한 지도의견」(국무원, 2018. 9. 13)
33) 「국유기업 혼합소유제 발전에 대한 방안」(국무원, 2015. 9. 23)

이밖에 이사회 권한 보장, 국유기업의 정보공개 확대 등도 국유기업 개혁과 관련된 조치들이라 할 수 있다.[34]

다만 이와 같은 일련의 개혁조치들에도 불구하고 중국의 경제시스템이 '사회주의 시장경제'를 채택하고 있는 한 본질적 한계가 있을 수밖에 없다. 국유기업의 권한과 비중 약화는 당 및 정부의 영향력 축소와 통제권 상실을 의미하며 이는 중국경제시스템의 근간을 뒤흔드는 일로 정치적으로 매우 민감한 문제이기 때문이다. 사실 '국유' 자체가 국유기업 문제의 근원이라 할 수 있는데 중국 정부는 국유기업을 경제의 근간으로 삼아 발전시키겠다는 입장이므로 국유기업 개혁과 모순되는 상황이다. 또한 민간자본의 참여 확대는 민간부문의 효율성을 국유기업에 이식하는 효과를 도모하기 위한 것이지만 국유자본의 지배범위를 확대시켜 오히려 국유기업의 주도적 지위를 강화시키는 결과를 초래할 수도 있다. 한편 국유기업 개혁과정에서 대량의 실업이 발생할 수 있어[35] 특히 지방정부가 소극적으로 행동할 가능성이 높다는 점도 개혁의 실천과정에서 어려운 부분 중 하나이다.

결국 국유기업 개혁은 정부의 통제력 유지와 국유자산 처분시의 손해 금지라는 현재의 대 전제를 변경하지 않는 한 쉽지 않은 과제이다. 이러한 점에서 국유부문이 투자 등을 주도하면서 민간부문은 위축되는 현상을 의미하는 소위 '국진민퇴(國進民退)' 현상은 당분간 지속될 것으로 예상된다. 현재의 시진핑(1953년~) 국가주석 하의 중국 정부가 국유기업에 대한 공산당의 지배와 역할을 더욱 제도화하는 방향으로 가고 있다는 점도 이러한 예상의 근거이다. 2019년 중에도 중국 정부는 이사회 상정 중요 안건을 당위원회가 먼저 심의하도록 하는 절차를 기업 정관 등에서 법제화하도록 하는 조치를 시행하였다. 기업에 대한 당의 장악력을 높이기 위한 노력이 지속되고 있다는 의미이다.

---

34) 「국유기업 10대 개혁조치안」(국무원 국유기업개혁 테스크포스, 2016. 2. 25) 등.
35) 1993년~2003년의 국유기업 개혁 및 구조조정 과정에서 퇴출된 노동자만 2,818만 명에 이른다.(배리 노턴, 중국경제-시장으로의 이행과 성장-, 서울경제경영, 2011.1)

2. 시장보다 우위에 있는 정부(정책)

'사회주의 시장경제'를 채택하고 있는 중국경제는 개혁개방 이후 자본주의적 요소 도입을 통해 시장의 효율성을 높이는 정책을 꾸준하게 추진해 왔다. 이는 소위 '보이지 않는 손'에 의한 자원배분의 효율성을 높이기 위해 노력해 왔다는 의미이다. 그러나 정부의 역할을 축소하고 시장의 자원배분 기능을 확대한다는 중국 정부의 천명에도 불구하고 실제 그렇게 되고 있는지에 대해서는 여전히 의구심이 많은 상황이다.

(1) 주식시장의 경우

자본주의제도의 정점 중 하나라 할 수 있는 주식시장의 경우에 이와 같은 의구심은 극명하게 나타나고 있다. 중국의 주식시장은 소위 '정부정책이 강하게 주도하는(policy driven) 시장'이다. 이는 정부의 정책기조 및 조치들이 주식시장의 흐름을 가늠하는 주요 동인으로 작용해 왔다는 의미이다. 즉, 중국 주식시장의 변동은 개별 기업이나 시장의 펀더멘털 변화보다는 정부의 정책변화에 대한 반응을 통해 오히려 더 잘 설명되는 경우가 많다고 할 수 있다. 중국 주식시장에서 개별 기업의 주식가격이 여타 국가보다 더 집단적으로 움직이는 경향이 있다는 지적36)은 이와 같은 상황을 잘 보여주는 것이다.

이러한 측면에서 보면 주요 경제지표인 GDP성장률이 양호하지 않게 발표되었을 경우 주가에 별 영향이 없거나 오히려 상승하는 경우가 나타나는 것도 설명이 된다. 경기부진에 대응하기 위한 정부정책이 시행될 것이라는 시장의 기대감이 반영된 것으로 해석이 가능하기 때문이다. 2010년 이후 분기 성장률이 전분기보다 0.5%p 이상 하락했던 여섯 차례의 경우 성장률 발표 당일의 상하이 종합주가지수를 보면 이같은 특징이 잘 나타난다. 주가지수 하락 폭이 미미했으며 두 차례의 경우는 오히려 상승 내지 보합세를 나타냈다.

---

36) Morck, Randall, Bernard Yeung, and Wayne Yu, The Information content of stock markets : Why do emerging markets have synchronous stock price movements?, Journal of Financial Economics, 2000.

경제성장률 하락 발표일 전후의 상하이 종합주가지수 비교[1]

	성장률 하락 폭(%p)	발표 전일 주가	발표일 주가	상승/하락 폭(%)
2010.2/4분기	1.5	2470.44	2424.30	하락(−1.9)
2010.3/4분기	0.8	3003.95	2983.53	하락(−0.7)
2011.3/4분기	0.5	2440.40	2383.49	하락(−2.3)
2011.4/4분기	0.7	2206.19	2298.38	상승(4.2)
2012.1/4분기	0.7	2350.86	2339.16	하락(−0.5)
2012.2/4분기	0.5	2185.49	2185.90	상승·보합(0.0)

주: 1) 2010년 이후 전분기 대비 성장률 하락 폭이 0.5%p 이상이었던 시기 대상

특히 2016년 초의 주식시장 급락[37] 사태는 정부 정책의 영향을 크게 받는 중국 주식시장의 취약성을 그대로 보여주었다는 평가가 많다. 당시 주식시장 급락의 주요 원인 중 하나는 1월 8일로 예정되었던 '대주주매각금지 해제'정책이었다는 지적이 많다. 즉, 2015년 7월의 주가 폭락시[38] 증시안정을 위해 중국 정부가 취했던 '향후 6개월간 대주주(5%이상의 지분) 지분매각 금지' 조치의 해제일이 2016년 1월 8일이었던 바, 지분매각 폭증에 대한 우려로 주식시장이 급락하게 되었다는 설명이다.

한편 점진적으로 진행 중인 적격외국인기관투자가(QFII: Qualified Foreign Institutional Investors)[39]의 투자한도 증액 조치[40]도 정책을 통한 증시부양의 성격을 지닌다고 할 수 있다. 이 조치는 1차적으로는 자본시장 개방의 확대라는 목적이 있지만 동시에 해외기관을 포함한 기관투자가의 비중을 높여 증시 변동성을 축소하기 위한 목적도 있는 것으로 해석된다.

---

37) 상하이 종합주가지수는 2015년 12월 말 3,539.2에서 2016년 1월 말 2,737.6으로 22.6% 급락한 바 있다.
38) 상하이 종합주가지수는 2015년 6월 말 4,277.2에서 7월 말 3,663.7로 급락하였다.
39) 중국 자본시장에 투자할 수 있는 승인을 얻은 외국인기관투자가를 의미하며, 2002년 초기 한도 100억 달러로 최초 외국인 증권투자가 허용되었다.
40) 투자한도는 2002년 100억 달러 → 2007년 300억 달러 → 2012년 800억 달러 → 2013년 1,500억 달러 → 2019년 3,000억 달러로 증액되었다. 한편 이 투자한도는 2019년 9월 금융시장 개방확대 조치의 일환으로 완전 폐지되었다.

(2) 가격통제의 경우

각종 공공요금 이외에 주요 생필품 가격이나 유류 등에 대한 가격통제 정책이 여전히 시행중인 점도 중국경제의 자원배분이 경제적 논리 이외의 영향을 많이 받는다는 점을 시사한다. 물론 가격규제 정책은 정도의 차이가 있되 어느 국가에나 존재한다고 할 수 있지만 중국의 경우 그 범위가 광범위하고 구체적이라는 특징이 있다.

예를 들어 중국의 국내 유가는 국제유가 변화를 기초로 유통마진 등을 고려하여 중앙부처인 국가발전개혁위원회가 정하고 있다. 현재는 상하한선(배럴당 상한 130달러, 하한 40달러)을 두고 이 한도 내에서 결정하는 방식을 채택하고 있다. 또한 버스요금 등의 원가 이하 유지를 위해 관련 기업에 막대한 재정지원을 통해 적자를 보전해 주는 사례[41]도 다수이다.

중앙정부가 직접 가격을 결정하는 주요 품목(2016년 이후)

품목	내용
천연가스	각 省 천연가스 가격
수도	각 省 수돗물 가격
전력	각 省 전기 가격
특수약품	마취약 등 특수약품, 혈액 등의 가격
교통운수	여객 및 화물 철도운임, 항공료, 항구이용료 등
우정업무	우편, 전신환 등 가격
기타	은행카드 및 서비스 수수료 등

자료: 국가발전개혁위원회

결국 중국은 아직 효율성을 위한 시장 논리보다는 고용안정, 소수민족 우대, 공익을 위한 사익의 희생 등 정치·사회적 논리에 의해 경제정책이 채택되

41) 베이징의 버스 및 지하철 요금은 3위안 내외로 택시 기본요금의 약 1/6에 불과하다. 현재 매년 베이징시 정부는 약 200억 위안 내외의 보조금을 관련 업체에 지급하는 것으로 알려져 있다.

고 실시되는 경향이 높다고 할 수 있다. 물가정책의 경우에도 예외는 아니다. 특히 1989년 천안문 사태의 원인 중 하나가 물가 앙등[42]에 따른 민심 동요였다는 판단을 하고 있는 중국 정부로서는 물가에 매우 민감하다고 할 수 있다. 현재의 시진핑 정부는 집권 초기 소위 '양수론(兩手論)'을 통해 시장(보이지 않는 손)과 정부(보이는 손) 역할의 결합을 강조하였다. 그러나 점차 후자를 더 중시하는 경향이 강화되고 있다.[43] 이는 중국의 경제시스템이 국가자본주의(state capitalism) 모델을 따르고 있음을 의미하며 한동안 변화될 가능성도 거의 없음을 시사한다.

III. 중국의 정책결정 및 시행상의 특징

1. 당(黨) 중심의 집단의사결정 시스템

중국은 소위 '당이 지도(領導로 표현)하는 체제'를 채택한 당정(黨政)국가(party-state)이다. 따라서 경제정책상의 결정이 당 중심의 집단의사결정이라는 과정을 통해 도출된다는 특징이 있다. 예를 들어 WTO 가입이나 환율제도 변경 등의 중요한 경제정책 결정시에는 당 중앙정치국 상무위원회(7명)나 중앙정치국(25명) 회의에서 합의 도달을 위해 노력하며, 표결시에는 다수결 원칙이 적용되는 시스템이다.[44] 중국인민은행이 통화량, 금리, 환율 등을 결정하고 집행할 때에도 중앙정치국 및 중앙위원회 위원들로 구성된 국무원 상무회의[45]의 사전승인이 필요하다.

결국 입법, 사법, 행정을 총괄하는 역할을 수행하고 있다는 점에서 공산당은 과거 황제를 정점으로 하는 관료의 역할을 수행하고 있다는 해석이 가능하다.[46]

---

42) 소비자물가상승률이 1988년 18.8%, 1989년 18.0%에 이른 바 있다.
43) 정부는 시장에 대한 낙관을 버리고 발생 가능한 리스크 예방을 위해 시장에 적극적으로 간여해야 한다는 것이 중국 정부의 기본 입장이다.(인민일보, 2015. 7. 23)
44) 물론 시진핑 2기 정부(2017년~)에 들어서며 국가주석의 임기 제한이 철폐되고 여타 상무위원들의 국가주석 앞 보고 절차가 신설되는 등 1인 권력 집중화 경향이 강해진 것은 사실이다. 이는 기존의 집단의사결정 시스템에 어느 정도 균열이 발생하고 있음을 의미한다.
45) 총리, 상무부총리, 부총리 3명, 국무위원 5명, 비서장으로 구성되며 매주 1회 개최된다.
46) 중국의 현재 체제는 경제와 사회를 자유화하는 대신에 정치질서는 황제를 중심으로 하는

현재 공산당의 주요 간부들은 입법, 사법, 행정의 주요 직책을 겸임하는 경우가 많으며 만약 직책이 분리되어 있을 경우에는 당이 더 우월한 지위를 가진다. 2019년 11월 말 현재 중국인민은행은 당 위원회 서기(Secretary)와 총재(Governor)가 구분되어 있으나 이는 특별한 경우이다.[47] 통상 어느 조직의 기관장을 담당한 이후 승진하여 그 조직의 당 서기를 맡게 되는 것이 일반적이다. 베이징시 당 위원회 서기는 베이징 시장이 승진하여 맡게 되는 직책인 것이 일반적이라는 의미이다.

공산당의 정책결정 구조

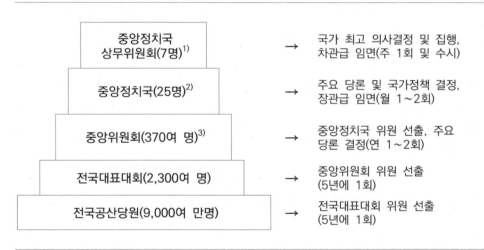

중앙정치국 상무위원회(7명)[1]	→	국가 최고 의사결정 및 집행, 차관급 임면(주 1회 및 수시)
중앙정치국(25명)[2]	→	주요 당론 및 국가정책 결정, 장관급 임면(월 1~2회)
중앙위원회(370여 명)[3]	→	중앙정치국 위원 선출, 주요 당론 결정(연 1~2회)
전국대표대회(2,300여 명)	→	중앙위원회 위원 선출 (5년에 1회)
전국공산당원(9,000여 만명)	→	전국대표대회 위원 선출 (5년에 1회)

주: 1) 각 상무위원은 담당 분야가 있으나 주요 정책결정시는 원칙적으로 만장일치제
　　2) 상무위원(7명), 국무원 부총리(3명), 공산당 중앙조직부장 및 선전부장, 중앙군사위 부주석(2명), 베이징·상하이·광둥·충칭 서기 등이 포함
　　3) 공산당 주요 간부, 장차관, 省 서기·성장, 대형 국유기업 CEO 등이 포함. 경제정책 방향과 경제계획 등은 이곳에서 실질적으로 결정된 이후 매년 3월 개최되는 전국인민대표대회에서 형식적 승인을 거쳐 최종 확정

　　심지어는 정부 조직 이외에 일반 기업 조직에 대해서도 공산당의 영향력은 점점 증가하고 있다. 회사법 17조에서는 당 조직 설치 및 기업의 당 조직에

일극 지배에 의해 유지되는 송(宋)대 이후의 틀이 이어지고 있다는 지적이 있다.(요나하준, 중국화하는 일본, 페이퍼로드, 2013)
47) 현재 중국인민은행의 경우 서기는 부총재인 귀슈칭(郭樹淸)이 겸임하고 총재인 이강(易綱)은 부서기를 겸임하는 다소 특이한 구조를 지니고 있다.

대한 활동지원 의무를 규정하고 있다. 당 위원회를 사내에 둔 민영기업 비중은 2013년 말 40%에서 2017년 말 71%로 상승하였으며, 이는 중국 진출 외자기업의 경우에도 예외가 아니다. 또한 2018년 9월에는 '상장사 관리준칙'을 개정하여 당 조직 설립 및 정관 삽입 의무를 신설하였다.

물론 중국의 일당 중심 의사결정시스템에도 장점은 있다. 비교적 중장기의 관료 임기가 보장되므로 장기적 시계하의 일관성 있는 정책이 가능하다는 점이 대표적이다. 정치적 지분에 의해 행정관료가 결정되므로 단기적 실적에 의한 일희일비식의 잦은 관료 교체는 발생하지 않는다. 장차관의 경우 기본 임기가 5년이고 연임이 가능하므로 최대 10년이 보장된다. 또한 더 연장되는 경우도 흔하다. 중국인민은행법이 제정된 1995년 이후 25년 동안 중국인민은행 총재가 단 3명[48]에 불과했다는 사실은 이의 대표적 예이다.

정년제와 체계적 인재양성 시스템을 통해 새로운 인력을 지속적으로 충원한다는 점도 장점이다. 정치국 상무위원 68세, 장관급 65세, 차관급 60세, 기타 58세 등으로 정년이 암묵적으로 설정되어 있는 등 고위 공직자라 해도 극히 예외적인 경우를 제외하고 모두 정년 제한이 있다. 이는 권력독점을 방지하기 위한 제도이다.[49]

마지막으로 간부 선발 및 양성 시스템을 통해 차세대 지도자를 육성하면서 충분한 검증기회를 가지는 점도 시스템상의 장점이라 할 수 있다. 예를 들어 중앙위원회 위원급의 경우 수많은 경쟁자들 중에서[50] 능력과 실적이 입증된 인물들이라는 점에서 경험부족으로 인한 행정 무능력 등의 문제는 거의 발생하지 않는다는 것이 일반적인 평가이다.[51]

다만 일당 독재에 대한 통제 및 감시장치가 부족하여 적절한 견제와 균형이 이루어지지 못하는 점은 근본적인 문제점으로 지적된다. 일반 국민의 소통

---

48) 다이샹룽(戴相龍, 재임기간 1995년 5월~2002년 12월), 저우샤오촨(周小川, 2002년 12월~2018년 3월), 이강(易綱, 2018년 3월~) 등이다. 한편 1948년 중국인민은행 설립 이후 현재까지 총 12명의 총재가 있었으므로 평균 재임기간은 약 6년이다.
49) 다만 현재 시진핑 정부에서 정년 제한 규정이 엄격하게 지켜지지 않는 경향이 나타나고 있으며 이는 중국 정치의 독재화에 대해 우려하는 근거 중 하나이기도 하다.
50) 2018년 말 현재 중국 공산당원 수는 9,059.4만 명인데, 이는 1949년 신(新)중국 성립시의 448.8만 명 대비 20배가 증가한 수이다.
51) 시진핑 주석의 경우 중앙정계에 입문하기 전인 2000년~2007년 중 푸젠성 성장, 저장성 서기, 상하이시 서기 등 중국의 주요 거대 省 지도자로서 정무 및 행정경험을 쌓은 바 있다.

〈참고 1〉 중국 행정제도 개황 및 최근 개편 내용[52]

중국은 공산당 조직이 국가주석, 총리 등 모든 국가기관을 지시 감독하는 당 우위의 정치제도를 채택하고 있다. 이 중 국가행정은 최고기관인 국무원과 26개 부처, 직속기구 11개, 9개 직속법인이 담당한다.

국무원은 총리(1명), 부총리(4명) 및 국무위원(5명)이 관할하는 내각에 해당한다. 총리 및 상무부총리는 공산당 최고 정책결정기구인 중앙정치국 상무위원이 겸임한다. 여타 부총리 및 국무위원들은 경제, 농업, 사회복지, 국방, 외교 등 각자의 담당 부문이 정해져 있다.

정부부처(26개)는 다른 나라 정부부처와 기본적으로 기능과 체제가 대동소이하다.[53] 다만, 중앙은행인 중국인민은행이 포함되어 있다는 점이 특징이다. 이는 중앙은행의 기관적 독립성이 아직 미흡함을 나타내주는 징표라 할 수 있다. 한편 2018년 3월의 정부조직 개편을 통해 자연자원부, 생태환경부, 문화여행부 등이 신설되었다. 환경 및 여행 등 삶의 질을 중시하는 중국경제의 추세 변화를 알 수 있는 부분이다.

직속기구(11개)는 세관, 통계, 체육, 의료 등과 관련된 업무를 처리하는 국무원 직속 기구들이다.[54] 국유기업 중 규모가 크고 국민경제상 중요한 업무를 담당하는 중앙기업을 관리 감독하는 국유자산감독관리위원회는 특히 국무원 직속 특별설치기구로 분류하고 있다.

직속법인(9개)은 방송 및 통신, 기상, 연구업무 등을 담당하는 기구들이다.[55] 특히 금융감독과 관련된 중국은행보험감독관리위원회 및 중국증권감독관리위원회가 포함되어 있다.

---

52) 2018년 말 기준이다.
53) 정부부처 26개는 외교부, 국방부, 국가발전개혁위원회, 교육부, 과학기술부, 공업정보화부, 국가민족사무위원회, 공안부, 국가안전부, 민정부, 사법부, 재정부, 인력자원사회보장부, **자연자원부, 생태환경부**, 주택및도농건설부, 교통운수부, 수리(水利)부, 농업농촌부, 상무부, **문화여행부**, 국가위생건강위원회, 퇴역군인사무부, 응급관리부, **중국인민은행**, 심계서 등이다.
54) 직속기구 11개는 해관총서, 세무총국, 국가시장감독관리총국, 방송TV총국, 체육총국, 국가통계국, 국가국제발전합작서, 국가의료보장국, 국무원참사실, 국가기관사무관리국, **국유자산감독관리위원회** 등이다.
55) 직속법인 9개는 신화통신사, 중국과학원, 중국사회과학원, 중국공정원(工程院), 국무원발전연구센터, 중앙방송TV총국, 기상국, **중국은행보험감독관리위원회, 중국증권감독관리위원회** 등이다.

〈참고 2〉 중국 행정제도 요약

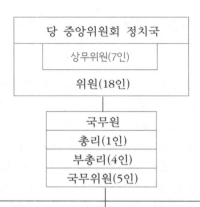

당 중앙위원회 정치국

상무위원(7인)

위원(18인)

국무원

총리(1인)

부총리(4인)

국무위원(5인)

직속기구(11개)	부처(26개)	직속법인(9개)
해관총서 세무총국 국가시장감독관리총국 방송TV총국 체육총국 국가통계국 국가국제발전합작서 국가의료보장국 국무원참사실 국가기관사무관리국 국유자산감독관리위원회	외교부 국방부 국가발전개혁위원회 교육부 과학기술부 공업정보화부 국가민족사무위원회 공안부 국가안전부 민정부 사법부 재정부 인력자원사회보장부 자연자원부 생태환경부 주택및도농건설부 교통운수부 수리(水利)부 농업농촌부 상무부 문화여행부 국가위생건강위원회 퇴역군인사무부 응급관리부 중국인민은행 심계서	신화통신사 중국과학원 중국사회과학원 중국공정원(工程院) 국무원발전연구센터 중앙방송TV총국 기상국 중국은행보험감독관리위 중국증권감독관리위

과 참여가 부족한 점도 취약점이다. 공산당은 자기감찰 이외에는 책임을 지지 않는다는 점에서 근본적 한계가 있다. 이는 중국경제의 투명성 내지 감독기능의 부재로 나타나고 있다. 부정부패 및 기율 위반으로 처벌된 공산당원이 2017년 71,644명, 2018년 92,215명에 달한다는 점은[56] 이와 같은 문제를 잘 보여준다. 특히 강력한 인터넷 통제 시스템인 인터넷 만리장성(Great Firewall of China)과 규제를 통한 사이버 공간상에서의 검열 강화가 지속되고 있는 점은 중국에서 정치 및 사회적 억압과 규제가 지속되고 있음을 나타낸다. 이는 중국이 여전히 민주주의(democracy)보다는 능력우선주의(meritocracy)를 더 중시하고 있음을 의미한다. 물론 그 능력이 어떤 능력이냐 하는 점도 문제이기는 하지만 …

한편 중국 공산당의 이와 같은 문제점에도 불구하고 공산당 일당독재는 필요악(necessary evil)이라는 것이 중국의 많은 식자층 생각이다. 다양한 민족과 넓은 국토의 효율적 관리 및 통일된 국가의 지속을 위해서는 구심점 역할을 할 정치세력이 필요하다는 인식이 강하기 때문이다. 공산당이 지금까지 달성한 경제적 성과도 이와 같은 사고가 지배하게 된 원인 중 하나이다. 또한 아편전쟁(1840~1842년) 이후 근 150여 년간 서양 중심의 외세에 짓눌려 있던 중국인들의 민족적 자부심을 고취시켰다는 점도 중국 공산당의 위상이 쉽게 흔들리지 않을 것임을 짐작케 하는 대목이다.

2. 시범시행 후 확대 전략

중국의 주요 경제정책은 일정 지역 내지 계층을 대상으로 시범 실시하고 이후 미비점 등을 보완하여 시행범위를 확대하는 전략을 시행하는 것이 일반적이다. 이와 같은 '실험 후 확산방식'의 정책추진은 시행착오를 최소화하면서 중국경제가 체제 전환 및 경제발전에 성공하는 데 중요한 역할을 한 것으로 평가된다. 거대한 중국의 국토면적과 인구 등을 감안할 때 이와 같은 전략은 어찌 보면 필연적이었다고 할 수 있다.

이와 같은 중국의 경제정책 추진전략은 우리가 흔히 중국인들의 성격을 묘사할 때 자주 쓰는 '만만디(慢慢地)'라는 말과도 깊은 연관이 있다. 즉, 천천히

---

56) 中共中央紀律檢查委員會(2018.1.18., 2019.1.16).

하되 신중하게 추진한다는 긍정적인 의미로서의 만만디 정신이 외부로 표현된 것이라고 해석할 수 있다. 넓은 국토와 오랜 역사를 바탕으로 형성된 장기적인 호흡의 시간관과도 관련이 있다 하겠다.

개혁개방 직후의 경제특구, 글로벌 금융위기시의 가전하향(家電下鄉) 정책, 부동산보유세, 최근의 부가가치세제 개혁 및 자유무역구(FTZ: Free Trade Zone) 설립 등은 모두 시범시행 후 확대전략의 대표적 사례라 할 수 있다.

이러한 시범시행 후 확대전략을 뒷받침하는 제도 중 하나로 중국의 '입법법(立法法)'에 나타난 '수권입법권(授權立法權)'을 들 수 있다.[57] 이 법 제13조에서는 "개혁발전을 위해 필요하다는 국무원의 정책적 판단이 있으면 특정지역에 대해 법률 및 타법규의 적용을 일정 부분 제외할 수 있다"고 규정하고 있다. 이와 같은 특례 규정은 해당 특정지역 경제발전이나 산업발전 방식에 시범사업이 필요한 경우 시행할 수 있는 근거가 된다. 위 사례에 나타난 경제특구나 자유무역구 등이 이와 같은 수권입법권이 적용된 대표적인 경우이다.

중국의 경제정책 시범실시 후 확대 사례

정책	내용	시범실시	확대실시
경제특구	해외자본 및 기술도입 목적으로 일정 지역에 세제 및 토지사용의 특혜 등 부여	80년 5월 션전 등 4개 도시	88년 4월 하이난 10년 5월 카스 등 2개 도시
가전하향정책	소비촉진을 통한 경제성장 목적으로 TV 및 냉장고 등 10종류 가전제품 구입시 일정 비율 보조금 지급	07년 12월 산둥 등 3개성	08년 12월 13개 성 09년 2월 전국
두 자녀 정책	기존의 1가구 1자녀 제한을 완화하여 최대 2자녀까지 허용	00년 쌍독정책[1] 13년 단독이태정책[2]	16년 1월 전면적 시행
부동산보유세	부동산버블 억제 목적으로 호화주택 등에 연 0.4~1.2%의 보유세 부과	11년 2월 상하이와 충칭	검토중

57) 박재곤 외, 주요 업종별 중국 진출 관련 법제 동향과 대응 방향, 산업연구원 연구보고서 2018-897, 산업연구원, 2018.

부가가치세 개혁 및 영업세 폐지	중복 과세 문제 해결 및 서비스업 발전을 위해 기존의 영업세를 폐지하고 이를 부가가치세로 통일	12년 1월 상하이 교통운수업	13년 8월 전국 교통운수업 16년 5월 전국 건축, 부동산, 금융업 등 확대 17년 10월 영업세 폐지
자유무역구 (FTZ)	무역 및 통관절차 간소화, 외국인 투자 자유화, 금융시장개방 확대 등을 통해 경제발전 촉진	13년 8월 상하이	15년 4월 광둥, 톈진, 푸젠 17년 3월 랴오닝, 저장 등 7개 18년 10월 하이난3) 19년 8월 산둥, 광시 등 6개
허가증·등록증 분리 취득4) (證照分離)	사업자등록증 취득하면 일반적 기업 활동을 허용하고, 허가증이 필요한 업무에 종사할 경우에 추후 발급받도록 허용하는 제도	16년 12월 상하이 (일부 항목−116개)	17년 9월 톈진, 랴오닝 등 10개 FTZ(일부 항목) 19년 12월 전국 FTZ에서 전체 항목(523개) 시행

주 : 1) 부부 모두 독자인 경우 두 자녀 허용
　　2) 부부 일방이 독자인 경우 두 자녀 허용
　　3) 자유무역구 중 유일하게 省 전체가 자유무역구로 지정
　　4) 기존에는 기업 활동을 위해 주무 부처의 허가증과 공상 부처의 사업자등록증이 모두 필요
자료: 국무원

Ⅳ. 정보공개 및 통계 문제

1. 제한적인 정보공개

(1) 단기의 시계열

중국경제를 분석할 때 가장 큰 애로사항 중 하나가 경제정보와 통계자료의 불완전함 및 누락의 문제이다.

우선 중국은 개혁개방 이후인 1980년대부터 비로소 본격적으로 경제통계가 작성되었으므로 시계열이 짧다는 한계를 가지고 있다. 특히 중국은 2010년까지 GDP 등 주요 경제지표의 전년동기대비 증감률(원계열)만 작성·공표함에 따라 경기변동의 단기흐름 판단 및 경기전환점 포착이 어렵다는 비판이 있었다. GDP, 산업생산, 고정자산투자, 소매판매 등의 전기대비 증감률(계절조정)이

발표된 것은 2011년에 들어와서이다. 다만 중국에서 GDP 등의 분석시 여전히 주된 지표는 전년동기대비 증감률이다.[58]

전기대비 및 전년동기대비 GDP 성장률 지표의 장단점

	전기대비	전년동기대비
정의	계절조정 계열의 전분기대비 성장률	원계열의 전년도 동일 분기대비 성장률
장점	최근 시점의 단기적 경기변동과 경기전환점을 신속하게 포착[59]	매년 반복되는 계절성을 쉽게 제거 실제 연간성장률 수준 가늠 용이
단점	정교한 통계적 기법에 의한 계절조정 필요	단기적 경기변동 및 경기전환점 포착이 늦어져 기조적 흐름을 더디게 판단

자료: 한국은행(2014)

2000년 이후 발표되기 시작한 중국 주요 경제지표

주요 경제지표	최초 발표	주요 경제지표	최초 발표
GDP 성장률(전기비)	2010.12월	ODI(연간)	2002.12월
산업생산 증가율(전기비)	2011. 2월	ODI(월별)	2010. 1월
제조업 PMI	2005. 1월	외환보유액(항목별 금액)	2015. 6월
고정자산투자 증가율(전기비)	2011. 2월	조사실업률(월)	2018. 1월
부동산투자 증가율	2004. 1월	은행부실채권금액·비율(분기별)	2005. 3월
소매판매 증가율(전기비)	2011. 2월	환율(고시환율)	2000. 6월

자료: 중국국가통계국, CEIC

(2) 비공개 문제

통계작성의 범위와 수준 등이 아직 미흡한 수준인 가운데 그나마 비공개 항목이 많다는 비판이 있다. 춘절(설)을 이유로 1월의 주요 지표가 발표되지 않고 1~2월 누계치만 발표되는 것은 대표적이다. 또한 원(original) 데이터를 발표

---

58) 이에 반해 우리나라는 2006년부터 전기비 GDP 성장률을 주지표로 사용하고 있다.
59) 경기의 저점에서 정점까지는 부호가 (+)가 되고 정점에서 저점까지는 (−)가 되며 경기전환점에서는 (0)이 되어 경기의 전환점 판단을 위한 명확한 정보를 제공한다.

하지 않고 통계자료 산출방법에 대한 설명이 없는 경우가 많은 점도 아쉬운 부분이다. 예를 든다면 현재 GDP는 명목GDP 금액과 실질GDP 성장률만 발표하고 실질GDP 금액을 발표하지 않고 있다. 또한 지출기준 분기 GDP 통계에서도 소비, 투자 및 순수출의 금액 및 성장률을 발표하지 않고 누적 성장기여율만 발표한다. 심지어는 가장 기본적인 경제지표 중 하나라고 할 수 있는 소비자물가지수(CPI)의 경우 품목별 구성비율도 비공개인 상황이다. 현재는 식품·주류·담배 품목이 전체 소비자물가지수 구성의 약 1/3을 차지하는 것으로 추정된다. 다만 최근의 소비 추세[60]를 감안할 때 이 구성비율은 향후[61] 변화될 것으로 예상된다.

중국 소비자물가지수(CPI) 품목별 구성치 추정(%)

항목	① 식품·주류·담배	② 주거	③ 교육·오락·문화	④ 교통·통신
비중	34~37	15	14	12
항목	⑤ 의복	⑥ 의료·보건	⑦ 생활용품·서비스	⑧ 기타용품·서비스
비중	9	8	4	1~4

자료: 중국사회과학원 등

(3) 부실 공시 문제

중국 통계 중 특히 기업통계와 관련된 불만의 소리가 높은 상황이다. 통계정보 공개 등과 관련하여 일부 상장기업들의 불투명한 경영상황 및 부실한 공시 등은 중국경제의 디스카운트 요인으로 작용한다는 지적이 많다. 회계감사·공시용 및 내부용으로 2중 장부를 만들거나 부실한 회계처리 및 공시로 상장폐지되는 경우가 빈번한 것은 이러한 폐해를 잘 보여준다.

이와 관련하여 우리나라 증권시장에는 '차이나 포비아(China-phobia)' 현상이 발생하기도 하였다. 이는 부실회계 및 허위공시 등에 따른 중국 기업의 잇따른 상장폐지로 인해 우리나라 증시에 퍼진 중국 기업에 대한 투자회피 현상을 일

---

60) 2018년 기준 가계소비지출 중 식품·주류·담배는 28.4%, 주거가 23.4%, 의료·보건이 8.5%를 차지하는 등 특히 주거비 비중이 높아지고 있는 것으로 나타났다.(중국국가통계국, 2019. 1.21)
61) 5년에 한 번 구성비중이 변화되며 다음 번 조정 시기는 2020년이다.

컫는다. 그동안 한국 증시에 상장하는 중국기업들이 제한적으로 제공한 정보에 의존해 상장 절차가 진행되면서 상장폐지 사례가 빈번하게 발생하였다. 섬유업체인 '중국고섬' 기업이 2011년 국내 증시에 상장되었다가 3개월만에 거래정지되고 결국 2013년 상장폐지되면서 투자자들이 큰 손해를 입은 사례가 대표적이다. '중국고섬' 이외에 2019년 10월 말 현재 그동안 우리나라 증시에 상장 후 폐지된 중국기업은 11개에 이르며,[62] 이 중 절반 이상의 상장폐지 사유가 부실한 회계처리 및 정보공시 등으로 인한 감사의견 거절이었다.

국내 증시 상장 후 폐지된 중국기업 현황

시장	기업	상장	폐지	폐지 사유	추정 손해액
코스피	화풍방직	2007년 11월	2015년 11월	시가총액 미달	–
	연합과기	2008년 12월	2012년 9월	감사의견 거절	69억원
	중국고섬	2011년 1월	2013년 10월	감사의견 거절	728억원
	중국원양자원	2009년 5월	2017년 9월	감사의견 거절	789억원
코스닥	3노드디지털	2007년 8월	2013년 6월	자진폐지 신청	–
	코웰이홀딩스	2008년 1월	2011년 11월	자진폐지 신청	–
	중국식품포장	2009년 3월	2013년 10월	자진폐지 신청	–
	웨이포트	2010년 7월	2017년 7월	자진폐지 신청	–
	성융광전투자	2010년 9월	2012년 9월	감사의견 거절	774억원
	완리	2011년 6월	2018년 5월	감사의견 거절	323억원
	차이나하오란	2010년 2월	2018년 12월	감사의견 거절	–

자료: 한국거래소 및 언론보도 종합

(4) 중국 정부 대응과 한계

중국 정부도 정보공개와 관련된 이와 같은 비판과 문제점을 의식하고 다

---

62) 그동안 상장되었던 23개 기업(코스피 4개, 코스닥 19개) 중 2019년 10월 말 현재 12개 기업만이 코스닥에 남아 있는 상황이다. 그나마 이 12개 기업 중 차이나 그레이트와 이스트아시아 홀딩스는 거래정지 중이라는 점에서 조만간 상장폐지될 예정이다.

양한 정책을 통해 국민의 알 권리를 위한 정보공개 확대를 위해 노력중이다. 2008년 5월 '정보공개조례'를 제정하여 행정기관 정보공개를 법제화한 것이 대표적이다. 그러나 '정보공개조례'의 경우 정보공개 범위가 불명확하고 비공개 내용이 모호하여 실질적 의미는 거의 없다는 의견이 많았다. 이를 감안하여 중국 정부는 2019년 5월 '정보공개조례'를 개정하여 기존의 미비사항들을 수정하고 보완하였다. 공개를 원칙으로 하고 비원칙을 예외적 사항으로 규정한 점, 정보공개 신청 및 처리절차를 명확하게 규정한 점 등을 대표적인 개선사항으로 들 수 있다.

그러나 사회주의 국가의 속성상 중국에서는 정보통제의 필요성에 대한 인식이 여전하다는 점을 유념할 필요가 있다. 무엇보다도 1988년 9월 제정되고 2010년 4월 수정된 '국가기밀수호법(保守國家秘密法)'에 의한 제약을 들 수 있다. 이 법은 국가안전과 국가이익을 우선으로 하는 광범위한 경우의 정보공개 제한 및 벌칙규정을 두고 있어 '정보공개조례'를 유명무실화시키고 있다는 비판을 받고 있다. 이처럼 중국 정부가 '국가안전'을 이유로 제한을 가하는 것은 정보공개의 문제에 국한되지 않는다. 2019년 3월에 통과된 '외상투자법(外商投資法)'에서도 외자기업에 대한 내국민 동등 대우나 네거티브리스트 제도 등을 규정하면서 동시에 '국가안전'을 이유로 한 안전성 심사제도를 명시하고 있다.[63] 여기에서의 '국가안전'이라는 표현은 상당히 모호하여 중국 정부의 재량 여지가 너무 넓다는 문제가 있다.[64]

2. 중국의 통계는 조작?

(1) 통계 조작 문제의 제기 원인

중국의 통계 수치가 조작되었을 가능성이 있어 신뢰성이 떨어진다는 의혹은 이미 오래 전부터 지속적으로 제기되어 온 문제이다. 특히 지난 2000년대 초반에는 중국의 GDP 성장률 조작 여부와 관련된 많은 연구가 행해진 바 있다.

---

63) 외상투자법 제35조.
64) 참고로 중국의 26개 정부부처 중 하나인 '국가안전부'는 중국의 정보기관이라 할 수 있는데, 인터넷 홈페이지가 없으며 조직이나 업무 등도 비공개이다.

중국 통계의 조작 문제가 제기되는 근본 배경에는 무엇보다 과거의 역사적 경험이 자리한다. 즉, 과거 실현 불가능할 정도로 과도한 생산목표를 설정해 놓고 허위보고가 횡행했던 대약진운동[65](1958~1960년)의 정치적 유산이 아픈 기억으로 작용하고 있는 것이다. 즉, 통계와 정치의 결합으로 인한 부작용 가능성이 통계조작 문제의 근본 원인이라는 지적이다. 일부 서구 학자들은 중국이 사회주의 체제를 유지하는 한 정치적 목적을 위한 통계조작이 언제라도 발생할 수 있다고 비판하고 있다.

한편으로는 통계담당 인력의 부족 및 기술의 낙후성도 통계조작 문제가 제기되는 원인으로 들 수 있다. 즉, 급격한 체제전환기를 겪는 와중에 규모가 급증한 중국경제의 성장세를 통계 관련 인프라가 충분하게 뒷받침하지 못함에 따른 기술적인 부분의 문제도 있다는 것이다.

(2) GDP 성장률 문제

그동안 중국의 통계조작과 관련해 가장 많은 의문이 제기되고 연구된 분야가 GDP 성장률의 정확성 여부 문제이다. GDP는 중국경제 지표 중 대내외의 가장 많은 관심을 받는 지표였기 때문이다.

① 기존 연구들

우선 중국의 공식 성장률에 대한 신뢰성이 떨어진다는 입장을 지지하는 일련의 연구들이 있다. 이들 연구들은 주로 성장률이 산업생산과, 산업생산은 에너지사용량 및 화물수송량 등과 밀접한 관련이 있음을 전제로 이들 지표들과 정부 발표 GDP 성장률간의 차이를 분석하였다.

T.G.Rawski(2001)는 특히 정치·경제적 불안정기에 중국 정부가 성장률을 과장하여 발표하였다고 주장하였다.[66] 이의 근거로 에너지사용량 및 화물수송량, 고용, CPI 등을 이용하여 추정한 1998~2001년 연평균 중국경제 성장률은

---

65) 마오쩌둥이 주도하였으며 '인민공사' 설립을 통한 노동력 집중 등을 통해 공업부문이 주도하는 경제성장을 추구한 운동이다. 무리한 목표설정 및 대규모 흥작 등으로 실패하였으며, 근현대 중국 최대의 비극적 사건이라는 평가를 받는다. 1961년 기아로 인한 사망자 수는 2,500만~3,000만 명으로까지 추정되고 있다.

66) Thomas G.Rawski, What is happening to China's GDP statistics?, China Economic Review 12, 2001.

최대 2.8%로 공식 발표치인 연평균 7.7%의 1/3 수준에 불과하다고 주장하였다.[67] 또한 Economist(2015.7.15), Forbes(2017.1.23) 등의 언론기관들도 2014~2016년 중 커창지수(keqiang index)[68]가 GDP성장률을 하회한 점을 들어 중국 GDP 발표의 신뢰성에 의문을 제기하는 입장이다. 최근에도 W.Chen 등(2019)은 산업생산 및 도소매판매 등을 부가가치세와 관련된 자료를 이용하여 재추정할 경우 2008~2016년의 기간 동안 중국 GDP성장률은 발표치(연평균 8.4%)보다 1.7%p 낮은 것으로 추정된다고 주장하였다.[69]

한편 많은 통계조사원 수[70]를 감안하더라도 GDP 분기자료를 분기가 끝난 18~20일 후[71] 발표한다는 것은 상당한 추정오차가 게재되어 있을 가능성을 시사한다는 지적이 많다. 연간 GDP는 2년 뒤 1월에 확정치가 수정발표되는데 반해 분기자료의 수정 사례가 그동안 거의 없었다는 점도 GDP통계의 신뢰성을 저하시키는 요인 중 하나로 비판받아 왔다. 다만 최근에는 다소 개선되는 모습을 보이고 있다. 중국국가통계국은 2019년 1월에 2017년 연간 수정 GDP 수치를 발표하면서 분기성장률도 수정한 바 있다.

반면 위와 같은 부정적 입장에 반대하는 연구들도 다수 있다.

F.Wu(2003) 등은 중국 정부가 발표한 통계 숫자를 비교적 신뢰하는 입장이다.[72] 즉, 중국 정부의 공식 성장률과 여타 관련 지표 간 괴리가 있는 것은 사실이나 이는 주로 데이터의 의미 및 범위 등의 차이에서 기인하며 전국적 수준에서의 조작설 등은 근거가 희박하다는 주장이다. 예를 들어 산업용에너지 사용량의 경우 일정 규모 이상의 기업만 포함되고 개인기업은 제외되는 점 등을 감안할 때 생산활동에 대한 정확한 지표가 될 수 없다는 것이다. 오히려 교역

---

67) 이 기간 중 에너지사용량 및 화물수송량 증가율은 연평균 각각 2.8% 및 −4.6%에 불과하였다.
68) 2010년에 Economist가 전력소비량(가중치 40%), 대출잔액(35%) 및 철도화물 수송량(25%)을 조합하여 제안한 지수이다. 리커창 총리가 2007년 랴오닝성 서기 시절 경제실상을 잘 반영하는 수치로 위 3가지 지표를 제시한 데 기원한다.
69) W.Chen, X.Chen, C.T.Hsieh and Z.Song, A Forensic Examination of China's National Accounts, Prepared for the March 2019 BPEA Panel, 2019.
70) GDP 통계 작성시 약 20만 명의 직원 및 조사보조원이 투입되는 것으로 알려져 있다.(중국 국가통계국, 2014.4)
71) 한국은 28일 이내, 미국은 27~28일, 일본은 45일 전후 발표된다.
72) Friedrich Wu, Chinese Economic Statistics—Caveat Emptor!, Post-Communist Economies Vol. 15, No. 1, 2003.

상대국의 대중국 무역통계 등으로 추정한 중국 성장률은 공식 발표치와 대체로 일치한다는 주장이다. J.Fernald 등(2013)도 2012년 공식 성장률이 전력생산 및 상대국의 무역수치 등을 이용하여 추정한 성장률과 기본적으로 일치함을 지적하며 통계조작 가능성은 낮다고 주장한 바 있다.[73] L.Yu(2014)도 GDP와 총 에너지 사용량 간의 관계 등으로 추정한 결과 중국 GDP 지표가 비교적 신뢰할 만하다는 입장이다.[74] 한편 C.A.Holz(2013)는 특히 중국 정부가 발표한 명목 GDP와 산업별 부가가치액 등의 수치가 벤포드법칙(Benford's law)에 부합하는지를 점검한 결과, 심각한 데이터 조작은 나타나지 않았다고 결론짓고 있다.[75] 여기에서 벤포드법칙이란 대부분의 실제세계 데이터에서 첫 번째 숫자는 균등하게 분포하는 것이 아니라 상용로그 분포에 따르는 경향이 있다는 경험칙이다. 일명 첫 번째 숫자 법칙(first digit law)이라고도 하며 국세청이나 금융감독기관 등에서 회계조작 등을 점검하는데 흔히 사용된다.[76] 또한 Holz는 GDP 성장률과 커창지수 간 괴리의 경우도 조작이라기보다는 커창지수가 서비스업 비중 확대 등 중국경제의 구조변화를 제대로 반영하지 못한 결과로 판단한다. 2012~2016년 중 철도화물 수송량(커창지수 구성항목)은 연평균 3.1% 감소했으나 철도승객 운송량은 8.8% 증가한 것이 그 사례라는 것이다.

IMF도 2016년 연례협의(Article Ⅳ Consultation) 보고서에서 중국의 GDP 통계가 개선 여지는 있으나 전반적으로 신뢰할 수 있는 것으로 언급[77]한 바 있다.

② 전국 GDP와 지방 GDP 합계의 차이 문제

한편 중국의 각 성(省) GDP 합계가 전국 GDP를 크게 초과하는 현상이 지속되고 있다. 이에 대해 오차 및 누락, 집계 방법의 차이 등을 감안해도 그 차

---

73) J.Fernald, I.Malkin, and M.Spiegel, On the Reliability of Chinese Output Figures, FRBSF ECONOMIC LETTER, 2013.3.25.
74) Yu, Lili, The Reliability of Chinese Economic Statistics, Electronic Theses and Dissertations. Paper 727, 2014.
75) Carsten A. Holz, The Quality of China's GDP Statistics, China Social Science Workshop at Stanford University, 2013.11.27.
76) 구체적으로 1~9의 수 중 n이 첫 자리수가 될 확률 $P(n) = \log_{10}(1 + 1/n)$로 구해지며, 1이 첫 자리수로 나타날 확률은 $\log_{10}(2) = 0.301$, 2는 $\log_{10}(3/2) = 0.176$ … 9는 $\log_{10}(10/9) = 0.046$이 된다.
77) "The official national account data - while there is much room for improvement - likely provide a broadly reliable picture."

이가 지나치다는 지적이 자주 제기되어 왔다. 이와 같은 현상은 지방정부 관료의 평가시스템 문제 및 2원화된 통계시스템 등에 기인하는 것으로 추정된다.

우선 지방정부 관료의 업적 평가시 성장률을 중시하는 경향에 따른 소위 '관리가 숫자를 만들고 숫자가 관리를 출세시키는'(官出數字, 數字出官 ; officials make statistics and statistics make officials) 현상을 통계 불일치의 주된 원인 중 하나로 들 수 있다.78) 다만 최근에는 성장률 이외에 환경 관련 지표 등 다양한 지표가 관료 평가 자료로 추가되는 동시에 강력한 감독 조치도 시행되면서 이 현상은 다소 완화되고 있다.

또한 지방통계국의 경우 국가통계국에 소속되어 있으나 인사권은 해당 지방정부에 있는 등 통일된 통계관리 및 통제가 쉽지 않은 상황도 통계 불일치의 주요 원인 중 하나로 해석된다.

전국 GDP 및 각 성 GDP 합계

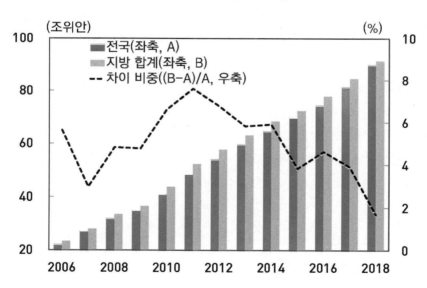

자료: 중국국가통계국

---

78) 2017년 1월 랴오닝성이 2011~2014년 중의 GDP 통계조작을 시인한 데 이어 6월에는 네이멍구 및 지린성의 통계조작 사실이 적발되기도 하였다.

이와 같은 비판과 문제점을 인식한 중국 정부는 2020년부터 국가통계국이 지방정부 GDP통계를 통합하여 산출하기로 결정하였다.[79]

(3) 기타 미비한 통계들

우선 서비스 부문의 통계가 미흡하다는 비판이 있다. 대표적인 소비 관련 지표인 '소매판매지수'의 경우 상품 도소매 판매 및 음식숙박업 매출만 포함된다는 한계가 있다. 더구나 이 지표는 대형기업들만 조사대상이므로 중소기업 및 자영업자 등의 현황 파악은 불가능하다.[80] 또한 전체 소비의 약 절반을 차지[81]하는 서비스 소비 현황을 파악할 수 있는 유용한 지표가 없다는 점도 문제이다. 따라서 소매판매지수만으로 중국경제의 소비 현황을 온전히 파악하기는 곤란하다.

한편 은행권의 부실채권(NPL)비율 과소계상 가능성과 관련해서도 많은 비판이 제기되고 있다. 2014~2019년 기간 중 중국 상업은행의 NPL비율은 1~2% 사이를 유지하고 있다. 그러나 주요 IB들은 이 비율이 실제로는 6~9%에 이를 것으로 추정[82]하고 있다. 공식 NPL비율이 낮은 것은 NPL 분류 기준 적용 시 부실위험에 대해 과소평가하고 고위험 대출은 만기를 연장하여 위험을 이연시키기 때문이라는 것이다. 현재 중국 은행업은 대출을 정상(正常), 요주의(關注), 고정(次級), 회수의문(可疑), 추정손실(損失) 등 5단계로 분류하고 고정 이하를 NPL로 간주하고 있다. 그러나 NPL에 포함되지 않는 요주의 대출도 실질적으로는 상환이 불가능한 대출이 다수 포함되어 있는 것으로 추정된다. 이를 감안할 경우 NPL비율은 최소 4~5% 수준이라 할 수 있다.[83]

---

79) 전국통계공작회의(2019.1.10), 중국국가통계국(2019.9.16).
80) 도매기업은 연매출 2,000만 위안 이상, 소매기업은 500만 위안 이상, 음식숙박업은 200만 위안 이상인 기업만 조사대상이다.
81) 2018년 기준 전체 소비에서 서비스 소비가 차지하는 비중은 49.5%이다.(중국국가통계국, 2019.2.13)
82) JP Morgan 6~8%(2016년 2월 추정), Goldman Sachs 8~9%(2016년 2월 추정) 등이다.
83) 2019년 9월 현재 중국 은행권에서는 90일 이내 연체 채권을 요주의 채권으로 분류하고 있으나 이 기준은 60일 이내로 강화될 전망이다.

은행대출채권 분류 및 비율(2019년 3/4분기 말)

	정상	요주의	부실			
				고정	회수의문	추정손실
금액(억 위안)	1,209,297	38,173	23,672	9,710	10,176	3,786
비율(%)	95.13	3.00	1.86	0.76	0.80	0.30

자료: 중국은행보험감독관리위원회

3. 중국의 통계를 이해하고 해석하는 방법

(1) 중국의 특수한 상황에 대한 이해 필요

우선 중국 정부가 발표하는 통계자료의 포괄범위와 여타 국가와의 차이점 등에 대한 이해가 선행되어야 한다.

그동안 중국이 여타 국가와 다른 대표적인 통계지표는 실업률 통계였다. 지난 10년 이상 줄곧 4.0% 내외를 유지하고 있는 공식 실업률 수치만으로 중국경제의 고용상황을 평가하기는 곤란하다. 이는 중국이 그동안 발표하던 공식 실업률이 소위 '도시지역 등록실업률'로 ILO 등에서 일반적으로 정의하는 실업률과 큰 차이가 있었기 때문이다. 이 지표는 ⅰ) 도시지역만 포괄, ⅱ) 다수의 블루칼라 제외, ⅲ) 피고용자가 실업 후 2개월 이내에 자신의 호적이 있는 지역에서 직접 등록 필요, ⅳ) 국유기업에서 강제적인 장기간 휴가로 실질적으로는 실업 상태인 Xiagang(下綱) 근로자 제외 등의 한계를 지니고 있었다. 중국이 이처럼 특이한 실업률을 조사 발표하게 된 것은 직장배분 제도로 인해 원칙적으로 '실업'이라는 개념이 없었던 사회주의 시스템에 기원한다. 당시 직장 이전 등을 위해 잠시 대기하던 상태를 측정하기 위한 목적하에서 만들어진 제도가 이후 이어져 내려와 '등록실업률'이 된 것이다. 이러한 상황을 잘 알고 있던 중국 정부는 2018년부터 비로소 국제 기준에 부합하는 새로운 실업률 지표인 '조사실업률'을 공표하기 시작하였다.[84] 조사실업률은 도시지역 등록실업률보다

---

[84] 당초 '조사실업률' 조사는 2005년 최초 이루어졌으나 비공개였으며 2018년에야 비로소 매월 공표되는 정식 통계지표가 되었다. 다만 2014년 4회 및 2015년 7회 등 간헐적으로 총리 기자회견 등을 통해 부분적으로 공개된 사례는 있다.

1%p 이상 높게 나타나고 있다.[85]

　　한편 소비자물가지수(CPI)의 경우에도 중국만의 특징에 유의할 필요가 있다. 식품부문 비중이 큰 것으로 추정[86]되는 가운데, 특히 돼지고기의 영향력[87]이 크다. 중국은 전세계 돼지고기 생산의 47.8%(5,404만 톤, 2018년 기준), 소비의 49.3%(5,540만 톤)를 차지한다. 또한 1인당 소비량은 글로벌 평균의 2.7배 수준에 이를 정도로[88] 소비생활 중 돼지고기 비중이 큰 것이 특징이다. 중국 음식에서 일반적으로 고기(肉)라 하면 돼지고기(猪肉)를 가리킨다는 사실은 중국에서 돼지고기가 어떤 의미인지를 잘 나타내준다.[89] 이와 같은 배경으로 인해 물가상승률이 양돈과정(약 18개월 내외)[90]이 형성하는 소위 돼지고기 주기(猪周期, Pork

CPI와 돼지고기 가격 간의 관계

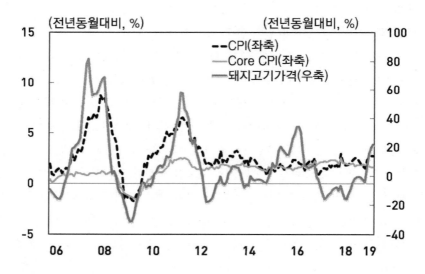

자료: 중국국가통계국

---

85) 2019년 9월 말 기준 조사실업률은 5.2%, 도시지역 등록실업률은 3.6%이다.
86) 전술했듯이 중국국가통계국은 소비자물가 구성 항목은 공개하고 있으나 항목별 비중은 공개하지 않고 있다.
87) 돼지고기가 CPI에서 차지하는 비중은 3% 내외로 추정되나, 관련 식품가격 등을 감안할 때 10~15%의 영향을 미치는 것으로 예상된다.
88) 중국국가통계국 및 미국농무부. 중국인들은 전체 육류 중 돼지고기 소비 비중이 70~74%에 이른다.(2000~2018년 기준, Wind)
89) 중국인들이 돼지고기를 선호하게 된 것은 명나라 시절부터이다. 당초 하층민들만 먹던 돼지고기는 평민 출신 주원장(1328~1398년)이 명을 건국한 이후 황실 식탁에 오르게 되었으

Cycle)[91]에 좌우될 수 있다. 소비자물가 상승률을 해석할 때 유의해야 하는 부분이다.

(2) 어떻게 해석할 것인가?

위에서 살펴 본 실업률이나 소비자물가지수 등의 특수성 문제는 별도로 한다 해도 중국 통계지표의 신뢰성에 대한 비판은 종종 발생한다. 특히 정기적으로 수치를 발표하지 않거나 누락된 경우 및 기존에 발표하던 통계 자료를 중단하는 사례 등이 종종 발생하는 것은 대표적인 문제로 지적된다. 예를 들어 부동산가격지수는 2011년 말, 36개 주요도시 1인당 소득 및 지출 현황은 2012년 말 발표가 중단되었다. 그리고 경기선행지수 및 경기동행지수는 2018년 1월부터 발표되지 않고 있다.[92]

종합적으로 판단할 때 중국의 통계 인프라 수준 등을 감안하면 중국통계의 정확도는 아직은 낮은 것으로 보인다. 다만 중국의 통계를 액면 그대로 믿어서도 안 되지만 한편으로는 공산당의 통제에 의한 통계조작설을 맹신해서도 안 될 것이다. 이는 다분히 선입견이 들어가 있는 태도이기 때문이다. 중국의 통계에 부족한 부분이 있는 것은 사실이나 이는 자료수집 및 측정상의 부족함, 표본의 불완전성, 통계보고 시스템의 미비 등에 기인하는 측면이 크다. 결국 이를 극복하기 위해서는 서비스 및 민간부문의 통계에 대한 정비, 통계보고 시스템의 집중화 및 국가통계국의 권한 강화 노력 등이 필요하다.

다행히 중국 정부는 통계의 신뢰성에 대한 비판을 의식하고 통계품질을 높이는 동시에 정보공개를 확대하기 위한 정부차원의 대내외적 노력을 진행중이다. 2010년부터 시행된 개정 통계법에서는 통계를 작성할 때의 행정 간섭 예방과 통계를 조작할 경우 처벌 규정 등 통계품질을 높이기 위한 제반 규정을 신설하였다. 또한 국가통계국은 2012년 3월부터 홈페이지 내에 '공개 플랫폼'을

며 이후 전국적으로 확산된다.(윤덕노, 음식으로 읽는 중국사, 더난출판, 2019.5)
90) 돼지는 통상 8개월 이후 출산이 가능하며, 4개월 임신 기간이 필요하고 생후 약 6개월 이후 도축이 이루어진다.
91) 통상 '돼지고기 가격상승 - 양돈확대 - 공급증가 - 가격하락 - 개인공급자 퇴출 - 공급축소 - 가격상승'의 주기를 보인다.
92) 경기선행지수 및 경기동행지수와 관련하여 국가통계국에 문의한 결과 현재 지수를 개편중이라는 답변을 얻었으나 2019년 10월 말 현재까지는 발표가 중단된 상태이다.

설치하여 통계법을 어긴 기업이나 사건을 공개하는 창구를 신설하는 등 통계조작에 대한 처벌을 강화하는 모습을 보여주고 있다. 2019년 9월 공개된 통계법 개정안에서는 통계조작 및 허위 보고시 각 기관·지방정부 통계 담당자와 상급 관리자의 책임 및 처벌규정도 신설하였다. 한편 중국 정부는 2015년 10월 IMF의 특별통계공표기준(SDDS: Special Data Dissemination Standard) 도입, 2015년 2/4분기 이후 IMF에 외환보유액 일부 포트폴리오의 통화 구성비율 보고 등을 통해 자국 통계수준에 대한 국제적 인식을 높이기 위해 다방면으로 노력하고 있다. 특히 외환보유액 1위 보유국인 중국이 외환보유액 통화 구성비율을 보고하기 시작하면서 IMF의 '외환보유액 통화구성(COFER: Currency Composition of Official Foreign Exchange Reserves)' 통계의 대표성이 개선되는 추세라는 평가이다.

　결국 이와 같이 다양한 점을 감안할 때 중국경제의 통계자료를 이해하고 해석할 때는 공식 경제지표를 통해 중국경제의 큰 흐름을 보되 여러 가지 한계점을 염두에 두는 자세가 필요하다. 또한 여타 보조적인 제반 지표를 통해 미비한 점을 보완하려는 노력도 요구된다. 조작 가능성 등의 여러 의혹에도 불구하고 공식지표를 대체할 수 있는 신뢰할(reliable)만한 대용지표가 없다는 현실적 한계도 감안할 필요가 있을 것이다.

💬 관련 도서 추천

중국은 어떤 나라인가?

    중국에 대한 관심이 증대되면서 관련 도서들이 엄청나게 쏟아지는 상황이다. 1~6장 매 장이 끝날 때마다 저자가 그동안 읽었던 중국의 역사, 정치, 경제, 문화 등의 도서 중 추천할만한 자료들을 간략하게 일부 소개하였다. 어떤 분야의 책이 되었든 일단 재미가 없으면 끝까지 읽어 내기가 쉽지 않다는 점에서 도서 선정 기준은 '재미'였다. 책을 읽는 것은 기본적으로 즐거움과 행복을 위해서이기 때문이다. 또한 글의 형식은 가리지 않았다. 교과서, 소설, 수필, 만화 등이 모두 포함되어 있다. 한편 각 책의 소개 말미에 적은 '감상'부분은 책에 대한 포괄적 설명이라기보다는 저자가 느낀 감정과 인상 깊었던 내용이나 구절을 간략하게 소개하는 데에 그치고 있다. 단편적이고 많이 미흡하다. 전체적으로 개인적인 선호가 반영되다 보니 특정 부문의 도서에 치우친 감도 없지 않다. 그저 참고만 하면 될 듯하다. 혹시 이 중 몇 권이라도 찾아 읽어 보고 재미와 감동을 느끼는 독자가 있다면 책을 소개한 보람은 충분하리라는 생각이다.

    1장에서 중국 경제체제 및 정책운영상의 특징을 살펴보았다. 이를 이해하기 위한 기본 전제는 우선 중국이 어떤 나라인가를 아는 것이다. 중국의 다양한 측면에 대해 소개하고 해설해 놓은 책이 많다.

📖 하버드대학 중국특강(The China Questions)

- 저   자: 하버드대학 중국연구소
- 출판사: 미래의 창(2018)
- 감   상: 부제는 '하버드 석학들의 36가지 질문, 중국의 현재와 미래를 묻다.' 중국의 정치, 경제, 사회, 문화 등 다양한 분야에 대해 질문하고 대답하는 형식으로 쓴 책이다. 성과에 근거한 체제 정당성, 정치적 금기사항, 공산당의 딜레마 등을 소개한 부분이 인상적이었다. 특히 이 책에서는 중국경제의 급성장 이유

로 시장에 기반을 둔 자원할당 방식으로의 변화, 화교의 적극
활용, 인구보너스 효과, 저축률과 투자율의 상승, 교육 등의
요인을 들고 있다. 다만 정치와 경제부문에 비해 여타 분야의
설명이 상대적으로 미흡한 점은 아쉽다.

📖 새로운 제국 중국(The New Chinese Empire)

- 저 자: 로스 테릴(Ross Terrill)
- 출판사: 나남출판(2005)
- 감 상: 마오쩌둥과 장칭의 전기로 유명한 중국전문가이자 하버드대
  교수인 저자가 쓴 중국 이야기이다. 나라보다는 문명의 성격
  을 지닌 중국의 제국주의적 성격을 다양한 각도에서 설명하
  고 있다. 신조(creed)로서의 통합성, 엄격한 위계질서, 세계의
  중앙에 놓여 있다는 가정 등 중국의 전통적인 정치체제 특징
  이 현대 중국에도 여전함을 주장한다. 또한 중국 공산당의 독
  재체제에는 유가사상과 법가사상이 상호작용하고 있다고 주
  장한다. 그가 2005년 펴낸 이 책에서 중국의 당면과제로 제시
  하고 있는 문제들은 지금 한층 더 심각해진 듯하다. 즉, 인구
  고령화, 점증하는 건강복지 문제, 정통성과 선거가 없는 정권
  계승, 환경에 대한 위험 등이 그것들이다. 중국과 중국경제의
  성격을 거시적 안목에서 보는데 유익한 책이라는 생각이다.

📖 중국이 세계를 지배하면—패권국가 중국은 천하를 어떻게 바꿀 것인가?
(When China Rules the World)

- 저 자: 마틴 자크(Martin Jacques)
- 출판사: 부키(2010)
- 감 상: 미국의 '명백한 운명(manifest destiny)[93])'에 빗댄 중국이라는
  나라의 성격과 이에 연원하는 중국 근대사의 중요 특징 등이

---

93) 19세기 중후반 미국 팽창기에 강조된 주장이다. 미국은 북미 전역을 정치·경제·사회적으
로 지배하고 개척할 신의 명령을 받았다는 주장으로 팽창주의와 영토 약탈을 합리화하는
데 사용되었다.(위키피디아)

인상적이다. 중국식 모델 및 중화사상이 글로벌 정치 및 경제 체제에 미칠 수 있는 영향을 서술하고 있다. 저자가 중국의 특징으로 드는 것은 ⅰ) 국민국가가 아닌 문명국가라는 점, ⅱ) 주변의 동아시아 국가들을 조공 관계의 관점에서 바라보는 시각, ⅲ) 문화적·민족적 오만함과 우월의식, ⅳ) 시간이 압축된 사회, ⅴ) 유교사상의 국가관과 비슷한 공산당의 국가관, ⅵ) 그 규모로 인해 오래도록 선진국과 신흥국의 양면성을 지닐 수밖에 없는 국가, ⅶ) 시간이 자기편이라는 자신감과 인내심 등이다. 일목요연하다.

📖 49가지 단서로 예측한 중국의 미래(49 Myths about China)

- 저　자: 마르테 셰르 갈퉁 & 스티그 스텐슬리
- 출판사: 부키(2016)
- 감　상: 국유기업 개혁방향, 중국경제에 대한 편견, 연방국가의 성격이 강한 중국, 중국식 자본주의 모델의 한계 등을 지적하고 있다. 특히 중국인들이 공산당을 지지하는 이유로 두 가지를 들고 있다. 즉, ⅰ) 공산당이 국내의 질서와 안정을 보장하는 가운데 견고한 경제성장을 이룩하였다는 점과 ⅱ) 공산당의 통치가 중국의 자존심을 회복시켰다고 주장할 여지가 있다는 점이 바로 그것이다. 이런 시각에서 평가한다면 최근의 미·중 갈등은 장기전으로 갈 수밖에 없지 않나 하는 생각이다.

📖 만주족 이야기

- 저　자: 이훈
- 출판사: 너머북스(2018)
- 감　상: 부제 '만주의 눈으로 청 제국사를 새로 읽다.' 만주사를 전공한 저자가 만주족의 관점에서 중국 최후의 왕조 청을 이야기하고 있다. 만주족이 한족, 몽고족 등을 아우르는 제국을 건설할 수 있었던 배경 등을 설명하고 있다. 특히 백두산과 장백산은 한중 양쪽에서 모두 쓰인 표현이라는 점 등 새롭게 알게 된 사실

이 많았다. 다만 학술적인 내용이 많아 비전공자가 읽기에는 다소 어려운 느낌이다.

📖 연암 박지원에게 중국을 답하다

- 저　자: 유광종
- 출판사: 크레듀하우(2007)
- 감　상: 중앙일보 기자로 3년간 대만, 5년간 중국 주재원 생활을 경험했던 저자가 중국 문명의 속내를 그리고 있다. 마작, 대자연투쟁사, 천하(天下)의 개념, 공자와 노자, 현세적 가치에 대한 중국인들의 집착 등을 이야기하고 있다. 중국에 대한 저자의 깊은 이해가 돋보이는 글들이다. 쉽고 재미있다.

📖 중국, 중국인(My country and My people)

- 저　자: 임어당
- 출판사: 장락(1995)
- 감　상: 중국의 석학 임어당이 중국의 사회제도, 생활양식, 그리고 역사문제 등을 다룬 문명비평서이다. 그는 중국인의 주관적 입장과 서구의 문화를 섭렵한 지식인의 입장을 아우르면서 글을 쓰고 있다. 그가 들고 있는 중국인의 성격 특징은 원만성, 참을성, 무관심, 노회(老獪), 지족감, 유머, 보수주의 등이다. 지혜서로서 경청할 만한 잠언이 많다.[94] 다양한 방면에서 중국과 중국인에 대한 이야기를 풀어나가고 있다. 다만 완역이 아니라서 미진한 부분이 많다는 점은 아쉽다.

---

94) 예를 몇 가지 들면 다음과 같은 말들이다. ■ 지나치게 바쁠 정도로 일에 몰두하는 것은 어리석은 짓이며, 그런 생활을 할 가치도 없다. ■ 배부른 것이 제일이다. 나머지는 모두가 인생의 사치에 지나지 않는다. ■ 인생이란 단지 하나의 웃음거리 연극에 지나지 않는다. 그 연극에 직접 참가하기보다는 때로는 곁에 서서 그것을 보고 웃음 짓고 있는 편이 더 좋을 때도 있다 등.

📖 1421 중국, 세계를 발견하다(The year China discovered the world)

- 저　자: 개빈 맨지스(Gavin Menzies)
- 출판사: 사계절(2004)
- 감　상: 1421~1423년 명의 영락제 시절 '정화(鄭和)'가 이끄는 4개 거대 선단이 말레이시아, 인도, 아프리카, 호주, 뉴질랜드 및 태평양의 섬들을 항해했다는 주장을 담고 있다. 유럽인들의 발견은 중국인들이 앞서 항해하지 않았다면 불가능했을 것이라고 강조한다. 다만 엄밀한 사료가 뒷받침되지 않고 있다는 점에서 주장의 신빙성에는 의문이 든다. 그저 이런 주장도 있구나 하는 정도로만 이해하면 될 듯.

📖 옥스퍼드 중국사 수업―세계사의 맥락에서 중국을 공부하는 법

- 저　자: 폴 로프(Paul Ropp)
- 출판사: 도서출판 유유(2016)
- 감　상: 중국 개론서이다. 영어와 중국어의 음절 차이, 전족(纏足)의 의미 등 중국에 대해 다양하고 풍부한 상식이 소개되어 있는 점이 장점이다.

📖 중국 그리고 화교(Lords of the Rim, The Invisible Empire of the Overseas Chinese)

- 저　자: 스털링 시그레이브
- 출판사: 프리미엄북스(2002)
- 감　상: 부제는 '보이지 않는 제국, 화교 네트워크의 역사.' 고대에서 현재까지 중국 역사상 화교의 탄생과 그 발전 과정을 개괄하고 있다. 특히 동남아 지역에서의 화교들 활약상과 정경유착 과정 등을 적나라하게 설명하고 있다. 다만, 근세 부문에 비해 현대 부문의 설명이 다소 미흡한 듯하다.

📖 현대중국정치—글로벌 강대국의 특징

- 저　자: 모리 가즈코
- 출판사: 한울아카데미(2013)
- 감　상: 일본의 정치학자가 쓴 중국 이야기이다. 중국에서 국가·당·군
  대의 관계, 정치 프로세스, 비교정치학 관점에서 중국정치의
  특징 등을 소개하고 있다. 특히 문화대혁명에 대한 평가, 헌법
  제정 및 변천과정, 파룬궁 탄압 이유, 전인대의 문제점, 인민해
  방군의 성격에 대한 내용 등이 흥미를 끈다. 중국에 대해 상당
  히 비판적인 입장에서 쓰인 책이다.

📖 제국의 슬픔

- 저　자: 이중톈
- 출판사: 라의눈(2015)
- 감　상: 부제 '중국 전제주의 정치와 인간 탐구.' 중국 샤먼대 교수인
  저자는 CCTV 고전해설 프로그램을 통해 일약 베스트셀러 작
  가가 되었다. 그가 직설적으로 쓴 중국 이야기이다. 중국 역사
  가 지닌 다양한 아픔에 초점을 맞추었다. 조조(曹操)의 공로와
  과실, 투박함과 서생 기질, 비전형적 부패, 좋은 제도와 나쁜
  제도, 벼슬에 대한 초월과 미련, 협객과 사대부 등이 주제이다.

📖 중국이 두렵지 않은가

- 저　자: 유광종
- 출판사: 책밭(2014)
- 감　상: 기자 출신의 저자가 쓴 중국 이야기이다. 중국의 20개 성(省)
  을 그 성 출신 인물들을 중심으로 소개하고 있다. 재미있고 신
  선한 시도인 듯하다.

📖 그해, 역사가 바뀌다―세계사에 새겨진 인류의 결정적 변곡점

- 저　자: 주경철
- 출판사: 21세기 북스(2017)
- 감　상: 제국이라는 키워드로 이해하는 중국, 중국이 1433년 이후 해금 (海禁)정책(해외와의 교류 및 무역 제한)을 실시한 이유 등을 쉽게 설명하고 있다. 주경철 교수의 글은 쉽고 재미있으면서도 깊이가 있다.

📖 이만큼 가까운 중국

- 저　자: 이욱연
- 출판사: ㈜창비(2016)
- 감　상: 서강대 교수인 저자가 쓴 초보자용 중국 개론서이다. 중국에 대한 일반적인 소개와 함께 상인(商人, 상나라 사람)의 유래, 북방인과 남방인의 차이, 중국어와 한자 이야기 등을 설명하고 있다.

📖 중국책(中國册)

- 저　자: 쑤수양
- 출판사: 민음사(2018)
- 감　상: '12가지 테마로 읽는 5000년 문명 중국'이라는 부제가 붙어 있다. 작가인 저자가 쓴 중국 개론서로 입문자용이며 중국 관련 다양한 사실들[95]이 친절하게 소개되어 있다.

📖 지도로 읽는다! 중국 도감: 슈퍼 차이나의 과거, 현재, 미래가 보인다!

- 저　자: 모방푸
- 출판사: 이다미디어(2016)

---

95) 중국은 동서로 5,200km, 남북으로 5,500km에 이른다. 한편 위도 상으로는 50도, 경도 상으로는 60도의 차이가 나는 국가임에도 불구하고 시차가 없다. 1964년 원자폭탄 실험을, 1967년 수소폭탄 실험을 성공하였다 등.

- 감　상: 중국 각 지역별로 개괄적인 설명을 하고 있다. 방대한 내용을 다루려다 보니 너무 간략한 것이 흠이다. 이 책 한권만으로 포괄적인 중국 이해를 하기에는 다소 부족할 듯하다.

📖 中國槪況(중국개황)

- 저　자: 王順洪(왕순홍)
- 출판사: 北京大學出版社(북경대학출판사)(2004)
- 감　상: 외국인 학생들을 위해 집필된 중국개론서이다. 국토, 역사, 인구, 민족, 정치제도, 경제, 과학기술, 교육, 전통사상, 문학, 예술, 풍속, 여행, 국제교류 등 총 14장에 걸쳐 중국을 개괄하고 있다. 중국을 이해하기 좋은 기본서이다.(중국어)

📖 반전의 시대―세계사의 전환과 중화세계의 귀환

- 저　자: 이병한
- 출판사: 서해문집(2016)
- 감　상: 중국혁명의 파동, 중국인들의 역사 감각, 한중 역대왕조 존속기간 비교 등의 내용이 흥미로웠다.

📖 백년의 마라톤: 마오쩌둥 · 덩샤오핑 · 시진핑의 세계 패권 대장정

- 저　자: 마이클 필스버리(Michael Pillsbury)
- 출판사: 영림카디널(2016)
- 감　상: 허드슨 연구소 중국연구센터 소장인 저자가 쓴 중국 이야기이다. 아편전쟁의 치욕을 잊지 않고 꾸준히 패권을 추구해 온 중국 지도자들을 중심으로 중국의 지배욕 확대과정을 그리고 있다. 미국 보수층이 중국에 대해 가지고 있는 일반적인 생각을 그대로 대변하는 대표적인 책인 듯하다.

📖 마오의 중국과 그 이후 1, 2

- 저　자: 모리스 마이스너
- 출판사: 이산(2005)
- 감　상: 마오쩌동의 혁명과 그 유산으로서의 중국, 문화대혁명과 그 여파, 덩샤오핑과 중국식 자본주의 등에 대한 해설서이다.

📖 현대 중국 전략의 기원: 중국혁명전쟁부터 한국전쟁 개입까지

- 저　자: 박창희
- 출판사: 플래닛미디어(2011)
- 감　상: 국방대학교 교수인 저자가 쓴 중국의 전략 이야기. 마오쩌동의 혁명전쟁 전략과 한국전쟁 관련 이야기에 많은 부분을 할애하고 있다. 군사전략 관련 전문서로 일반 독자가 읽기에 쉽지는 않다.

📖 용과 춤을 추자: 한국의 눈으로 중국 읽기

- 저　자: 조영남
- 출판사: 민음사(2012)
- 감　상: 서울대 교수인 저자가 쓴 중국 정치 이야기이다. 중국의 부상을 바라보는 시선, 바람직한 대중국 정책 등 실질적이고 균형 잡힌 시각이 돋보인다. 특히 정치학자답게 중국의 현대 정치에 대한 분석이 치밀하다. 저자의 내공이 엿보이는 책이다.

📖 중국을 빚어낸 여섯 도읍지 이야기

- 저　자: 이유진
- 출판사: 메디치미디어(2018)
- 감　상: 시안, 뤄양, 카이펑, 항저우, 난징, 베이징 등 고대부터 현재까지의 대표적인 중국 6개 도읍지를 소개하는 책이다. 특히 시안이 가장 큰 비중을 차지하고 있다. 중국을 이해하기 위한 접근

시각이 참신하다. 설명도 쉽고 재미있다.

📖 중국 공산당의 비밀(The Party : The secret world of China's communist rulers)

- 저　자: 리처드 맥그레거
- 출판사: 파이카(2012)
- 감　상: 파이낸셜 타임즈 기자가 파헤친 중국 공산당 이야기이다. 현대 중국을 이해하는 핵심 키워드인 공산당과 관련된 여러 사실들이 소개되어 있다. '당은 신과 같다. 보이지 않고 접할 수 없지만 어디에나 존재한다'라는 말이 중국 공산당의 위상을 말해주는 듯하다. 붉은 기계(red machine),[96] 중앙조직부, 중앙선전부 등의 내용이 특히 흥미롭다.

📖 예정된 전쟁 – 미국과 중국의 패권 경쟁, 그리고 한반도의 운명

- 저　자: 그레이엄 앨리슨(Graham Alison)
- 출판사: 세종서적(2018)
- 감　상: 부제는 '미·중이 투키디데스의 함정에서 벗어날 수 있을까?(Can America and China Escape Thucydides's Trap?)' 미국과 중국이 투키디데스의 함정[97]에서 벗어날 수 있을지를 다양한 각도에서 역사적 사례를 통해 분석한 책이다. 저자는 주요 국가의 부상이 지배 국가의 입지를 무너뜨린 사례 16가지를 찾아내고 그 중 12건이 전쟁으로 끝났음을 지적한다. 중국의 부상이 미국과 글로벌 질서에 미치는 영향 및 미·중 패권경쟁을 정치적으로 다루었다. 미·중 갈등이 점차 격화되고 있는 오늘날 시사점을 얻기에 시기적절한 책이다.

---

96) 중국 차관급 이상의 최고위 공산당원에게만 지급되는 암호화 기능이 있는 붉은 색 전화기를 의미한다.
97) 새롭게 부상하는 신흥 세력이 지배 세력의 자리를 차지하려는 위협을 해올 때 발생하는 자연스럽고 불가피한 혼란 상황을 일컫는다.

중국인들은 이기적이다? - 문화대혁명의 아픈 기억

2011년에 중국의 사회뉴스 하나가 우리 언론에 크게 보도되었다. 거리에 쓰러져 있던 노인이 수많은 사람들의 무관심 속에 결국 사망하게 되었다는 기사였다. 그러면서 기사는 중국인들의 비도덕성과 비인간성 등을 신랄하게 비판하였다. 현대 중국인들의 무관심과 선진적 시민의식의 결여가 위와 같은 사건의 가장 중요한 요인임에는 틀림이 없다. 그러나 단순히 비판만 하기 전에 그 이면에 숨겨져 있는 중국역사의 아픈 기억을 돌아볼 필요는 있다.

1960년대 후반에서 1970년대 후반까지 10여 년 간 중국사회를 광풍으로 몰아넣은 '문화대혁명(文化大革命)'을 알지 못하고서는 중국인들의 이런 사고방식을 이해할 수 없다. 문화대혁명은 왜곡된 사회 기제에 기인한 인간 욕망의 비정상적인 분출로 인간의 욕망이 건강하게 발산될 기회가 사라진 시기였다는 비판이 있다.[98] 당시 다른 사람에 대한 사소한 말 한마디나 간섭은 자아비판이라는 부메랑으로 돌아와 육신의 고초뿐만 아니라 심지어는 죽음을 초래하는 위험요인이었다. 특히 가까운 사람들의 죽음을 목격한 중국인들에게 무관심과 침묵은 생존을 위한 어쩔 수 없는 선택일 수밖에 없었을 것이다.

이와 같은 추정은 중국에서 중국인들을 고용하여 사업하고 있는 많은 외국 기업들이 공통적으로 이야기하는 내용과도 일치한다. 즉, 중국인 근로자들은 본인의 업무 이외에 타인의 업무를 부담하거나 연대책임을 지는 행위 등을 극도로 기피한다는 것이다. 옆 자리 동료의 전화를 대신 받는다든가 하는 일도 당연히 거의 없는 일이라고 한다. 타인을 위한 변호나 책임분담이 혹독한 결과를 초래할 수 있다는 뼈아픈 경험은 중장년 이상의 중국인들 머리에 각인되었을 것이다. 또한 비록 희미해졌을지라도 이런 문화는 자연스레 그들의 자녀들에게도 전해지지 않았을까 추측할 수 있다. 중국인들이 어지간한 일이 아닌 한 뚜이부치(對不起, 미안합니다)라는 표현을 잘 쓰지 않는 데에는 이러한 배경이 존재하

---

98) 한샤오궁, 혁명후기 - 인간의 역사로서의 문화대혁명 -, 글항아리, 2016.

는 것으로 해석된다.

　　우리가 햇볕정책의 당위성을 머리로는 알고 있다고 해도 한국전쟁을 겪은 세대가 북한에 대해 느끼는 감정은 부정적일 수밖에 없는 것과도 비슷하다고 하겠다. 외국 그리고 외국인을 이해한다는 것이 얼마나 어려운지를 다시 한 번 생각해본다.

2장을 시작하며[1)]

　우리에게는 측천무후로 더 잘 알려져 있는 중국 역사상 유일의 여황제 우저티엔(武則天)이 통치하던 7세기 말, 강남 물자의 운송지로 번성하던 운하 도시인 양저우(楊州)로 향하던 선박들의 이유 없는 좌초 사고가 연달아 발생한다. 이들의 공통점은 정부가 생산 및 유통을 엄격히 통제하던 소금을 싣고 가던 수송선이었다는 점. 공급이 부족해지면서 암시장 소금가격은 폭등하고 성난 민심은 걷잡을 수 없이 요동친다. 사건 해결을 위해 파견된 수사관들마저 잇따라 피살되는 일이 발생하자 황제는 마침내 최측근 띠런지에(狄仁杰)를 특사로 임명하며 사건의 해결을 명하는데… - 2007년 4월 CCTV에서 방영된 '명판관 띠런지에'(神探狄仁杰) 시리즈 中 -

　중국 역사에서, 우리에게는 포청천으로 잘 알려져 있는 송(宋)의 빠오정(包拯)과 함께 가장 유명한 판관으로 꼽히는 당(唐)의 띠런지에가 주인공으로 등장했던 인기 TV 드라마의 한 장면이다. 드라마에서 띠런지에는 공물 운반용 선박을 침몰시켜 소금공급 축소 및 가격 앙등을 초래하여 폭리를 취하는 대규모 범죄집단의 음모를 파헤치고 있다. 특히 이 드라마에서는 과거에 소금이 얼마나 귀한 상품이었는가와 함께 전매제도하에서 소금이라는 상품의 낮은 공급탄력성으로 가격이 얼마나 급변동할 수 있는지가 잘 묘사되고 있다. 드라마에서는 1,000문(文)(약 11.8kg)의 소금 구입을 위해 1량(兩)의 은화가 필요한 데 이 돈이면 쌀은 그 100배인 10만문(文)(약, 1,180kg)을 구입할 수 있는 것으로 나온다.

　전매(專賣)제도란 특정 상품의 생산이나 판매 등을 국가가 독점하는 것을 말한다. 이 제도는 해당 상품의 원활한 수급과 함께 안정적인 국가재정 확보가 주요 목적이다. 필수재인 소금은 식생활에서의 중요성과 재원 확보의 용이성 등으로 역사상의 대부분 국가는 직접 생산이나 유통을 독점하는 체제를 유지하였다. 중국도 마찬가지였다. 중국의 소금 전매제도는 춘추전국시대 제(齊)의 환공이 최초로 도입하였으며 이후 한(漢) 무제 시절에는 중앙집권 강화 및 대규모 토

---

1) 이 부분은 저자가 2015년 한국은행 행내 경제에세이 공모에 '중국의 소금 전매제도와 후생 손실'이라는 제목으로 응모하여 우수상을 받은 작품을 수정 보완한 것이다.

목공사의 재원 조달을 위해 전국적으로 확대 시행한 것으로 알려져 있다. 1949년 현대 중국 성립 이후에도 중국은 소금 전매제도를 유지해왔다. 그러나 전매제도는 2017년에 폐지되었으며 소금 판매가격도 자유화되었다. 중국 정부는 이와 같은 조치를 시장의 가격기능을 제고하기 위한 개혁 조치의 일환으로 설명하고 있다. 그러나 이보다는 급감한 재정수입 비중에 따른 전매제도 유지의 필요성 감소가 더 중요한 원인이라는 설명이 설득력 있어 보인다. 고대에 전체 재정수입의 최대 80~90%를 차지하기까지 하였던 소금 전매수입은 1950년에만 해도 5.5%에 달하였다. 그러나 2010년 이후에는 0.03% 이하로 하락하였다. 2001년 중국의 WTO 가입시 전매품목으로 소금과 함께 개방대상에서 제외되었던 담배가 여전히 그리고 아마도 상당히 오랫동안 전매품목으로 남아있을 것으로 추정되는 것은 연간 약 1조 위안에 이르는 막대한 재정수입 때문이다.[2]

소금 전매제도가 그렇게 오래 유지되어 왔다는 점에서 알 수 있듯 중국의 경제부문에 대한 통제력은 그 어느 국가보다도 강하다고 할 수 있다. 사회주의 국가로 출발한 태생적 특징도 한 가지 이유일 것이다. 또한 현재에도 중국에는 실질적으로 전매제도와 다름없는 부분이 여전히 많이 남아 있다.[3]

그렇다면 경제적 자율성이 부족한 중국이 어떻게 오늘날의 경제대국이 될 수 있었을까? 여러 요인을 들 수 있겠지만 가장 중요한 요인 중 하나가 바로 개혁개방 정책이라는 점은 누구도 부인할 수 없을 것이다.

2장에서는 중국경제 개혁개방 과정을 주요 사건 및 관련 정책 등을 중심으로 개괄하였다. 이 부분은 중국경제의 간략한 역사인 동시에 오늘날의 중국경제를 이해하는 가장 기초적인 자료라 할 수 있다.

---

2) 이는 2018년 기준 전체 재정수입의 5.5%에 이르는 규모이다.
3) 통신, 방송, 금융 등을 여전히 국가가 통제하고 있는 점이 대표적이다.

제2장

중국경제 개혁개방 진행과정

Ⅰ. 서론

우리 못지않게 중국도 복잡다단한 근현대사를 겪어 왔다. 외세의 침입과 좌절, 항일 투쟁, 동족간의 상쟁과 분단 등은 우리 국민들도 동일하게 겪은 경험들이다. 그래서 그 아픔과 힘겨움을 누구보다도 잘 안다고 할 수 있다. 여기에 더해 중국은 공산당이 주도하는 사회주의 국가를 수립하여 현재까지도 건재하게 집권하고 있는 최장수 공산당 집권 국가라는 특성을 지닌 국가이다.[4]

1949년 이후 대기근, 대약진운동, 문화대혁명 등의 대규모 혼란을 겪은 현대 중국이 오늘날 명실상부한 G2국가로 부상한 계기가 1970년대 말 시작된 개혁개방정책이었다는 점은 누구나 인정하는 사실이다. 그러면 개혁개방정책은

---

4) 중국공산당은 2019년 현재 71년째 집권 중으로(1949~현재) 舊 소련공산당이 세운 집권 기록인 75년(1917~1991년)을 곧 경신하게 된다.

구체적으로 어떤 과정을 거쳐 진행되었을까?

여기 2장에서는 중국경제의 주요 개혁개방 진행과정을 대략 10년 단위로 구분하여 살펴보았다. 세세한 사항을 모두 나열하기보다는 이정표가 되었던 중요한 사건이나 정책을 중심으로 특징과 의의 등을 정리하였다. 중요제도 등에 대해서는 이후의 발전과정을 포함하여 상세한 설명을 추가하였다.

이번 장의 내용은 중국경제의 과거를 이해하고 현재를 분석하며 미래를 전망하는 데 선행되어야 할 기본적인 부분이라 하겠다.

Ⅱ. 1970년대

1. 제11기 3중전회

(1) 개혁개방정책의 태동 배경

1976년은 중국 현대사에서 가장 잊을 수 없는 역사적인 한 해라 할 수 있다. 현대중국의 설립에 가장 큰 역할을 한 풍운아이자 혁명가 마오쩌둥이 죽었다. 또한 영원한 2인자 겸 평생 총리[5]였던 저우언라이(周恩來)도 이 해에 세상을 떠났다. 또한 마오쩌둥의 죽음과 함께 1966년부터 10년간 지속되었던 문화대혁명도 종결되었다.

문화대혁명이 중국에 미친 다양한 영향과 유산에 대해서는 지금도 여러 논의가 진행중이다. 그렇지만 이 기간 동안 중국의 경제발전이 지체되고 삶의 질이 후퇴한 것만은 누구도 부인할 수 없는 사실이다. 특히 홍위병으로 상징되는 문화대혁명의 절정 기간이라 할 수 있는 1967년과 1968년은 GDP성장률이 각각 전년 대비 5.7% 및 4.1% 감소한 것으로 나타났다. 1966년 1,889억 위안이었던 명목 GDP규모가 1976년 2,989억 위안으로 10년간 단지 1.6배 증가하는 데 그친 것을 보면 이 시기 중국의 경제발전이 얼마나 정체되었었는지를 미루어 짐작할 수 있다.[6]

---

5) 저우언라이(1898년~1976년)는 신중국 성립 직후인 1949년부터 1976년까지 무려 28년을 총리로 재직하였다.(1949년~1958년은 외교부장을 겸직)

문화대혁명 이후 과도기적 지도자이던 화궈펑(華國鋒)을 거쳐 정권을 장악한 덩샤오핑은 1979년부터 본격적으로 개혁개방정책을 실시하게 된다. 통상 1978년 12월의 중국공산당 대표대회 제11기 3중전회를 중국 개혁개방정책의 시작으로 본다. 이 회의에서 덩샤오핑을 중심으로 한 중국공산당 지도부는 개혁개방 및 실사구시의 지도사상을 발표하고 시장경제원리의 도입방침을 천명하였다. 중국 근현대 역사에서 기념비적인 결정이 제11기 3중전회에서 이루어진 것이다.

제11기 3중전회 이후 중국은 기존 중공업 우선의 폐쇄적 발전전략에서 벗어나 비교우위에 입각한 개방적 발전전략으로 전환하였다. 또한 계획경제에서 시장경제체제로의 이행을 본격적으로 추진하였다.

중국의 개혁개방정책이 어떤 배경하에 시작되었는지에 대해서는 여러 가지 설명이 있다. 우선 정치적으로는 문화대혁명 기간의 경험으로 인해 계획경제에 대한 신뢰가 약화된 것이 그 배경이라 할 수 있다. 경제적으로는 대만, 홍콩, 싱가포르 등 해외 화교자본의 존재가 시장경제체제의 도입 및 개방적 발전전략의 추진에 유리한 환경을 조성하였다고 할 수 있다. 한편 지도자였던 덩샤오핑의 사상과 리더십도 중국 개혁개방정책의 주요 태동요인이었다. 철저한 실용주의자였던 덩샤오핑은 이미 1962년 소위 흑묘백묘론(黑猫白猫論)[7]을 통해 목적달성을 위한 유연한 접근방법을 주장하였다. 또한 1978년에는 생산력의 핵심으로서 과학기술을 강조한 바 있다. 결과적으로 덩샤오핑은 마오쩌둥 사후 3년만에 권력을 완전히 장악하고 제11기 3중전회에서 중국 사회주의의 현대화를 강조함으로써 중국경제의 도약을 위한 발판을 마련하였다고 할 수 있다.

---

6) 개혁개방 직후인 1980년부터 10년 단위로 경제규모의 증가 추이를 보면 1980~90년이 4.1배, 1990~2000년이 5.3배, 2000~2010년이 4.1배 등이다. 2018년 중국의 GDP규모는 91.9조 위안으로 1980년(4,588억 위안)의 약 200배로 증가하였다.

7) 검은 고양이든 흰 고양이든 쥐만 잘 잡으면 좋은 고양이라는 뜻으로, 자본주의든 공산주의든 국민을 잘 살게 하면 좋은 제도라는 의미이다. 이는 원래 쓰촨 지역 농촌에서 전해지던 '노란 고양이든 검은 고양이든 쥐를 잘 잡는 고양이가 좋은 고양이'라는 속담에서 유래한 것으로 알려져 있다. 덩샤오핑 고향이 쓰촨이다. 노란 고양이가 흰 고양이로 바뀐 것은 검은 고양이와의 대조를 위해서인 것으로 추정된다.

덩샤오핑 주요 어록

시기(년)	내용
1962	흑묘백묘론 – 검은고양이든 흰 고양이든 쥐를 잘 잡는 고양이가 좋은 고양이다
1978	과학기술이 제일의 생산력이다
1982	중국 특색의 사회주의를 건설하자
1985	先富論 – 일부 지역·산업을 먼저 개발하여 부자가 된 이후 이를 확산하자
1987	가난이 사회주의는 아니며 공산주의는 더욱 아니다
1992	발전이 곧 불변의 진리이다
1992	계획이 곧 사회주의가 아닌 것처럼, 시장경제도 자본주의의 전유물이 아니다

자료: 언론보도 등 종합

(2) 중국 개혁개방정책의 성공 요인

한편 이렇게 시작된 중국의 개혁개방정책이 생산 및 고용의 감소 등을 겪지 않고 경제성장에 성공할 수 있었던 요인에 대해서는 크게 두 가지의 대립된 주장이 존재한다.[8]

우선 점진적 개혁론자들은 개혁개방정책의 성공은 중국이 선택한 점진적 개혁방식의 적절성에 기인한다고 주장한다. 이들에 따르면 개별 경제주체의 효율성을 제고시키는 유인제도의 도입, 시범지역에서 먼저 실시 후 확대하는 방식과 중간기제(intermediate mechanism)의 사용 등이 성공의 요인이었다는 것이다. 여기에서 중간기제란 이중가격제도, 외환조절센터, 이윤유보제, 청부경영책임제 등 자본주의와 사회주의의 중간 내지 조절의 성격을 지닌 메커니즘을 말한다. 노턴(B. Naughton), 맥밀란(J. McMillan), 린이푸(林毅夫) 등이 대표적인 주창자들이다.

예를 들어 노턴은 중국의 개혁개방 성공 요인으로 세 가지 특징을 들고 있다. 첫째, 높은 투자율과 양질의 풍부한 노동력 등의 구조적 특징, 둘째, 시장의

---

8) 한국은행 조사부, 중국경제의 개혁성과와 개혁정책 평가, 1998.8.

역할과 국가의 개입을 적절히 활용한 점진적인 개혁전략 등의 이행적 특징, 그리고 마지막으로는 고도로 상업화되고 기업가적 기질이 풍부한 전통 사회의 부활 등의 전통적 특징이 바로 그것이다.9)

반면 급진적 개혁론자들은 개혁개방정책의 성공이 동유럽 국가 및 구(舊)소련에 비해 유리했던 개혁 초기의 중국 여건에 기인한다고 주장한다. 이들은 개혁 초기의 여건에 주안점을 둔다. 이들은 동유럽에 비해 안정되었던 정치·사회적 상황과 높은 국내저축률, 해외 화교자본의 존재10) 등 대내외 여건이 동유럽국가에 비해 유리하였던 중국적 특수성을 강조한다. 삭스(J.Sachs), 우(W.T.Woo) 등이 대표적 주창자들이다.

위의 두 가지 주장은 결국 개혁개방 관련 정책의 적절성과 개혁개방 당시의 여건 중 무엇을 더 강조하는지에 따라 나뉜다고 할 수 있다. 그런 면에서 개혁개방의 성공에 어느 한 가지 요인이 절대적인 영향을 미쳤다고 하기는 어렵다.

 〈참고 3〉 중국공산당 대표대회

전술한 제11기 3중전회에서 11기는 무엇이고 3중전회란 무엇일까?

매 5년마다 개최되는 중국공산당 대표대회는 공산당 지도부를 선출하는 가장 중요한 정치행사이다. 이 대회에서 선출된 공산당 중앙위원회 위원(정위원 200여 명, 후보위원 150여 명)들은 임기(5년) 중 통상 5~7회의 정기회의를 개최한다. 몇 번째 정기회의냐에 따라 제 몇 기 몇 번째 중앙위원회 전체회의(약어로 ○기 ○중전회)라 명명한다. 신중국(1949년) 성립 이후 그동안 공산당 대표대회는 총 19차례(19기, 가장 최근은 2017년 10월) 개최되었다. 2019년 11월 말 현재는 19기 4중전회까지 개최된 상황이다.

일반적으로 각 차수의 회의에서는 주로 논의하는 부문이 정형화되어 있다. 그 중 특히 주요 정책방향 및 개혁조치가 결정되는 3중전회의 중요성이 크다는 평가이다. 예를 들어 개혁개방 시작(78년, 11기 3중전회), 사회주의 시장경제 천명(93년, 14기 3중전회), 사유재산 보호 및 국유기업 개혁 규정(03년, 16기 3중전회) 등 중국경제의 중요한 결정이 모두 3중전회에서 이

---

9) 배리 노턴, 중국경제 − 시장으로의 이행과 성장−, 서울경제경영, 2011.1.
10) 개혁개방 40년 동안 화교자본은 대중국 투자 외자기업의 약 70%, 해외직접투자(FDI)의 약 60%를 담당하였다.(中國僑聯工作, 華僑華人與中國改革開放 40年, 2018.12.21)

루어졌다.

다만 이와 같은 차수별 시기 및 주요 논의 내용은 절대적인 것은 아니며 유동적이다.[11]

중국공산당 매 기 차수별 일반적인 행사 개최 시기 및 주요 논의 내용

	개최 시기	주요 논의 내용
1차(1중전회)	대표대회(T년 10월~11월) 직후	인사(당)
2차(2중전회)	T+1년 1~2월	인사(입법, 사법, 행정부)
3차(3중전회)	T+2년 10~12월	정치 및 경제개혁 조치
4차(4중전회)	T+3년 10~12월	당 지배구조
5차(5중전회)	T+4년 10~12월	경제사회발전 5개년 계획
6차(6중전회)	T+5년 10~12월	문화, 사회, 당 규율
7차(7중전회)	T+5년 10~12월	黨章1) 수정 검토 등 대표대회 준비

주: 1) 당의 규정으로 공산당의 헌법에 해당한다.
자료: 언론보도 등 종합

2. 중·미 수교

(1) 외교관계 수립 및 교류 방식

1979년 중국과 미국 간에 외교관계가 수립되었으므로 2019년 현재 양국은 어느덧 수교 40주년을 맞게 되었다.

1940~50년대에 양국은 국공내전과 한국전쟁에서 대립하며 적대적 관계였다. 그러나 양국은 1950년대 후반부터 관계개선을 위한 노력을 시작하였다. 미국은 냉전시기 최대 라이벌이었던 소련을 견제하기 위해, 중국은 피폐해진 국가 재건과 대외문호 개방을 위해 각각 상대방의 협력이 필수적인 상황이었기 때문이다. 1972년 닉슨 미국 대통령의 방중을 계기로 평화공존 원칙에 입각한 양국관계의 정상화가 천명되었다. 이후 1978년의 수교 공동성명에 이어 1979

---

11) 19기의 경우 2018년 2월에 일반적인 경우보다 빠르게 3중전회를 개최하면서 헌법 개정을 논의한 바 있다.

년 2월 정식으로 외교관계가 수립되었다.

수교 이후 양국은 경제와 정치·외교를 분리하여 관계를 조율하는 양방향(two-track) 방식으로 정책을 운영하였다. 즉, 경제부문은 교류와 협력을 적극적으로 추진한 반면, 정치·외교부문은 협력과 대립을 반복하면서 사안별로 충돌하는 모습을 보였다. 다만 중국경제의 규모와 영향력이 확대되면서 최근에는 경제부문에서도 협력보다는 갈등과 경쟁의 모습이 더 빈번하게 나타나는 양상이다.

(2) 상호 협력과 연계성 강화

경제부문에서는 특히 2001년 중국의 WTO 가입 이후 양국 간 교역이 꾸준하게 증가하면서 상호의존성이 증가하고 있다. 양국 간 상품교역 규모는 2001년의 805억 달러에서 2018년 6,335억 달러로 7.9배 증가하였다. 2018년 기준 미국은 중국 수출의 19.3%, 수입의 7.3%를 차지하는 중국 최대의 교역국이다. 현재 중국은 미국 항공기, 대두의 최대 수출시장[12]이며 자동차, 반도체 및 면화의 2대 수출시장이다. 미국 농산물의 대중 수출액은 2000년 30억 달러에 불과하였으나 이후 급증하여 2010~2016년은 200억 달러를 초과하였다.[13]

미국 농산물의 대중 수출액(억 달러)

	2014	2015	2016	2017	2018	2019 상반
수출액	242.2	202.3	213.9	194.8	91.5	54.4

자료: United States Department of Agriculture

2018년 기준 중국의 대미 상품수지흑자는 3,233억 달러로 전체 상품수지흑자(3,518억 달러)의 91.9%에 이른다.

---

12) 2017년 미국의 대두 수출 5,313만 톤 중 61.8%인 3,285만 톤(약 140억 달러)이 對中수출분이었다.
13) 다만 미중 무역갈등에 따른 관세 부과로 2018년은 100억 달러 미만으로 감소하였다.

중국의 주요 지역별 수출입 비중(%)

			수출							수입			
	아세안	EU	한국	미국	일본	브릭스		아세안	EU	한국	미국	일본	브릭스
2010	8.8	19.7	4.4	18.0	7.7	6.0	2010	11.1	12.1	9.9	7.3	12.7	6.1
2012	10.0	16.3	4.3	17.2	7.4	6.1	2012	10.8	11.7	9.3	7.3	9.8	6.3
2014	11.6	15.8	4.3	16.9	6.4	6.1	2014	10.6	12.5	9.7	8.1	8.3	5.6
2016	12.6	16.4	4.6	18.6	6.2	5.7	2016	12.3	13.1	10.0	8.5	9.2	5.6
2018	12.9	16.5	4.4	19.3	5.9	6.4	2018	12.6	12.8	9.5	7.3	8.5	7.2

자료: 중국세관

중국의 대미 무역수지 특히 상품수지흑자가 오랫동안 지속되어 왔으며[14] 이는 2018년부터 미중 통상갈등의 핵심적인 쟁점사항이 되었다. 2010~2018년 기준 중국의 대미 상품수지흑자는 2,000~3,000억 달러 내외에 이른다. 여기에서 중국의 대미 상품수지흑자와 미국의 대중 상품수지적자 간 약 1,000억 달러의 차이가 발생하는 것은 주로 홍콩을 경유한 수출입을 어떻게 처리할 것인가와 관련된다.

다만 서비스수지 및 양국 기업들이 상대국가에 직접 진출하여 벌어들이는 수입 등을 감안하면 미국의 대중적자는 상당히 과장되어 있다는 지적도 있다.[15]

중국과 미국 간 상품수지(억 달러)

	2010	2011	2012	2013	2014	2015	2016	2017	2018
중국 대미 상품수지 흑자	1,812	2,023	2,189	2,161	2,370	2,614	2,508	2,758	3,233
미국 대중 상품수지 적자	2,731	2,952	3,149	3,188	3,449	3,676	3,473	3,759	4,192

자료: 중국세관, Bureau of Economic Analysis

---

14) 중국은 2000년부터 미국 최대의 무역적자 상대국이 되었다.
15) 2016년 기준 미국의 대중 서비스수지흑자는 410억 달러에 이른다. 또한 미국 기업의 중국 내 매출액은 4,630억 달러로 중국기업의 미국 내 매출액 450억 달러를 압도한다.(Joshua P.Meltzer and Neena Shenai, The US-China economic relationship, Global Economy and Development at Brookings Policy Brief, 2019.2)

한편 2014~2018년 기준 연평균 중국 대외 M&A(1,073억 달러) 중 대미 M&A(364억 달러)가 33.9%를 차지하였다.[16] 또한 양국은 상호 외국인투자(FDI) 누계액이 2017년 말 기준 2,300억 달러에 이르고, 상호 방문객수도 500만 명이 넘는다.[17]

중국기업도 상당수가 미국 증권시장에 상장되어 있는 상황이다. 2019년 2월말 현재 중국기업 중 뉴욕증권거래소 및 나스닥에 156개 기업이 상장되어 있다. 이들 기업의 총 시가는 1.2조 달러에 달한다. 이 중 시가총액이 1,000억 달러가 넘는 기업만 해도 알리바바를 포함하여 3개, 100억 달러가 넘는 기업도 17개에 이른다.

미국 주식거래소에 상장되어 있는 주요 중국기업

기업	시가총액(억 달러)[1]	IPO(년)	업종
알리바바(Alibaba)	4,586	2014	전자상거래
페트로차이나(PetroChina)	1,236	2000	석유, 가스
중국석화(China Petroleum & Chemical)	1,046	2000	석유, 화학
중국생명(China Life Insurance)	761	2003	생명보험
바이두(Baidu)	583	2005	검색포털
중국전신(China Telecom)	456	2002	통신
징동(JD.com)	375	2014	전자상거래
핀둬둬(Pinduoduo)	327	2018	전자상거래
씨에청(Ctrip.com)	177	2003	여행
동방항공(China Eastern Airlines)	100	1997	항공
남방항공(China Southern Airlines)	99	1997	항공

주: 1) 2019.2.25 기준
자료: NYSE, NASDAQ

---

16) PwC, China M&A 2018 Review and 2019 Outlook, 2019.2.19.
17) 2018년 방미 중국인은 290만 명, 2017년 방중 미국인은 231만 명이었다.

또한 2018년 기준 전체 미국의 해외유학생 중 33.2%인 36.3만 명의 중국 유학생이 미국에서 공부중이다.[18] 이는 두 번째로 많은 미국 유학생을 보내고 있는 인도(19.6만 명)의 거의 두 배에 달하는 수준이다.

(3) 대립과 경쟁

양국은 대만문제를 중심으로 외교·안보 부문에서는 대립과 화해를 반복하고 있다. 미국의 대(對)대만 정책 기조는 '전략적 모호성'(strategic ambiguity)이라고 할 수 있다. 즉, 중국이 요구하는 '하나의 중국'(one-China policy) 원칙을 인정하면서도 대만과의 비공식적 관계를 유지하여 기존 양안(兩岸) 관계[19]의 안정을 유도(status quo)하는 것이다.[20] 이에 대응해 중국은 양국 간 경제협력의 필요성을 인식하면서도 대만문제 등 주요 외교·안보 이슈에서는 강경입장을 고수하고 있는 상황이다.

현재 남중국해 등 해양영유권을 핵심이익으로 주장하는 중국과 미국간 정치·외교부문 갈등 및 경쟁은 상당기간 지속될 것으로 예상된다. 특히 최근에는 미국의 대중무역 적자와 지식재산권 침해 여부를 중심으로 경제부문의 갈등과 대립도 점차 증가하고 있다. 미국은 2018년부터 대규모 관세부과를 통해 중국을 압박하였으며 2019년 8월에는 중국을 환율조작국(Currency Manipulator)으로 지정[21]하여 압박 수위를 높이고 있는 상황이다. 중국은 이에 대해 맞대응 추가관세 부과 조치를 실시하고 있다. 다만 수출입 규모의 차이를 감안할 때 중국이 취할 수 있는 관세부과 수단은 제한적일 수밖에 없다. 중국이 사용할 수 있는 여타의 대미 통상 관련 대응 수단으로는 미국산 수입품 수입규제, 미국기업의 중국 내 사업 확장 제동 및 세무조사, 희토류 등 특정 상품의 수출 금지, 보유중인 미국 국채[22]와 기타 금융자산 매각 등이 있다. 다만 양국이 경제

---

18) 미국에서 유학중인 중국 학생들의 유학비용은 1인당 연간 4.5만 달러에 이른다.(중국상무부, 2017.5.25)
19) 중국과 대만은 상호간 국가로 인정하지 않으므로 양국 관계를 나타낼 때 '양안(兩岸)관계'라는 표현을 공식 용어로 사용하고 있다.
20) 그러나 2019년에 들어서면서 미국 정부는 대중 통상압박 수단의 하나로 대만 관계를 이용하고 있다. 국방부의 공식 보고서에서 대만을 국가로 인정(인도-태평양 전략보고서, 6.1)한 데 이어, 중국의 반발을 무릅쓰고 대만에 22억 달러의 무기 수출을 결정하였다.(6.8)
21) 미국이 중국을 환율조작국으로 지정한 것은 1992년 5월~1994년 11월 이후 25년만이었다.
22) 2019년 9월 말 현재 중국은 전체 외국인 보유 미국 국채의 약 20%인 1.1조 달러를 보유

적으로 공멸할 수 있는 이와 같은 수단들을 적극적으로 광범위하게 사용할 가능성은 높지 않다.

　현재로서는 중미 간 관계의 불확실성이 매우 높은 상황이다. 다만 확실한 것은 다양한 부문의 헤게모니 장악을 둘러싸고 중미 간 갈등과 대립이 장기간 지속될 것으로 예상된다는 점이다. 양국과 밀접한 관계에 있는 우리로서는 이래저래 대응하기가 쉽지 않은 상황이다.

 〈참고 4〉 중·미 관계 변천사

시기(년)	주요 사건
1948	■ 국공내전시 미국은 장제스의 국민당 지원
1950	■ 중국의 한국전쟁 참전으로 대립관계 극대화
1955~70	■ 대사급 회담(136회) 통해 양국간 의사소통 및 관계개선 노력
1969	■ 닉슨 독트린에서 아시아의 지역세력으로서 중국의 역할 기대 표명
1971	■ 키신저 미 국무장관 방중
1972	■ 닉슨 대통령 방중 계기로 '상하이 공동성명'[1] 발표 　－ 평화공존 원칙에 입각한 양국관계 정상화 천명 ■ 중국 외화 기준통화 변경(파운드 → 달러)
1978	■ '수교 공동성명'[1] 　－ 미국은 중화인민공화국이 중국의 유일한 합법 정부임을 인정
1979	■ 수교 및 덩샤오핑 방미 ■ 미국은 대만과 단교 　－'대만관계법' 제정하여 교류 및 방어적 목적의 무기 판매는 지속
1980	■ 중국 IMF 및 World Bank 가입(대만－1945년 원가입국－을 계승) ■ 미국, 중국에 최혜국(MFN: Most Favored Nation) 대우 부여
1981~82	■ 미국의 대만에 대한 무기 판매 등으로 양국관계 악화
1982	■ '미중 공동성명'[1](8·17성명) 통해 양국관계 재정립 　－ 대만 무기판매 축소 및 2개의 중국정책을 추구하지 않을 　　 것임을 재확인

하고 있다.

1989~93	■ 천안문 사태로 미국의 대중 제재 조치와 미국의 보복 조치
1995	■ 미국의 리덩후이 대만 총통 방미 허용, 중국의 대만해협 미사일 발사 훈련 등으로 관계 악화
1997	■ 장쩌민 주석 방미. '미중 공동성명' – 건설적 전략적 동반자관계 추진 노력 합의
1999	■ 나토의 유고슬라비아 중국대사관 폭격 ■ 미중간 WTO 가입협상 타결
2000	■ 미국, 중국에 영구적인 최혜국(MFN) 대우 부여
2001	■ 중국, WTO 가입
2002	■ 부시 대통령 방중
2006	■ 후진타오 주석 방미 및 미중 전략 경제대화(SED) 시작
2009	■ '미중 공동성명' 통해 양국관계를 적극적·협력적·포괄적 관계로 규정
2010	■ 미국의 대(對)대만 무기판매 계획 발표와 달라이라마 면담
2015	■ 미국이 위안화의 IMF SDR 편입 지지
2015	■ 중국의 남중국해 인공섬 건설 관련 미국과 충돌
2016	■ 사드배치 관련 갈등
2017~19	■ 환율 및 무역적자 관련 갈등

주: 1) 중국의 대미관계 3대 기본문서
자료: 외교부, 중국외교부

3. 경제특구 지정

(1) 경제특구의 의미

중국 정부는 개혁개방 정책 추진을 위한 주요 수단의 하나로 경제특구를 지정하는 방법을 사용하였다. 구체적으로 이는 일부 지역을 수출가공지역으로 선정하고 각종 혜택을 부여하여 외자도입 및 경제개발의 전초기지로서 활용하는 전략이다.[23]

경제특구는 이론적으로는 '사회주의국가 속에 있는 규제된 자본주의 지역'

---

23) 덩샤오핑은 당시 광둥성 서기였던 시중쉰(시진핑 주석의 아버지)이 제안한 무역합작구(貿易合作區) 신설 제안을 받아들이면서 명칭은 경제특구(經濟特區)로 바꾸었다.

으로 사회주의가 자본주의로 이행하는 중간 과정의 과도기적 경제체제로 규정된다. 이는 전체 발전계획 또는 노동력과 기본 물자의 공급 등은 국가의 제약을 받지만 그 외 부문의 경제운영은 시장메커니즘에 의해 운용되는 경제시스템이다. 1979년 7월 선전(深圳), 주하이(珠海), 샤먼(廈門), 산터우(汕頭) 등 4개 지역이 경제특구로 지정되었다. 이후 본격적인 개발은 1980년 5월부터 시작되었다.

(2) 경제특구의 성격 변화와 발전

경제특구는 시간의 경과와 더불어 성격이 다소 변화되어 왔다.

1983년까지는 수출가공지역의 성격이 강했기 때문에 기술 전수, 외화 획득, 고용기회 창출 등이 주된 목적이었다. 외국인직접투자 유치를 위해 이들 경제특구 외자기업에 대해서는 15%의 우대 법인세율이 적용되었다.[24] 또한 생산형 외자기업에게는 법인세 감면정책인 양면삼감반(兩免三減半) 제도를 실시하여 투자를 적극적으로 독려하였다. 이는 생산형 외자기업에 대해 이윤발생 연도부터 1~2차 연도에는 법인세를 면제하고 3~5차 연도에는 50%를 감면하는 제도를 말한다.[25]

개혁조치가 확산된 1984년 이후에는 단순한 고용확대 또는 외화획득보다는 선진기술이나 경영노하우의 습득이 강조되면서 경제특구를 거점으로 한 경제체제 개혁이 강조되었다. 덩샤오핑은 1984년 2월 경제특구의 역할을 '기술의 창구, 관리의 창구, 지식의 창구, 대외정책의 창구'로 규정하면서 소위 '창구론(窓口論)'을 제시한 바 있다.

한편 경제특구를 필두로 한 대외개방지역은 이후 '경제특구 — 연해 개방시 — 연해 경제개방구 — 연해 성·시·자치구 — 내륙부'의 형태로 확대되었다. 이는 점(點)에서 선(線)을 거쳐 면(面)으로 확대되는 과정이라 할 수 있다. 1984년 5월

---

24) 당시 국내기업 법인세율은 33%였다.
25) 이 제도 및 우대세율조치 등은 내·외자기업 차등 과세로 인한 기업 간 공정 경쟁 저해, 외자기업의 편법을 통한 조세부담 회피, 우대정책을 노린 중국기업의 가(假)외자화 현상 등의 문제점이 발생함에 따라 2008년 폐지되었다. 중국 정부는 이때부터 기존의 외자기업, 연해지역에 대한 세제우대를 산업별 우대 및 내륙지역 지원으로 전환하였다.(한국은행, 1998)

14개 연해(沿海)도시[26]의 개방을 결정하여 중국의 개방정책은 점에서 선으로 확대되었다. 이후 1985년에는 상하이(上海)와 닝보(寧波) 등을 중심으로 하는 장강(長江)삼각주와 샤먼(廈門), 푸조우(福州) 등을 중심으로 하는 민난(閩南) 삼각주, 션전(深圳)·주하이(珠海)·광저우(廣州) 등을 중심으로 하는 주강(珠江) 삼각주 등이 연해 경제개방구로 지정되었다. 또한 1987년 제13차 전당대회 전후부터 종래의 경제특구 및 연해 경제개방구 등을 중심으로 하천유역이나 성 전체를 경제개발지역으로 확대하려는 방침을 정하였다. 이는 종래의 선에서 면으로 정책 전환을 시도한 것이다.

중국 최초의 경제특구

자료: 국무원

1992년 3월에는 '전방위 개방전략'에 따라 헤이룽지앙(黑龍江), 지린(吉林), 랴오닝(遼寧) 등 동북 3성과 네이멍구(內蒙古) 지역 등 내륙과 변경지역으로 개방

---

26) 발해만과 황해에 인접한 지역으로 다리엔(大連), 진황다오(秦皇島), 톈진(天津), 옌타이(煙臺), 칭다오(青島), 리엔윈강(連雲港) 등 6개 도시를 지정하였다. 또한 중부지역으로 난퉁(南通), 상하이(上海), 닝보(寧波), 원저우(溫州), 푸저우(福州), 광저우(廣州), 잔지앙(湛江), 베이하이(北海) 등 8개 도시를 선정하였다.

조치가 확대되었다.

Ⅲ. 1980년대

1. 사회주의 초급단계론

사회주의 체제하의 중국이 개혁개방 정책의 이론적 근거로 사용한 논리체계가 소위 '사회주의 초급단계론'이다. 이는 1981년 6월 중국공산당 대표대회 제11기 6중전회에서 최초 제기된 개념이다.

이의 논리를 간단히 설명하면 다음과 같다. "중국은 사회주의적 하부구조가 형성되어 있으나 생산력 수준이 극히 낙후된 사회주의 초급단계에 머물러 있다 → 따라서 경제적 도약을 위해서는 생산력 향상을 저해하는 제도적 요소를 과감히 개혁하는 것이 필요하다 → 이를 위한 주요 방법은 상품경제의 발전과 노동생산성의 제고이다."

한편 1984년 10월 중국공산당 대표대회 제12기 3중전회에서는 구체적으로 중국이 실현해야 할 체제를 '공유제를 기초로 하는 계획적인 상품경제'로 규정하였다. 이는 중국이 사회주의 경제도 상품경제임을 인정한 동시에 시장경제도 '보조적이지만 필수불가결한 요소'로 평가하게 되었음을 의미한다. 이후 1987년 10월 제13차 중국공산당 대표대회에서는 '사회주의 초급단계론'을 중국 정부가 추진하는 공식입장으로 발표하였다. 또한 이 대표대회에서는 개혁개방 및 중국특색의 사회주의 건설과 함께 '국가가 시장을 조절하고 시장이 기업을 인도한다'고 규정하면서 시장의 역할을 강조하였다. 다만 1989년 6월 중국공산당 대표대회 제14기 4중전회에서는 중국의 경제체제를 '계획경제와 상품경제의 유기적 결합'으로 규정하여 시장경제에 관한 입장이 1987년보다 다소 후퇴되었다는 평가를 받았다.

시장의 역할에 대한 경중에 변화는 있었으나 '사회주의 초급단계론'은 중국경제 개혁개방 초기에 지도원리로서 작용한 핵심적인 이론이라 할 수 있다. 그리고 생산력이 충분하게 발전하지 못하였다는 전제하의 '사회주의 초급단계론'은 지금도 여전히 적용되는 이론이다. 중국 헌법(2018년 3월 최종 개정)은 제6조에서 중국이 현재 사회주의 초급단계에 있음을 명시하고 있다. 또한 중국공산당 당장(黨章)(2017년 10월 최종 개정)에서도 중국은 현재 및 앞으로도 장기간 사회주의 초급단계에 머무르게 될 것임을 강조하고 있다.[27]

2. 농가청부생산책임제(農家請負生産責任制)

중국의 공산혁명이 성공한 대표적 원인 중 하나로 꼽히는 것이 중국공산당이 농촌과 농민의 광범위한 지지를 받았다는 점이다. 수천 년 간 이어져 온 지주제의 혁파와 토지의 무상분배 제도를 통해 적어도 형식상으로는 평등한 농촌사회를 이룩할 수 있었던 것이 혁명 성공의 배경이라는 평가이다.[28] 그만큼 중국에서 농촌, 농민, 농업 문제[29]는 간과할 수 없는 정치적 중요성을 지닌 이슈였다.

개혁 이전 중국 농촌은 인민공사에 의한 공동노동·공동분배 체제를 유지하였다. 당시 인민공사는 보통 5,000호 이상의 농가로 구성된, 행정 및 경제 기능을 결합한 대규모 조직이었다. 그러나 인민공사에 의한 생산은 인센티브의 부족으로 효율성이 크게 저하되는 부작용을 초래하였다. 이에 따라 1982년 인민공사를 해체하고 1978~79년부터 시범적으로 운영하던 농가청부생산책임제(農家請負生産責任制)를 확산시켜 영농권을 농민에게 부여하는 조치가 실시되었다. 인민공사 시절에는 노동의 대가와 노동투입 간에 균형이 이루어지지 않았을 뿐만 아니라 농업잉여도 국가가 강제적으로 흡수하여 농민들은 인센티브를 가지기 어려웠다. 이와 같은 문제를 해결하기 위해 도입된 것이 농가청부생산책임제이다.

농가청부생산책임제는 향(鄕), 촌(村) 등의 집단이 토지소유권을 보유하고[30] 농가와 계약을 체결하여 농민에게 토지사용권을 주는 동시에 계약량 이

---

27) 당장(黨章)에서는 사회주의 초급단계를 벗어나기 위해 100년 이상의 시간이 필요하다고 명시하고 있다.

28) 안예홍, 中國의 經濟改革과 北韓에 주는 시사점, 금융경제연구 제204호, 한국은행 동북아경제팀, 2004.11.26.

29) 이를 삼농(三農) 문제라고 한다.

상으로 생산된 농작물의 소유를 허용하는 농가경영 방식을 의미한다. '농가계약제'라고도 부른다. 이 제도를 도입하면서 농민이 증산한 농작물을 국가가 일반수매가격보다 높게 구입해 주었기 때문에 초과 생산된 부분은 곧바로 농민의 소득증대로 귀결되었다. 이전의 절정기에조차 연간 3억 톤을 겨우 넘기던 곡물 수확량이 1984년에는 4.7억 톤을 기록하였다. 또한 1985년에는 대약진운동 이후 처음으로 곡물을 수출하기도 하였다.[31] 증대된 농민소득은 농민의 소비수요를 확대함과 동시에 농업생산성을 개선하기 위한 자금으로 활용되었다.

3. 중앙은행제도 시행

(1) 설립

중국의 중앙은행은 중국인민은행이다. 중국은행이 아니다.[32]

중국인민은행은 중국의 공산화 이후 기존의 은행들을 통합하여 1948년 12월 설립되었다. 설립 이후 중국인민은행은 옛 소련과 마찬가지로 중앙은행 기능은 물론 일반 상업은행, 보험 및 금융감독 업무를 모두 수행하는 단일은행체제(mono-banking system)하의 유일한 은행이었다.[33] 이후 개혁개방정책에 따라 시장경제시스템이 도입되면서 금융의 역할 및 통화신용정책의 중요성에 대한 인식이 높아졌다. 중국인민은행에서 상업은행 기능이 분리된 배경이다. 1979~1984년 중 농업은행, 건설은행, 공상은행 및 중국은행이 설립되면서 각각 중국인민은행의 농업, 건설, 상업 및 외환 관련 업무가 이관되었다. 다시 말해 중국은 1984년부터 본격적으로 중앙은행제도를 실시하였다고 할 수 있다. 다만 일부 조치를 제외하면[34] 한동안 금융시장 및 통화정책 등의 측면에서 중앙은행

---

30) 중국의 토지소유권은 도시지역의 경우 국유(國有), 농촌지역의 경우 공유(共有, 집단구성원의 공동 소유) 형태를 지니고 있다.
31) 배리 노턴(2011).
32) 우리나라의 한국은행, 일본의 일본은행 등 대부분 국가의 중앙은행이 국명을 사용한다는 점에 착안하여 중국도 '중국은행'이 중앙은행인 것으로 오해하는 사람들이 종종 있다. 중국은행은 중국의 대표적인 국유 대형상업은행이다.
33) 이동욱, 중국의 세계무역기구(WTO) 가입 이후 중국인민은행의 개편 현황 및 전망, 한국은행 금융경제연구 247호, 2006.3.3.
34) 1986년 1월 '은행관리 잠정조례'를 제정하여 은행에 대한 중국인민은행의 포괄적인 감독권한을 명시한 것이 대표적인 사례이다.

제도와 관련된 특별한 개혁은 없었다.

1994년 10월부터 중국인민은행이 M2 등 통화지표를 발표하기 시작하였으며 1995년 3월 드디어 '중국인민은행법'이 제정되었다.[35] 이때 비로소 온전한 형태의 중앙은행제도 설립이 완결된 셈이다. 한편 중국인민은행은 1992년부터 2001년의 WTO 가입 전후의 기간 동안에 증권(1992년 10월) · 보험(1998년 11월) · 은행(2003년 4월) 감독위원회를 각각 설립하여 해당 감독기능을 분리하였다. 이는 미국의 '글래스 스티걸 법(Glass Steagall Act)'[36]의 입법 취지를 참고한 것으로 금융사고 예방을 위해 업종별로 전문화된 감독기관이 필요하다는 판단에 따른 조치였다. 한편 2018년 4월에는 감독 공백 문제 해결과 금융리스크에 대한 포괄적 감독기능 강화 등을 위해 은행 및 보험감독위원회를 합병한 '중국은행보험감독관리위원회'가 출범하였다.

(2) 조직

중국인민은행의 설립목적은 통화정책의 수립 · 집행을 통하여 통화가치 안정을 유지함으로써 경제성장을 촉진하고, 금융리스크의 예방과 완화로 금융안정을 도모하는 것이다.[37] 이러한 설립목적은 여타국 중앙은행과 비교해 볼 때 상대적으로 통화가치의 안정보다는 경제성장을 중요시하는 것으로 해석할 수 있다. 이는 체제 안정을 위해 지속적인 경제성장이 요구되었던 데에 그 원인이 있을 것으로 추정된다. 한편으로는 중국인민은행이 정부로부터 독립된 조직이 아니고 국무원(행정부) 산하의 정부부처 중 하나라는 점도 작용하였을 것이다. 국가발전개혁위원회, 재정부, 상무부 등 여타 경제부처들은 일반적으로 성장을 더 중시하는 정책기조를 보이면서 중국인민은행과 종종 대립하곤 한다. 심지어 중국인민은행의 통화정책위원회는 한국은행의 금융통화위원회나 연방준비제도(Fed)의 연방공개시장위원회(FOMC)와 같은 정책결정기구가 아니며 단순한 자문

---

35) 이때 '상업은행법'도 제정되면서 중앙은행과 상업은행이 명확하게 분리되었다.
36) 공식 명칭은 '1933년 은행법(Banking Act of 1933)'이다. 고객자산을 이용한 은행들의 방만한 투자행위가 1929년의 주가 폭락과 그에 이은 대공황의 원인 중 하나로 지적됨에 따라 '은행개혁'과 '투기규제'를 목적으로 제정되었다. 핵심 내용은 은행을 상업은행과 투자은행으로 구분하고 이들의 업무를 엄격하게 구분하는 것이었다. 또한 이 법을 통해 연방예금보험제도가 도입되었다.(한국은행, 경제금융용어 700선, 2018.1)
37) 중국인민은행법 제2~3조.

기구에 불과하다.

특히 1998년 아시아 금융위기 당시 중국인민은행의 독립성은 최저수준으로 낮아진 경험이 있다. 바로 중국공산당 금융공작위원회(中央金融工作委員會)가 설립되어 중국인민은행이 이 위원회의 지시를 받게 된 것이다. 당시 금융공작위원회는 중국인민은행의 업무는 물론 외환위기에 대응하기 위한 제반 금융개혁과 관련된 의사결정을 하는 핵심기관 역할을 수행하였다.[38] 이는 정부보다 우위에 있는 당의 위상을 직접적으로 보여 준 사례라고 할 수 있다. 한편 중국은 WTO 가입 이후 중앙은행의 역할을 강화할 필요성이 커지면서 2003년 말 중국인민은행법을 대폭 개정하고[39] 금융공작위원회를 폐지하였다. 이후 중국인민은행의 정책 수립 및 집행에 상당한 자율권이 보장되었다. 한편 2017년 신설된 '금융안정발전위원회'는 부총리가 위원장을 맡고 은행, 증권, 보험 등의 부문을 통합적으로 조율하고 관리하는 정부조직으로 이전의 금융공작위원회와는 차이가 있다.[40]

중국인민은행 세부 조직의 경우 2005년 8월 미국의 뉴욕 연준은행을 참고하여 상하이에 제2본부를 설립한 것이 특징이다. 상하이 제2본부는 베이징 본부에서 옮겨온 공개시장운영부, 금융시장관리부, 금융안정부, 조사통계연구부, 국제부, 금융서비스부, 외환관리부 등 현재 약 700명이 근무하는 조직이다. 한편 2019년 1월 현재 베이징 본부는 21개 부서에 779명으로 구성되어 있다.[41]

(3) 통화정책 운영체계

중국인민은행은 유동성 관리를 중심으로 하는 통화량 목표제 방식(monetary targeting)의 통화정책을 운영하고 있다. 구체적으로는 1998년부터 M2증가율을 통화정책 중간목표로 설정하고 공개시장운영, 지준율 조정 및 창구지도 등을

---

38) 금리, 환율 등 중국인민은행의 주요 업무는 물론이고 중국인민은행 및 주요 금융기관 인사와 국유기업에 대한 대출 여부 등도 결정하였다.

39) 이때 중국인민은행의 주요업무에 금융리스크 방지와 해소, 금융안정 수호 및 금융안정 관련 감독기능을 명문화하였다. 중국인민은행은 2003년 '금융안정국'을 신설하여 금융안정업무 기능을 본격 가동하였으며 2005년부터 「금융안정보고서」를 발간하였다. 한편 2019년에는 시스템리스크에 대한 선제적 대응과 환율정책을 담당하는 '거시건전성관리국'을 신설하였다.

40) 중국인민은행은 금융안정발전위원회의 사무처 역할을 하고 있으며 중국인민은행 총재가 이 위원회의 부위원장 겸 사무처장이다.

41) 中國人民銀行職能配置, 內設機構和人員編制規定, 2019.2.2.

통해 유동성을 조절하는 방식을 채택하고 있다.[42]

M2증가율 목표와 실적(%)

연도	목표	실적	연도	목표	실적
2000	14.0~15.0	14.0	2010	17.0	19.7
2001	13.0~14.0	14.4	2011	16.0	13.6
2002	13.0	16.8	2012	14.0	13.8
2003	16.0	19.6	2013	13.0	13.6
2004	17.0	14.6	2014	13.0	12.2
2005	15.0	17.6	2015	12.0	13.3
2006	16.0	16.9	2016	13.0	11.3
2007	16.0	16.7	2017	12.0	8.1
2008	16.0	17.8	2018[1]	–	8.1
2009	17.0	27.7	2019[1]	–	8.4

주: 1) 2018년 이후 목표치를 발표하지 않고 있으며 2019년 실적은 10월 말 기준
자료: 국무원, 중국인민은행

　　한편 2011년부터는 비(非)금융기업 및 가계가 금융시스템으로부터 조달한 자금총량을 의미하는 사회융자총액(total social financing)을 새로운 신용지표로 발표하고 있다. 이는 위안화 대출, 외화대출, 주식 및 채권발행, 위탁대출, 신탁대출, 은행인수어음 등으로 구성된다. 특히 후자의 세 가지는 그림자금융(shadow banking)에 해당한다. 여기에서 그림자금융이란 통상 은행의 예대업무를 경유하지 않는 금융활동 혹은 상품을 의미한다. 좀 더 구체적으로는 은행의 부외(off-balance) 업무와 은행 이외 금융기관 및 비금융기관의 금융활동 등을 지칭하는 용어이다. 특히 중국의 그림자금융은 2010년 이후 규모가 급증한 것으로 평가된다. 이는 당국의 대출규제를 회피하기 위한 은행권의 필요와 마이너스 실질금리 상황에서 수익 극대화를 도모하는 투자자의 수요 증가가 맞물린 결과인 것으로 해석할 수 있다. 그림자금융의 급증은 자금배분의 왜곡을 심화시키고

---

42) 한재현, 중국경제의 트릴레마 관련 세 가지 에세이, 한양대학교 박사학위 논문, 2019.

시스템리스크를 증가시킬 수 있다는 점에서 면밀한 모니터링이 필요한 부분이다.

중국의 그림자금융

분야	내용
위탁대출 (entrusted loan)	은행이 정부, 기업, 개인 등의 투자자로부터 위탁받은 자금을 중개수수료를 받고 차입자에게 대출해주는 상품
신탁대출 (trust loan)	은행이 매각한 대출채권을 신탁회사가 자산관리상품(WMP)으로 유동화시키는 과정에서 신탁회사로 이전된 은행의 신용 공여
은행인수어음 (bank acceptance)	기업이 상거래 결제를 위해 발행한 어음에 대해 은행이 일정 보증금을 받고 대금지급을 보증하는 상품
非제도권 대출	소액대출 전문기관, 민간 사채업자, 전당포, 개인 등 비공식 대출자에 의해 이루어지는 신용공여

2019년 9월 말 현재 사회융자총액 잔액은 219.0조 위안이며 이 중 가장 큰 비중을 차지하는 것은 위안화대출(148.6조 위안, 67.8%)이다.

중국은 금리목표제의 통화정책 운영체계가 아니므로 정책금리라 할 수 있는 것이 없으며 1년 만기 예대금리를 기준금리로 설정하여 참고지표로 활용[43]하고 있을 뿐이다. 그러나 점차 금리를 중시하는 방향으로 통화정책 운영체계가 변화하고 있는 중이다. 중국인민은행은 2019년 8월 대출우대금리(LPR: Loan Prime Rate) 제도를 개편하면서 은행대출시 이를 참고하여 결정하도록 하였다. 이는 사실상의 기준금리가 기존의 1년 만기 대출금리에서 LPR로 변경되었음을 의미한다. 최근에는 시장유동성 상황을 가장 잘 나타내는 지표인 7일물 RP금리가 실질적인 정책금리의 역할을 수행하고 있다.

즉, 현재 중국의 통화정책은 M2와 함께 7일물 RP금리를 운용수단으로 병행하면서 금리중심 운용의 시스템으로 점차 전환중인 과도기적 시기를 지나는 중이라 할 수 있다. 이는 2018년부터 M2증가율 목표치를 발표하지 않고 있는 데에서도 잘 나타난다.

---

43) 금리를 참고지표로 활용하기 시작한 것은 1996년의 금리자유화 조치 이후이다.

중국의 사회융자총액 구성

	2017년 말		2018년 말		2019년 9월 말	
	금액(조 위안)	비중(%)	금액(조 위안)	비중(%)	금액(조 위안)	비중(%)
위안화대출	119.0	68.1	134.7	67.1	148.6	67.8
외화대출	2.5	1.4	2.2	1.1	2.2	1.0
위탁대출	14.0	8.0	12.4	6.2	11.7	5.4
신탁대출	8.5	4.9	7.9	3.9	7.7	3.5
은행인수어음	4.4	2.5	3.8	1.9	3.3	1.5
채권발행	18.4	10.6	27.4	13.6	32.1	14.6
주식발행	6.7	3.8	7.0	3.5	7.2	3.3
기 타	1.2	0.7	5.4	2.7	6.2	2.9
합 계	174.7	100.0	200.8	100.0	219.0	100.0

자료: 중국인민은행

(4) 통화정책 수단[44]

중국인민은행은 1998년부터 간접수단인 지급준비율[45] 조정, 공개시장운영 등을 적극적으로 활용하고 있다. 그러나 금융시장 미성숙 등으로 여수신금리 규제 및 창구지도 등 직접수단에 대한 의존도가 여전히 높은 상황이다. 한편 최근에는 기존의 전통적인 통화정책 수단 이외에 유동성 및 신용배분을 조절할 수 있는 새로운 정책수단을 적극적으로 개발하여 활용하고 있다. 중국인민은행이 유동성 공급 조절경로의 다양화를 위해 새롭게 도입한 수단에는 다음과 같은 것들이 있다.

---

44) 한재현(2019).
45) 중국은 1984년 지급준비율 제도를 도입하였다. 당초에는 예금 종류별로 지준율 수준이 20%~40%(기업예금 20%, 농촌예금 25%, 저축예금 40%)로 달랐으나 1985년 10%로 통일되었다. 이후 등락을 거듭하는 과정 중에서도 기관별로 동일했던 지준율 수준은 2008년 9월 이후 대형은행과 중소형은행 등으로 구분되어 차별 부과되기 시작하였다. 한편 지준율 수준은 1999년 11월~2003년 8월의 6.0%가 역대 최저였으며, 2011년 6월~11월의 21.5%가 최고였다.

우선 유동성조절대출(SLF: Standing Lending Facility)은 상업은행이 중국인민은행으로부터 단기간(만기 7일~3개월) 일시적 부족자금을 차입하는 제도이다. 이 제도의 금리는 공개시장을 운영할 때 활용하는 RP금리와 함께 중국인민은행이 검토 중인 금리밴드(interest band)의 상한 및 하한으로서 각각 기능한다. 2019년 6월말 현재 잔액은 830억 위안이다.

두 번째로 중기유동성지원창구(MLF: Medium-term Lending Facility)는 상업은행이 중국인민은행으로부터 중장기(만기 3~12개월) 부족자금을 차입하는 제도이다. 2019년 6월말 현재 잔액은 3조 6,810억 위안이다.

세 번째는 임시유동성지원창구(TLF: Temporary Liquidity Facility)이다. 이는 춘절(설) 등의 요인으로 시중 유동성이 일시적으로 부족해질 경우 중국인민은행이 자금경색에 대응하여 5대 대형상업은행에 대해 28일간 한시적으로 지준율을 1%p 인하하는 제도이다.

네 번째로 취약부문에 대한 자금지원 등을 위해 도입한 담보보완대출(PSL: Pledged Supplementary Lending)이 있다. 이는 중국인민은행이 정책은행에 대출한 자금을 정책은행이 도시재개발 사업자 또는 농업부문 등에 재대출하고 이 대출채권을 중국인민은행에 담보로 제공하는 제도이다. 2019년 6월말 현재 잔액은 3조 5,131억 위안이다.

마지막으로 2018년에는 기존의 임시유동성지원창구(TLF)와는 달리 해당 자금 운용처를 중소기업 및 민영기업 대출로 한정한 선별적유동성지원창구(TMLF: Targeted Medium-term Lending Facility) 제도가 도입되었다.[46] 2019년 6월말 현재 잔액은 5,249억 위안이다.

예대금리나 지급준비율의 조정이 은행대출 및 실물경제에 직접적 영향을 주는 반면 이들 새로운 수단들은 자금시장 및 채권시장을 통해 은행의 자금조달비용 등 간접적인 경로를 통해 영향을 미친다는 차이가 있다. 다만 이들 새로운 통화정책 수단의 도입에 따른 정책운영이 향후 통화정책 전달경로에 미치는 파급영향은 짧은 시행기간 등을 감안할 때 아직 불명확한 상황이다. 예를

---

46) 2019년 1월 23일 중국인민은행은 이 제도 도입 이후 처음으로 2,575억 위안을 대출금리 3.15%, 만기 3년의 조건으로 지원하였다. 선별적 유동성지원창구 제도의 만기는 1년 이내이지만 금융기관 필요에 의해 두 차례 연장이 가능하다.

들어 취약부문에 대한 지원을 위해 도입한 담보보완대출(PSL)이 효율적 자원배분을 왜곡하여 통화정책의 효과를 약화시킬 우려가 존재한다.[47]

한편, 중국인민은행이 진정한 중앙은행으로서의 역할과 기능을 수행하기 위해서는 통화정책 목표의 단순화, 정책금리 운용 등 아직 개선할 점이 많다는 지적이다. 예를 들어 마쥔(馬駿) 중국인민은행 통화정책위원은 중국인민은행이 진정한 중앙은행으로 발전하기 위해 필요한 개선사항으로 ⅰ) 법률 및 제도상으로 중국인민은행에 통화정책의 목표 및 통화정책수단 결정기능 부여, ⅱ) 예대 기준금리 취소 및 정책금리 운용, ⅲ) 환율수준을 통화정책 목표로 간주하는 표현의 명시적 삭제, ⅳ) 통화정책보고서에 통화정책과 관련된 구체적 내용 및 전망 수록 등을 예시하고 있다.[48]

 〈참고 5〉 중국인민은행의 통화정책 수단

	통화정책 수단	개요	도입
기존수단	예대금리[49]	3·6개월 및 1·2·3년 만기 예금, 1·5년 및 5년 초과 만기 대출 기준금리 공표	–
	지준율	금융기관 종류별(대형, 중소형, 농촌금융기관 등) 차별화된 지준율 부과	1985
	공개시장운영(OMOs)	만기 7·14·28·91일의 환매조건부 거래 형식	1998
	재할인(rediscount)	시중은행들이 유동성 확보를 위해 보유중인 적격요건 어음 등을 중앙은행에 할인	1985
	재대출(relending)	금융기관의 단기 유동성 부족 지원, 특정 정책대출 집행 등을 위해 제공	1985

---

47) 이윤숙, 중국 통화정책의 특징과 3대 과제, 한국은행 해외경제 포커스 제2017－4호, 2017.2
48) 馬駿, 利率市場化與貨幣政策框架轉型, 2018.6.22.
49) 중국인민은행은 2019년 8월 '대출우대금리(LPR)' 제도를 개편하면서 신규 대출은 고시되는 LPR을 참고하여 결정하고 변동금리 대출시에도 LPR을 기준금리로 채택하도록 하였다. 9월 신규대출 중 46.8%가 LPR을 참고하여 금리가 결정되었다.(중국인민은행, 2019년 3/4분기 통화정책집행보고, 2019.11.15)

신규수단	단기유동성조절도구 (SLO)	은행 간 시장 단기(7일 이내) 유동성 과부족 대처 단기자금 공급(12개 은행 대상)	2013
	유동성조절대출(SLF)	시중은행 등에 만기 7일~3개월의 담보대출 자금 공급	2013
	중기유동성지원창구 (MLF)	만기 3, 6, 12개월의 담보대출 자금 공급	2014
	담보보완대출(PSL)	장기 유동성 조절 등 위해 만기 1~3년 담보대출 자금 공급(정책은행 대상)	2014
	임시유동성지원창구(TLF)	대형은행들을 대상으로 무담보 1개월의 임시적인 유동성 공급	2017
	선별적유동성지원창구 (TMLF)	운용처를 중소·민영기업 대출로 한정한 만기 1년 이내의 MLF	2018

자료: 중국인민은행

 〈참고 6〉 중국 금융기관별 지급준비율 수준

(2019년 10월 말 기준)

지준율(%)		해당 금융기관
13.0	대형은행	5대 국유상업은행 및 우체국은행
11.0	중형은행	주식제상업은행, 도시상업은행, 非縣지역 농촌상업은행
7.5	소형은행	농촌신용사, 농촌합작사, 縣지역 농촌상업은행

자료: 중국인민은행

4. 가격자유화

1949년 건국 이후 계획경제제도를 실시한 중국은 생산가격 및 수량을 모두 국가가 결정하는 경제시스템을 30여 년 간 유지하였다. 그러나 개혁개방정책 이후 이러한 시스템은 순차적으로 변화되어 왔다.

우선 주어진 재화를 배분하는 데 있어 기존의 계획 경로와 새로운 시장경로의 공존을 일컫는 소위 쌍궤제(雙軌制, double-track price system)를 실시하였다. 이는 시장메커니즘을 가격형성 과정에 도입한 일종의 이중(二重)가격제도이다. 정부계획 내의 부문에 대해서는 정부가 가격을 결정하고 계획 이외의 부문은 시장에 의해 가격이 결정되는 시스템이다. 구체적으로는 우선 곡물, 주요 원자재 및 생산재 중 계획량 이상으로 초과 생산된 제품에 대해 시장가격으로 자율 판매토록 하는 조치를 실시하였다.[50] 1981년 원유 수출가격을 시작으로 1985년에는 곡물, 기능작물, 면화 및 담배 등을 제외한 모든 농산물과 손목시계, 선풍기 등 일부 공산품 가격이 자유화되었다. 농촌수매제도의 경우에도 1985년 계약수매제(契約收買制)를 도입하여 농민의 농산물 판매에 대한 자율권이 확대되었다. 이후 1986년에는 자전거, 흑백 TV 등 749개 품목의 가격이 자유화되었으며 1988년에는 담배와 술 가격이 자유화되었다.

이후에도 가격자유화 과정은 지속적으로 전개되었으며 현재 중국 정부가 가격결정에 관여하는 정도는 상당히 낮은 수준까지 하락하였다. 2016년 말 현재 정부가 가격을 관리하는 품목 비중은 2.99%이다.[51]

한편 가장 최근에 가격자유화가 된 대표적인 품목은 '소금'이다. 소금은 중국에서 춘추전국시대 이래 2,700여 년 간 전매제도를 실시해 온 대표적인 품목이었다.[52] 전매제도를 통한 이익이 적은 상황에서 중국 정부는 경쟁을 통한 가격안정 등을 위해 소금판매 및 가격결정을 2018년부터 완전 자유화하였다.

---

50) 1984년까지는 생산초과분 판매가격이 정부결정 가격의 120% 이내라는 제한이 있었으나 1985년부터 폐지되었다.
51) 이는 2012년의 5.57%에 비해 절반 정도 수준으로 하락한 것이다. 한편 산업별로는 1차산업이 0%, 2차산업이 2.63%, 3차산업이 4.10%로 아직 서비스부문의 가격통제가 상대적으로 많이 남아있는 것을 알 수 있다.(국가발전개혁위원회, 2017.7.26)
52) 12세기 송 고종 때 소금 전매수입은 1,930만 관으로 전체 재정수입의 절반을 넘었다고 한다.(윤덕노, 2019)

Ⅳ. 1990년대

1. 주식시장 개혁개방

(1) 주식시장 설립과 발전

중국의 주식시장은 1984년의 최초 주식발행 이후 1990년 상하이증권거래소, 1991년 선전증권거래소가 설립되면서 본격적으로 발전하기 시작하였다. 다만 거래소 설립 초창기에 중국 정부는 국유기업을 상장하면서 일부 주식만 유통시키고 상당수 주식은 유통시키지 않는 방식을 채택하였다. 이것이 소위 유통주(Tradable shares)와 비유통주(Non-tradable shares)의 구분이다. 국유기업을 주식회사화 할 때 주식의 약 1/3을 상장하고 나머지는 국가가 소유(국유주)하거나 종업원에 할당(종업원주)하였는데 이들 주식은 거래를 제한하였다. 비유통주 비중은 지속적으로 감소해 왔지만 2019년 11월 20일 시가 기준으로 상하이거래소는 13.9%, 선전거래소는 23.8%가 여전히 비유통주이다.

한편 상하이거래소가 국유 대형기업 위주로 상장된 반면, 선전거래소는 중소형 민간기업 위주로 상장되어 있다는 점이 주요 차이이다. 업종별로 보면 상하이거래소는 금융, 에너지, 유틸리티 등의 비중이 높으며 선전거래소는 IT, 소비재, 헬스케어 등의 비중이 높다. 시가총액은 2019년 11월 20일 기준으로 상하이거래소가 33.3조 위안, 선전거래소가 22.3조 위안이다.[53]

중국 주식시장은 1992년 B주가 발행되면서 A주시장과 B주시장으로 양분되었다. A주시장은 내국인을 대상으로 위안화를 이용하여 거래 및 결제가 이루어지는 시장이다. B주시장은 외국인을 대상으로 외국통화(상하이는 미달러화, 선전은 홍콩달러화)로 거래 및 결제가 이루어지는 시장이다. 이는 자본자유화 및 외환자유화가 미미한 상태에서 외국인투자 유치를 목적으로 만든 제도이다. 한편 A주와 B주 이외에 중국 관련 주식으로 H주와 레드칩(Red chip)이 있다. H주는 홍콩에 상장된 중국기업(대부분 국유기업)의 홍콩달러표시 주식을 의미한다. 레드칩은 중국 국유자본이 최대주주로 참여하여 홍콩에 설립한 기업의 주식(전자, 통

---

53) 유통주 기준으로는 각각 28.7조 위안 및 17.0조 위안이다.

신, 금융, 부동산 등)을 의미한다. H주는 자본(모기업)과 등록소재지가 모두 중국인 경우이며, 레드칩은 자본(모기업)은 중국이지만 등록소재지가 홍콩이라는 점에서 차이가 있다. 이들 H주와 레드칩은 홍콩 주식시장의 20% 내외를 차지하고 있다.

한편 중국의 주식시장 시가총액은 1995년 3,474억 위안으로 GDP대비 5.7%에 그쳤으나 2018년은 43.5조 위안으로 GDP대비 47.3%에 이르렀다.[54]

중국 주식시장 시가와 GDP대비 비중

	1995	2000	2005	2010	2015	2018
총시가(A, 억 위안)	3,474	48,091	32,430	265,422	531,304	434,924
명목 GDP(B, 억 위안)	61,130	99,215	183,868	397,983	676,708	919,281
A/B(%)	5.7	48.5	17.6	66.7	78.5	47.3

자료: 중국인민은행(2018)

한편 감독기관의 경우 1992~1997년은 국무원 소속 증권위원회와 전문증권감독기구인 증권감독위원회의 2원적 감독체제였다.[55] 당시 증권위원회는 증권감독정책 총괄 및 증권업에 대한 전반적인 관리를 담당하였다. 그리고 증권감독위원회는 증권위원회의 집행기구로서 전국의 증권시장을 감독·검사하고 증권시장의 질서 유지 및 운영을 관장하였다. 현재 우리나라의 금융위원회 및 금융감독원체제와 비슷하였다고 할 수 있다. 이후 증권산업이 급성장함에 따라 1998년에는 위의 두 기구를 통합한 중국증권감독관리위원회(CSRC: China Securities Regulatory Commission)가 설립되어 오늘에 이르고 있다.

(2) 개혁개방 조치

중국의 주식시장은 그동안 꾸준하게 개혁개방 조치가 확대되어왔다.

우선 2001년 2월 내국인의 B주시장 투자를 허용하였다. 다만 B주시장 규모가 크지 않아 실질적 의의는 크지 않았다.

2002년 12월에는 적격외국인 기관투자가(QFII)제도[56]를 도입하여 2003년 5

---

54) 이 비율이 가장 높았던 시기는 글로벌 금융위기 직전인 2007년으로 131.1%(주식시가총액 32.7조 위안, GDP 24.9조 위안)에 달하였다.
55) 한국은행, 중국의 금융제도, 2012.

월부터 외국인 기관투자가의 A주시장 진출을 허용하였다. 다만 기관심사 및 투자액 승인제도 등으로 거래는 제한적이었다. 2019년 7월 현재 전세계 30개국 312개 기관이 QFII자격을 획득하였다. 한국은 2008년 미래에셋을 시작으로 2011년 한국은행이 자격을 획득하였으며 국민연금공단, 산업은행 등 총 19개 투자기관이 QFII에 포함되어 있다.

2004년 5월에는 션전증권거래소에 제2증권시장인 중소판 시장(SME board)을 개설하였다. 2019년 11월 20일 기준 중소판 시장 시가총액은 9.3조 위안으로 션전거래소 총 시가의 약 41.9%를 차지하고 있다. 메인보드 시장(32.1%)보다 오히려 비중이 더 높다.

한편 중국 정부는 증시개혁의 일환으로 2005년 4월 이후 비유통주의 유통주로의 전환을 적극 추진하게 된다.[57] 비유통주는 대주주에 의한 유통 소액주주의 권리 침해, 비유통주 방출시 공급과잉에 의한 주가급락 우려 등 증권시장의 발전을 저해하는 가장 큰 장애물 중의 하나라는 비판을 받아왔기 때문이다. 이때는 과거 두 차례의 실패[58]를 거울삼아 공급과잉 우려를 불식시키기 위한 조치를 함께 시행하였다. 즉, 비유통주 보유자들의 매각을 일정기간 제한(1년 이내 매각 금지)하였다. 또한 전환조건 등 제반사항은 주주총회를 통해 기업이 자율적으로 결정토록 하였다. 이와 같은 조치들은 유통·비유통 주주 쌍방의 이익을 동시에 배려하기 위한 노력이었다.

2006년에는 비상장기업의 주식거래를 위한 장외시장을 설립하였다.

한편 2000년대 후반 들어 전국적 주식투자 열풍으로 중국 주식시장이 고공행진을 계속하면서 종합주가지수가 사상 최고치를 경신하기도 하였다. 상하이 종합주가지수는 2007년 10월 16일 6092.06을 기록하여 사상 최고치였다.

2009년 10월에는 션전증권거래소에 미국의 나스닥(NASDAQ)과 유사한 첨단기술주 중심의 창업판 시장(second-board market)을 개설하였다. 2004년에 개설된

---

56) 적격외국인 기관투자가(QFII: Qualified Foreign Institutional Investors)는 중국 자본시장에 투자할 수 있는 승인을 얻은 외국인 기관투자가를 의미한다.
57) 고용수, 최윤찬, 중국의 비유통주 개혁 추진상황 평가 및 향후 과제, 한국은행 해외경제정보 제2006-15, 2006.2.
58) 1999년과 2001년에 비유통주의 유통주 전환을 시도하였으나 주식 과잉공급을 우려한 주가 폭락으로 중단된 바 있다. 비유통주 문제는 2001년 이후 4년여 간 중국 증시하락의 주요인으로 작용하였다는 평가를 받는다.

중소판 시장이 성숙단계에 접어든 중소기업을 대상으로 한다면 창업판 시장은 신생 중소기업 및 벤처기업을 위한 시장이다. 한편 2019년 11월 20일 기준으로 창업판 시장 시가총액은 5.8조 위안으로 션전거래초 총 시가의 약 26.0%를 차지하고 있다.

2010년 적격내국인 기관투자가(QDII)제도를 실시하면서 내국인 투자자의 해외주식투자 제한제도가 일부 완화되었다.[59]

2011년에는 위안화 적격외국인 기관투자가(RQFII)제도를 실시하여 외국인 투자자의 위안화를 이용한 투자통로를 확대하였다.[60] 2019년 7월 현재 전세계 15개국 242개 기관이 RQFII자격을 획득하였다. 한국은 한국산업은행 등 총 35개 기관이 자격을 획득하였다.

2014년 후강통(滬港通), 2016년 션강통(深港通)제도를 통해 홍콩과 상하이 및 홍콩과 션전 주식시장 간의 교차거래를 가능케 하는 제도를 실시하였다.[61] 이들 제도는 기존 주식시장 개방조치인 QFII 및 RQFII와 달리 별도로 인가된 자격 없이 기관·개인 투자자의 중국 주식시장 진입이 가능하다는 특징이 있다.

2018년 6월 및 9월에는 글로벌 주식 벤치마크지수를 제공하는 MSCI의 MSCI 신흥시장지수(Emerging Market Index)에 중국 A주식[62]이 편입되었다. 편입 A주식은 시가총액의 5%로 이의 편입에 따라 전체 지수에서 A주의 비중은 0.7%로 확정되었다. 또한 이 편입비율은 2019년에 추가로 상향되었다. 즉, 기존의 5%에서 2019년 5월 5%, 8월 5%, 11월 5%가 추가 편입되면서 편입되는 A주 비중이 20%로 확대되었다. 이에 따라 A주의 MSCI 신흥시장지수 비중은 종전의 0.7%에서 3.3%로 상승하게 되었다.[63]

---

59) 적격내국인기관투자가(QDII: Qualified Domestic Institutional Investors)는 해외 자본시장에 투자할 수 있는 승인을 얻은 국내기관투자가를 의미한다. 2019년 6월 말 현재 152개 기관이 1,039.8억 달러의 투자금액을 승인받았다.

60) 위안화 적격외국인 기관투자가(RQFII: Renminbi Qualified Foreign Institutional Investors)는 중국 자본시장에 위안화를 이용하여 투자할 수 있는 승인을 얻은 외국인 기관투자가를 지칭한다.

61) 후강통제도는 상하이·홍콩 주식시장 간의 교차매매제도로 2014년 11월부터 시행되었다. 한편 션강통제도는 션전·홍콩 주식시장 간의 교차매매제도로 2016년 11월부터 시행되었다.

62) B주식과 H주식은 MSCI 신흥시장지수에 이미 편입된 상태였다.

63) 과거사례를 감안할 때 중국 A주식의 MSCI 신흥시장지수 완전 편입에는 상당 시일이 소요될 전망이다. 과거 한국은 완전 편입까지 6년(1992~1998년 중 3단계), 대만은 9년(1996~2005년 중 5단계)이 각각 소요된 바 있다.

2018년 9월에는 중국 내 근무하는 모든 외국인 근로자의 A주 투자가 허용되었다. 한편 2019년 6월 상하이와 런던 주식시장 간의 교차거래를 가능하게 하는 '후룬통(滬倫通)'제도가 시행되었다.[64]

자본시장이 완전 개방되어 있지 않은 중국은 주식시장에서 외국인이 차지하는 비중도 아직은 미미한 상황이다. 2018년 말 현재 약 3.5%이다. 이는 한국이나 일본 등의 약 1/10에 불과한 수준이다. 다만 최근의 주식시장 개방 진척 상황을 감안할 때 그 비중은 지속적으로 상승할 전망이다.

2. 한·중 수교

(1) 외교관계

우리나라와 중국과의 외교관계는 1992년 8월 수립되었다. 1995년 1월부터 '한중 이중과세 방지협정'이 시행되면서 양국의 경제적 관계는 한층 강화되었다. 이후 양국간 관계는 최초의 '우호적 협력관계'에서 1998년 11월 '협력동반자관계', 2003년 7월 '전면적 협력동반자관계', 2008년 5월 '전략적 협력동반자관계' 등으로 격상되어 왔다.

한·중 관계 변화과정

시기	관계	내용
92.8~98.10	우호적 협력관계	주변국과 우호적인 관계를 맺는 가장 초보적인 단계
98.11~03.6	협력동반자관계	양자 간 경제협력을 확대하는 단계
03.7~08.4	전면적 협력동반자관계	경제 분야를 넘어 모든 분야에서 동반자관계를 적용하는 단계
08.5~현재	전략적 협력동반자관계	모든 분야에서 양자 간 관계를 넘어 다자적이고 중장기적인 문제도 다루는 단계

자료: 외교부

---

64) 2019년 6월 17일부터 시행된 이 제도의 초기 투자금액 쿼터는 중국 A주 투자자금이 2,500억 위안, 런던 증시 투자자금이 3,000억 위안이었다.

(2) 교역관계

　수교 이후 양국간 교역관계는 지속적으로 강화되었다. 교역규모는 1992년
64억 달러에서 2018년 2,686억 달러로 급증하였다. 현재 중국은 한국 제1의 수
출국 및 수입국의 지위를 차지하고 있다.[65] 한편 한국은 중국 제3의 수출국 및
제1의 수입국이다. 주요국 가운데 한국(26.8%, 2018년)은 대만(28.8%) 다음으로 대
중국 수출 비중이 높은 국가이다.

한국의 대중 교역액과 비중

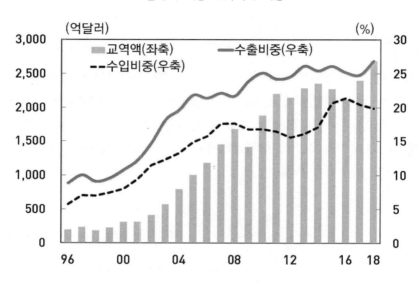

자료: 한국무역통계진흥원

　한편 양국은 2015년 12월 FTA를 체결하였다. 중국은 2004년 11월 ASEAN
과 최초로 FTA를 체결하였으며[66] 2018년 말 현재 우리나라를 포함하여 23개

---

65) 반도체를 예로 들면 2018년 우리나라의 대중 수출 규모는 858억 달러로 전체 반도체 수출
　　의 41.2%를 차지하는 것으로 나타났다. 한편 한국의 대중국 수출(2014년 기준)은 최종재
　　31.3%, 중간재 68.7%로 구성되어 있다. 수출되는 중간재를 귀착지별로 세분하면 중국 내수
　　가 43.8%, 미국 5.0%, EU 4.3% 등으로 나타났다.(강내영, 강성은, 한국과 주요국의 대중 수출
　　공급경로 비교 분석, Trade Issue, 한국무역협회 국제무역연구원, 2019년 21호, 2019.5)
66) 당초 중국과 ASEAN은 2002년 11월 FTA 체결을 위한 기본협정에 합의하였으나 세부 입장
　　차이로 난항을 겪다가 2004년 9월 ASEAN이 중국의 시장경제지위(MES)를 인정한 이후 협

국(지역)과의 FTA가 발효되고 있는 상황이다. 이외에 스리랑카 등 6개국과 FTA 체결을 위한 협상을 진행 중이며, 콜롬비아 등 7개국과는 관련 연구를 진행 중이다.[67] 또한 2017년 12월 우리나라와 FTA 서비스·투자 후속협상을 시작하는 등 5개국과 업그레이드 협상을 진행 중이다.

중국과의 FTA 체결 국가(지역) 및 발효 시기(2018년 말 현재)

국가(지역)	발효 시기	국가(지역)	발효 시기
홍콩	04.1월, 서비스 16.6월	대만[2]	10. 9월
아세안	05.7월, 서비스 07.7월, 투자 10.2월	코스타리카	11. 8월
칠레	06.10월, 서비스 10.8월, 업그레이드 19.3월	아이슬란드	14. 7월
파키스탄[1]	07.7월, 서비스 09.10월	스위스	14. 7월
뉴질랜드[1]	08.10월	한국[1]	15.12월
싱가포르[1]	09. 1월	호주	15.12월
페루[1]	10. 3월	조지아	18. 1월

주: 1) 업그레이드 협상 진행중
   2) 대만과는 ECFA(Economic Cooperation Framework Agreement) 체결
자료: WTO RTA Database, KIEP, 주요국의 FTA추진 동향과 시사점(2018.4.10),
      中國自由貿易區服務網(http://fta.mofcom.gov.cn) 등

(3) 금융관계

한·중은 2008년 12월 1,800억 위안(38조원) 규모의 통화스왑계약을 체결하면서 금융부문 협력의 일대 도약을 이루었다. 당시 우리나라는 외환시장 안전망 확대의 일환으로서 중국과의 통화스왑계약이 필요한 상황이었다. 그리고 중국 역시 위안화 국제화의 일환으로 우리와의 통화스왑계약이 필요하였다. 이

상이 급진전되었다.
67) 협상중인 국가는 스리랑카, 이스라엘, 노르웨이, 모리셔스, 몰도바, 파나마 등이며 한중일 FTA도 협상 진행중이다. 한편 연구중인 국가는 콜롬비아, 피지, 네팔, 파푸아뉴기니, 캐나다, 방글라데시, 몽골 등이다. 한편, 몰디브와는 2017년 12월 서명하였으나 발효되지 않고 있는 상황이다.

통화스왑계약은 2011년 10월 3,600억 위안으로 금액이 확대되면서 3년 연장되었다. 또한 2014년 10월 및 2017년 10월에 재차 연장되어 현재 만기는 2020년 10월이다.[68]

한편 우리나라는 중국이 주도하여 설립한 최초의 국제금융기구인 아시아인프라투자은행(AIIB: Asian Infrastructure Investment Bank)에 2015년 3월 창립회원국 중의 하나로 가입하였다. 2016년 1월 수권자본금(authorized capital) 1,000억 달러, 납입자본금(paid-in capital) 200억 달러로 공식 출범한 AIIB는 아시아 개발도상국의 인프라 구축을 주된 목적으로 출범한 다자간개발은행[69]이다. 우리나라는 납입자본금 중 7.5억 달러를 부담하면서 회원국 중 다섯 번째로 높은 지분을 보유하고 있다.

주요 회원국 AIIB 지분 현황(2019년 11월 1일 현재)

국가	지분율(%)	국가	지분율(%)
중국	26.53	호주	3.47
인도	7.61	프랑스	3.20
러시아	5.99	인도네시아	3.18
독일	4.18	영국	2.91
한국	**3.52**	터키	2.52

자료: AIIB 홈페이지(www.aiib.org)

AIIB 회원국은 창설 당시의 57개국에서 2019년 6월 말 현재 97개국으로 증가하였다. 이는 ADB의 회원국인 67개국을 크게 뛰어 넘는 수준이다. 한편 AIIB는 2016~2019년 6월 말까지 45개 프로젝트를 승인하였으며 누계 투자액은 84.5억 달러에 달한다.

---

68) 2019년 6월 말 현재 중국은 22개국(지역)과 3.0조 위안의 통화스왑계약을 체결중이다.
69) 다자간개발은행(MDB: Multilateral Development Bank)은 경제개발자금 지원을 목적으로 다수의 차입국(주로 개발도상국)과 재원공여국(주로 선진국)이 참여하는 국제금융기관을 말한다. 세계은행(World Bank)과 아시아개발은행(Asian Development Bank)이 대표적이다.

(4) 기타 부문

한·중 양국은 인적 교류도 활발하다. 1992년 수교 당시 13만 명이던 양국 상호간 방문객은 1999년 100만 명, 2007년 500만 명, 2014년 1,000만 명을 각각 돌파하였다. 현재 양국을 방문하는 상호 관광객은 각각 방중 외국인의 15% 및 방한 외국인의 30% 내외를 차지하고 있다.[70]

방한 외래 관광객 수 및 중국과 일본 관광객 비중(만 명, %)

	2010	2011	2012	2013	2014	2015	2016	2017	2018	2019. 1~11
전 체	848	947	1,081	1,187	1,391	1,296	1,696	1,307	1,510	1,605
일본	302	329	352	275	228	184	230	231	295	302
(비중)	35.7	34.7	32.5	23.2	16.4	14.2	13.5	17.7	19.5	18.8
중국	188	222	284	433	613	598	807	417	479	551
(비중)	22.1	23.5	26.2	36.5	44.0	46.2	47.6	31.9	31.7	34.4

자료: 한국관광공사

또한 한·중 양국은 상호간 외국 유학생 수에서도 압도적인 1위를 차지하고 있다.[71] 한국의 외국인 유학생 중 약 절반이 중국인 학생이며, 중국의 외국인 유학생 약 10%가 한국인 학생이다.

---

70) 방한 외래관광객 중 중국인이 일본인을 추월하게 된 시기는 2013년이다.
71) 한 가지 재미있는 사실은 2016년 말 기준 재중국 외국인 유학생 수(비중)에서 한국은 70,540명(15.9%), 미국은 23,838명(5.4%)으로 2018년 말 기준보다 훨씬 많았다는 점이다. 2017~2018년의 사드사태 및 미중 통상갈등이 영향을 미쳤음을 미루어 짐작할 수 있는 대목이다.

한·중 외국인 유학생 수 및 비중(명, %)

	한국(2018.4월 기준)			중국(2018년 말 기준)	
	인원	비중		인원	비중
전 체	142,205	100.0	전 체	492,185	100.0
중국	68,537	48.2	한국	50,600	10.3
베트남	27,061	19.0	태국	28,608	5.8
몽골	6,768	4.8	파키스탄	28,023	5.7
일본	3,977	2.8	인도	23,198	4.7
미국	2,746	1.9	미국	20,996	4.3

자료: 교육부, 중국교육부

3. 사회주의 시장경제

(1) 개념의 등장 배경

1989년 6월의 천안문 사태를 전후하여 중국의 정치와 경제는 극심한 혼란기와 정체기를 겪게 된다. 더구나 1991년 소비에트연방 붕괴로 보수주의적 좌파 논리가 득세하게 되면서 10여 년을 진행해 온 개혁개방정책도 급속히 추진 동력을 잃고 있었다.

이와 같은 상황에서 개혁개방의 설계자 덩샤오핑은 1992년에[72] 선전, 상하이, 주하이 등 남부지역을 방문하여 개혁개방정책을 재강조하고 독려하는 소위 남순강화(南巡講話)를 실시한다. 그의 주장은 "시장경제가 반드시 자본주의는 아니며 자본주의에도 계획이 있다"는 내용으로 요약된다. 한마디로 사회주의에 시장경제 요소를 도입하여 효율을 꾀한다는 기존의 개혁개방정책은 여전히 유효하며 앞으로도 지속되어야 할 것임을 강조한 것이다. 덩샤오핑의 이런 행보는 청 제국 최전성기의 건륭(乾隆) 황제가 남부지역을 순행하며 황제의 위엄을 과시하는 동시에 백성의 고충을 청취했던 모습을 떠올리게 한다.[73] 남순강화는

---

72) 1월 18일~2월 21일의 약 한 달이었다.
73) 건륭제는 재위 기간(1736~1795년) 중 총 6차례에 걸쳐 수저우(蘇州), 항저우(杭州), 양저우(楊州) 등의 강남 지방을 순행하였다.

중국의 실질적인 황제였던 덩샤오핑이 개혁개방정책의 지속을 위해 연출한 고도의 정치적 퍼포먼스였던 셈이다.

(2) 발전과정

1992년 10월 제14차 중국공산당 대표대회에서는 계획경제노선을 포기하면서 '사회주의 시장경제' 실현을 당 강령으로 채택하게 된다. 사회주의 시장경제 체제 수립이 명시적인 당의 목표로 확립된 것이다. 사회주의 시장경제에서 계획과 시장은 계획경제와 시장경제에 모두 존재하는 것으로 경제적 수단일 뿐이다. 따라서 계획과 시장이 사회주의와 자본주의의 본질적 차이를 구분짓는 요인은 아니라는 입장이 확립되었다.[74]

이듬해인 1993년 3월에는 헌법 개정을 통해 '중국적 특색을 지닌 사회주의 시장경제의 실시'를 헌법 조항에 삽입하였다.[75] 이후 사회주의 시장경제 발전을 위한 제반 제도의 수립과 관련 조치들이 지속적으로 발표되었다.

1993년 11월 중국공산당 대표대회 제14기 3중전회에서 '사회주의 시장경제체제 건립'을 발표하면서 현대적 의미의 기업제도가 확립되는 계기가 되었다. 또한 1997년 9월 제15차 중국공산당 대표대회에서는 시장경제 발전 및 생산력 강화를 위한 기본강령을 채택하였으며 덩샤오핑 이론의 당장(黨章) 삽입이 이루어졌다. 1999년 3월에는 헌법 개정을 통해 '비공유경제'가 사회주의 시장경제의 주요 구성요소임을 다시 한 번 강조하였다.

한편 2012년 제18차 중국공산당 대표대회에서는 사회주의 시장경제를 통해 공산당 창당 100주년이 되는 2021년 이전인 2020년까지 샤오캉(小康, moderately prosperous) 사회를 달성한다는 목표를 발표하였다. 샤오캉 사회는 국민들이 기본적인 생활을 유지하는 데 문제가 없는 중산층 사회를 의미한다.[76] 또한 건국 100주년이 되는 2049년까지 부강하고 민주적인 사회주의 현대화국가를 건설할 것임을 천명하였다. 이와 같은 소위 '두 개의 일백년(兩个一百年)' 목표는 2017년

---

74) 이는 덩샤오핑이 언급한 "계획이 곧 사회주의가 아닌 것처럼, 시장경제도 자본주의의 전유물이 아니다"라는 말에 잘 나타나 있다.

75) 덩샤오핑은 이미 1982년 '중국 특색의 사회주의 건설'을 주창한 바 있다.

76) 이는 안락하고 풍요로운 평등 사회를 의미하는 다퉁(大同, well-off) 사회의 前단계에 해당한다.

10월 제19차 중국공산당 대표대회에서 다시 한 번 강조되었다.[77]

사회주의 시장경제와 관련된 중국의 기본 입장은 현재까지도 변함이 없다. 2018년 3월 최종 수정된 현재의 중국 헌법[78] 제15조에서도 "국가는 사회주의 시장경제 제도를 실시한다"고 명시하고 있는 점은 이를 잘 보여준다.

V. 2000년대 이후

1. WTO 가입

(1) 가입 배경 및 영향

1949년 건국 이후 국제정치 무대에서 폐쇄성을 유지하던 중국은 1979년 중미 수교 이후 대외개방을 본격화하였다. 중국은 1980년 4월 IMF 회원국 지위를, 5월 World Bank 회원국 지위를 회복하였다. 한편 1986년 2월에는 ADB에 가입하였다.

그러나 무엇보다도 중요한 사건은 2001년 12월 세계무역기구(WTO) 회원국이 된 것이다. 중국은 WTO 회원국으로부터 최혜국(MFN: Most Favored Nation) 대우를 받게 되었다. 이에 따라 중국 상품에 대한 관세가 인하되고 각종 수입물량제한 등도 완화되면서 중국의 수출이 급속도로 확대되기 시작하였다. 2000년 2,492억 달러에 불과하던 중국의 수출규모는 2018년 2조 4,870억 달러로 약 10배 증가하였다. 글로벌 수출에서 차지하는 비중도 같은 기간 중 3.9%에서 12.8%로 상승하였다. 특히 WTO 가입 이듬해인 2002년에서 글로벌 금융위기 직전인 2008년까지 7년간 연평균 27.3%의 경이적인 수출증가율을 기록한 바 있다. 한편 수입도 2000년 2,250억 달러에서 2018년 2조 1,359억 달러로 역시 약 10배 증가하였다.[79] 중국이 명실상부한 G2로 부상하게 된 데에 가장 큰 영

---

77) 이때는 기간이 좀 더 세분화되어 달성 목표가 제시되었다는 특징이 있다. 2020년까지 샤오캉 사회 건설, 2035년까지 기본적인 사회주의 현대화 실현, 2050년까지 부강하고 민주적이며 아름다운 사회주의 현대화 강국 건설 등을 목표로 제시하였다.

78) 중국 헌법은 1954년 최초 제정 이후 75년, 78년, 82년에 대규모로 개정된 바 있다. 현재의 헌법은 82년 헌법을 5차례에 걸쳐(88년, 93년, 99년, 04년, 18년) 부분 수정한 것이다.

향을 미친 사건이 WTO 가입을 통해 글로벌 자유무역질서에 동참하게 된 것이라는 평가가 나오는 이유를 알 수 있는 대목이다.

WTO 가입 이후의 중국 수출입 변화

	2000	2003	2006	2009	2012	2015	2018
수출(억 달러)	2,492	4,382	9,690	12,016	20,487	22,735	24,870
(글로벌 비중, %)	3.9	5.8	8.0	9.6	11.1	13.8	12.8
수입(억 달러)	2,250	4,128	7,915	10,059	18,184	16,796	21,359
(글로벌 비중, %)	3.4	5.3	6.4	7.9	9.7	10.0	10.8

자료: UNCTAD

(2) 시장경제지위 인정 여부와 갈등

중국은 현재 WTO의 시장경제지위(Market Economy Status) 인정과 관련하여 미국 및 EU국가들과 대립하고 있는 상황이다. 시장경제지위란 임금·환율 등의 가격이 시장에 의해 결정되는 경제체제를 갖추고 있다고 상대국이 인정하는 지위를 의미한다. 시장경제국으로 인정받지 못하면 덤핑 판정시 자국 국내가격이 아닌 시장경제지위를 가진 제3국의 가격과 비용을 적용하게 되어 불리해진다.

한편 시장경제국으로 인정받기 위해서는 ⅰ) 정부행위의 표준화(정부가 자의적인 판단에 의해 시장활동에 간섭하는 행위 금지), ⅱ) 경제기조의 자유화, ⅲ) 시장 지향적 요소의 도입, ⅳ) 공정한 거래 환경, ⅴ) 금융시장의 합리화 등의 요건을 충족해야 한다.

중국은 WTO 가입의정서에 서명할 당시 선진국들의 요구를 수용하면서 비시장경제국 지위를 최장 15년간 감수하기로 하였다. 중국은 이 기간이 만료된 2016년 말에 자동적으로 시장경제국으로 인정받아야 한다고 주장하였다. 반면 미국 및 EU국가들은 중국을 여전히 정부의 역할이 큰 사회주의 통제국가로

---

79) 중국의 수입 관세율도 지속적으로 하락하였다. WTO 가입 이전 평균 관세 수준은 15.3%였으나 가입 이후 점차 하락하여 2018년 말 9.8%로 하락하였다.

보면서 여타 시장경제국의 경제적 자유 수준에 미치지 못한다고 주장하고 있다. 특히 정부개입에 따른 지배구조 문제, 국유기업 문제, 지식재산권 문제, 파산법의 미비, 환율제도의 경직성, 노동권 보장 문제 등이 해결되어야 한다는 입장이다. 한편 2017년 12월 EU집행위원회는 '시장왜곡(market distortions)' 개념을 도입하여 시장경제지위 여부와 관계없이 시장왜곡 국가의 덤핑판정에 별도의 벤치마크 가격을 적용키로 결정하였다. 그리고 그 첫 대상이 중국이었다.[80]

중국이 현재와 같은 사회주의 시장경제 시스템하에서 국가의 전방위적인 간여를 지속하는 한 미국이나 유럽 등이 중국을 시장경제 질서가 지배하는 시장경제국으로 쉽게 인정해줄 것 같지는 않다. 미국·유럽과 중국 간의 체제 경쟁과 갈등이 지속될 것으로 예상하는 근거이다.

2. 사유재산권 보호 확대

중국은 공산주의 사회로 건국하였다. 소유권이 기본적으로 공유제(共有制)라는 의미이다. 그러나 중국이 자본주의적 요소를 도입함에 따라, 특히 1993년 헌법에 '사회주의 시장경제' 개념이 등장하면서 사유재산권 보호의 필요성이 강하게 대두되었다. 다만 그럼에도 불구하고 소유제에 대한 이념적 갈등으로 사유재산권 관련 헌법 조항이나 법률이 제정되기까지는 오랜 시간이 소요되었다.

2003년 10월 중국공산당 대표대회 제16기 3중전회에서 사유재산 보호, 국유기업 개혁 및 정부기능 축소를 발표하며 이와 관련된 일대 도약을 이루게 된다. 2004년 전국인민대표대회(전인대)에서는 제4차 헌법수정안이 통과되면서 사유재산권 보호가 명문화[81] 되었다. 한편 2007년 3월 '물권법(物權法)'이 통과[82] 되면서 재산의 공유제를 원칙으로 해 온 중국이 실질적으로 사유제(私有制)를 인정하게 되었다.[83] 당초 물권법 제정은 사회주의 시장경제의 개념이 도입된

---

80) European Commission, On Significant Distortions in the Economy of the People's Republic of China for the Purposes of Trade Defence Investigations, Commission Staff Working Document, 2017.12.20.

81) "국가는 국민의 사유재산권과 상속권을 보호한다" 및 "국가는 사영경제의 합법적 권리와 이익을 보호한다"고 규정하였다.

82) 이 법은 2007년 10월부터 시행되었다.

83) 다만 물권법에서는 "공유제를 기본으로 하되 각종 소유제 경제의 공동 발전을 모색한다"고

1993년 최초로 거론되었다. 그러나 사유제의 인정은 '생산수단 공유'라는 사회주의 근본사상과 배치된다는 이념적 논란으로 7차례의 전인대 심의를 거치는 등 우여곡절을 겪게 된다. 이러한 상황하에서 2004년 헌법 개정으로 사유재산권 보호가 명문화되고 소유제 관련 논란이 일단락되면서 물권법이 제정될 수 있었다.

다만 소유제 관련 논란 및 이념 갈등은 여전히 존재한다고 할 수 있다. 토지사용권이 대표적이다. 실질적으로는 토지의 소유권과 유사하지만 토지사용권은 정해진 기한[84]이 있다. 또한 토지사용권의 기한이 만료되면 사용권 기한이 연장되는 형식을 취해야 권리를 행사할 수 있다. 어디까지나 불완전한 권리 행사에 그치고 있다는 의미이다.

결국 중국은 사회주의 국가의 본질상 공유제를 원칙으로 하되 헌법과 법률의 형식을 통해 여러 가지 다양한 형태의 소유권과 사유재산권을 보호하는 다소 과도기적인 상황에 처해 있다고 하겠다.

3. 은행제도 개혁

(1) 대형상업은행

1949년 건국 이후 단일은행체제(mono-banking system)를 유지하던 중국은 1984년 중앙은행과 일반 상업은행의 기능이 분리되는 이원적 은행체제(two-tier banking system)를 도입하였다. 그러나 이때 설립된 중국공상은행, 중국건설은행, 중국은행, 중국농업은행 등 4개 전업(專業)은행[85]은 정책적 기능과 상업적 기능을 동시에 수행하였으며 이들 은행의 독점체제는 이후로도 지속되었다.

공정한 경쟁의 저해로 금융산업 발전이 지체된다고 판단한 중국 정부는 1994년 진정한 의미의 상업은행제도를 도입하였다. 기존 4개 전업은행의 정책금융 업무는 국가개발은행, 농업발전은행, 수출입은행을 신설하여 이들 3개 정

규정하여 여전히 공유제가 기본임을 명시하고 있다.
84) 사용기한은 주택용지 70년, 비주택 중 공업용지 및 교육·과학·문화·위생·체육용지 50년, 상업·관광·오락용지 40년 등이다.
85) 중국공상은행은 상공업, 중국건설은행은 건설 및 설비투자, 중국은행은 외환, 중국농업은행은 농촌 및 농민 대출지원 전담 은행으로 출발하였다.

책은행으로 각각 이관하였다. 이에 따라 4개 전업은행은 국유상업은행으로 전환되었다.

그러나 이들 4개 은행은 그동안 실질적으로 정부기관으로서의 역할을 담당해오면서 누적된 부채문제가 심각한 상황이었다. 이는 과거 중국상업은행법 제41조에 '국유상업은행의 정부 프로젝트 자금대출 의무'조항(2003년 폐지)이 있는 등 은행이 상업적 수익성이 아니라 국가의 필요와 명령에 의해 대출을 수행해 왔기 때문이다.[86] 2000년 말 기준 이들 4개 은행의 부실채권 규모는 1조 9,098억 위안으로 총대출금의 25.0%, GDP의 21.4%에 해당하는 어마어마한 수준이었다. 중국 정부는 이들 은행들의 부실채권 문제를 해결하기 위하여 다양한 노력을 기울였다. 우선 1998년 320억 달러의 자금을 투입하여 국유상업은행의 자기자본을 확충하였다. 1999년에는 4개 금융자산관리공사(Asset Management Corporation)를 설립하여 국유상업은행의 부실채권을 인수하였다.[87] 그러나 뚜렷한 한계가 존재하였다. 부실채권에 대해 누구에게도 책임을 묻기 곤란한 체제상의 제약 때문이었다. 이로 인해 이들 은행으로부터 금융자산관리공사로의 부실채권 이전이 시장가격이 아닌 장부가격으로 이루어지게 되었다. 또한 금융자산관리공사의 적절하지 못한 자금사용 및 부실자산 처분과 더불어 정치적인 간섭도 적지 않았다.[88] 결국 중국 정부는 금융자산관리공사에 의한 부실채권 매입을 더 이상 추진하지 않고 은행의 부실채권에 대한 자체정리 촉진 및 재정자금 투입을 통해 국유상업은행을 증권시장에 상장하는 방법을 시도하였다. 이를 위해 중국 정부는 중국인민은행의 외환보유액 중 약 450억 달러를 자본금으로 하여 2003년 12월 중앙후이진공사(中央滙金投資有限責任公司, Central Huijin)를 설립하였다.[89] 이 공사를 통해 금융구조조정을 본격적으로 시작하면서 증시 상장

---

86) 2000년 말 기준 은행신용의 50%가 국유기업에 편중되었으며 특히 4개 국유상업은행의 경우 은행계정 자산의 86%가 국유기업에 대한 대출이었다.
87) 이때 설립된 4개 금융자산관리공사인 화롱(華融), 창청(長城), 동팡(東方) 및 신다(信達)는 각각 공상은행, 농업은행, 중국은행 및 건설은행의 부실자산을 인수하였다.
88) 이규인, 중국의 부실채권 현황과 향후 정리전망, 한국은행 해외경제정보 제2002－44호, 2002.11.12. 당시 자산관리공사는 국유상업은행의 부실채권 1.4조 위안을 액면가로 인수하였으나 2002년 9월까지 부실채권 정리(대출채권의 주식 전환 및 매각) 실적은 총인수액의 16.7%인 2,323억 위안에 불과하였다.
89) 중앙후이진공사는 2007년 중국 정부가 외환보유액 운용전문기관으로 설립한 중국투자공사(中投公司, CIC: China Investment Corporate)의 자회사로 편입되었다. 중앙후이진공사는

을 추진하였다. 이후 2004~2010년 중 4대 국유상업은행은 주식제 개혁을 통한 주식회사화의 과정을 거쳐 성공적으로 상장되었다.

한편 1908년 설립 후 1958년의 영업정지와 재개를 거쳐 1987년 중국 최초의 주식제 상업은행이 된 교통은행은 교통·통신 지원 전담 은행으로 출발하였다.[90] 교통은행은 2005년과 2007년에 홍콩과 상하이 증시에 각각 상장되었다.

이상의 4대 국유상업은행과 교통은행을 합해 통상 중국의 5대 대형상업은행이라 칭한다.[91]

대형상업은행 주식제 개혁 및 상장 시기

은행	주식제 개혁 시기	상장 거래소 및 시기
중국	2004년 8월	상하이(2006년 7월), 홍콩(2006년 6월)
중국건설	2004년 8월	상하이(2007년 9월), 홍콩(2005년 10월)
중국공상	2005년 4월	상하이(2006년 10월), 홍콩(2006년 10월)
중국농업	2008년 10월	상하이(2010년 7월), 홍콩(2010년 7월)
교통	1987년 4월	상하이(2007년 5월), 홍콩(2005년 6월)

자료: 각 은행

이들 5대 대형상업은행은 규모나 파급력 등에서 중국의 은행 및 금융기관의 핵심이라 할 수 있다. 비록 전체 상업은행에서 이들 5대 은행이 차지하는 비중이 점차 감소하고는 있으나[92] 여전히 절대적인 비중과 영향력을 유지하고 있는 상황이다. 자기자본기준 글로벌 10대 은행 중 상위 4개 은행을 중국공상, 중국건설, 중국, 중국농업은행이 점하고 있다. 중국의 대형상업은행은 적어도

2018년 말 현재 17개 금융기관의 주식을 포함하여 약 4.3조 위안의 자산을 보유중이다. 특히 국가개발은행(34.7%) 및 4대 국유상업은행(공상 34.7%, 농업 40.0%, 건설 57.1%, 중국 64.0%)의 최대 주주이다.

90) 한국은행(2012).

91) 다만, 중국은행보험감독관리위원회에서는 2019년부터 우체국 금융기관인 우정저축은행(郵政貯蓄銀行)을 대형상업은행에 포함시켜 통계를 발표하고 있다. 따라서 2019년 이후 중국의 대형상업은행은 6개 은행을 포괄하는 개념이다.

92) 전체 상업은행 총자산에서 이들 5대 은행이 차지하는 비중은 2015년 50.2%에서 2018년 46.8%까지 감소하였다.

외형 면에서는 글로벌 최상위 은행에 속하게 된 셈이다.[93]

글로벌 10대 은행(2018년, 자기자본 기준)

순위	은행	국가	자기자본(십억 달러)
1	ICBC(공상)	중국	338
2	China Construction Bank(건설)	중국	287
3	Agricultural Bank of China(농업)	중국	243
4	Bank of China(중국)	중국	230
5	JP Morgan Chase & Co	미국	209
6	Bank of America	미국	189
7	Wells Fargo & Co	미국	168
8	Citigroup	미국	158
9	HSBC Holdings	영국	147
10	Mitsubishi UFJ Financial Group	일본	146

자료: The Banker(2019.7월)

(2) 주식제상업은행

최초의 주식회사 형태 은행은 전술한 교통은행으로 1987년 설립되었다. 이후 같은 해 설립된 초상은행(招商銀行)을 필두로 2018년 말 현재 12개의 주식제 상업은행이 있다. 이 중 9개가 상장되어 있으며 특히 초상(招商), 중신(中信), 민생(民生) 등 3개 은행은 상하이 및 홍콩 증시에 동시 상장되어 있다. 반면 항풍(恒豊), 광발(廣發), 발해(渤海) 등 3개 은행은 아직 미상장 상태이다.

주식제상업은행이 점진적으로 발전하면서 중국 은행업에서 이들이 차지하는 비중도 확대되고 있다. 전체 상업은행 총자산에서 주식제상업은행이 차지하는 비중은 2006년 12.0%에서 2019년 9월 말 21.3%까지 확대되었다.

---

93) 글로벌 1000대 은행에는 미국 169개, 중국 136개, 일본 87개, 영국 25개, 독일 25개의 은행이 포함되었다.

주식제상업은행 개황(2018년 말 기준)

은행	설립	주식회사 전환	상장 거래소	순위[1]	비고
초상(招商)	87. 4	87. 4	상하이, 홍콩	19	
중신(中信)	87. 4	06.12	상하이, 홍콩	26	
항풍(恒豊)	87.10	03. 2	-	-	미상장
평안(平安)	87.12	87.12	션전	55	12.6월 개명(종전 심천발전)
흥업(興业)	88. 8	88. 8	상하이	23	
광발(廣發)	88. 9	88. 9	-	73	미상장
포발(浦發)	92. 8	92. 8	상하이	24	
광대(光大)	92. 8	92. 8	상하이	39	
화하(華夏)	92.10	96. 4	상하이	56	
절상(浙商)	93. 3	04. 8	홍콩	107	
민생(民生)	96. 1	96. 1	상하이, 홍콩	28	
발해(渤海)	96. 2	05.12	-	-	미상장

주: 1) 2018년 자기자본 기준(The Banker Top 1000 Global Banks 2019, 2019.7)
자료: 한국은행, 중국의 금융제도(2012) 수정 보완

(3) 도시·농촌상업은행

도시상업은행은 일정 도시 지역의 중소기업 및 서민대출을 주 업무로 하는 소규모 은행이다. 1995년 일부 도시신용사 간 합병으로 설립된 도시합작은행이 1998년 도시상업은행으로 개칭되었다. 도시상업은행은 설립요건 등이 완화되어 있어 주식제상업은행보다 설립이 용이하다. 2018년 말 현재 도시상업은행은 134개에 이르며 이 중 23개 은행이 상장되어 있다. 상하이에 북경(北京), 상해(上海), 강소(江蘇), 남경(南京), 항주(杭州), 귀양(貴陽), 성도(成都), 장사(長沙), 서안(西安) 등 9개 은행이, 션전에는 영포(寧波) 은행이 상장되어 있다. 홍콩에는 성경(盛京), 휘상(徽商), 천진(天津), 금주(錦州), 하얼빈(哈爾濱), 중원(中原), 정주(鄭州), 중경(重慶), 청도(靑島), 감숙(甘肅), 강서(江西), 구강(九江), 로주(瀘州) 등 13개

은행이 상장되어 있다.[94] 2019년 9월 말 현재 도시상업은행이 전체 상업은행 총자산에서 차지하는 비중은 15.3%이다.

농촌상업은행은 농촌지역에 대한 효율적 자금지원을 위해 기존 농촌신용 사들이 합병하여 대형화된 은행이다. 2001년 설립된 강소성의 상숙(常熟), 장가항(張家港)은행이 최초이다.[95] 2006년 13개에 불과하였으나 2019년 6월 말 현재 1,427개로 급증하였다. 이들 중 9개 은행이 상장되어 있다. 상하이에 상숙(常熟), 무석(無錫), 소농(蘇農), 자금(紫金) 등 4개 은행이, 션전에 강양(江陽) 및 장가항(張家港) 등 2개 은행이, 홍콩에 구태(九台), 광주(廣州), 중경(重庆) 등 3개 은행이 상장되어 있다.

특히 농촌상업은행은 대형상업은행 및 주식제상업은행보다 더 낮은 지급준비율을 적용받는 등[96] 감독 관리상의 우대를 받고 있다.

중국 상장은행 현황(2019년 6월 말 기준)

	A주(상하이, 션전)	H주(홍콩)	비고
대형상업은행 (5개)	중국공상(中国工商), 중국농업(中国農农), 중국(中国), 중국건설(中国建设), 교통(交通)	중국공상(中国工商), 중국농업(中国農业), 중국(中国), 중국건설(中国建设), 교통(交通)	5개 은행 모두 상하이, 홍콩 동시 상장
주식제상업은행 (9개)	초상(招商), 흥업(興業), 포발(浦發), 중신(中信), 광대(光大), 민생(民生), 평안(平安), 화하(華夏)	초상(招商), 중신(中信), 민생(民生), 절상(浙商)	초상(招商), 중신(中信), 민생(民生) 등 3개 은행이 상하이, 홍콩 동시 상장
도시상업은행 (23개)	북경(北京), 상해(上海), 강소(江蘇), 남경(南京), 영포(寧波), 항주(杭州), 귀양(貴陽), 성도(成都),	성경(盛京), 휘상(徽商), 천진(天津), 금주(錦州), 하얼빈(哈爾濱), 중원(中原), 정주(鄭州), 중경(重慶),	금주(錦州)은행은 부실로 인해 2019년 7월 30억 위안의 구제금융 조치

---

94) 자기자본기준으로 도시상업은행 134개 중 7개가 중국의 은행순위 상위 25위 안에 포함된다.
95) 한국은행(2012).
96) 2019년 10월 현재 대형상업은행이 13.0%, 주식제상업은행이 11.0%의 지준율을 적용받는데 반해, 현(縣)지역 농촌상업은행에는 7.5%의 지준율이 적용된다.

		청도(靑島), 감숙(甘肅), 강서(江西), 구강(九江), 로주(瀘州)	
농촌상업은행 (9개)	강양(江陽), 상숙(常熟), 무석(無錫), 소농(蘇農), 장가항(张家港), 자금(紫金)	구태(九台), 광주(廣州), 중경(重庆)	
기타(1개)	우정저축은행(郵儲)	우정저축은행(郵儲)	2019년 12월 상하이 상장

주: 상장 은행 중 선전에 상장된 은행은 평안, 영포, 강양, 장가항 등 4개
자료: 각 은행

(4) 민영은행

국유 대형상업은행이 절대적인 영향력을 발휘하고 있는 중국 은행업[97]에서 100% 민간자본이 투자한 민영은행의 설립은 매우 늦게 이루어졌다. 중국 정부가 2013년 7월 민간자본의 금융업 진출 확대 방침[98]을 발표한 이후 2014년 7월 설립된 미중(微衆), 민상(民商), 금성(金城)은행 등 3개 은행이 민영은행의 시초이다. 이후 2014년 중 2개, 2015년 중 12개 은행이 추가로 설립인가를 받아 2019년 9월 말 현재 17개 은행이 영업 중이다. 중국의 민영은행은 인터넷 전문은행 8개와 오프라인은행 9개로 구성되어 있다. 한편 2019년 9월 현재 2개 민영은행(江西裕民, 無錫錫商)이 설립인가를 받아 영업을 준비 중이다. 이들 민영은행은 과점화된 은행산업의 경쟁을 촉진하고 중소기업·자영업자의 자금난을 완화하기 위해 도입된 것이다.

민영은행의 2018년 말 기준 총자산은 전년 대비 88.5% 증가한 6,373.6억 위안이었다. 물론 은행업 전체에서의 비중은 아직 미미[99]하지만 급속하게 그 규모를 확대해 나가고 있다. 한편 2019년 9월말 기준 부실채권비율은 0.99%로 일반상업은행에 비해 건전성도 양호한 것으로 나타났다.[100] 민영은행 중 가장

---

97) 주식제상업은행의 경우에도 정부의 지분과 영향력은 절대적이다. 주식제상업은행 중 가장 규모가 큰 초상은행의 경우 2019년 1/4분기말 현재 상위 10대 주주(지분비율 66.9%) 중 8개가 정부 및 국유기업이다.(지분비율 43.8%)
98) 국무원의 「금융의 경제구조조정 및 업그레이드 지원에 관한 지도의견(关于金融支持经济结构调整和转型升级的指导意见)」 중 제9조 민간자본의 금융업 진출 확대 부분이 이에 해당한다.
99) 민영은행 총자산은 상업은행 총자산의 0.3%를 차지하고 있다.

규모가 큰 은행은 IT기업인 텐센트가 지배주주인 미중(微衆, Webank)은행과 알리바바가 지배주주인 망상(网商, Mybank)은행이다.

주요 민영은행 현황(억 위안)

은행	형태	영업 개시	총자산		순이익	
			2017	2018	2017	2018
미중(微衆)	인터넷	2014.12	817.0	2,200.4	14.5	24.7
망상(网商)	인터넷	2015. 6	782.0	958.6	4.0	6.7
신망(新网)	인터넷	2016.12	163.2	361.6	0.9	3.7
상해화서(上海華瑞)	오프라인	2015. 5	391.4	362.6	2.5	3.3
천진금성(天津金城)	오프라인	2015. 4	188.6	213.7	1.5	1.5
부민(富民)	오프라인	2016. 6	183.6	370.2	0.1	0.5

자료: 각 은행 연차보고서 및 언론보도자료 종합

 〈참고 7〉 중국의 은행 및 비은행 금융기관 현황

(2019년 6월 말 기준)

구분		비고
은행	정책은행	개발성금융기구(1) 정책성은행(2)	국가개발은행 중국수출입은행, 중국농업발전은행
	상업은행	국유대형상업은행(5) 주식제상업은행(12) 도시상업은행(134) 농촌상업은행(1,427) 민영은행(17) 외자은행(41)	한국계 현지법인 은행 5개[101]

---

100) 2019년 9월 말 기준 부실채권비율은 대형상업은행 1.32%, 주식제상업은행 1.63%, 도시상업은행 2.48%, 농촌상업은행 4.00%였다.(중국은행보험감독관리위원회, 2019.11)
101) 우리, 신한, 하나, 기업, 외환은행이다.

비은행 예금기관	여신전문 금융회사	금융리스회사(69) 자동차금융회사(25) 소비금융회사(23)	
	농촌 금융기관	농촌신용사(812) 농촌합작은행(30) 신형농촌금융기구(1,616)	
	기타	우정저축은행(1) 금융자산관리공사(4) 기업집단재무회사(253) 통화중개회사(5) 기타(13)	

| 증권 및
보험
기관 | 증권 관련
기관 | 증권사(131)
자산운용사(120)
신탁회사(68)
선물거래사(149) | |
| | 보험 관련
기관 | 보험그룹 및 지주사(12)
생명보험사(88)
손해보험사(96)
보험자산운용회사(14)
수출보험공사(1) | |

주: 1) ( )는 해당 기관 수이다.
자료: 중국은행보험감독관리위원회, 증권업협회, 보험업협회

4. 환율제도 개혁[102]

(1) 위안화 환율제도 변천과정 및 결정체계

중국의 환율제도는 지금까지 크게 3단계의 변천과정을 거쳐 왔다.

그 첫 번째는 건국 이후 1993년까지 시행된 이중환율제이다. 이는 고정환율제를 기본으로 하되 무역외거래(기준환율)와 무역거래(내부결제환율)에 적용되는

---

102) 한재현(2019)을 수정 보완한 것이다.

환율이 다른 시스템이다.[103] 특히 무역거래에 사용되던 내부결제환율은 개혁개방정책이 시작된 1978년 이후 수출경쟁력을 위해 지속적으로 절하되는 추세를 나타냈다.

두 번째는 1994년부터 시행된 단일환율제이다. 당시 급격한 평가절하[104] 조치와 함께 이전의 이중환율제도는 폐지되었다. 실질적으로 이 시기의 환율제도는 달러에 페그(Dollar Peg)된 고정환율제였다.

세 번째는 2005년 이후 시행중인 관리변동환율제이다. 이는 경상수지흑자 확대 등으로 외환보유액이 증가하고 위안화 절상 압력이 높아진 데 대응하기 위해 시행된 제도였다. 또한 2006년 1월에는 '시장조성자제도(market maker)'가 도입되었다.[105] 요약한다면 이때의 환율제도는 중국인민은행이 통화바스켓상의 외화환율 상황 및 시장조성자로 지정된 은행의 호가를 감안하여 기준환율을 결정하는 제도였다. 이는 '복수통화바스켓을 참조하는 관리변동환율제'라고 할 수 있다.[106] 다만 글로벌 금융위기 당시인 2008년 10월~2010년 5월중에는 미달러화에 페그(달러당 6.83위안)되면서 사실상 고정환율제도로 운영된 바 있다. 이후 2010년 6월의 환율 유연성 확대 조치를 계기로 다시 관리변동환율제로 복귀하였다

한편 2015년 8월에는 환율결정시 전일의 외환시장 종가를 추가로 고려하는 조치를 도입하였다. 즉, 기존 방식하에서는 기준환율이 시장에서 결정되는 환율 움직임을 유도하였던 데 반해 개선방식하에서는 시장환율이 기준환율 결정에 영향을 미치게 되었다고 할 수 있다.[107] 또한 2015년 12월에는 중국과 무역비중이 높은 미달러화, 유로화, 엔화 등 13개 주요 교역대상국 통화로 구성된 바스켓지수가 발표되기 시작하였다. 이후 2016년 2월에는 기준환율 산정시 통화바스켓지수에 의한 조정을 명시적으로 도입하였다. 더불어 2016년 12월에

---

103) 이 시기 중국의 이중환율제도는 미국이 1992년 5월~1994년 11월 기간 중 중국을 환율조작국으로 지정한 주요 이유였다.
104) 기준환율이 달러당 5.78위안에서 8.68위안으로 절하되었다.
105) 시장조성자는 외환 매입·매도 가격을 스스로 결정하여 고시함으로써 시장을 조성하는 역할을 하는 금융기관을 의미한다.
106) 다만 당시 바스켓을 구성하는 통화의 종류 및 구성 등은 비공개였다.
107) 한국은행 북경사무소, 중국인민은행의 위안화 기준환율 산정방식 개선 및 큰 폭 절하 고시에 대한 시장 평가, 한국은행 북경사무소 현지정보, 2015.8.11.

는 기존의 13개 통화 이외에 원화 등 11개 통화를 새로 통화바스켓에 추가하고 구성 비중도 조정되었다.108) 중국인민은행은 이 통화바스켓을 참고하여 매일 위안화 기준환율을 고시한다.

구체적으로 중국인민은행은 외환거래센터(CFETS)109)가 집계한 시장조성자의 호가(asking price), 자체 통화바스켓 및 전일종가를 참고하여 매일 거래시작 전 기준환율을 공표한다. 한편 2017년 5월에는 지나친 위안화 절하 추세를 억제하기 위해 기준환율 결정시의 고려 요인으로 경기대응조정요인(counter cyclical adjustment factor)이 추가로 도입되었다. 이의 구체적 내용 및 반영방법 등이 공개되지 않은 가운데 이 요인의 도입은 그동안 중국 정부가 추진해 온 위안화 환율 결정의 시장화 추세에 반하는 조치라는 비판이 많았다. 다만 2017년 하반기 이후 절하 추세가 완화되고 통화정책 당국의 자신감이 높아짐에 따라 2018년 1월~7월에는 이 요인을 적용하지 않았다. 그러나 2018년 하반기 이후 미·중 간 통상갈등으로 위안화 환율의 절하추세가 지속되자110) 중국인민은행은 2018년 8월 이 요인의 재적용을 발표하였다.111) 한편 환율의 일중 변동 폭은 기준환율의 일정비율 이내로 제한된다. 위안화의 대미달러 변동 폭은 2019년 11월 말 현재 ±2%112)이며 여타 통화의 변동 폭은 ±3~±5%이다.113)

결국 위안화 환율제도는 환율 결정시 시장요소 도입을 확대하는 방향으로 진전되는 추세라 할 수 있다. 다만 아직은 상당히 제한적인 관리변동환율제도를 유지하고 있다. 즉, 일중 환율 변동폭이 제한되어 있는 상황에서 중국인민은행의 지속적인 시장 개입으로 인해 위안화 환율의 신축성은 그리 높지 않다는 것이 일반적인 평가이다.

---

108) 2019년 10월 말 현재 통화별 구성 비중은 달러화 22.4%, 유로화 16.3%, 엔화 11.5%, 원화 10.8%, 홍콩달러화 4.3% 등이다.
109) 중국외환거래센터(CFETS: China Foreign Exchange Trade System)는 중국인민은행의 부속 기관으로 외환거래, 금융기관간 위안화 콜거래, 자금청산, 외환시장 관련 정보제공 등의 기능을 수행하는 기관이다.
110) 2018년 5월~7월의 3개월간 위안화 환율은 7.0%가 절하되었다.
111) 중국인민은행은 위안화 환율의 안정을 위해 경기대응조정요인을 적극적으로 활용할 것임을 언급(중국인민은행 2018년 2/4분기 통화정책집행보고서, 2018.8.10)한 데 이어 이의 재적용을 공식 발표하였다.(2018.8.24)
112) 2005년 7월 ±0.3%를 시작으로 2007년 5월 ±0.5%, 2012년 4월 ±1.0%, 2014년 3월 ±2.0%로 변동폭은 점차 확대되어 왔다.
113) 유로화, 엔화 및 홍콩달러화 등이 ±3%이고 링기트화, 루블화 등이 ±5%이다.

(2) 위안화 환율제도 분류

IMF는 환율의 신축성 및 정부 역할을 기준으로 환율제도를 크게 네 가지로 분류하고 있다. 고정환율(Hard peg), 조정가능한 고정환율(Soft peg), 변동환율

IMF 회원국(189개국)의 환율제도 분류와 비율(2018년)

환율제도		비율(%)	내용	주요국
고정환율 제도 (hard peg)	기축통화 사용 (no separate legal tender)	6.8	달러, 유로 등 기축통화 사용	파나마 에쿠아도르
	통화위원회제도 (currency board)	5.7	환율을 기축통화에 고정시키거나 외환보유액 범위 내에서만 화폐발행	홍콩 브루나이
조정 가능한 고정환율 제도 (soft peg)	전통적 페그제 (conventional peg)	22.4	공표된 기축통화, 통화바스켓이 존재 시장환율 변동이 좁은 범위(±1% 미만)	이라크 사우디
	안정화 제도 (stabilized arrangements)	14.1	공표되지는 않으나 기존통화 또는 바스켓 존재 & 시장환율 변동이 일정 범위(±2% 미만)	싱가포르 베트남
	유사 크롤링 제도 (crawl-like arrangements)	7.8	절상/절하 추세 존재 환율변동이 최근 6개월 추세에서 ±2% 내 유지	**중국** 코스타리카
	크롤링 페그제 (crawling peg)	1.6	단기적으로 고정된 기준환율, 장기적으로 정해진 환율수준에 수렴	온두라스 니카라과
	수평밴드 페그제 (pegged exchange rate within horizontal peg)	0.5	전통적 페그제와 유사하나 더 큰 변동폭	통가
변동환율 제도 (floating)	변동환율제 (floating)	18.2	원칙적으로 환율의 신축적 변동 정책당국이 외환시장에 적극 개입	한국 브라질
	자유변동환율제 (free floating)	16.1	외환시장 수급에 의해 환율 결정 & 환율의 단기적 급변동 완화 위해 제한적·비주기적 시장 개입	미국 일본
기타 관리제도 (other managed arrangements)		6.8	위 기준에 해당하지 않는 경우나 환율제도의 빈번한 변경이 있는 경우	캄보디아 베네수엘라

자료: IMF AREAER 2018(2019)

(Floating) 및 기타(Other)가 그것이다. 2018년 현재 각국의 환율제도 채택 비율은 각각 12.5%, 46.4%, 34.3% 및 6.8%이다. 한편 세부적으로 위 4개의 환율제도는 변동 폭 및 공식적인 기준환율의 존재 여부에 따라 다시 10개의 그룹으로 분류된다. 이 중 중국은 방글라데시, 스리랑카, 코스타리카 등과 함께 유사 크롤링 제도(crawl-like arrangements)에 속해 있다.114)

5. 뉴노멀 시대115)

양적성장에 치중하던 중국경제는 2010년대에 들어서며 일대 전환기를 맞게 된다. 생산 및 투자의 증가세가 둔화되며 성장세가 약화되는 동시에 경제구조나 성장의 내용 등에서 과거와는 다른 양상을 나타내게 된 것이다. 이를 일컬어 중국경제가 이른바 뉴노멀(New Normal, 新常態)116) 시대에 진입하였다는 평가를 내린다.

중국에서 뉴노멀 개념은 2014년 5월 및 11월에 시진핑 주석이 중국경제의 새로운 성장패러다임으로 강조하면서 대두하였다. 구체적으로는 그 해 12월 '중앙경제공작회의(中央經濟工作會議)117)'에서 '뉴노멀 시대 중국경제의 9가지 특징'이 제시되면서 중국경제의 현재 상황 및 진로를 제시해주는 핵심 어젠다로 확립되었다. 이는 중국경제가 성장 속도·성장 동력·성장 내용 면에서 이전과는 다른 변화를 추구하고 있음을 의미한다.

---

114) IMF AREAER 2018 기준이다. IMF는 중국의 환율제도를 기타 관리제도(2015년) → 유사 크롤링 제도(2016년) → 안정화 제도(2017년) → 유사 크롤링 제도(2018년)로 재분류해 왔다.
115) 이 부분은 "한재현, 뉴노멀 시대 중국경제의 변화방향과 과제, 한국은행 국제경제리뷰, 제 2015−2호, 2015.2.3"을 수정 보완한 것이다.
116) 뉴노멀은 2003년 벤처투자가 R.McNamee가 저성장, 저소득, 저수익률, 고위험 등을 특징으로 하는 새로운 시대의 경제적 기준으로 최초 제시한 개념이다. 2008년 채권운용사 Pimco의 경영자 M.E.Erian이 사용하면서 널리 확대되었다.
117) 통상 매년 12월에 개최되는 중국의 비공개 최고위 경제정책 결정회의이다. 이 회의에는 당, 국무원, 지방정부, 군부 및 국유기업의 주요 간부들이 참가한다. 1994년부터 시작되었다. 이 회의에서는 그 해의 경제운용 상황을 평가하고 다음 해의 경제정책 방향 및 전략을 수립한다. 이 때 결정된 주요 경제정책 방향 등은 다음해 3월 전국인민대표대회(全國人民代表大會, 우리 국회에 해당)에서 공식 추인되어 발표된다. 그러나 전인대는 연간 1회 개최되어 형식적이며 의원들의 제안권이 대단히 한정적이고, 전체회의에서 심의를 할 수 없다는 문제 등이 있다. 따라서 중국 정부의 정책 방향을 가늠해 볼 수 있는 실질적 회의는 바로 이 중앙경제공작회의라 할 수 있다.

(1) 성장 속도의 변화

중국경제는 개혁개방 이후 1979~2013년의 35년간 연평균 9.8%의 고속성장을 지속하였다. 이와 같은 미증유의 고속성장은 소위 '중국식 자본주의(red capitalism)'의 성과로 불리기도 하였다. 한편 그동안 중국 정부가 고속성장을 그렇게 강조한 것은 높은 경제성장률이 고용창출을 통해 체제안정과 직결된다는 정치적 도그마와 연결[118]되어 있었기 때문으로 해석된다.

그러나 중국 정부가 2012년 이후 바오빠(保八) 정책[119]을 포기하는 등 성장률에 대한 인식이 변화하고 있다. 제조업에 비해 고용유발 효과가 큰 서비스산업 비중이 확대되는 등 경제구조가 변화함에 따라 각종 부작용을 감수하면서까지 과거와 같은 고속성장을 추구할 유인이 희박해지고 있기 때문이다. 즉, 중고속성장(5~6%)이면 충분하다는 인식이 점차 확산되고 있다. 실제 2014~2018년 평균 성장률은 6.9%로 하락하였다. 이제 중국의 성장률도 6% 혹은 5%대로 하락하는 것이 현실화되고 있는 과정이다. 또한 급증한 중국경제의 규모를 감안할 때 더 이상 과거와 같은 고성장을 지속하기는 어렵다는 현실적인 이유도 상존한다. 2018년 중국의 명목 GDP는 91.9조 위안(약 13.9조 달러)으로 2017년 (82.1조 위안, 약 12.6조 달러) 대비 약 9.8조 위안(1.3조 달러) 증가하였다. 순증 1.3조 달러는 글로벌 경제규모 14위 내지 15위의 경제규모인 호주(1.4조 달러)나 멕시코(1.2조 달러)의 연간 GDP에 해당하는 수준일 정도로 막대한 규모이다.

한편 최근 5년간 중국 정부의 구체적인 주요 경제운용 목표와 실적은 다음과 같았다.

---

118) 덩샤오핑은 경제성장률의 제고가 경제문제가 아닌 매우 중요한 '정치문제임을 지적한 바 있다.(1990.3)
119) 8%의 경제성장률 유지정책을 의미한다.

최근 5년 중국경제 주요 운용 목표와 실적

		성장률 (%)	CPI (%)	신규고용 (만 명)	실업률 (%)	재정적자		M2 (%)
						규모 (조 위안)	GDP대비 비중(%)	
2014	목표	7.5	3.5	1,000	4.6	1.35	2.1	13.0
	실적	7.4	2.0	1,322	4.1	1.14	1.8	12.2
2015	목표	7.0	3.0	1,000	4.5	1.62	2.3	12.0
	실적	6.9	1.4	1,312	4.1	2.36	3.4	13.3
2016	목표	6.5~7.0	3.0	1,000	4.5	2.18	3.0	13.0
	실적	6.7	2.0	1,314	4.0	2.83	3.8	11.3
2017	목표	6.5 내외	3.0	1,100	4.5	2.38	3.0	12.0
	실적	6.8	1.6	1,351	3.9	3.08	3.7	8.1
2018	목표	6.5 내외	3.0	1,100	4.5	2.38	2.6	미설정
	실적	6.6	2.1	1,361	3.8	2.38	2.6	8.1
2019	목표	6.0~6.5	3.0	1,100	4.5	2.76	2.8	미설정
	실적[1]	6.2	2.5	1,097	3.6	1.57	-	8.4

주 : 1) 2019년 실적은 3/4분기 말 기준
자료 : 중국국무원, 중국국가통계국, 중국인민은행, 중국재정부

(2) 성장 동력의 변화

① 필요성

중국이 과거에 지속해 온 투자·수출 중심의 성장전략이 변화되어야 할 필요성이 다방면에서 제기된다.

우선 그동안의 투자 중심 성장전략은 생산설비과잉과 자본집약적 산업의 기형적 발전, 경제효율성 저하 등을 초래한 것으로 지적된다. 철강, 시멘트, 조선 등 주요 산업의 가동률이 일반적으로 정상 수준이라고 여겨지는 수준(85%)을 크게 하회하는 55~75% 수준에 그치는 점은 생산설비 과잉 현상을 단적으로 나타낸다. 또한 자본효율성과 역(逆)(-)의 관계인 한계고정자본계수(ICOR:

Incremental Capital-Output Ratio)[120]가 상승세인 점은 과도한 투자가 초래한 효율성의 저하를 반영한다.

중국경제의 시기별 평균 한계고정자본계수(ICOR)

시기	1979~89	1990~99	2000~09	2010~18
ICOR	2.97	3.16	3.40	5.39

자료: 자체 계산

또한 수출 중심 성장전략은 대외여건의 변화에 따라 성장세가 영향을 받게 되는 상황을 발생시킨다는 문제점이 있다.

중국 정부가 내수 특히 소비 중심의 성장전략을 강조하면서 관련 정책을 지속적으로 추진하게 된 배경이다. 최근 5년여 간 소비와 투자의 성장기여율 추세를 보면 이러한 정부 노력이 어느 정도 효과를 나타내고 있음을 알 수 있다.

중국경제의 지출부문별 GDP 성장기여율(%)

	2014	2015	2016	2017	2018	2019. 1/4~3/4
소 비	48.8	59.7	66.5	58.8	76.2	60.5
투 자	46.9	41.6	43.1	32.1	32.4	19.9
순수출	4.3	− 1.3	− 9.6	9.1	− 8.6	19.6

자료: 중국국가통계국

② 공급측 구조개혁

중국 정부가 뉴노멀 시대에 추진하는 대표적인 정책이 2015년 11월부터 시행중인 공급측 구조개혁이다. 이는 공급 측면에서의 성장 저해 요인을 제거하여 산업구조와 성장동력을 새로운 발전단계에 맞춰 재편하려는 노력의 일환이다. 중국 정부는 과잉생산능력 해소 등 5대 중점과제를 선정하여 이를 전면적으로 추진해 나가고 있는 중이다.

---

120) 한계고정자본계수는 생산 1단위를 증가시키기 위해 필요한 투자규모를 말한다. 구체적으로는 투자액을 GDP증가분으로 나눠 산출한다.

공급측 구조개혁의 5대 중점과제[121]

	주요 조치
과잉생산능력 해소	■ 시장메커니즘과 법에 근거한 과잉설비 처리(인수합병 및 파산처리 등) ■ 신규 증설을 엄격히 제한함으로써 추가적인 과잉설비 방지 ■ 부실자산 처리, 실업자 재취업 등에 대한 재정·세제 지원
기업비용 경감	■ 세금부담 완화(영업세의 부가세로의 전면 전환 등), 사회보험료 인하 ■ 정부의 기업 심사 및 승인절차 간소화 ■ 에너지 및 토지 이용 비용, 물류비용, 재무비용 등 경감
상업용부동산 재고 해소	■ 거래비용 경감을 통한 농민공과 도시 무주택자의 주택수요 확대 ■ 주택임대시장 발전(기관투자가의 임대시장 진입 허용 등) ■ 자영업자와 농민공의 주택공적금 참여 점진적 허용
유효공급 확대	■ 기업 기술·장비 업그레이드 지원, 제조업 첨단화·스마트화·친환경화 추진 ■ 첨단제조업 발전을 위한 다양한 투자방식 도입, 신흥산업 육성·발전 ■ 유효공급 확대와 과잉설비 해소의 유기적 결합 통한 빈곤구제
금융리스크 예방·해소	■ 거시경제 운영방식의 혁신과 개선, 리스크 예측능력 개선 ■ 금융시장 리스크 대응책 개선, 은행 부실채권 정리 지원 ■ 정부채무의 통합관리, 지방정부 채권발행 방식 등 개선

자료: 2016년 국민경제와 사회발전 계획

③ 슝안신구 및 일대일로

한편 새로운 성장동력 확보 방안으로 중국 정부가 야심차게 추진하는 두 가지 정책이 슝안신구(雄安新區)개발 및 일대일로 정책이다. 전자는 대내적으로 후자는 대외적으로 가장 중점을 두는 국가정책이라 할 수 있다.

슝안신구는 2017년 4월 건설계획이 발표되고 2018년 4월 본격적 건설이 시작된 중국의 경제개발특구이다. 베이징 남쪽 허베이성(河北省) 바오딩시(保定市)의 3개 현에 건설되는 국가급 경제개발특구이다. 이곳은 베이징과 약 160km, 베이징 제3국제공항(2019년 완공)과 약 70km, 톈진과 약 130km 떨어진 거리에 위

---

121) 이승용, 중국 정부의 공급측 구조개혁 추진의 배경과 전망, 한국은행 북경사무소, 동향분석, 2016.4.22.

치하고 있다. 국가급 경제개발특구는 중앙정부가 주도하여 추진하는 경제특구로 선전경제특구 및 상하이 푸동신구에 이은 세 번째이다.[122] 슝안신구 건설은 중국이 국가정책사업으로 야심차게 추진하는 계획이다. 중국 정부는 슝안신구를 생태환경 도시, 친환경적인 스마트도시[123]로 조성할 예정이다. 한편 2018년 3월에는 베이징-슝안신구를 30분만에 주파할 베이슝(北雄) 철도(92.4km)가 착공되었으며 2020년 말 개통 예정이다. 2019년 8월 현재 알리바바, 텐센트 등 26개의 하이테크 IT 기업을 포함하여 3,069개 기업이 이미 슝안신구에 연구소 및 지점 등을 설립하였다.[124]

이는 수도기능의 일부 이전을 통해 베이징의 과밀 현상을 완화하는 동시에 새로운 성장 동력을 구축하기 위한 대규모 프로젝트이다. 다만 선전, 항저우 등 IT산업을 통해 혁신을 추진한 도시들과의 차별성 부족 문제 및 정책에만 의존하여 세계적 R&D 혁신도시 달성이 가능할지 여부 등에 대한 비판이 존재한다.

선전경제특구, 상하이 푸동신구, 슝안신구 간의 비교

	선전경제특구 (深圳经济特區)	상하이 푸동신구 (上海浦东新區)	슝안신구 (雄安新區)
연도	1980년	1992년	2017년~
면적	1,996㎢	1,210㎢	중장기 2,000㎢ 예상
인구	526만 명	1,054만 명	110.3만 명
GDP	1.75조 위안(2015년)	7,109억 위안(2014년)	212.1억 위안(2015년)
위치	광둥성	상하이시	허베이성
목적	개혁개방	금융개방	수도기능 분산, 녹색친환경

자료: 한국은행 북경사무소(2017)

---

122) 한국은행 북경사무소, 중국 세 번째 국가주도 경제개발특구(雄安新區) 지정, 현지정보, 2017.4.7.
123) 2035년까지 3단계에 걸쳐 차세대 IT, 바이오 등 분야를 기반산업으로 하는 스마트도시를 건설한다는 계획이다.
124) China Daily, Over 3,000 enterprises registered in Xiongan New Area, 2019.8.20.

일대일로(一帶一路) 정책은 동남아시아에서 아프리카를 연결하는 해상실크로드(일대)와 중앙아시아, 러시아 및 유럽을 연결하는 육상의 교통·통상 네트워크인 내륙의 실크로드 경제벨트(일로) 개발계획을 아울러 지칭한다.[125] 2013년 9월부터 추진되었으며 중국판 마샬플랜으로도 지칭된다. 2018년 말 현재 78개국이 참여하고 있다. 일대일로 지역에 대한 중국의 투자가 그 지역의 경제성장과 고용 등에 기여를 하고 있다는 것이 중국의 주장이다. 2013~2018년 중 중국과 일대일로 국가들간의 교역액은 6.47조 달러에 달하였으며 대외투자액도 800억 달러를 초과하였다.

그러나 일대일로 계획은 종종 수혜국의 사회경제 및 금융의 지속가능성에 대한 고려를 소홀히 하여 부채 과다를 유발한다는 지적이 있다. 소위 채무제국주의 내지 부채외교(debt-trap diplomacy)라는 비판이다.[126] 이외에 전략적 자산 및 자원에 대한 수혜국의 통제권 상실, 투명성 부족, 수혜국 실제 수요와의 괴리, 환경파괴로 인한 부정적 영향, 수혜국 집권층의 부패 초래 가능성 등도 일대일로 계획이 비판받는 부분들이다.[127] 파키스탄의 디아메르 바샤댐 건설사업, 말레이시아의 쿠알라룸푸르-싱가포르 간 고속철도 건설사업, 네팔의 세티 수력발전소 건설사업 등이 과도한 부채 발생 등을 이유로 2017~2018년 중 취소된 대표적인 일대일로 사업들이다. 중국 정부는 2019년 일대일로 영문 명칭을 기존의 One Belt One Road에서 Belt and Road Initiative로 변경하는 등 비판을 희석시키기 위해 다양하게 노력하고 있다. 또한 중국 내부에서도 중국은 아직 자체 발전에 주력해야 하며 고위험국가(78개국 평균 신용등급 Ba2로 정크등급)에 막대한 자금 및 기술 투자를 하는 것은 위험하다는 비판이 있는 상황이다.

---

125) 원래 실크로드(Silk Road)라는 말은 독일의 지리학자 페르디난드 폰 리히트호펜(F.von Richthofen)이 중국의 비단을 매개로 동서교역이 이루어졌다는 의미에서 처음 사용한 것이다. 하나 덧붙인다면 그의 조카가 대중적으로 매우 유명하다는 점이다. 바로 제1차 세계대전 당시 독일의 전투기 에이스로서 일명 '붉은 남작'으로 알려진 만프레드 폰 리히트호펜(M.von Richthofen)이 바로 그다. 그의 삶을 모티브로 해서 일본의 애니메이션 '붉은 돼지' 등 수많은 영화, 게임, 음악 등이 재생산되고 있다.(강인욱, 강인욱의 고고학 여행, 흐름출판, 2019)

126) European Commission contribution to the European Council, EU-China-A strategic outlook, 2019.3.12.

127) D.Kliman, R.Doshi, K.Lee and Z.Cooper, Grading China's Belt and Road, Center for a New American Security, 2019.4.8.

반면 개발수요와 자금공여라는 근본적인 측면을 살펴보면 위와 같은 서방 중심의 일대일로 비판은 부당하다는 의견도 존재한다.[128]

현재 중국의 가장 중요한 대외 국가정책 사업이 일대일로 정책인 것은 부인할 수 없는 사실이다. 따라서 향후 속도 조절은 있겠지만 꾸준하게 지속될 중국의 경제정책임에는 틀림이 없다.

(3) 성장 내용의 변화

그동안의 급속한 고도성장 과정에서 초래된 사회경제적 불평등의 확대, 환경오염, 자원사용량 급증 등의 문제점이 점차 심화되면서 이를 개선해야 한다는 목소리가 커지고 있다.[129]

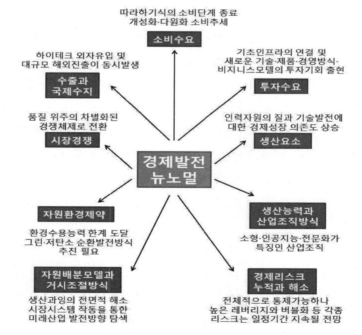

뉴노멀 시대 중국경제의 9가지 특징

자료: 중앙경제공작회의(2014년 12월)(한재현(2015) 전재)

---

128) 최필수, 일대일로는 부채의 덫인가, 인천연구원 한중 Zine INChinaBrief, vol.368, 2019.2.25.
129) 소득계층 간 소득불평등도를 나타내는 지니계수는 1978년 0.18에서 2017년 0.47까지 상승하였다. 한편 소득재분배 및 환경문제 등에 대해서는 후술할 4장에서 상세하게 논하였다.

즉, 과거처럼 선부론(先富論)에 따른 일부 지역·계층 중심의 고속성장보다는 성장이 다소 둔화되더라도 성장의 과실이 공평하게 분배되는 질적 성장이 중요하다는 인식이 높아졌다. 또한 환경오염 억제 및 에너지 절약을 위한 생산 및 소비가 적극 장려되면서 관련 제반 정책이 추진되고 있다.

(4) 전망

중국 정부가 뉴노멀 시대로의 안착을 위해 다양한 노력을 기울이고 있는 가운데 이의 성공을 위해서는 유의해야 할 부분도 적지 않은 상황이다. 성장률 저하의 감내, 지방정부와의 갈등, 사회주의 시장경제시스템의 한계 등이 대표적이다.

우선 고용안정을 위한 적정성장 수준이 과거보다 낮아졌다고는 해도 일정 수준 이상의 성장이 여전히 요구된다는 점을 감안할 때 성장률 감속을 얼마나 버텨낼 수 있느냐가 관건이다. 대졸자 800여 만 명을 포함하여 농민공 등 도시 지역 신규 취업 필요 인력만 연간 약 1,500만 명 수준이다.[130] 양질의 서비스업 고용이 제한되어 있는 상황에서 성장률 하락에 따른 제조업 및 수출기업 부문의 고용위기는 무시할 수 없는 정치적 압력이 될 가능성이 있다.

두 번째로 대규모 과잉설비 및 공해유발 기업의 퇴출 문제도 세수 감소 및 실업을 우려한 지방정부의 저항을 감안할 때 쉽지 않은 일이다. 지방정부의 재정이 부족한 상황임을 고려하면 더욱 그러하다. 2018년 기준 전체 재정수입 중 지방정부 수입은 53%에 불과하지만 지출은 85%를 담당하는 등 지방정부 재정은 항상 부족한 상황이다. 이러한 상황에서 지방정부 주요 재정수입원인 지방 소재 기업의 생산중단이나 공장폐쇄 등의 조치는 실현가능성이 높지 않다. 중국에서 흔히 사용되는 '상부에 정책이 있으면 하부에는 대책이 있다'(上有政策 下有對策)는 말은 중앙정부의 정책이 지방정부 차원에서 시행되기 쉽지 않음을 잘 나타내는 표현 중 하나이다.

세 번째로 서비스업의 비중 상승에도 불구하고 세부 부문별로는 아직 발전 여지가 많은 점도 고려할 부분이다. 중국이 제조업에서 서비스업으로 성장

---

130) 인력자원사회보장부 기자회견(2019.1.16). 2019년 대졸자는 834만 명이었다.

의 중심을 이동하고 있으나 질적인 측면에서 평가할 때 아직 부족한 부분이 많은 상황이다. 서비스업 중 금융·IT 등 생산성과 임금이 높은 생산서비스(production service, upstream service) 부문의 취업자 비중이 증가하고 있으나 아직 낮은 수준이다. 반면 도소매·숙박 등 생산성 및 임금이 낮은 소비서비스(consumption service, downstream service) 부문과 부동산 부문의 비중은 여전히 크다.131) 고부가가치 서비스업으로의 전환에는 아직 많은 시간이 소요될 것임을 짐작하게 하는 부분이다.

주요 서비스업 취업자 수 및 비중(도시지역 국유기업 기준)

업종	2007년		2017년	
	취업자 수(만 명)	비중(%)	취업자 수(만 명)	비중(%)
금융	389.7	3.2	688.8	3.9
IT	150.2	1.2	395.4	2.2
도소매	506.9	4.2	843.9	4.8
숙박·요식	185.8	1.5	265.9	1.5
부동산	166.5	1.4	444.8	2.5

자료: CEIC

마지막으로 사회주의 시장경체제제가 지니고 있는 본질적인 한계도 고려할 부분이다. 민영기업의 역할 확대에도 불구하고 사회주의 시장경제체제를 유지하는 한 중추적 역할을 담당할 수밖에 없는132) 국유기업의 효율성 제고 문제가 대표적이다. 특히 에너지, 통신, 항공, 은행 등의 산업은 자연독점 혹은 국가정책적 목적 등으로 시장을 지배하는 대형 국유기업이 여전히 존재하고 있어 공정한 시장경쟁을 저해할 가능성이 높은 상황이다.

중국경제가 뉴노멀 하에서 성장구조 전환을 성공적으로 이룩할지 여부는

---

131) 도시지역 국유기업 2017년 기준으로 도소매·숙박 및 요식·부동산 부문 취업자는 1,554만 명(전체 취업자 대비 비중 8.8%)으로 금융·IT 부문 취업자 1,084만 명(6.1%)보다 470만 명 많다.
132) 중국은 헌법 제7조에서 국유경제는 국민경제를 주도하며 국가는 국유경제의 지속과 발전을 보장한다고 명시하고 있다.

글로벌 경제의 성장과 안정을 위해서도 중요한 문제이다. 중국은 이미 글로벌 GDP의 15% 내외, 글로벌 교역의 12% 내외를 차지하는 경제대국이 된 상황이기 때문이다. 특히 중국의 성장구조 전환은 우리처럼 교역관계가 밀접한 국가들을 중심으로 스필오버 효과(spillover effects)를 발생시킬 것으로 예상된다. IMF의 한 연구에 의하면 중국의 성장률 1%p 하락은 1990년대에는 글로벌 성장률을 0.06%p 하락시키는데 그쳤으나, 2000~15년 기준으로는 0.25%p 하락시키는 것으로 추정되었다.[133] 또한 중국의 성장률 하락이 미칠 영향은 신흥국 및 아시아 지역 국가들의 경우 더 클 것으로 예상되었다.[134] 우리가 중국의 성장구조 전환과정을 예의주시해야 하는 이유이다.

 〈참고 8〉 중국 개혁개방 40년 주요 경제적 변화

	1978년	2018년	비고
GDP	3,679억 위안	91.9조 위안	연평균 9.4% 증가[1]
1인당 GNI	200달러	9,732달러	
글로벌 경제성장 기여율	3.1%	27.5%	글로벌 1위
일반예산 수입	1,132억 위안	18.3조 위안	연평균 13.6% 증가
외환보유액	1.7억 달러	3.1조 달러	
3차산업 비중	24.6%	52.2%	
3차산업 성장기여율	28.4%	59.7%	
소비 성장기여율	38.3%	76.2%	
투자 성장기여율	67.0%	32.4%	
도시화율(상주인구 기준)[2]	17.9%	59.6%	연평균 1.04%p 상승
자동차 생산량	15만대	2,781만대	

133) Davide Furceri, Joao Tovar, and Aleksandra Zdzienicka, China Spillovers-New Evidence from Time-Varying Estimates, Spillover Task Force, IMF, 2016.11.7.
134) 교역의존도가 큰 한국, 대만, 말레이시아, 태국 등이 특히 큰 영향을 받을 전망이다.

무역규모(상품 수출)	98억 달러	2.5조 달러	254배 증가
무역규모(상품 수입)	109억 달러	2.1조 달러	196배 증가
무역규모(서비스 수출입)	47억 달러(82년)	7,919억 달러	168배 증가
2차산업 취업자 비율	17.3%	27.6%	연평균 0.26%p 상승
3차산업 취업자 비율	12.2%	46.3%	연평균 0.85%p 상승
1인당 가처분소득	171위안	28,228위안	
엥겔지수	63.9%	28.4%	
평균 교육년수	5.2년(82년)	9.3년	
문맹률	22.8%(82년)	4.9%	
기대수명	67.8세(81년)	77.0세	
에너지원 중 석탄 비중	70.7%	60.4%(17년)	
에너지원 중 청정에너지 비중	6.6%	20.8%(17년)	
도시 수	193개	672개	
농촌 빈곤 인구[3]	7.7억 명	3,520만 명	
공항	78개	235개	
대학교	598개	2,663개	전문대 등 포함

주: 1) 이 기간중 글로벌 연평균 성장률은 2.9%
   2) 호적인구 기준 도시화율은 43.4%
   3) 빈곤 기준은 연간 소득 기준 1978년 366위안, 2018년 4,833위안
자료: 중국국가통계국

〈참고 9〉 현대 중국경제 약사(略史)135)

시기(년)	사건	내용
1949	중화인민공화국 건국	
1950	중·소 우호동맹 토지개혁법	상호원조조약 전국적인 토지개혁 실시
1951	삼반(三反)운동	간부의 3가지 죄상(부패, 낭비, 관료주의) 반대
1952	오반(五反)운동	상공업자 5가지 죄상(뇌물, 탈세, 국가자산 사취, 날림공사·원료 속이기, 국가경제정보 사취) 반대
1953	제1차 5개년 계획 시작 식량의 국가 전매제 농업집단화 시작	식량 매입 및 판매를 국가가 독점 「농업생산협동조합 발전에 관한 결의」(비강제적)
1955	급속한 농업집단화 시작 상공업의 「公私合營化」 운동	마오쩌동 「농업협동화 문제」강연 실질적으로 민영기업 자본을 국가가 몰수
1957	반우파 투쟁	지식인 탄압
1958	제8기 2중전회	「대약진 정책」 제기
1958	정치국 확대회의	조강생산량 2배 증가, 인민공사 설립 등 결의
1959	대기근 시작 루산(盧山) 회의(정치국 확대 회의)	1961년까지 대기근(최대 2~3천만 명 아사 추정) 펑더화이 비판 등 급진 노선 확대
1960	소련 전문가 및 고문 철수	중소 대립 심화
1962	제8기 10중전회	'농업을 기초'로 하는 방침, 인민공사체제 정리 하여 생산대를 기본 단위로 재편
1965	삼선(三線)건설 운동	전쟁 확대에 대비해 내륙 지역으로 공장 이전

---

135) 카츠지 나까가네, 경제발전론과 현대중국, 무역경영사, 2016 & Bert Hofman, World
Bank, Reflections of Forty Years of China's Reforms, Speech at the Fudan University's
Fanhai School of International Finance, 2018년 1월 및 언론보도 등 참고.

1966	문화대혁명 시작	이후 3년에 걸쳐 특히 도시지역 대혼란
1969	제9기 당대회	류샤오치 · 덩샤오핑 실각, 문화대혁명 사실상 종료
1971	린바오 사건	부주석 린바오의 국외 망명중 사망
1976	마오쩌둥 사망	문화대혁명 종결, '사인방'(장칭, 왕훙원, 야오원위안, 장춘차오) 퇴출
1977	덩샤오핑 복권	
1978	제11기 3중전회	개혁개방 시작, 4개 현대화 목표(산업, 농업, 국방, 과학기술) 제시
1979	중외합자경영기업법 통과	외국기업과의 합작사업 인정
1981	경제특구 설립	4개(선전, 샤먼, 샨토우, 주하이). 대외개방 거점화
1983	인민공사제도 해체	1953년 시작된 집단농업체제 종결
1984	제12기 3중전회	사회주의 상품경제(Socialist Commodity Economy) 승인
1989	천안문 사건	자오쯔양 총서기 해임, 민주화 요구 진압
1990	주식시장 개설	상하이 및 션전(1991년 7월 정식 거래 시작)
1992	덩샤오핑의 남순강화 (南巡講話)	시장경제화 재강조
1993	제14기 3중전회 중국기업 최초 홍콩증시(H) 상장	사회주의 시장경제(Socialist market economy) 시작 칭다오 맥주
1994	환율 · 재정 · 금융제도 개혁	2중환율제도 일원화, 중앙세와 지방세 분리 (Tax Sharing System), 은행시스템의 상업화 시작
1995	제13기 5중전회	국유기업 개혁안 승인(grab the big, let go of the small)
1996	외환관리체제 개혁	IMF협정에 따라 경상거래의 완전 태환 허용
1997	홍콩 반환	1898년부터 영국이 99년간 임차했던 홍콩 반환

1998	국유기업 개혁	부실채권 상각
1999	주택제도 사유화 개혁	주택분배제도 폐지하고 사용권 매매 허용
2001	WTO 가입	
2002	3개대표론	민영기업가의 입당 위한 이론적 기반 마련
2003	국가발전계획위원회 설립	경제계획 및 개발 담당
2004	사유재산 보장 확대 자본시장 개혁개방 확대	헌법 개정 통해 사유재산 보장 명문화 「자본시장 개혁개방 및 안정발전 의견」 발표
2005	국유상업은행 상장(IPO)	건설은행 및 중국은행
2006	농업세 폐지	농민부담 경감
2007	Shibor 도입	단기금융시장 기준금리로 기능
2008	대규모 경기부양책 실시	글로벌 금융위기 대응 위한 경기부양 프로그램
2010	글로벌 2위 경제대국 부상	
2013	제12차 5개년 계획	리밸런싱 및 중진국함정 회피 강조
2014	제18기 3중전회	자원배분에 있어 시장의 핵심적 역할 및 국유기업 중요성 강조
2015	제18기 4중전회 AIIB 설립	중국특색 및 법에 의한 지배 강조 중국 주도 최초의 국제금융기구
2017	제19기 전당대회 금융안정발전위원회 출범	신시대 중국특색의 사회주의 강조 중국인민은행·은보감회·증감회 통합
2018	금융시장 개방 확대	A주, MSCI 신흥지수에 편입 중국 주재 외국인근로자의 A주 투자 허용
2019	금융시스템 정비	중국은행보험감독관리위원회 설립(은감회＋보감회) 예금보험기금관리공사 설립(중국인민은행 산하)

중국 근현대사

　　2장에서는 중국경제의 개혁개방 진행과정을 살펴보았다. 청(淸)의 멸망 이후 중국은 그야말로 파란만장한 급변을 겪었다. 서구 제국의 침략, 항일 투쟁, 국공내전, 공산화, 대기근, 대약진운동, 문화대혁명, 개혁개방 등이 대표적인 사건들이다. 중국경제를 이해하는 첫 걸음은 중국 근현대사를 이해하는 것이다. 제도나 현상의 이면에 있는 의미를 파악하기 위한 전제가 역사에 대한 공부이기 때문이다. 중국 근현대사를 다룬 책들은 무척 많다. 다음 소개하는 책들은 그 중 일부이다.

📖 중국을 읽다-세계와 대륙을 뒤흔든 핵심사건 170장면-

- 저　자: 카롤린 퓌엘
- 출판사: 푸른숲(2012)
- 감　상: 개혁개방 직후인 1980년부터 2010년까지 중국 역사의 중요한 사건과 그 영향 등을 풍부한 사진자료와 함께 소개하고 있는 책이다. 특히 70여 페이지에 이르는 서문에서는 중국의 근현대사를 간략하게 요약 설명하고 있어 개괄적 이해에 많은 도움이 된다. 저자는 2000년대 중국의 상황을 화평굴기(和平崛起)[136]로 묘사하고 있는데 최근의 상황을 보면 굴기는 맞지만 화평인지에 대해서는 의문부호가 남는다.

📖 현대 중국을 찾아서 1,2(The Search for Modern China)

- 저　자: 조너선 D. 스펜스
- 출판사: 이산(2002)
- 감　상: 예일대학 역사학과 교수로서 미국의 중국사 학계를 대표하는

---

136) '평화롭게(和平) 우뚝 선다(崛起)'는 뜻으로 2000년대 초반에 천명된 중국의 대외전략이었다.

저자의 책이다. 명(明) 말기에서 1980년대까지의 중국사를 세세히 다루고 있다. 역사와 문학을 결합한 역사서술 방식이라는 특징을 지니고 있는 그의 작품 특징이 잘 나타난다. 풍부한 자료와 색인, 삽화 등으로 내용이 충실하다. 다만 한 번에 쉽게 읽히지는 않고 끈기와 시간을 가지고 꼼꼼하게 읽어야 하는 책이다.

📖 천안문―근대 중국을 만든 사람들―(The Gate of Heavenly Peace)

- 저　자: 조너선 D. 스펜스
- 출판사: 이산(2010)
- 감　상: 1895년에서 1980년까지 중국 100년의 역사와 혁명을 그 주요 인물들의 삶을 통해 추적해가는 이야기이다. 특히 급진적 개혁을 추구했던 유학자 캉유웨이(康有爲), 혁명가 루쉰(魯迅), 작가였던 딩링(丁玲)등 3명을 중심으로 중국의 근대사를 밀도 있게 묘사하고 있다. 극한의 시련 속에서 온 몸으로 자유와 이념과 사랑을 추구한 인물들의 이야기가 눈물겹다. 루쉰의 글이 특히 인상적이다. '고향은 사라졌고 나라는 파괴되었다. 그러나 우리에게는 천하와 후손을 향해 최후의 애가를 목 놓아 불러줄 예레미야가 없다', '중국인은 강자를 만나면 감히 반항할 용기가 없어서「중용」을 취한다는 말로 얼버무리고, 스스로를 위로한다'라는 표현 등에서 그의 비타협과 날카로움이 빛난다.

📖 새로운 황제들: 마오쩌둥과 덩샤오핑의 중국

- 저　자: 해리슨 E. 솔즈베리
- 출판사: 다섯수레(2013)
- 감　상: 마오쩌둥과 덩샤오핑을 중심으로 현대 중국의 역사적 사건들을 소개하고 있는 책이다. 현재의 황제 시진핑은 후에 어떻게 역사에 기록될 것인지 궁금해진다.

📖 문화대혁명-중국 인민의 역사 1962∼1976-

- 저 자: 프랑크 디쾨터
- 출판사: 열린책들(2017)
- 감 상: 중국 근현대사 최대 비극 중의 하나로 평가받는 문화대혁명을 매우 상세하게 소개하고 있다. 처절하고 가슴 아프다. 중국인들의 의식 속에서 문화대혁명은 강제로 봉인되어 있다는 생각이 들 정도로 중국에서 관련 자료를 찾기는 쉽지 않은 상황이다. 아마 한동안은 계속 그러할 것이다. 이 책의 아쉬운 점이라면 혁명의 종결 부분에 대한 설명이 너무 간략하여 여타 자료를 참고하지 않으면 문화대혁명 전체에 대한 이해는 다소 어려울 것 같다는 점이다.

📖 새로 만든 먼나라 이웃나라 중국편 1(근대편), 2(현대편)

- 저 자: 이원복
- 출판사: 김영사(2017)
- 감 상: 이원복 교수의 먼나라 이웃나라 세계역사기행 중 중국편이다. 복잡다단했던 중국의 근현대사를 비교적 쉽게 설명하고 있다. 다만 생략된 부분이 너무 많다는 점은 감안해야 한다.

📖 왕단의 중국현대사-中華人民共和國史十五講-

- 저 자: 왕단(王丹)
- 출판사: 동아시아(2013)
- 감 상: 천안문 사건의 주역 중 한 명이었으며 지금은 대만에서 학생들을 가르치고 있는 저자의 중국현대사 강의이다. 비판적인 시각으로 중국현대사와 공산당을 그리고 있다. 상세하고 재미있다.

📖 20세기 중국사: 제국의 몰락에서 강대국의 탄생까지

- 저　자: 알랭 루
- 출판사: 책과함께(2010)
- 감　상: 프랑스인이 쓴, 청제국 말기에서 2000년대 초반까지의 중국 역사 개론서이다. 내용이 상세하지는 않다. 주요 인물들에 대한 약력이 정리되어 있는 것이 특징이다.

📖 중국현대정치사 (The Politics of China, 1949~2009)

- 저　자: 로드릭 맥파커 등
- 출판사: ㈜푸른길(2012)
- 감　상: 건국에서 세계화의 수용까지 중국의 60년 정치사를 그리고 있다. 건국, 대약진운동, 문화대혁명, 개혁개방, 천안문 사건, 세계화와 거버넌스의 딜레마 등을 다루고 있다. 정치를 중심으로 중국현대사가 매우 세세하게 잘 정리되어 있다. 800페이지가 넘는 장편이라 읽기에 만만치는 않다.

📖 혁명후기-인간의 역사로서의 문화대혁명-

- 저　자: 한샤오궁(韓少功)
- 출판사: 글항아리(2016)
- 감　상: 2013년 홍콩에서 초판이 발행된 문화대혁명에 대한 책이다. 인물 중심이 아니라 사회 밑바닥에서 어떤 일이 발생했었는지를 담담하게 그리고 있다. 광기와 폭력에 대한 경계가 날카롭다.

📖 근현대 중국사(하)-인민의 탄생과 굴기

- 저　자: 이매뉴얼C.Y. 쉬(徐中約)
- 출판사: 까치글방(2013)
- 감　상: 1970년대 초판이 나온 후 개정을 거듭하여 6판 개정판(2000년)까지 나온 책이다. 신해혁명 이후 2000년대 초반까지의 중국

역사를 조망하고 있다. 평이하면서도 종합적인 서술이 강점인
듯하다.

📖 개혁과 개방-덩샤오핑 시대의 중국 1(1976~1982년)

- 저　자: 조영남
- 출판사: 민음사(2016)
- 감　상: 서울대 교수인 저자가 쓴 중국 현대사 책이다. 개혁개방을 성
　　　　공시킨 3가지 정치적 요인, 국유기업의 의미, 8대 원로정치 등
　　　　개혁개방 초기의 중국을 다양한 차원에서 조감하고 있다.

📖 우리는 거대한 차이 속에 살고 있다

- 저　자: 위화(餘華)
- 출판사: 문학동네(2016)
- 감　상: 부제 '작가 위화가 보고 겪은 격변의 중국.' 중국의 대표적 작
　　　　가인 위화가 쓴 수필집이다. 양극단을 오갔던 중국 사회의 여
　　　　러 가지 병폐를 비판하고 있다. 인간 본성을 억압하던 시대에
　　　　서 지나친 방종의 시대로 나간 것은 그가 들고 있는 대표적인
　　　　사례이다.

📖 사람의 목소리는 빛보다 멀리 간다(China in Ten Words)

- 저　자: 위화(餘華)
- 출판사: 문학동네(2013)
- 감　상: 작가 위화가 열개의 단어로 중국을 말하고 있다. 인민(人民),
　　　　영수(領袖), 열독(閱讀), 사작(寫作), 루쉰(魯迅), 차거(差距),
　　　　혁명(革命), 초근(草根), 산채(山寨), 홀유(忽悠) 등이 그것이
　　　　다.[137] 현대 중국의 가슴 아픈 이야기가 감동적으로 그려져
　　　　있는 수필집이다. 중국인들의 스산한 현대사를 다시 한 번 되

---

137) 차거는 격차(gap)를 의미하며, 혁명의 문자적 의미는 '하늘의 명을 거둔다'는 뜻이다. 한
　　편 산채는 모조품 내지 짝퉁을, 홀유는 속이거나 거짓말하다는 뜻이다.

돌아보게 되는 책이다.

📖 세계화의 단서들

- 저　자: 송병건
- 출판사: 아트북스(2019)
- 감　상: 부제 '경제학자가 그림으로 읽어낸 인류의 경제 문화사.' 성균
관대에서 경제사를 가르치고 있는 저자가 쓴 경제사적 관점에
서 보는 그림에 대한 책이다. 총 22가지의 이야기 중 중국과
관련된 이야기가 3개이다. 진시황과 분서갱유, 정화의 원정,
대약진운동과 제사해(除四害) 등이 그것이다. 특히 1956년 마
오쩌둥이 인민들에게 해를 끼치는 4가지 원천으로 모기, 파리,
쥐, 참새를 지목하면서 박멸할 것을 지시했던 4가지 해악 없애
기(除四害) 캠페인이 소개되고 있다. 문제는 참새였다. 해충을
잡아먹는 참새를 대량으로 없애다 보니 오히려 농작물에 큰
피해가 발생했던 것이다. 저자는 인간의 섣부른 생물 통제가
어떻게 생태계 교란을 일으키는지를 중국의 제사해와 오스트
레일리아의 일부 포유류 멸종 사태를 예로 들면서 설명하고
있다. 다양한 관련 포스터와 참새를 쫓는 베이징대 학생들의
사진 등은 대약진운동 기간에 이루어졌던 어리석음을 다시 깨
닫게 하는 자료였다. 이 제사해 이야기는 중국인 이야기 1편
(김명호, 한길사, 2012)에서 '참새 소탕전의 추억'이라는 제목
으로 상세하게 소개되고 있기도 하다.

중국 요리의 세계

중국 요리는 프랑스 및 터키 요리와 함께 세계 3대 요리라고 불릴 정도로 맛과 종류에서 풍부함을 자랑한다. 그래서 중국 요리는 복잡하다. 조리법이 다양하고 재료도 많기 때문이다.

중국 내에서는 흔히 4대 중국 요리로 황하(黃河) 하구 산동지역의 루차이(魯菜), 장강 상류 쓰촨지역의 촨차이(川菜), 지앙수지역의 화이차이(淮菜), 광둥지역의 위에차이(粵菜) 등을 들고 있다. 이들 4대 요리는 각각의 특징이 있다. 루차이는 약간 시고 담백하면서 부드러운 것이 특징이다. 촨차이는 맵고 진한 것이 특징이다.[138] 화이차이는 조미료를 적게 넣고 재료 본연의 맛을 살리되 약간 단 것이 특징이다. 마지막으로 위에차이는 재료가 풍부하고 기름에 볶은 요리가 많다는 특징이 있다. 물론 이들 4대 중국 요리에 푸지엔 지역의 민차이(閩菜), 안후이 지역의 후이차이(徽菜), 후난 지역의 씨앙차이(湘菜), 저지앙 지역의 저차이(浙菜)를 합해 8대 중국 요리로도 칭한다. 다만 각 지역 요리는 더욱 세분되면서 5,000여 종류까지 나눠진다고 하니[139] 중국 요리의 다양함에 놀라게 된다. 물론 현대에 오면서 각 요리의 특징이 조금씩 사라지고 있다고는 하지만 …

다만 이렇게 복잡한 중국 요리 이름을 간단하게 분해한다면 기본적으로 '조리법＋재료'라 할 수 있다.[140] 예를 들어 카오야(烤鴨)를 예로 든다면 굽다

---

138) 한국 사람들이 일반적으로 좋아하는 중국 요리인 위샹로우쓰(魚香肉絲), 궁빠오지딩(宮爆鷄丁), 마포도우푸(麻婆豆腐) 등이 모두 촨차이이다.

139) 王順洪, 中國槪況, 北京大學出版社, 2003.3.

140) 요리명은 네 글자가 압도적으로 많다. 일반적으로 앞의 두 글자는 부재료·색상·맛·조리법 등을, 뒤의 두 글자는 주재료나 손질 형태 등을 나타낸다.(정광호, 2008)

(烤)＋오리고기(鴨)인 것이다. 물론 좀 더 상세하게는 '조리법＋재료＋칼질 방법＋조미료'의 형태로 표시된 중국 요리도 다양하다. 다만 문제는 짝을 지을 수 있는 경우의 수가 너무 많다는 것이다. 전문적이라서 어려운 칼질 방법, 너무 다양하여 복잡한 재료 및 조미료는 논외로 하고 간단하게 대표적인 조리법만을 정리하여 소개하면 다음과 같다.[141) 최소한 이 정도만 알고 있으면 메뉴판의 중국 요리가 찐 것인지, 볶은 것인지, 튀긴 것인지, 구운 것인지 등은 알 수 있다.

중국의 대표적인 조리법

조리법	발음	의미
炒(초)	chǎo	강한 불로 짧은 시간에 볶는 것. 가장 보편적인 조리법. 모든 요리를 볶음요리와 나머지 요리로 구분하기도 함
燒(소)	shāo	한 번 익힌 재료를 물과 조미료를 넣고 장시간 끓여 국물이 진해지도록 조리하는 것
烤(고)	kǎo	구이
燉(돈)	dùn	재료가 무르도록 약한 불에 장시간 고는(푹 삶는) 것
灼(작)	zhuó	데치거나 그을리는 것
焯(작)	chāo	데치거나 그을리는 것
薰(훈)	xūn	훈제, 그을리거나 향기를 쐬는 것
炸(작)	zhá	많은 양의 기름을 사용하여 튀기거나 끓는 물(기름)에 데치는 것
爆(폭)	bào	소량의 기름으로 센 불에서 빨리 볶거나 혹은 끓는 물에 데치는 것
焗(국)	jú	은박지 등에 싸서 찌는 것
煎(전)	jiān	적은 양의 기름을 이용하여 지지거나 부치는 것
蒸(증)	zhēng	수증기 등으로 찌는 것
煨(외)	wēi	뭉근한 불에 오래 삶거나 약한 불에 천천히 고는 것
燜(민)	mèi	재료를 먼저 끓이거나 기름에 튀긴 후, 소량의 국물과 조미료를 넣고 약한 불에서 국물이 줄어들 때까지 오래 조리는 것

---

141) 양세욱, 짜장면뎐(傳), 프로네시스, 2009 및 정광호(2008).

烹(팽)	pēng	이미 익힌 재료를 간장을 비롯한 여러 가지 조미료와 함께 센 불에서 다시 조리하는 것
羹(갱)	gēng	고기·채소 따위를 찌거나 삶아 수프처럼 걸쭉하게 만드는 것
湯(탕)	tāng	끓이는 것
拌(반)	bàn	무치거나 버무리는 것
脆(취)	cuì	얇은 밀가루나 전분 옷을 입혀 바삭하게 튀기는 것
凍(동)	dòng	해산물이나 육류에 조미료를 넣고 삶아 조린 후, 차게 하여 젤리처럼 엉겨 굳게 하는 것
拌(반)	bàn	잘게 썬 재료를 각종 양념과 조미료 등을 넣고 혼합하여 골고루 섞는 것

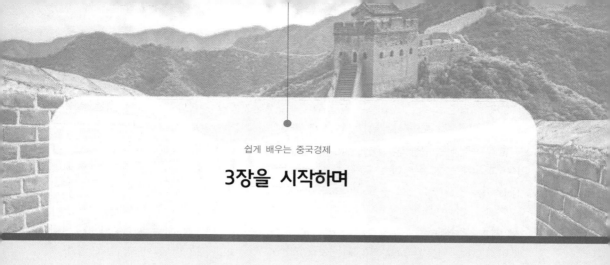

3장을 시작하며

한·중·일 3국은 공통점도 많고 차이점도 많은 이웃 국가들이다. 그 중 대표적인 공통점을 하나 든다면 치열한 대학 입학시험을 들 수 있을 것이다.

매년 6월 초에 치러지는 중국의 까오카오(高考)[1]는 우리의 수능시험에 해당한다. 아니 엄밀하게 말하면 예전의 학력고사(1982~1993년 시행)에 더 가깝다고 하겠다. 수능시험 이외에 수시모집 등 다양한 형태의 대학 진학방법이 존재하는 우리나라와는 달리 중국에서 까오카오는 대학 입학의 거의 유일무이한 기준이기 때문이다.

1952년 시작된 이 제도는 문화대혁명 기간인 1965~1976년에 중단되었다가 1977년 재개되었다. 77학번 동기들의 연령대가 다양한 이유이다.

시험과목은 省별로 다소 차이가 있으나 2019년 베이징을 기준으로 하면 어문(語文)(시험시간 2.5시간), 수학(2시간), 종합(2.5시간), 외국어(2시간) 등이다. 어문의 경우 우리의 논술에 해당하는 작문 문제가 있으며 이에는 공통 문제 및 지역별 문제가 있다. 2019년의 예를 들면 '애국', '중국의 맛', '당신이 작가라면 독자를 어떻게 대할 것인가' 등이 작문 제목들이었다. 2019년 까오카오 응시자는 1,031만 명이었다. 어마어마한 숫자가 아닐 수 없다. 전문대를 포함하여 모집 인원이 약 800만 명이므로 전체 경쟁률은 높지 않은 것처럼 보인다. 그러나 상위권 대학의 경쟁률은 엄청나다. 베이징대나 칭화대 등 상위 10개 대학의 모집 정원으로 계산해 보면 약 250:1의 경쟁률이다. 명문대 입학을 위한 중국 부모들의 열성이 우리 못지 않은 이유이다. 예전 베이징에서 생활할 때 알게 되었던 푸지엔(福建)[2] 출신의 가사도우미가 있다. 그녀는 가사도우미로 번 돈 대부분을 고향에서 공부중인 아들의 과외비로 쓴다고 하였다. 2010년 당시 그녀의 1시간 가사도우미 수입이 30위안일 때 그녀 아들의 1시간 수학 과외비용은 100위안이었다. 자식에 대한 헌신과 사랑이란 참 …

---

1) 까오카오(高考)는 고등학교모집전국통일고시(高等學校招生全國統一考試)의 줄임말이다. 중국어에서 고등학교는 우리의 대학교를 의미한다.
2) 푸지엔은 중국에서 가장 가난한 성(省)의 하나로 농민공의 상당수가 이곳 출신으로 알려져 있다.

한편 놀라운 사실 중의 하나는 각 지역별 대학들이 입학생 모집시 할당제(쿼터제)를 운영한다는 점이다. 출신지역 학생들에 대한 할당 비중이 높은 것은 물론이다. 베이징대학을 예로 든다면 베이징 지역 고등학생 몇 %, 상하이 지역 몇 % 등으로 인원을 할당하여 입학시키는 시스템이다. 따라서 수험생 입장에서 타지역 대학의 입학은 훨씬 어렵게 된다. 베이징이나 상하이 등에 있는 소위 명문대학 입학이 얼마나 어려울지는 이를 통해서도 잘 알 수 있다. 중국 최고 명문대학이며 모두 베이징에 있는 베이징대학 및 칭화대학의 경우 2017년 기준으로 지역 수험생 대비 합격률은 큰 차이를 보이고 있다. 베이징 0.93%, 상하이 0.43%, 저지앙 0.12%, 후베이 0.09%, 광둥 0.04% 등이다. 합격률이 최대 20배 이상 차이가 나는 것을 알 수 있다.[3] 만약 이런 할당제도가 우리나라에 존재한다면? 소위 SKY 입학을 위해 서울로 이사하는 인구가 폭증할 것이 틀림없다. 경직적인 호적제도를 운영중인 중국에서나 가능한 시스템이라 하겠다.

까오카오 수험생 증가로 대변되는 중국의 대졸자 급증은 농민공 감소 추세와 함께 중국 노동시장의 가장 큰 특징 중 하나이다. 최근 취업문제가 중국경제의 핵심 대응과제로 대두된 데에는 이와 같은 배경도 있다.

3장은 부동산시장, 주식시장, 노동시장 등 중국경제의 기본적인 시장 이야기이다. 각 시장의 독특한 특징, 현재 추세에 대한 정확한 진단과 파악은 중국경제를 분석하고 전망할 때 필수적으로 수행해야 하는 기본 과정이다.

---

3) 베이징 수험생 6.1만 명에 할당된 두 대학 입학 인원이 563명이었던 데 반해, 광둥 수험생 75.7만 명에 할당된 인원은 276명에 불과하였다.

제3장

중국의 주요 시장별 현황

Ⅰ. 서론

이번 장에서는 중국의 주요 시장별 현황을 살펴보았다.

구체적으로 부동산시장, 주식시장 및 노동시장을 소개하였다. 이들 세 시장의 특징 및 현황을 파악하고 분석하는 것은 중국의 거시경제 상황을 파악하는 가장 기초적인 작업 중의 하나라 할 수 있다.

부동산시장 부문에서는, 자유로운 매매가 시작된 지 이제 겨우 20여 년에 불과한 중국 부동산시장의 특징과 경제적 중요성 등을 살펴보았다. 주거 문제는 교육 및 의료문제와 함께 중국 정부가 가장 중요시하는 핵심 민생문제이다.4) 그러나 부동산시장이 지닌 양면성으로 인해 중국 정부 당국이 부동산정

---

4) 시진핑 주석은 2019년 4월 가장 기본적으로 해결해야 할 민생문제로 '두 가지 염려가 없고 세 가지를 보장(兩不愁三保障)'해야 함을 강조하였다. 두 가지 염려란 먹는 것과 입는 문제를, 세 가지 보장이란 의무교육, 기본의료, 주거안정을 보장하는 것을 의미한다.

책을 균형 있게 시행하는 것은 매우 어려운 과제이다. 즉, 부동산시장 활황 여부는 중국경제에 양날의 검으로 작용할 수 있는 민감한 부분이다. 이런 면에서 중국경제의 분석을 위해 중국 부동산시장에 대한 기본적인 이해와 모니터링은 필수적이라 하겠다.

주식시장 부문에서는 중국 주식시장이 지닌 정책시장으로서의 성격, 독특한 제도 및 특징 등을 살펴보았다. 주식거래소가 설립된 지 이제 30여 년이 되어가는 중국은 그동안 많은 우여곡절을 겪으면서 주식시장도 점진적으로 발전해왔다. 그러나 아직은 여러 방면에서 미진한 부분이 있는 것도 사실이다. 중국 주식시장의 급등락에 대해 지나치게 민감해 할 필요가 없다는 점 등을 이해하는 것이 필요하다.

마지막으로 노동시장 부문에서는 중국 노동시장의 의의와 특징, 관련 지표문제, 농민공과 최저임금문제, 인구구조 변화와 정년문제 등을 살펴보았다. 중국 정부가 성장률 수치에 집착하는 모습을 보면 고용안정이 중국 정책 당국자들에게 얼마나 중요한지를 잘 알 수 있다.

Ⅱ. 부동산시장

1. 중국 부동산시장 역사 및 의의

(1) 역사

1949년 사회주의국가를 설립한 중국은 오랫동안 공유제를 기본으로 하는 경제시스템을 운영해왔다. 직장 및 주택의 무상분배제도는 이러한 시스템의 대표적인 모습이라 할 수 있다. 즉, 과거 중국은 취업 및 주거문제에 대한 책임을 국가가 전적으로 부담하는 시스템이었다. 그러나 개혁개방 이후 시장경제 요소가 도입되면서 이러한 상황은 변화하기 시작하였다. 인구증가와 가격기능의 확대로 과거와 같은 주택의 무상분배제도가 점점 불가능하게 된 것이다. 이에 따라 중국은 1998년 7월 주택분배제도를 개혁[5]하게 된다. 이때부터 중국은 주택

---

5) 「도시 주택제도 개혁의 진일보 심화와 주택건설 가속화에 관한 통지」(1998.7.3)를 통해 실

사유제와 함께 부동산시장에 가격경쟁 원리를 도입하게 된 셈이다.

한편 부동산시장 거래자유화는 대도시 중심의 부동산가격 폭등이라는 문제를 야기하게 되었다. 이는 실수요 증가, 대체투자수단 부족, 낮은 세금부담[6] 등에 주로 기인한 것으로 해석된다. 결국 중국 정부는 부동산버블을 우려하여 거래 자유화 5년 후인 2003년 중반부터 부동산규제 조치를 취하기 시작하였다. 이후 부동산시장에 대한 규제 내지 완화 조치는 경제상황에 대응한 정부 당국의 의지에 따라 교대로 나타나고 있다. 기본적으로 토지공급을 통제할 수 있는 중국에서는 정부의 규제정책 여부 및 그 강도에 따라 부동산시장 상황이 큰 영향을 받게 된다. 중국의 부동산시장을 전형적인 '정책시(政策市)'라 하는 이유이다.

부동산정책 수단으로는 주로 주택구입시 초기 선납금(down payment)[7] 비율의 조정과 양도소득세 면제요건 변경 등이 일반적으로 사용된다. 특히 그동안 투기 성격이 강한 두 번째 주택을 구입할 때 적용되는 초기 선납금 비율 규제를 경기상황에 따라 탄력적으로 조정하는 경우가 많았다.[8]

그러나 규제정책 등에도 불구하고 중국의 부동산시장은 견조한 실수요와 함께 대체투자수단의 부족 등에 따라 전반적으로 상승 현상을 지속해 왔다. 2018년 말 현재 중국 100대 도시 신규주택 평균가격은 80m² 기준 약 11.7만 위안(≒약 1.9억원), 베이징 등 10대 도시는 약 21.4만 위안(≒약 3.5억 원)에 달한다.[9] 이는 우리나라와 크게 차이가 없는 수준[10]으로 1인당 국민소득이 약 3배

물주택 분배제도의 중지와 보조금의 화폐지급 등을 규정하였다.
6) 중국의 부동산 관련 조세를 보면 개발·거래단계에서 부가가치세, 취득세, 양도소득세 등이 매수자와 매도자에 부과된다. 반면 보유단계에서는 개인의 비업무용 부동산에 대한 토지사용세가 면제되고 보유세는 2011년 이후 충칭(重慶) 및 상하이(上海)의 2개 도시에서만 부과되기 시작하였다. 2019년 10월 현재에도 부동산 보유세 확대와 관련된 논의가 여전히 진행 중이다.
7) 주택 구입시 초기에 자기자본으로 납부해야 하는 금액을 말한다. 금융기관의 대출가능금액을 의미하는 LTV(Loan to Value)의 역개념이라 할 수 있다.
8) 규제강화 시기의 경우 30%(09년 12월 이전) → 40%(10년 1월) → 50%(10년 4월) → 60%(11년 1월)로 인상하였다. 규제완화 시기의 경우에는 60%(15년 2월 이전) → 40%(15년 3월) → 30%(16년 2월)로 인하하였다.
9) 中國指數研究院(2019년 1월).
10) 우리나라의 경우 2018년 12월 전국 민간주택 평균 분양가격(80m² 기준)이 약 2.7억 원, 수도권 평균 분양가격이 약 4억 원 수준이다.(주택도시보증공사)

차이[11]인 점을 감안하면 중국의 주택가격이 얼마나 높은 수준인지를 미루어 짐작할 수 있다.

중국의 대표적인 부동산시장 규제 및 완화 조치

종류	규제 조치	완화 조치
대출·금리	선납금 비율 인상	선납금 비율 인하
	우량고객 우대금리 미적용	우량고객 우대금리 적용
	대출 기준금리 상향	대출 기준금리 하향
	대출 제한 내지 금지	–
조세	부동산보유세(房産稅)	–
	양도소득세 면제 기간 확대	양도소득세 면제 기간 단축
	주택 취득세율 상향	주택 취득세율 하향
수수료	주택거래 수수료 인상	주택거래 수수료 인하
공급 조정	부동산개발업체의 고정투자 대비 최저 자본금 비율 상향	부동산개발업체의 고정투자 대비 최저 자본금 비율 하향
수요 조정	호적 미보유자 등의 주택구입 요건 강화	호적 미보유자 등의 주택구입 요건 완화
구매제한·금지	주택 구매제한 조치(限購令)	–
	주택 구매금지 조치(禁購令)	–
판매금지	주택 구입 후 일정기간(예: 5년) 판매금지	
가격규제	가격정찰제 통해 개발업체들의 임의적 가격조정 금지	–

자료: 국무원 등의 발표자료 종합

(2) 부동산시장의 경제적 중요성 및 현황

어느 국가나 마찬가지이겠지만 중국에서도 부동산시장은 경제적·사회적

---

11) 2018년 기준 우리나라의 1인당 GNI는 3.1만 달러, 중국은 9,732달러이다.

으로 매우 중요한 위치를 차지하고 있다.

우선 중국경제의 고성장과 대규모 유동성 공급으로 부동산시장의 절대적 규모가 급증하였다. 부동산판매액은 1992~2018년 중 연평균 29.2% 증가하여 2018년 15.0조 위안에 달하였다. 이는 명목 GDP의 16.3%에 이르는 규모이다.

또한 부동산개발투자는 그동안 중국경제 전체 고정자산투자의 약 20% 내외를 차지했다. 따라서 부동산개발투자의 부진은 철강·시멘트 등 건설자재, 주택관련 소비업종(가전), 인프라 투자 등 관련 산업12)에도 부정적 파급효과를 초래하게 된다. 이는 부동산시장 호황 여부가 전체 경제에 미치는 영향이 매우 크다는 의미이다.

부동산 판매 부동산개발투자1)

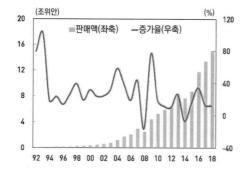
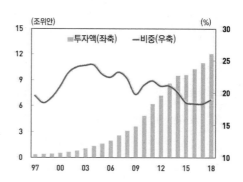

자료: CEIC

주: 1) 비중은 전체고정자산투자 중 비중
자료: CEIC

한편 부동산시장은 정부재정과 관련해서도 매우 중요하다. 우선 전체 세수(稅收) 중 토지 및 부동산 관련 세수의 비중이 10%를 넘는다. 또한 토지사용권 판매수입(土地出讓金)이 지방정부의 재정에서 차지하는 비중도 25% 내외를 차지한다. 중국은 토지국유제 원칙하에 개인의 토지 소유를 불허하고 있다. 이에 따라 개인 및 기업은 국가로부터 토지사용권을 매입하여 한시적으로 사용할 수 있는 권한만을 가질 뿐이다. 이와 같은 상황에서 아파트 분양을 예로 들면 대

---

12) 56개 관련 산업 취업자 수도 1억 명을 넘는 것으로 추정된다.(經濟參考報, 2015년 5월)

략 다음의 절차를 거친다. ⅰ) 우선 지방정부는 부동산개발업자에게 경매방식을 통해 일정 지역의 토지사용권을 판매한다. 이때의 수입이 토지사용권 판매수입으로 지방정부의 주요 재정수입원이다. ⅱ) 개발업자가 낙찰받은 지역에 아파트를 건설한다. ⅲ) 개발업자는 건설된 아파트를 개인들에게 분양한다. ⅳ) 개인들이 분양받은 아파트 내부 마감공사를 마무리하고 입주하거나 임대한다. 즉, 토지사용권 판매는 중국 부동산시장에서 거래의 시작이 되는 가장 중요한 절차인 셈이다.

토지 · 부동산 관련 조세 수입 및 비중

세목	2017년		2018년		2019년 1~10월	
	금액 (억 위안)	비중 (%)	금액 (억 위안)	비중 (%)	금액 (억 위안)	비중 (%)
취득세	4,910	3.4	5,730	3.7	5,168	3.7
토지부가가치세	4,911	3.4	5,642	3.6	5,477	3.9
부동산보유세	2,604	1.8	2,889	1.9	2,410	1.7
도시토지사용세	2,361	1.6	2,388	1.5	1,819	1.3
경지(耕地)점용세	1,652	1.1	1,319	0.8	1,146	0.8
합 계	16,438	11.3	17,968	11.5	16,020	11.3

자료: 중국재정부

부동산가격의 경우 그동안의 추이를 보면 변동성이 매우 컸다는 점을 알 수 있다. 70대 주요 도시 주택가격 변화 양상이 이를 잘 나타낸다. 다만 대부분 기간 동안 상승한 도시의 수가 훨씬 많았다는 점은 비록 등락의 변화가 있었지만 부동산가격이 기조적으로는 지속적인 상승 추세에 있음을 시사한다. 이는 최근 2016~2018년의 3년간 부동산경기지수가 대체적인 상승 흐름을 보인 것과도 일치한다.

70대도시 주택가격(전월대비)	부동산경기지수

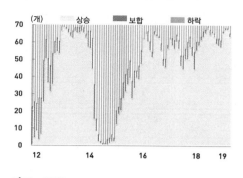 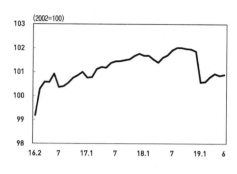

자료: CEIC   자료: CEIC

2. 중국 부동산시장의 양면성

중국 정부는 부동산시장의 양면성으로 인해 적절한 정책대응 수위를 결정할 때 딜레마에 빠질 수밖에 없는 상황이다. 규제와 완화 정책이 되풀이 되는 원인이다.

(1) 부동산시장 규제 필요성

① 높은 부동산가격

대도시를 중심으로 지나치게 높게 형성된 부동산가격의 앙등을 막고 투기적 수요를 억제할 필요가 있다.

중국 대도시의 경우 흔히 주택가격 수준을 가늠하는 지표로 사용하는 소득대비 주택가격비율(PIR: Price to Income Ratio)이 이미 상당히 높은 수준이다. PIR는 통상 3~6이 적절한 수준으로 간주된다. 연간 가계소득이나 기준주택가격 등이 다양하여 일률적으로 말하기는 어려우나 베이징, 상하이 등 중국 주요 대도시의 PIR는 이미 20을 초과한 것으로 추정된다.

주요 중국 도시별 PIR 추정(위안)

지역	도시	월 가처분소득	m²당 가격	80m² 아파트 가격	PIR(년)
1선	베이징	6,906	53,087	4,246,960	51.2
	상하이	6,378	46,423	3,713,840	48.5
	광저우	4,811	22,051	1,764,080	30.6
2선	항저우	5,389	21,212	1,696,960	26.2
	난징	4,620	23,989	1,919,120	34.6
	톈진	4,209	22,584	1,806,720	35.8
	우한	3,984	14,327	1,146,160	24.0
	시안	4,203	7,083	566,640	11.2
	충칭	4,103	7,356	588,480	12.0
3선	후허하오터	4,786	6,550	524,000	9.1
	하얼빈	3,834	7,374	589,920	12.8

자료: 중국신문망(2017.5.25)

2007년에 교육부 신조어로 등록된 '주택 노예(房奴, mortgage slave)'는 높은 주택가격으로 인한 서민 삶의 왜곡을 잘 나타내는 용어이다. 이는 대도시에서 20~30년 만기의 모기지 대출을 받은 후 가처분소득의 40~50% 이상을 대출금 상환에 사용하면서 정상적인 소비 생활을 하지 못하는 상황에 처하게 된 집주인들을 의미한다.

이와 같은 상황은 특히 1·2선 도시의 경우 더욱 그러하다. 1·2선 도시란 중국의 도시 구분에서 쓰이는 개념이다. 중국은 2018년 말 현재 672개에 달하는 도시[13]들을 경제 규모 및 인구수 등에 따라 통상 1~4선 도시로 분류한다. 이는 중국 정부의 공식적인 분류라기보다는 편의에 의해 실무적으로 사용되는 개념이다.[14]

---

13) 672개 도시는 구체적으로 직할시 4개, 부성급(副省級)시 15개, 지급(地級)시 278개, 현급(縣級)시 375개 등의 분포를 보이고 있다.
14) 한편 2013년부터는 2선 도시 중 매력적인 일자리, 도시 활력성, 미래가능성 등이 높은 도시를 신(新) 1선 도시로 구분하는 개념이 등장하였다. 패션산업의 선두 도시인 청두(成都),

중국의 도시 구분

종류	도시	비고
1선	베이징, 상하이, 광저우, 션전 등 4개	
2선	난징, 시안, 청두 등 15~30개	각 省의 省都 중심
3선	쿤밍, 하얼빈, 지린 등 20~40개	
4선	나머지 도시 600여개	4선과 5선으로 세분하기도 함

자료: 언론보도 등 종합

2018~2019년 중 중국 정부가 '부동산은 거주하기 위한 것이지 투기의 대상이 아님(房子是用來住的 不是用來炒的)'을 거듭 강조[15]하고 있는 것은 투기 억제를 위한 강력한 의지를 보여준다.

② 빈부격차 완화 및 사회안정 필요

현재 상당수 중국인이 처해 있는 열악한 주거환경은 인권문제 및 사회안정과도 직결되는 중요 이슈이다. 또한 주택이 투기수단으로 변질되면서 부동산이 빈부격차를 심화시키는 주요 원인 중 하나로 지적되는 점도 간과할 수 없는 문제이다.[16] 과거 국가가 무상분배한 주택에 거주한 경험이 있는 세대로서는 더욱더 이 문제에 불만을 가질 가능성이 높다. 중국 정부가, 자유롭게 매매가 가능한 주택인 상품방(商品房) 이외에 중저소득층 주거 안정을 위해 다양한 형태의 주택을 건설하고 공급하는 것도 이러한 배경에서 나온다. 최근 중국 정부는 임대시장 활성화를 위해 16개의 시범도시를 선정하고 금융, 토지, 조세 등의 방면에서 다양한 지원정책을 펼치고 있다.[17]

알리바바 본사 소재지이자 IT산업 중심으로 떠오르고 있는 항저우(杭州), 4대 직할시 중 하나인 충칭(重慶) 등이 이에 해당한다.

15) 中央經濟工作會議(2018.12.21), 中央政治局會議(2019.4.19, 7.30) 등.

16) 1선 도시 가계의 35.7%가 두 채 이상의 주택을 보유하고 있는 것으로 조사되었다.(FT, Confidential Research, 2018.5.9)

17) 주택및도농건설부(2019.7.30). 16개 도시에는 향후 3년간 도시 규모별로 각각 18억 위안, 24억 위안 및 30억 위안의 보조금이 지원될 예정이다.

중국의 대표적인 주택 유형

유형	정의
공방(公房)	국가소유 주택
상품방(商品房)	자유롭게 거래가능한 일반주택
한가방(限價房)	특정 지역이나 조건하에서 가격이 통제되는 주택
경제적용방(經濟適用房)	중저소득층 대상으로 공급되고 가격이 통제되는 서민주택
염조방(廉租房)	저소득층을 위한 임대주택

자료: 중국국무원 등

특히 개인 보유 부동산에 대한 '부동산보유세(房産稅)'제도는 투기로 인한 빈부 격차 및 자원의 비효율적 사용을 억제하기 위해 2011년 1월 도입된 제도이다. 상하이와 충칭에 시범적으로 도입된 이 제도는 부과대상이 다주택 및 호화주택 구입자로 상당히 제한적이다. 그나마 전국적인 확대는 2019년 10월 말 현재까지도 이루어지지 않고 있는 상황이다. 이처럼 부동산보유세의 전국적인 확대가 어려운 데에는 공정한 가격평가의 어려움, 부동산등기 시스템의 미비 등 현실적인 원인이 우선 꼽힌다. 그러나 이념적 원인도 무시할 수 없다. 중국에서는 부동산의 소유권이 국가에 있고 개인은 이를 사용할 권리만 있다는 점에서 보유세가 이론적으로 성립할 수 있느냐 하는 근본적인 질문이 제기되기 때문이다.

③ 투기 및 자원 낭비 억제

투기목적의 무분별한 부동산투자와 이로 인한 부동산 공급초과 및 자원의 낭비도 부동산규제의 필요성을 잘 보여준다.

소위 유령도시(鬼城, Ghost City) 문제가 대표적이다. 유령도시란 대규모 건설공사 이후 공실률이 지극히 높아 상주인구가 거의 없게 된 도시를 일컫는 용어이다. 이는 경기부양을 위한 대규모 건설투자 과정 중 자금부족으로 인해 공사가 중단되거나 수요예측 실패로 입주자가 거의 없어 발생하게 되는 현상이다. 2011~2013년 중 중국에서 도시 건설 등에 사용된 시멘트 사용량이 20세기 미국 전체의 사용량보다 많다는 말이 있을 정도로 중국의 건설 열기는 대단했다.

그리고 이 과정에서 정확한 수요예측은 흔히 간과되었다. 베이징대학과 중국 최대 인터넷 검색엔진업체인 바이두(Baidu)가 2015년에 모바일폰 위치추적 기술과 빅데이터를 이용해 분석한 결과 중국에는 약 50개의 유령도시가 존재한다고 추정한 바 있다.[18]

한편 2017년 기준 중국 도시지역 공실률이 21.4%에 달하여 전국적으로 빈 주택이 6,500만 채에 이르는 것으로 추정한 연구도 존재한다.[19]

(2) 부동산시장 규제 완화 필요성

① 경제성장 견인

부동산 관련 투자는 그동안 중국경제의 성장을 견인[20]해 왔다는 점에서 부동산시장의 지속적 부양 필요성이 존재한다. 2018년 부동산개발투자 규모는 12.0조 위안으로 전체 고정자산투자(63.6조 위안)의 18.9%를 차지하였다. 또한 증가율도 9.5%에 달해 전체 고정자산투자증가(증가율 5.9%)를 이끄는 역할을 하였다.

② 지방재정과의 관련성

부동산시장은 지방정부 재정과도 밀접한 관련이 있다. 이는 지방정부가 자체수입만으로 지출을 충당하기 어려운 구조이기 때문이다. 1994년의 세제개혁을 통해 조세제도의 간략화 및 재정의 중앙집권화가 강화되었다. 그 결과 중앙정부 세입이 증대한 반면 지방정부 세입은 급감하면서 지방정부는 수입과 지출의 부조화가 발생하게 되었다. 2018년 기준으로 지방정부는 전체 재정수입의 53%를 차지하는 반면 재정지출은 85%를 담당하고 있다.[21] 수입과 지출의 부조화가 심각한 상황인 것이다. 실제 중국 31개 성(시)의 재정자립도는 상당히 낮은 수준이다. 2018년 기준 재정자립도가 50%에 미치지 못하는 성이 22개에 달한다.

---

18) Guanghua Chi et al, 'Ghost Cities' Analysis Based on Positioning Data in China, 2015. 이 논문에서 유령도시는 해당 도시에서의 바이두 검색 이용자 수가 1인당 평균 주거면적을 이용해 추정한 인구수의 1/4에 미달할 경우로 정의하였다.
19) 西南財經大學中國家庭金融調査與研究中心(CHFS)의 「2017年中國家庭金融調査」에서 29개 시, 262개 현을 대상으로 표본조사한 결과이다.(2018.8)
20) 주택 및 관련 산업의 경제성장 기여율은 2010년 28.3%에 달했으며 이후 점차 하락하였으나 2015년에도 15.9%에 이른 것으로 추정된다.(IMF, 2015.11)
21) 일반예산 기준이다.

중국 성(시) 재정자립도 분포(2018년 기준)

성(시)	80% 이상	70~80%	50~70%	50% 미만
	2개 (베이징, 상하이)	3개 (광동, 저지앙, 지앙수)	4개 (톈진, 푸지엔, 산동, 산시)	22개 (나머지)

자료: 中國財政科學院

　　이러한 상황에서 기금수입의 하나인 토지사용권 판매수입은 지방정부 전체 재정수입의 27.2%(2018년 기준)를 차지할 정도로 중요한 역할을 하고 있다. 또한 지방세의 상당 부분은 부동산과 밀접하게 연관22)되어 있다.
　　결국 부동산시장 활황 여부는 지방정부 재정수지와 직결되는 절대적인 중요성을 지닌다. 부동산시장 부진이 곧 지방정부부채 증가로 연결되는 취약성을 가진 상황인 셈이다.

토지사용권 판매수입(억 위안)

	2014	2015	2016	2017	2018
판매수입	42,940	32,547	37,457	52,059	65,096

자료: 중국재정부

재정수입 · 지출 중 지방정부 비중1)

(%)

	수입	지출
1995	48	71
2000	48	66
2005	47	74
2010	51	85
2015	54	86
2018	53	85

주: 1) 일반예산 기준
자료: 중국재정부, 중국통계연감

지방정부 재정수입 구성(2018년)

자료: 중국재정부

---

22) 지방세 중 부동산과 관련된 대표적인 항목으로 토지점유세, 부동산보유세, 토지부가가치세, 도시토지사용세 등이 있다.

③ 부동산경기 부진의 금융위기 촉발가능성

지방정부 – 지방공사(LGFV)[23] – 부동산 – 은행 – 그림자금융이 연계된 구조 하에서 부동산경기 부진은 중국 금융시장을 와해시키는 촉발요인(trigger)으로 작용할 수 있다.

그동안 중국의 지방정부는 은행대출이나 채권발행 등에 제약을 받아 왔다. 그러나 토지사용권 판매수입과 일부 지방세를 제외한다면 특별한 자금조달원이 없는 지방정부로서는 지방재정 운영에 많은 어려움을 겪어 왔던 것이 사실이다. 이의 해결방안 중 하나로 등장한 것이 지방공사이다. 외형은 기업의 형태이지만 실질적으로는 지방정부의 부처 역할을 담당해 온 것이다. 즉, 지방공사는 지방정부의 명시적·묵시적 보증하에 은행으로부터 대출을 받거나 회사채발행 또는 그림자금융을 통해 자금을 조달하여 주로 SOC건설이나 부동산개발 등에 투자해왔다. 이와 같은 상황에서 부동산경기 부진은 연쇄적으로 지방공사와 지방정부, 은행 및 그림자금융에 악영향을 미칠 수 있다. 지방공사가 지방정부의 주된 부외(off-balance) 자금조달원이 되면서 금융시스템의 안정성을 저해하는 요인으로 부각하게 된 것이다.

지방공사, 은행, 부동산 및 그림자금융 간 연계 구조

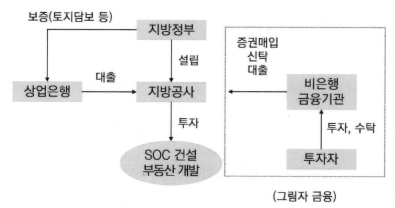

자료: 한재현(2014)

---

23) 지방정부 융자플랫폼(LGFV: Local Government Financing Vehicles)이라고도 한다. 지방정부가 인프라투자 자금 조달 등을 위해 설립한 회사를 지칭한다.

중국경제의 '회색코뿔소(Grey rhino)'로 가장 많이 지적되는 것이 부동산시장인 것은 이와 같은 배경 하에 나온다. 회색코뿔소란 발생가능성이 높아 충분히 예상할 수 있지만 간과하는 리스크 요인을 말한다.[24] 블랙스완(black swan)이 전혀 예상할 수 없었던 리스크가 실제로 발생하게 되는 경우를 의미하는데 반해 회색코뿔소는 예상은 할 수 있으나 무시되는 요인을 말한다. 중국경제의 회색코뿔소로는 흔히 부동산문제 이외에 기업부채 및 그림자금융문제 등이 꼽힌다. 결국 중국의 부동산문제는 지방공사로 대변되는 기업부채 및 그림자금융 등과 얽혀 중국경제의 가장 취약한 부분이라 할 수 있다.

한편 지방공사의 금융리스크 문제는 지방정부채권 발행을 통해 압력이 다소 완화되었다. 중국 정부가 2014년 8월 新예산법을 제정하여 지방정부의 지방정부채 발행을 일정한 조건하에 허용하면서 지방공사를 통한 자금조달을 원칙적으로 제한하는 조치를 시행하였기 때문이다. 이는 은행 및 그림자금융을 통한 고금리의 지방정부부채를 상환하여 부담을 경감시키기 위한 목적이다. 그러나 이는 부족한 지방재정에 대한 본질적 문제해결은 될 수 없다. 이러한 점에서 지방정부의 주요 수입원인 토지사용권 판매수입과 이의 바탕이 되는 부동산시장의 중요성은 여전한 상황이라 할 수 있다.

중국 지방정부채권 발행 현황(조 위안)

	2015	2016	2017	2018	2019. 1~10
전체	3.8	6.1	4.4	4.2	4.2
신규 발행	0.6	1.2	1.6	2.2	3.0
차환 발행	3.2	4.9	2.8	2.0	1.2

자료: 중국재정부

④ 기업실적 및 금융기관 건전성과의 관련성

상장기업 실적의 상당 부분이 부동산과 연관되어 있는 등 부동산업 활황은 기업 실적과도 직결되는 문제이다.

비금융 상장기업의 총자산 중 부동산업 및 관련 산업(인테리어, 철강, 전자재

---

24) 이 개념은 Michele Wucker가 2013년 1월 다보스포럼에서 최초 언급하였다.

등) 자산이 약 40% 내외를 차지하는 상황이다. 또한 2019년 3월말 기준 A주 상장사 중 약 48%인 1,726개 기업이 투자 부동산을 보유하고 있다.[25] 이런 상황에서 부동산시장 부진은 상장기업 자산의 축소 및 수익의 위축을 초래하기 쉽다.

전체 상장기업 중 시가총액 상위 500대 기업 순위에서 부동산기업은 55개가 포함되어 산업별 분포에서 가장 높은 비중을 차지하고 있다.[26] 이는 부동산시장 부진에 따른 관련 상장 기업 주가의 영향이 중국 주식시장 전체에 미칠 영향력도 그만큼 크다는 점을 시사한다.

상장기업 시가총액 상위 500대 기업의 주요 산업별 분포(2019년, 개)

산업	부동산	금융	화학공업	교통운수	의약·생물
개수	55	53	38	38	36

자료: 華頓經濟研究院(2019년 중국 상장기업 100대 순위, 2019.7.19)

또한 부동산 관련 대출이 점차 증가하면서 현재 전체 대출의 30% 내외가 부동산 대출이다. 더구나 자산관리상품 및 신탁상품 등 부외거래를 포함할 경우 약 40%가 부동산 대출인 것으로 추정되고 있다.[27]

부동산 대출 잔액 및 비중

	2012	2013	2014	2015	2016	2017	2018	2019. 1~9
부동산 대출 잔액(조 위안)	12.3	14.6	17.4	21.0	26.7	32.3	38.7	43.3
전체 대출 중 비중(%)	19.5	20.3	21.3	22.4	25.0	26.8	28.4	28.9

자료: 중국인민은행

이러한 상황에서 부동산시장 부진은 금융기관 건전성에 부정적인 영향을

---

25) 中國社會科學院, 中國城市競爭力第17次報告, 2019.7.
26) 상위 100대 기업 중에도 부동산기업이 9개 포함되어 있다.
27) 부동산대출 급증은 중국 가계자산 중 부동산 비중을 급증시킨 요인 중의 하나이다. 2018년 현재 중국 가계자산의 약 78%(베이징 및 상하이는 85%)가 부동산인 것으로 추정된다.(西南財經大學, 2019.1)

미칠 가능성이 크다. 2019년 9월 말 기준 중국 은행권의 부실채권금액은 2.37
조 위안으로 2013년 말(0.59조 위안) 대비 4배 이상 증가하였다. 특히 한계기업
구조조정 등으로 부실채권에 대한 우려는 더욱 증가하고 있는 상황이다. 만약
부동산시장 부진 요인이 이에 가세할 경우 금융기관 건전성은 더욱 악화될 가
능성을 배제할 수 없다.

상업은행 부실채권 금액 및 비율

	2012	2013	2014	2015	2016	2017	2018	2019. 1~9
부실채권금액(조 위안)	0.49	0.59	0.84	1.27	1.51	1.71	2.03	2.37
부실채권비율(%)	0.95	1.00	1.25	1.67	1.74	1.74	1.83	1.86

자료: 중국은행보험감독관리위원회

3. 중국 부동산시장 전망

전술한 부동산시장의 양면성을 감안할 때 중국 정부로서는 적절한 정도로
부동산시장을 부양시키되 너무 과열되지는 않게 하는 균형잡힌 정책이 필요
하다.

부동산시장의 공급과잉 및 일부 대도시지역의 주택가격 버블 우려 등을
감안할 때 부동산시장은 중국경제의 경착륙을 유발할 가능성이 있는 리스크
요인임에는 틀림없다. 특히 지방정부 부채, 그림자금융 및 금융기관 부실채권
등 부동산경기와 밀접히 연관된 요인들을 감안할 때 더욱 그러하다. 그런 면에
서 부동산시장의 안정적 성장을 추구하는 것은 쉽지 않은 과제이다.

다만 중국의 부동산시장 위기와 관련하여 과도한 우려는 기우일 것으로
판단한다. 중국은 토지가 국유화되어 있는 데다 다양한 통제수단을 보유하고
있어 관리가 충분히 가능하기 때문이다. 또한 부동산개발투자 증가배율(增加倍
率)[28]도 2018년 4/4분기 1.5배로 일본의 부동산 버블기인 1987년 2/4분기의
7.3배에 비해 크게 낮은 수준이다. 2013년 말 증가배율이 2.6배였던 점을 감안

---

28) 부동산개발투자 증가율을 GDP성장률로 나눈 것으로 정의된다.

하면 중국 정부의 디레버리징 정책 등으로 부동산시장의 이상 과열 현상은 차츰 진정되고 있음을 시사한다고 할 수 있다.

결국 향후 중국 부동산시장은 도시 형태별로 차별화된 정책과 양상을 나타낼 것으로 전망된다. 이는 도시 규모별로 상이한 형태의 어려움에 처해 있기 때문이다. 1·2선 도시의 경우 수요초과 및 가격버블 현상이, 3·4선 도시의 경우 투자과잉 및 재고누적 현상이 주로 나타나는 상황이다. 이처럼 부동산시장이 양분화 된 것은 교육, 의료 및 행정서비스 등이 1·2선 도시에 집중되어 있기 때문이다. 이에 대응하여 중국 정부는 1·2선 도시에서는 대출 및 구매 제한 정책을 지속하되, 3·4선 도시에서는 관련 세금 인하 및 대출 우대 등의 부양정책을 병행할 것으로 예상된다.[29]

중국의 부동산정책은 대도시 중심의 부동산 버블 억제와 성장엔진으로서의 부동산경기 부양이라는 양자의 균형을 적절히 조화시키기 위한 노력이 병행될 수밖에 없다. 즉, 규제 및 완화정책이 병존하는 양상이 상당 기간 지속될 것으로 전망한다.

Ⅲ. 주식시장

1. 중국 주식시장의 특징[30]

(1) 유통주의 존재 및 국유기업 중심

중국이 상하이와 션전에 증권거래소를 설립한 것은 1990년이다. 이후 1993년 사회주의 시장경제 헌법을 채택한 중국 정부는 우량 국유기업을 중심으로 증시 상장을 본격적으로 추진하였다. 이는 국유기업의 소유 분산 및 경영 효율성 제고가 주된 목적이었다. 즉, 출발부터 중국의 주식시장은 다른 나라와는 성격이 달랐다. 민간기업의 자금조달에 이용되는 다른 나라 증시와는 달리

---

29) 다만 최근에는 대도시의 규제정책에 따른 풍선효과로 중소도시의 부동산가격이 함께 오르는 현상이 나타나면서 전국적인 가격버블 우려가 제기되고 있기도 하다.
30) 한재현, 중국 주식시장의 특징과 평가, 한국은행 국제경제정보 제2013-6호, 2013.3.19을 수정 보완하였다.

중국의 주식시장은 그동안 주로 국유기업의 상장 및 민영화를 통한 시장경제 체제 수립의 채널로 활용되어 왔다고 할 수 있다. 특히 중국 정부는 4대 국유 상업은행의 주식회사 전환 및 상장[31] 등의 조치를 통해 국유기업 중심의 주식 시장 육성정책을 추진하였다.

그러나 이 과정에서 중국 정부는 정책 당국의 통제력 약화를 방지하기 위해 특별한 조치를 실시하게 된다. 국유기업 상장으로 인해 경영권이 급격히 사유화되는 것을 방지하기 위해 소위 비(非)유통주(Non-tradable shares)의 발행을 의무화하는 제도를 실시한 것이다. 비유통주란 주주로서의 권리를 보유하지만 시장에서의 매매가 불가능한 주식을 의미한다. 구체적으로는 당시 기업공개를 하면서 발행주식의 70% 정도를 비유통주로 지정하여 국가(국가주), 해당 기업(법인주) 등이 보유하되 매각은 할 수 없도록 규정하였다.

주식시장 총시가 및 유통주 시가와 비중[1]

	시가(억 위안)		유통주 비중(%)	비유통주 비중(%)
	총시가	유통주시가		
2006	89,404	25,003	28.0	72.0
2009	243,296	150,879	62.0	38.0
2012	229,677	181,146	78.9	21.1
2015	527,046	422,395	80.1	19.9
2018	434,924	353,794	81.3	18.7
2019.10	552,694	453,735	82.1	17.9

주: 1) 상하이 및 선전 주식시장 종합
자료: 상하이주식거래소, 션전주식거래소

다만 2005년 비유통주의 유통화 개혁 추진[32] 이후 비유통주 비율은 점진

---

31) 공상 · 건설 · 중국 · 농업 등 4대 국유상업은행은 공적자금에 의한 자본금 확충을 통해 주식 회사로 전환하였으며 해외 전략적투자자의 유치 및 재정투입 등을 통해 2006~2010년 중 순차적으로 홍콩 및 상하이 증시에 상장된 바 있다.
32) 중국 금융당국은 2004년 「상장기업 비유통주식 양도 처리규칙」을 발표(2004.12.20)하여 그 동안 상대(相對)거래로 이루어지던 비유통주의 거래를 거래소 내에서 가능토록 하는 제도

적으로 하락하고 있다. 유통화 개혁 추진은 주주 분산, 주식시장의 유동성 확대 및 활성화, 시장경제화 진전 등이 목적이었다. 비유통주 비율은 시가기준으로 2019년 10월 말 현재 17.9%까지 하락하였다. 다만 유통주 전환 조치는 2012년 이후로는 큰 진전이 없는 상황이다. 이는 비유통주의 유통주 전환에 따른 수급 부담이 주가 약세를 초래하는 주요 요인의 하나로 지적되고 있기 때문이다.

한편 2018년 말 전체 상장기업 3,597개 중 중앙 및 지방정부의 국유기업이 1,045개로 29.1%를 차지하고 있다. 특히 국유기업은 시가총액 기준 상위 10대 기업을 독점하고 있다. 또한 주가지수 선물거래의 대상이 되는 CSI 300지수[33] 기준으로도 국유기업은 절대적인 비중을 차지하고 있다.

중국 주식시장 시가총액 상위 10대 기업(2018년 말)

상장기업	업종	시가(억 위안)	비중(%)[1]
중국공상은행(中国工商银行)	은행	19,685	3.8
중국건설은행(中国建设银行)	은행	15,084	2.9
중국석유(中国石油)	석유화학	12,895	2.5
중국농업은행(中国农业银行)	은행	12,847	2.5
중국평안(中国平安)	보험	11,943	2.3
중국은행(中国银行)	은행	10,349	2.0
귀주모태(贵州茅台)	식음료	9,018	1.7
초상은행(招商银行)	은행	7,376	1.4
중국석화(中国石化)	석유화학	6,874	1.3
중국인수(中国人寿)	보험	5,958	1.2
상위 10대 기업 합계	–	112,030	21.7

주: 1) 상하이, 션전 및 홍콩 주식시장 시가총액 대비
자료: Wind

를 실시하였다. 이에 따라 2005년 1월부터 모든 상장사의 비유통주 지분거래는 상하이 및 션전 증권거래소에서 이루어지게 되었다.
33) China Securities Index 300은 상하이 및 션전의 A주식 중 대표성이 높은 300개 종목을 선정하여 지수화한 것으로 주가지수 선물거래의 대상지수이며 2005년 4월부터 편제되고 있다.

이처럼 국유기업 중심으로 주식시장이 형성된 것은 전술한 정책적인 이유가 가장 크다. 또한 민영기업의 경영 기반이 취약한 상황에서 국유기업이 매출액, 순익 등의 측면에서 상장에 필요한 최소요건34)을 충족하기 쉬웠기 때문이기도 하다.

한편 국유기업의 경영진은 투자, 배당 등에 관한 주요 의사결정을 할 때 민영기업과는 상이한 경향을 보인다. 이들은 이익잉여금을 주주에게 배당하기보다는 재투자를 선택함으로써 기업규모의 확장 내지 경영능력의 강화를 꾀하고 이를 통한 영향력 증대를 추구하는 경향이 있다. 국유기업의 강한 재투자 선호경향을 감안한 중국 정부는 이에 대응하여 배당 확대를 위한 조치를 지속적으로 실시하고 있다.35) 이는 기업의 배당확대를 통해 투자자의 소득 및 투자 유인을 높이기 위해서이다. 그러나 국유기업 경영진의 인센티브를 제고하지 않는 한 이와 같은 노력이 성공하기는 쉽지 않은 일이다.

(2) 내·외국인 투자 구별

중국 정부는 그동안 국제 투기자금 유출입에 따른 증시 교란을 방지하기 위해 내국인주(A주)와 외국인주(B주)를 구분하여 증시에 대한 투자를 제한해 왔다. 외국인투자자가 자유롭게 투자할 수 있는 B주의 시가총액은 A주의 1% 내외에 불과하므로 사실상 중국 주식시장에 대한 투자는 금지되어 있는 것이나 마찬가지였던 셈이다.

그러나 중국경제의 금융시장 개방이 진전되면서 외국인의 중국 주식시장 투자 통로는 점차 확대되는 추세이다. 우선 일정한 자격을 취득한 외국인 기관투자자의 대중국 투자가 가능해졌다. QFII(적격외국인 기관투자가, 2003년 7월)나 RQFII(위안화 적격외국인 기관투자가, 2011년 7월) 제도가 그것이다. 다만 자격요건이 까다롭고 투자금액을 사전에 승인받아야 하는 등 규제는 여전히 엄격한 상황이다. 다행히 2019년 9월 금융시장 개방 조치의 일환으로 QFII 및 RQFII의 투자한도(quota limitation)는 폐지되었다.

---

34) 상장을 위해서는 1,000명 이상의 주주, 최근 3년 연속 및 3년 누계 3천만 위안 이상 순이익, 최근 3년 年매출액 3억 위안 이상 등의 조건이 충족되어야 한다.

35) 배당성향(propensity to dividend, 당기순이익 대비 현금배당금 비율)을 최소 30% 이상으로 높일 것을 장려하였던 「상하이증권거래소 상장기업 배당지침」(2013.1.7)이 대표적이다.

한편 홍콩과 상하이 주식시장 간 교차거래를 가능케 하는 후강통(滬港通)제도가 2014년, 홍콩과 선전 주식시장간 교차거래를 가능케 하는 선강통(深港通)제도가 2016년부터 각각 시행되었다. 이들 제도를 통해 기관 및 개인 투자자는 별도의 라이센스 없이 중국 주식시장 진입이 가능해졌다. 다만, 투자자 자격 및 투자금액 제한 등은 존재한다. 더불어 2018년에는 중국에서 근무하는 모든 외국인 근로자의 A주 투자가 허용되었다. 그리고 2019년에는 상하이와 런던 주식시장 간의 교차거래를 가능하게 하는 후룬통(滬倫通)제도가 시행되었다.36)

결국 다양한 형태로 중국 정부는 외국인의 대중국 투자 통로를 확대하고 있으나 여전히 제한은 엄격하다고 할 수 있다. 2018년 말 기준 중국 주식시장에서 외국인투자자금 비중이 3.5%에 불과하다는 점은 이를 잘 보여준다. 이는 미국(15%), 브라질(21%), 일본(30%), 한국(33%) 등 여타 주요국에 비해 크게 낮은 수준이다.37) 이와 같은 상황은 다시 말해 자본시장이 완전 개방된 여타 선진국과 달리 중국은 외국인자금의 유출입이 자유롭지 못함을 의미한다. 반면 다른 한편으로는 주식시장 급변동에 따른 금융위기의 발생가능성은 상대적으로 작음을 시사하기도 한다. 주식시장 개방 확대가 양날의 검으로 작용할 수 있음을 의미하는 대목이다.

(3) 기업 자금조달 창구로서의 역할은 제한적

중국은 경제성장 과정에서 국유은행의 대출을 중심으로 성장재원을 공급하는 전략을 추진하였다. 이에 따라 주식 및 채권시장 등 직접금융(direct financing) 시장은 상대적으로 발전이 더뎠다. 이는 주식시장의 관련 제도 및 금융시스템이 정착되지 못한 상황에서 기업들이 정부 주도의 경제성장 과정에 참여함에 따라 은행대출 등 간접금융(indirect financing) 위주의 자금조달에 의존할 수밖에 없었던 사실에 주로 기인한다.

2018년 말 현재 GDP대비 주식시장의 시가총액이나 채권발행 잔액 비중은 각각 47.3% 및 94.0%로 대출 잔액 비중(148.3%)을 크게 하회하는 수준이다.

---

36) 역시 투자자 자격 및 투자금액 제한이 존재한다. 한편 예탁증권(DR)을 거래한다는 점이 전술한 선강통 및 후강통과 다른 점이다.

37) 중국국가외환관리국(2019.3.29).

중국 주식시장 시가, 채권발행 잔액 및 대출 잔액(2018년 말)

	주식시장 시가	채권발행 잔액	대출 잔액
금액(조 위안)	43.5	86.4	136.3
비중(GDP대비, %)	47.3	94.0	148.3

자료: 상하이증권거래소, 션전증권거래소, 중국인민은행

다만 자본시장 발전에 따라 향후 자원배분 및 자금조달 측면에서 직접금융 비중은 높아질 수밖에 없을 것으로 예상된다. 비금융기업 및 가계가 금융시스템으로부터 조달한 총 자금규모를 나타내는 사회융자총액 중 주식 및 채권을 통한 자금조달 비중이 지속적으로 상승중인 점은 이를 잘 나타낸다. 이 비중은 2007년 6.9%에서 2019년 9월 말 17.9%까지 2배 이상 상승하였다.

사회융자총액 중 직접금융 규모 및 비중(잔액기준, 조 위안)

	2007	2009	2011	2013	2015	2017	2018	2019.9
사회융자총액	32.1	51.2	76.7	107.5	138.3	173.7	200.8	219.0
직접금융	2.2	4.6	8.1	12.7	19.1	24.9	34.4	39.2
[채권]	0.8	2.7	5.2	9.3	14.6	18.3	27.4	32.0
[주식]	1.4	1.9	2.9	3.4	4.5	6.6	7.0	7.2
직접금융 비중(%)	6.9	8.9	10.6	11.8	13.8	14.3	17.1	17.9

자료: 중국인민은행

자원배분 측면에서 주식시장에 의한 자금조달은 간접금융인 은행에 의한 신용자금 할당(credit rationing)보다 더 나은 결과를 가져올 수 있다. 강력한 자본시장을 조성해 증권발행을 통한 자금조달에 나서게 하는 것이 기업 부실채권을 축소하는 방법 중 하나가 될 것이라는 언급[38]은 이와 같은 배경에서 나온 것이다. 주식시장을 통한 자금조달로 기업들은 부채에 대한 의존도를 줄일 수 있기 때문이다.

---

38) 저우샤오촨(周小川) 前중국인민은행 총재(2016.3.20).

(4) 주식보유 및 거래 주체의 불일치 및 기관투자가의 제한적인 역할

중국 주식시장은 주식보유 및 거래의 주체가 불일치하는 경향을 나타낸다. 즉, 주식보유(시가총액 기준) 면에서는 일반법인(정부 포함)이, 거래금액 면에서는 개인 비중이 높다.

2017년 상하이 주식시장 기준으로 일반법인은 전체 주식의 61.5%를 점유하고 있으나 거래 비중은 1.9%에 불과하였다. 한편 전체 주식의 21.2%를 소유하고 있는 개인은 전체 거래의 82.0%를 차지하였다.

상하이주식시장 투자자 유형별 주식보유 및 거래금액 비중(%, 2017년)

	개인	일반법인	후구통	기관투자자
주식보유	21.2	61.5	1.2	16.1
거래금액	82.0	1.9	1.3	14.8

자료: 상하이증권거래소, 통계연감 2018

이처럼 주식거래 면에서 개인투자자 비중이 높은 것은 투기목적의 단기차익거래가 많이 이루어지고 있기 때문이다. 개인투자자들은 각종 소문에 취약하고 군집행동(herd behavior)을 보이는 경향이 있다. 이와 같은 현상은 궁극적으로 장기적인 가치투자를 어렵게 하는 동시에 주가의 단기 변동성을 확대시키는 요인으로 작용한다는 비판을 받고 있다. 개인투자자[39]의 약 70%가 매입 후 6개월 이내에 보유주식을 처분하고 있는 것으로 나타났다. 그 결과 중국 주식시장의 매매회전율(turnover ratio)은 2018년 207%에 이르렀다. 이는 다른 주요국 주식시장을 상당 폭 상회하는 수준이다.[40] 이와 같은 현상을 완화하기 위해 중국정부는 다양한 방면에서 노력하고 있다. 개인투자자의 주식 장기보유 유인을 제고하기 위해 주식보유 기간별로 배당소득세율을 차등화 하는 정책[41] 등이

---

39) 중국 주식시장의 개인투자자 수는 2014년의 7,200만 명에서 2018년 1억 4,500만 명으로 단 4년만에 두 배로 증가하였다.

40) 심지어 중국 주식시장이 활황을 보였던 2007년의 경우 매매회전율은 상하이거래소가 211.0%, 선전거래소가 389.2%를 각각 기록한 바 있다.

41) 「상장기업 배당소득의 개인소득세율 차별화정책에 대한 통지」(2012.11.16)에서는 1개월 이하 20%, 1개월~1년 이하 10%, 1년 초과 5%로 배당소득세율을 차등화하면서 2013년 1월부터

대표적이다.

주요국 주식시장 매매회전율(%, 2018년)

	중국	한국	일본	미국	독일	브라질	인도	러시아
매매회전율	206.7	173.7	119.0	108.5	92.1	83.9	58.1	25.6

자료: World Bank

한편 중국 주식시장은 주식보유 및 매매 등에서 전문적인 능력을 지닌 기관투자자의 비중이 선진국 수준을 크게 하회하고 있다. 펀드사, 보험사, QFII, 사회보장기금 등의 전문적인 기관투자자는 전체 보유주식(시가 기준)의 16.1%, 거래금액의 14.8%를 각각 담당(2017년 상하이주식시장 기준)하고 있을 뿐이다. 정보 비대칭성을 감안할 때 주식시장의 질적 발전을 위해서는 전문투자자의 역할이 확대되어야 한다는 지적이 나오는 대목이다.

(5) 정부의 영향력이 강한 정책시(政策市)

중국은 자본 및 외환시장이 강하게 통제되고 관련 분야의 개방도 제한적으로만 이루어지고 있다. 이에 따라 규제완화 조치 등 정부정책의 변화는 주식시장에 큰 영향을 미치게 된다. 즉, 중국 주식시장은 '정부정책이 강하게 주도하는 시장(政策市)'으로 알려져 있다. 정부의 정책기조가 주식시장의 흐름을 가늠하는 주요 요인으로 인식되는 것이다.

대표적인 사례가 2016년 초의 주식시장 급락 사태였다. 당시는 2015년 7월 도입된 대주주 매도제한 규제의 해제 시기가 도래[42]한 동시에 IPO를 심사제에서 등록제로 완화하기로 한 조치[43]에 따라 공급 압력이 가중되던 시기였다. 여기에 위안화 약세에 따른 투자심리 악화와 새로 도입된 서킷브레이커(circuit breaker) 제도의 결함 등이 복합적으로 작용하면서 주식시장은 폭락하였다. 이때 도입된 서킷브레이커 제도는 전일대비 5% 하락하면 15분간 거래를 중지하고, 7% 하락하면 당일 거래를 중단하는 시스템이었다. 그러나 중국 주식

적용하였다. 그 이전은 일률적으로 10%였다.
42) 당초 2016년 1월 8일 시행 예정이었다.
43) 당초 2016년 3월 1일 시행 예정이었다.

시장의 변동성[44])을 고려할 때 주가 변동 폭이 5%를 넘어서면 거래 종료 기준인 7%까지 너무 쉽게 도달하게 된다는 비판을 받은 바 있다. 2015년 말 3539.2에 달했던 상하이종합주가지수는 2016년 1월 13일 2949.6으로 하락하면서 2주도 되지 않는 기간에 16.7%나 폭락하였다. 결국 중국 정부는 대주주 보유주식 매도제한 결정, IPO 등록제 시행 연기, 서킷브레이커 제도 잠정 중단 등의 조치를 취할 수밖에 없었다.

현재 중국 정부는 경제발전단계를 감안하여 일련의 자본시장 개혁개방정책을 추진하는 등 주식시장의 활성화 및 기능 제고에 노력하고 있다. 다만 중국 정부는 자본시장 발전단계 및 금융시장의 경쟁력 등을 감안할 때 자본시장의 완전 개방은 아직 시기상조라는 판단이다.[45]) 이는 구조적 취약성 등을 감안할 때 중국 주식시장이 앞으로도 한동안은 정부 정책의 영향을 강하게 받을 수밖에 없음을 의미한다.

2. 현황

(1) 주식거래소

상하이 및 선전 주식거래소는 출범한 지 30여 년에 불과할 정도로 중국의 주식시장은 역사가 짧다. 그럼에도 불구하고 2018년 시가총액 기준 미국에 이어 세계 2위 규모에 이르는 등 그동안 외형적으로는 매우 빠르게 성장하였다.

주요 주식거래소 설립시기

거래소	선전	상하이	한국	홍콩	도쿄	뭄바이	런던	뉴욕
설립시기(년)	1991	1990	1956	1891	1878	1875	1802	1792

자료: World Federation of Exchanges

---

44) 상하이종합주가지수(1990.12.19＝100)의 경우 역대 최고치는 2007년 10월의 6124, 최저치는 2005년 6월의 998로 2년 반도 채 안 되는 기간에 지수가 양극단을 오간 경험이 있다.
45) 중국의 주식시장은 미성숙하고 불안정한 시장이므로 정책당국에 의한 행정개입이 필수적이라고 언급한 궈수칭(郭樹淸) 당시 중국증권감독관리위원회 주석의 언급(2013.1.22)은 이를 대변하는 대표적인 입장이다.

주요국 거래소의 시가총액(2019년 5월 말 기준)

국가	거래소	시가(10억 달러)
미국	New York Stock Exchange	22,821
미국	NASDAQ	10,861
일본	Japan Exchange Group	5,446
중국	**Shanghai Stock Exchange**	4,610
EU	Euronext	4,129
홍콩	Hongkong Stock Exchange	3,958
영국	London Stock Exchange	3,759
중국	**Shenzhen Stock Exchange**	2,964
인도	Bombay Stock Exchange	2,216
인도	National Stock Exchange of India	2,192
한국	Korea Exchange	1,341

자료: World Federation of Exchanges

특히 최근 10여 년 동안 상하이 및 션전 증시에 상장된 기업 및 주식 수는 2배 이상으로 확대되었다.

중국 상장사 및 상장주식 수(개)

	2009	2010	2011	2012	2013	2014	2015	2016	2017	2018	19.11.20
상장사	1,718	2,063	2,342	2,494	2,489	2,613	2,827	3,052	3,485	3,584	3,745
상장주식	1,804	2,149	2,428	2,579	2,574	2,696	2,909	3,134	3,567	3,666	3,825

자료: Wind

(2) 주식시장 구조

중국의 주식시장은 상하이 및 션전 거래소에 메인보드가 존재하며 션전에는 중소기업 및 창업기업들을 위한 플랫폼이 따로 마련되어 있다.

한편 당초 국내투자자들에게만 투자가 허용되고 해외투자자들에게는 엄격하게 제한되어 있던 A주식에 대한 투자가 2014년 11월 후강통(滬港通)제도[46] 및 2016년 12월 션강통(深港通)제도[47]를 통해 허용되었다. 이제 외국인 투자자들은 QFII와 RQFII 이외에 후강통 및 션강통 제도를 통해 별도 라이센스 없이 기관·개인 모두 중국 주식시장 진입이 가능해졌다. 2018년의 경우 홍콩을 통한 중국 본토 주식투자 순유입액은 2017년(2,302억 위안)보다 대폭 증가한 3,377억 위안에 달하였다.[48] 반면 중국 본토의 홍콩 주식투자 순유입액은 2018년 2,260억 위안으로 전년(4,459억 위안)의 절반 수준으로 급감[49]하였다.

또한 2019년 6월에는 션전거래소의 창업판과 비슷한 '과학혁신판(科創板)'이 상하이거래소에 개설되었다.[50] 이는 성장잠재력을 보유하고 있는 중소·창업·벤처 기업들을 대상으로 상장요건 및 절차를 완화한 제도이다. 특히 주력 상장 분야를 차세대 IT, 첨단장비, 신소재, 신에너지, 에너지절약 및 환경보호, 바이오 의약 등 첨단기술 산업으로 명확히 하였다는 특징이 있다.[51] 또한 기존의 심사제와는 달리 주식발행 등록제를 시범적으로 실시하였다는 점에서도 중국자본시장 개혁의 중요 조치로 평가받는다. 한편 과학혁신판에서의 등록제가 성공적으로 안착되었다는 평가를 받은 가운데, 중국 정부는 2019년 12월 증권법 개정을 통해 등록제를 전체 주식시장으로 확대하여 2020년 3월부터 실시하기로 하였다.

---

46) 상하이 및 홍콩 거래소 상장주식 간 직접매매를 허용하는 제도이다. 후구통(滬股通, 홍콩 → 상하이) 및 강구통(후)(港股通(滬), 상하이 → 홍콩)으로 구분된다.
47) 션전 및 홍콩 거래소 상장주식 간 직접매매를 허용하는 제도이다. 션구통(深股通, 홍콩 → 션전) 및 강구통(션)(港股通(深), 션전 → 홍콩)으로 구분된다.
48) 東方財富證券(data.eastmoney.com). 이는 2018년 중 중국 주가지수가 큰 폭 하락한 것을 감안할 때 예외적인 상황이라 할 수 있다.(2018년 등락률(전년 말일 대비): 상하이종합지수 −24.6%, 션전성분지수 −34.4%)
49) 東方財富證券(data.eastmoney.com). 2018년 중 홍콩 항셍지수는 13.6% 하락하였다.(전년 말일대비)
50) 「상하이 증권거래소의 과학기술혁신판 개설 및 주식발행 등록제(시범)에 관한 실시의견」 (중국증권감독관리위원회, 2019.1), 「과학기술혁신판 상장기업 관리감독방법」(중국증권감독관리위원회, 2019.3) 등. 2019년 6월 13일 정식 개설되었으며, 25개 기업이 7월 22일부터 거래를 시작하였다.
51) 이한나, 상하이증권거래소의 혁신 벤처기업 전용증시 개설 의미와 평가, KIEP 세계경제 포커스, 2019.4.3.

중국 주식거래소 개요(2019년 11월 20일 기준)

구분		상장기업(개)	시가총액(억 위안)	거래금액(억 위안)
상하이 거래소	메인보드	1,496	325,416	1,515
	과학혁신판[1]	55	7,330	92
션전 거래소	메인보드	471	71,668	529
	중소판[2]	941	93,456	1,177
	창업판[3]	782	57,951	979

주: 1) 科創板(Sci-Tech innovation board, STAR market). IT, 바이오, 신소재 등 첨단 중소기업 상장. 창업판보다 상장 요건 및 절차를 대폭 간소화
2) 中小企業板(SME board). 성숙 단계 중소기업 상장
3) 創業板(Growth Enterprises market board). 신생 단계 중소기업 및 성장형 벤처기업 상장
자료: 상하이증권거래소, 션전증권거래소.

3. 평가 및 전망

그동안 중국 주식시장이 양적·질적으로 괄목할만한 성장을 보여 왔지만 여전히 많은 제약요소들이 존재한다는 평가이다.

우선 WTO 가입(2001년) 이후 자본시장 개방정책의 일환으로 2002년 12월 도입한 QFII제도는 외국인투자와 관련하여 여전히 제약요소가 많다는 지적이다. 자격기준이 너무 높고 절차도 복잡하다는 것이다. 특히 정보공개 제도의 불투명성 및 상대적으로 미흡한 감독체계, 정치·문화적 차이 등이 정보의 비대칭성 문제를 유발한다는 비판도 있다.[52] 이러한 점을 감안하여 2019년 1월 중국증권감독관리위원회에서는 기존의 QFII제도와 RQFII제도를 통합하여 간소화하는 내용의 규정 초안을 발표하고 수정 작업을 진행중이다. 이 규정은 기존의 비판들을 수용하여 자격 기준 하향, 절차 간소화, 투자 범위 확대 등의 내용들을 담고 있다.

또한 일부 상장기업들의 불투명한 경영상황과 주식시장의 기본 인프라로

---

52) Ningyue Liu, Don Bredin, Liming Wang & Zhihong Yi, Domestic and foreign institutional investors'behavior in China, The European Journal of Finance, volume 20, 2014.

간주되는 공시 및 통계 부실 문제도 간과할 수 없는 부분이다. 이는 중국 주식시장의 대표적인 디스카운트 요인으로 작용하고 있다는 비판이다.

중국 정부는 과거 '주식시장의 합리화 및 선진화'를 '위안화 환율제도 개혁', '금융업의 대외개방 확대'와 함께 제12차 5개년 계획기간(2011~15년)의 주요 금융부문 과제로 추진하는 등 주식시장 개혁을 꾸준하게 추진 중이다. 이와 같은 노력들로 인해 비록 더디지만 점차 주식시장 인프라가 갖춰지는 동시에 투명성도 높아지고 있다는 긍정적 평가가 나오고 있다. 2018~2019년 중 5차례에 걸쳐 A주가 MSCI 신흥시장지수(Emerging Index)에 편입[53]된 것은 중국 주식시장의 선진화 노력이 인정을 받은 대표적 사례라고 하겠다.

주식시장은 자본주의의 꽃이라 불리는 시장이다. 중국이 얼마나 자본주의화되어 있느냐 내지 시장친화적이냐도 중국 주식시장을 살펴보면 잘 알 수 있을 것이다.

한편 부(富)의 효과를 통한 소비증대나 과도하게 예금에 편중된 가계 금융자산의 다양화 등을 위해서도 주식시장의 지속적 성장과 투자규모 확대는 중요한 과제라 할 수 있다. 현재 중국의 가계는 총자산 중 금융자산 비중이 다른 나라에 크게 못 미치는 상황이다.[54] 또한 금융자산 중에서는 예금에 집중되어 있는 자산배치 현황을 나타내고 있다. 2018년 현재 도시가계 총자산에서 주식이 차지하는 비중은 1%에도 못 미치고 있다. 중국경제의 전체 규모에 비해 주식 등 직접금융시장의 발전 여지가 여전히 큼을 나타내주는 결과라고 할 수 있다.

---

53) 2018년 6월 2.5%, 9월 2.5%, 2019년 5월 5%, 8월 5%, 11월 5%가 각각 편입되면서 A주의 20%가 MSCI EM에 편입되었다. 이에 따라 A주의 MSCI EM 지수 내의 비중은 종전의 0.7%에서 3.3%로 상승하게 되었다.
54) 주요국의 가계 총자산 중 금융자산 비중을 보면 미국 42.6%, 일본 61.1%, 캐나다 48.6%, 프랑스 39.8% 등인데 반해(2016년 기준) 중국은 11.8%에 불과하다.(2018년 기준)(廣發銀行 & 西南財經大, 2018年中國城市家庭資産健全性報告, 2019.1.20)

중국 가계 자산 구성(2018년 기준, %)

자산	비중
부 동 산	77.7
금융자산	**11.8**
기 타	10.5

금융자산 세부 구성(2018년 기준, %)

자산	비중[1]	비중[2]
예금	42.9	5.1
보험	17.0	2.0
재테크상품	13.4	1.6
주식	8.1	0.9
펀드	3.2	0.4
채권	0.7	0.1
기타	14.7	1.7

주: 1) 금융자산 중 비중
   2) 전체 자산 중 비중
자료: 廣發銀行 & 西南財經大(2019.1)

 〈참고 10〉 중국의 주식시장 관련 주요 개혁개방 조치

일 시	주요 조치
1986. 9	OTC 거래시장 설립
1990.12	상하이증권거래소 개장
1991. 7	션전증권거래소 개장
1992. 1	외국인투자 전용의 B주 시장 개설
10	중국증권감독관리위원회(CSRC) 설립
1998. 4	요주의 주식(ST, special treatment) 제도 도입
12	증권법 제정
2001. 2	내국인의 B주 투자 허용
3	주식발행제도 개혁(사전승인제 → 발행심사제)
11	중국 내 외국인투자기업의 중국 A주 시장 상장 허용
2002.12	QFII 제도 도입(투자한도 40억 달러)
2004. 1	자본시장 육성방안 발표

6	중소판(메인보드와 창업판의 중간 단계) 설립
2005. 4	비유통주 개혁 시작
10	QFII의 투자한도 100억 달러로 증액
2006. 4	QDII 제도 도입
9	중국금융선물거래소 설립
2007.10	QDII의 투자한도 480억 달러로 증액
2008. 1	QFII의 투자한도 300억 달러로 증액
4	주식거래시의 인지세 세율을 0.4% → 0.1%로 하향 조정
2009.10	창업판(중국판 나스닥) 설립(션전거래소)
2010. 3	신용·대주거래 시작
4	주가지수선물거래 시작
2011.11	ETF(상장지수펀드) 거래 시작
12	RQFII 제도 도입(투자한도 200억 위안)
2012. 4	QFII의 투자한도 800억 달러, RQFII의 투자한도 700억 위안으로 증액
11	RQFII의 투자한도 2,700억 위안으로 증액
2013. 1	RQFII 자격을 기존의 홍콩에서 대만으로 확대
2	QFII의 투자한도 1,500억 달러로 증액
2014.11	상하이·홍콩 주식시장 간의 교차매매 제도인 후강통제도 시행
2016.11	션전·홍콩 주식시장 간의 교차매매 제도인 션강통제도 시행
2018. 6	A주가 MSCI Emerging Index에 편입(2.5%) & 9월에 추가 편입(2.5%)
9	중국 내 근무하는 모든 외국인 근로자의 A주 투자 허용
2019. 1	QFII의 투자한도 3,000억 달러로 증액
3	A주가 MSCI Emerging Index에 추가 편입(5월, 8월, 11월에 각각 5%)
6	션전·런던 주식시장간의 교차매매 제도인 후룬통제도 시행 과학혁신판 설립(상하이거래소)
9	QFII(3,000억 달러) 및 RQFII(19,900억 위안)의 투자한도 폐지

자료: 국무원, 중국인민은행, 중국은행보험감독관리위원회

Ⅳ. 노동시장[55]

1. 분석시 유의해야 할 사항 – 노동시장 관련 지표 문제

중국의 경제지표 중 가장 부실하다고 평가받는 부문의 하나가 노동시장 관련 지표이다.

농민 및 도시근로자의 지지를 바탕으로 사회주의국가를 건설한 현대 중국이 토지국유화와 완전고용을 이상으로 계획경제를 추진했던 것은 당연한 귀결이었다. 이와 같은 배경하의 계획경제시스템에서 사회주의 시장경제시스템으로 바뀌고 직업배분제도가 폐지된 1994년 이후에도 고용문제가 사회적으로 크게 이슈가 된 적은 거의 없었다. 그러나 이는 불완전하고 미비한 고용관련 통계 지표와 깊은 연관이 있다. 즉, 고용상황을 완전히 반영하지 못했던 고용지표에 문제가 있다는 것이지 고용상황 자체에 문제가 없었다는 의미는 아니다.

중국은 그동안 '도시지역 등록실업률'을 공식적인 실업률로 사용해 왔다. 등록실업률은 실업자를 '농촌지역 이외에 호적[56]이 있는 남성 16~60세, 여성 16~55세 인구[57]중 노동능력과 취업의사가 있어 1개월 이상 구직활동을 하였으나 취업하지 못해 노동행정기관에 실직자로 등록한 자'로 정의하였다. 이러한 실업자 정의는 호적, 연령, 행정기관에의 등록 등 다양한 제한조항을 지닌 대단히 협소한 정의이다. 따라서 그동안의 실업률 지표는 ① 미등록 실업자,[58]

---

55) 이 부분은 한재현, 중국 노동시장의 특징·구조적 변화 및 전망, 한국은행 국제경제리뷰 제2012-2호, 2012년 2월 & 한재현, 중국 노동시장의 이중구조 현황 및 평가, 한국은행 국제경제리뷰 제2014-25호, 2014년 10월을 수정 보완한 것이다.

56) 중국은 1958년부터 거주이전이 제한되는 엄격한 호적(戶口)제도를 실시하였다. 일부에서는 이를 공산당 일당지배, 사회주의 시장경제와 함께 중국사회를 유지하는 3대 제도로 칭할 정도로 독특하다. 중국인은 출생당시 부모의 호적에 따라 호적이 결정되고 일정한 조건하에 지방정부 허가를 받아야만 변경이 가능하다.(한국은행 북경사무소, 중국의 호적제도와 경제발전, 2012.4.13)

57) 2003년 이전은 남 16~55세, 여 16~45세였다.

58) 특히 실업 등록은 일을 하고 있던 지역이 아니라 본인 호적지에서 해야 하는 번거로움이 있다. 실업자 중 등록률은 22%에 불과하다는 서베이 결과(Wang 등, 2014)는 이와 같은 어려움을 잘 나타낸다. 실업 등록제도는 직업배분제도가 폐지된 1994년 이전의 '업무대기등

② 하강(下崗)[59] 등 準실업자, ③ 도시유입 농촌인구(農民工)[60] 등 다양한 실질적인 실업자들을 제외하였다. 게다가 지방정부는 경제성과를 부풀리기 위해 실업률을 축소 보고하는 경향이 있었다. 이러한 여러 요인이 복합적으로 작용하면서 중국의 실업률은 실제보다 크게 과소평가되어 왔다는 비판을 받아 왔다. 예를 들어 2008년 금융위기 당시 기업 도산이 속출하였음에도 불구하고 공식 실업률은 4% 전후에 머물며 크게 변화하지 않았다. 그러나 실제로는 8~24%의 높은 수준이었다는 것이 연구자들의 대체적인 추정이다.[61] 현재도 국유기업의 유휴인력 등 잠재실업까지 감안할 경우 중국 실업률은 10%를 넘어설 것으로 추정되고 있다. 일부에서는 농촌의 유휴인력을 고려하면 전국 실업률은 20%를 상회할 것이라고까지 주장한다. 이와 같은 비판을 감안하여 현재 등록실업률은 거의 사용되지 않는다.

대신 중국 국가통계국은 2018년 4월부터 국제 기준에 부합하는 새로운 실업률 지표를 공표하고 있다. 이것이 '조사실업률'이다. 이는 ILO 등에서 발표하는 국제 기준의 서베이 실업률 지표[62]와 큰 차이가 없는 지표이다. 물론 중국 정부는 새로운 실업률 지표를 이전부터 집계하고는 있었으나 그간 내부 참고용으로만 사용하고 공식적인 발표는 없는 상황이었다.[63]

결국 중국의 노동시장 지표 특히 실업률 지표의 분석과 관련해서는 위와 같은 제약 내지 한계점이 있다는 점을 염두에 두고 접근할 필요가 있다. 이는 중국의 고용지표와 관련하여 과도한 낙관적 해석은 금물이라는 의미이기도 하다.

록제도'가 변한 것이다.

59) 1998년 이후 국유기업 개혁과정에서 하강(下崗, Xiagang) 방식으로 대규모 정리해고가 이루어졌다. 1998~2002년 정리해고 인원만 2,023만 명이다.(중국국가통계국, 2019.8.20) 하강은 해고종업원에 대해서도 기업이 3년간 생활보조금과 사회보험료 납부 및 재취업 알선 등의 의무를 부담하는 중국의 독특한 해고방식이다.

60) 농촌 호적을 보유한 도시근로자로 2018년 말 현재 2.9억 명에 달한다.

61) Wang 등(2014)은 2007년 실업률을 13.4%로, 曾湘泉(2009)은 2008년 실업률을 24.0%로 추정한 바 있다.

62) ILO는 경제활동인구 중 조사기간(1주 혹은 4주) 동안 구직활동을 하였지만 수입이 있는 일을 하지 못한 구직자를 실업자로 정의한다.

63) 2005년부터 전국을 대상으로 연간 2차례 조사, 2009년부터는 31개 도시를 대상으로 매월 조사하였으며 2016년 통합되었다. 2019년 현재 매월 12만 가구를 1만여 명의 조사원이 조사한다.

도시지역 등록실업률 및 조사실업률(%)

	2018.3	6	9	12	2019.3	6	9
도시지역 등록실업률	3.9	3.8	3.8	3.8	3.7	3.6	3.6
전국 조사실업률	5.1	4.8	4.9	4.9	5.2	5.1	5.2
31개 대도시 조사실업률	4.9	4.7	4.7	4.7	5.1	5.0	5.2

자료: 중국국가통계국

2. 노동시장 현황

(1) 개황

중국에서 안정적 고용은 사회안정 및 체제유지에 필수적인 과제라는 점에서 매년 정부정책의 핵심적인 목표가 되어 왔다. 과거 폐쇄적 사회주의 계획경제체제 시기에는 일자리를 정부에서 할당하면서 기본적으로 실업이 문제가 되지 않았다.[64] 그러나 개혁개방과 더불어 고용문제는 중국 정부 최대의 관심사로 대두되었다.

최근 도시지역 등록실업률과 신규취업자 수 목표 및 실적

	도시지역 등록실업률(%)		도시지역 신규취업자(만 명)	
	목표	실적	목표	실적
2015	4.5	4.1	1,000	1,312
2016	4.5	4.0	1,000	1,314
2017	4.5	3.9	1,100	1,351
2018	4.5	3.8	1,100	1,361
2019[1]	4.5	3.6	1,100	1,097

주: 1) 2019년은 3/4분기 말 실적
자료: 중국국무원, 중국국가통계국

---

64) 1980년대 후반까지 실업 대신 취업대기(等工, waiting for work)라는 용어가 사용되었으며 대학생 직업배분 제도는 1989년에야 철폐되었다.

그동안 경제성장률의 지속적인 둔화에도 불구하고 중국의 노동시장 지표는 안정적 수준을 유지하였다. 도시지역 신규취업자 수나 실업률(도시지역 등록실업률) 등으로 측정한 고용상황은 2015년 이후 예외 없이 중국 정부의 목표[65]를 달성하였다.

이처럼 중국 노동시장이 명목상으로는 비교적 안정적인 모습을 보인 것은 일자리 창출 효과가 큰 서비스 부문 발달과 출산제한 정책에 따른 신규 노동공급 감소 등에 기인한다. 다만 전술한 실업률 지표의 한계점을 인식해야 하며 신규취업자 수 또한 도시지역에만 국한되어 있다는 점을 고려해야 한다. 즉, 이 두 가지 지표는 실제 고용 상황보다 더 긍정적인 수치가 나타났을 가능성이 높다.

한편 수요 측면에서는 산업별 비중에서 3차 산업 비중이 2015년 최초로 GDP의 50%를 넘어섰다.

산업별 GDP 비중(%)

	1981	1985	1990	1995	2000	2005	2010	2015	2018
1차 산업	31.6	28.1	26.7	19.6	14.8	11.7	9.6	9.0	7.2
2차 산업	45.8	42.6	40.9	46.7	45.4	46.9	46.2	40.5	40.7
3차 산업	22.6	29.3	32.4	33.7	39.8	41.4	44.2	50.5	52.1

자료: 국가통계국

또한 3차 산업의 고용탄력성은 2000~2018년 중 평균 0.4로, 마이너스를 보이고 있는 1차 산업이나 0.1에 그친 2차 산업에 비해 양호한 모습을 보였다. 취업자 수에서도 3차 산업 취업자 수는 2000년 1.98억 명(전체 취업자의 26.9%)에서 2018년 3.59억 명(46.3%)으로 확대되었다.

---

[65] 실업률 및 신규취업자 수 목표는 매년 3월초의 전인대에서 발표된다.

산업별 취업자 수, 취업자 비중 및 고용탄력성

	산업별 취업자 수 (백만 명)			산업별 취업자 비중 (%)			산업별 고용탄력성 (고용증가율/ GDP증가율)		
	1차	2차	3차	1차	2차	3차	1차	2차	3차
2000	360.4	162.2	198.2	50.1	23.0	26.9	0.3	−0.1	0.3
2001	364.0	162.3	201.6	50.0	22.5	27.5	0.4	0.0	0.2
2002	366.4	156.8	209.6	50.0	22.3	27.7	0.2	−0.3	0.4
2003	362.0	159.3	216.0	50.0	21.4	28.6	−0.5	0.1	0.3
2004	348.3	167.1	227.2	49.1	21.6	29.3	−0.6	0.4	0.5
2005	334.4	177.7	234.4	46.9	22.5	30.6	−0.8	0.5	0.3
2006	319.4	188.9	241.4	44.8	23.8	31.4	−0.9	0.5	0.2
2007	307.3	201.9	244.0	42.6	25.2	32.2	−1.1	0.5	0.1
2008	299.2	205.5	250.9	40.8	26.8	32.4	−0.5	0.2	0.3
2009	288.9	210.8	258.6	39.6	27.2	33.2	−0.9	0.2	0.3
2010	279.3	218.4	263.3	38.1	27.8	34.1	−0.8	0.3	0.2
2011	265.9	225.4	272.8	36.7	28.7	34.6	−1.1	0.3	0.4
2012	257.7	232.4	276.9	34.8	29.5	35.7	−0.7	0.4	0.2
2013	241.7	231.7	296.4	33.6	30.3	36.1	−1.6	0.0	0.9
2014	227.9	231.0	313.6	31.4	30.1	38.5	−1.4	0.0	0.7
2015	219.2	226.9	328.4	29.5	29.9	40.6	−1.0	−0.3	0.6
2016	215.0	223.5	337.6	28.3	29.3	42.4	−0.6	−0.2	0.4
2017	209.4	218.2	348.7	27.7	28.8	43.5	−0.6	−0.4	0.4
2018	202.6	213.9	359.4	26.1	27.6	46.3	−0.9	−0.3	0.4

자료: CEIC

한편 성장률 1%당 도시 신규 취업자 수는 2010년 109.8만 명에서 2018년 206.2만 명으로 상승하였다.

성장률 1%당 도시 신규 취업자(천 명)

	도시 신규 취업자	성장률(%)	성장률 1%당 도시 신규 취업자
2010	11,680	10.6	1,098
2011	12,210	9.6	1,272
2012	12,660	7.9	1,611
2013	13,100	7.8	1,689
2014	13,220	7.3	1,809
2015	13,120	6.9	1,896
2016	13,140	6.7	1,961
2017	13,510	6.8	1,987
2018	13,610	6.6	2,062

자료: CEIC

공급 측면에서도 인구구조의 변화가 나타나고 있다. 생산가능인구(15~64세 인구)는 2014년부터, 경제활동인구는 2017년부터 하락세[66]를 보이고 있는 것이 대표적이다.

생산가능인구 및 경제활동인구(백만 명)

	생산가능인구	증가율(%)	경제활동인구	증가율(%)
2010	999	2.52	783	1.13
2011	1,002	0.35	785	0.24
2012	1,004	0.12	788	0.40
2013	1,005	0.18	793	0.51
2014	1,004	−0.11	796	0.49
2015	1,003	−0.11	800	0.50
2016	1,002	−0.10	807	0.75
2017	998	−0.43	807	−0.01
2018	994	−0.47	−	−

자료: CEIC

---

66) 경제활동인구는 2016년이 8억 694만 명이고 2017년이 8억 686만 명으로 8만 명 감소하였다.

양적인 측면에서의 인구변화뿐만 아니라 교육으로 대표되는 질적 측면에서의 변화도 빠르게 나타나고 있다. 평균 교육년수(6세 이상 인구 중)가 1982년의 5.2년에서 2018년 9.3년으로 증가한 가운데, 전문대 이상의 교육을 받은 인구 비중도 0.6%에서 13.0%로 상승하였다.

전체 인구 중 전문대 이상 졸업자 비중(%)

	1982	1990	2000	2010	2018
비중	0.6	1.4	6.3	8.9	13.0

자료: 중국국가통계국

(2) 대졸자와 농민공

고용 관련 지표가 비교적 양호하게 나타나고 있는 반면 직종별로는 수급 현황에 차이가 있다. 즉, 일반사무직은 공급이 수요를 초과하는 반면 현장기능직은 공급이 수요에 미달하는 상황이 발생하고 있다. 이는 일반사무직의 경우 대졸인력 급증에 따른 공급과잉[67]이, 제조업 등 현장기능직의 경우 농민공 유입 감소 등으로 인한 인력부족이 발생하고 있기 때문이다.

교육제도 개혁으로 2000년대 들어 대학의 문호가 대폭 확대되었다. 2000년 95만 명에 불과하던 대졸자 수는 2018년 753만 명까지 증가하였다. 같은 기간 종합대학 수는 83개에서 631개(2017년)로 증가하였다. 그럼에도 불구하고 이 중 소위 명문대학이라 할 수 있는 상위 150개 대학의 합격률은 평균 6%에 불과하다. 중국의 대입 경쟁이 얼마나 치열한가를 알 수 있는 대목이다. 결국 투자한 교육비에 대한 고려, 입시경쟁에 따른 보상심리 및 전통적 유교사상의 영향 등으로 대졸자들의 생산직 취업 기피 현상이 만연한 상황이다. 우리나라와 비슷하게 공무원에 대한 선호도가 높은 데에는 이러한 배경이 있다. 2018년의 경우 1.45만 명 모집에 108만 명이 응시하여 공무원 시험 경쟁률은 63:1에 달하였다. 한편 졸업 후 6개월 이내의 대졸자 취업률은 92% 내외 수준이다.[68] 결

---

67) 공급 과잉에 따른 임금 하락으로 대졸 취업자의 35.8%가 첫 월급이 4,000위안 이내인 것으로 조사되었다.(智聯招聘, 2019年大學生求職之南, 2019.6.2). 참고로 2018년 농민공 평균 임금은 3,721위안이었다.

국 매년 최소 50만~60만 명 이상의 대졸 실업자가 양산되는 것으로 추정된다.

대졸자 및 미취업자

연도	대졸자 (만 명)	미취업자 (만 명)	대학 (개)	연도	대졸자 (만 명)	미취업자 (만 명)	대학 (개)
2000	95	−	83	2010	575	−	568
2002	134	−	112	2012	625	56	578
2004	239	−	351	2014	659	52	603
2006	377	−	417	2016	704	59	619
2008	512	−	533	2018	753	64	631[1)

주: 1) 2017년
자료: 교육부, Mycos

한편 개혁개방 이후 중국경제의 주요 생산인력 공급원으로 기능하던 농민공들의 대도시 유입 흐름이 감소하고 있다. 이와 같은 현상은 주거환경 및 생활비 문제, 지역균형 발전에 따른 고향에서의 취업기회 확대 등이 원인으로 작용한 결과이다.[69)]

2018년 말 농민공 수는 2억 8,836만 명으로 전년 대비 184만 명 증가하여 전년 대비 증가율이 최초로 1% 미만으로 하락하였다. 또한 자신의 고향 이외 지역에서 근무하는 농민공 비중도 60% 미만으로 하락하였다. 이는 과거 동남부 연해지역 중심의 대도시 공업단지에 노동력을 공급하는 역할을 하던 농촌 인력들이 농촌 및 지역발전 등에 따라 농촌에 그대로 머무는 현상이 증가하고 있음을 의미한다. 또한 농민공 평균 연령도 2008년 34.0세에서 2018년 40.2세로 상승하였다. 대도시 제조업 및 건설업 등에 대한 농민공 인력 공급이 점차 감소하고 있음을 반영한다고 할 수 있다.

즉, 현재는 농민공들이 노동을 공급하는 지역 및 성격 등이 변화하고 있는

---

68) 당해 연도 졸업생 중 창업 및 대학원 진학을 제외하고 6개월 이내에 취업한 경우를 의미한다. 최근 4개년도 졸업생의 취업률은 14년 92.1%, 15년 91.7%, 16년 91.6%, 17년 91.9%, 18년 91.5%였다. 다만 정규직 취업률은 14년 77.6%에서 18년 73.6%까지 하락하였다.(Mycos)
69) 농민공의 부족 현상을 의미하는 민공황(民工荒) 문제는 이미 2003년부터 일부 지역에서 발생하기 시작한 바 있다.

과도기적인 상황이 펼쳐지고 있는 상황이라 할 수 있다.

농민공 수 및 타지 근무자 비중

	전체(억 명)	증가율(%)	타지 근무자(억 명)	타지 근무자 비중(%)
2010	2.42	5.4	1.53	63.3
2011	2.53	4.4	1.59	62.8
2012	2.63	3.9	1.63	62.2
2013	2.69	2.4	1.66	61.8
2014	2.74	1.9	1.68	61.4
2015	2.77	1.3	1.69	60.8
2016	2.82	1.5	1.69	60.1
2017	2.87	1.7	1.72	60.0
2018	2.88	0.6	1.73	59.9

자료: CEIC

이처럼 대졸자 급증[70] 및 농민공 공급 감소 현상이 계속되는 상황에서 중국 노동시장 내 인력수급의 괴리(mismatch) 현상은 당분간 지속될 전망이다. 여기에 AI 등 4차산업 혁명의 발전, 글로벌 공급망 변화에 따른 생산기지로서 중국의 위상 변화 등 복합적인 요인이 작용하면서 중국의 노동시장 변동성은 더욱 커질 가능성이 높다.

(3) 노동비용 상승

중국 정부가 소득분배 불공평 등을 해소하기 위해 고용의 질을 강조하면서 임금을 비롯한 제반 노동비용이 상승하고 있는 추세이다. 최저임금의 지속적 인상 및 개인소득세[71] 면세점 조정 등의 노력이 대표적이다.

중국의 최저임금은 지역별로 다른데, 2년마다 최소 1회 이상 조정하도록

---

70) 전체 취업자 중 전문대 이상의 인력 비율이 1982년은 0.9%에 불과하였으나 2018년은 20.1%로 상승하였다.(중국국가통계국, 2019.8.20)
71) 개인소득세는 외국인은 1980년, 내국인은 1994년부터 과세되기 시작하였다.

규정되어 있다. 베이징 등 주요 지역의 최저임금은 지난 15년간 약 3~4배 상승하였다.[72]

주요 지역 법정최저임금 추이(위안/월)

	베이징	상하이	광둥	션전	지양수	산동	허난
2005	580	690	352	635	400	350	320
2010	960	1,120	1,030	1,100	960	920	800
2015	1,720	2,020	1,895	2,030	1,630	1,600	1,600
2019	2,200	2,480	2,100	2,200	2,020	1,910	1,900

자료: 인력자원사회보장부

개인소득세 면세점(월소득)은 1994년 1월 800위안을 시작으로 2006년 1월 1,600위안, 2008년 3월 2,000위안, 2011년 9월 3,500위안, 2018년 10월 5,000위안으로 각각 상향 조정되어 왔다. 가장 최근인 2018년의 면세점 조정에 따라 개인소득세 납부자는 종전의 1.87억 명에서 6,375만 명으로 축소되었다.

한편 중국에서 활동하는 기업들은 임금 이외에 각종 사회보장비용[73]으로 임금총액의 38~45%에 달하는 추가비용을 부담하고 있는 상황이다. 국가발전개혁위원회에 따르면[74] 5대 사회보험료가 임금 총액의 39.3%에 달하여 조사대상 국가 173개 국가 중 13번째로 높은 수준이었다. 이는 한국, 미국 및 일본보다 각각 24.1%p, 23.2%p, 14.0%p 높은 수준이며 필리핀의 3.0배, 태국의 3.8배, 멕시코의 4.8배에 달하는 수준이다. 특히 5대 사회보험료 이외에 10~24%에 이르는 주택공적금(公積金)을 더할 경우 부담은 60% 내외에 이르러 거의 세계 최고 수준이라 할 수 있다. 근로자 보호를 위한 노동정책 강화와 연관된 사회보

---

[72] 2019년 10월 말 기준 최저임금이 가장 높은 지역은 상하이(월 2,480위안), 가장 낮은 지역은 칭하이(월 1,500위안)였다. 한편 중국의 최저임금 상승세는 2010년 이후 다소 완화된 모습이다. 경제성장세 및 물가상승률 둔화 등의 영향 때문이다.

[73] 양로보험, 실업보험, 상해보험, 의료보험, 생육보험(여성근로자) 등 5대 보험 및 주택적립금과 노조경비 등이 포함된다. 이 비용은 각 지방별로 보험료율 및 납부기준 등이 상이하다. 이중 생육보험은 보장범위 및 납부비율이 유지되는 가운데 관리비용 절감 등을 위해 2019년 말까지 의료보험에 통합될 예정이다.

[74] 2018.6.30.

장비 부담 증가는 노동비용 상승의 주된 원인 중 하나이다.

중국의 사회보험료 납부율(%, 2018년 베이징 기준)

종류	성격	기업	근로자
양로(養老) 보험	국민연금	20.0	8.0
실업(失業) 보험	실업연금	1.5	0.5
의료(醫療) 보험	건강보험	10.0	2.0
공상(公傷) 보험	산재보험	0.4	면제
생육(生育) 보험	출산 보조금	0.8	면제
주택공적금(公積金)	주택기금	12.0	12.0
합 계		44.7	22.5

자료: 언론보도 등 종합

한편 노동비용 상승 배경에는 근로자의 권익신장에 따른 임금인상 요구증대와 함께 기업의 인센티브 전략도 존재한다. 이는 중국 기업들이 우수인력 확보 차원에서 급여인상 인센티브를 강화하고 있는 것이 임금상승 압력의 한 가지 요인으로 작용한다는 의미이다.[75]

이와 같은 다양한 배경하에서 2019년 기준 중국의 제조업 노동비용은 인도네시아를 비롯한 여타 주변국보다 2~6배 높은 수준이다.[76]

주요국 제조업 노동비용(달러/시간, 2019년)

국가	인니	인도	베트남	필리핀	중국	미국	독일
비용	0.8	2.5	3.0	4.1	4.8	42.6	52.0

자료: Statista

---

75) 중국 최고의 기업 중 하나로 꼽히는 화웨이(Huawei)는 2019년 7월에 수시로 신규 채용한 8명의 박사 인력 연봉이 90만~201만 위안(1.5억~3.4억 원)에 달한다고 공개하였다.(經濟觀察網, 2019.7.23)
76) 2002년의 경우 중국 노동비용은 0.6달러로 인도(0.7달러) 및 필리핀(1.0달러)보다 오히려 더 낮은 수준이었다.

(4) 노동정책

최근 중국의 노동정책은 근로자 보호 및 처우개선에 역점을 두는 방향으로 변화 중이다. 당초 중국 정부는 선부론(先富論)에 따라 저임금과 노동시장의 유연성을 통해 외자기업을 유치하면서 고용불안과 근로조건의 악화를 감수하는 정책기조를 견지하였었다. 그러나 1990년대 이후 노동법 제정, 2004년의 균부론(均富論) 제창 등으로 노동정책의 주안점이 근로자보호로 전환되었다. 특히 2007~2008년 중 노동계약법, 취업촉진법 등의 제정으로 근로자 권익보호가 강화되었다. 2010년대에는 기존의 노동 관련 법률들을 개정하면서 노동자보호에 더욱 노력하고 있다. 예를 들어 2013년부터 개정 시행중인 노동계약법에서는 파견근로자와 관련된 규제가 크게 강화되었다. 이 법에서는 파견근로자를 파견할 수 있는 업무범위가 제한되며 동일직무에 종사하는 정직원과 파견근로자 간의 동일임금 지급 등을 규정하고 있다.

이처럼 근로자의 권익보호가 강화됨에 따라 노동쟁의도 증가하고 있다. 2018년 중 중국의 노동쟁의 조정처리 건수는 182.6만 건에 달하였으며 관련 근로자는 217.8만 명, 관련 금액은 402.6억 위안에 달하였다.[77]

중국 노동 관련 제도 변천

시기	제도
1980년대	단체노동계약제도 시작(1986)
1990년대	개인노동계약제도 시작(1992), 최저임금제 시작(1993), 노동조합법(1992, 2009), 노동법(1995, 2009)
2000년 이후	최저임금제 전국 확대(2004), 노동계약법(2007, 2013), 취업촉진법(2008, 2015), 사회보험법(2011)

자료: 중국법률망

중국 노동시장은 근로자 권익보호를 위한 노조 및 정부의 역할이 강화되는 추세로 나아가고 있다. 그동안 중국의 노사관계는 공산당이 주도[78]하였고

---

[77] 人力資源和社會保障部, 2018年度人力資源和社會保障事業發展統計公報, 2019.6.10.
[78] 공산당이 주도하는 노조연합체로 전국 최대 노동조직인 중화전국총공회(中華全国总工会,

노조(工會)는 근로자 역할을 대변하기보다는 친(親)기업적 협의기능만 수행하였다. 그러나 향후 한층 강화될 것으로 예상되는 노조의 역할은 노동시장의 주요 변수 중 하나로 작용할 수 있다. 다만 실제로 노동정책을 집행하는 지방정부의 경우 경제성장과 사회안정[79]을 더 중요시하는 경향이 있어 근로자 친화적인 정책에 대한 집행의지가 약화될 가능성은 상존한다.

3. 인구구조 변화

(1) 개황

중국의 인구구조 변화는 인구증가율 및 출산율 하락, 급속한 고령화, 농촌에서 도시로의 인구유입 급증 등으로 특징지을 수 있다. 특히 중국의 인구구조 변화 속도는 그 어느 국가보다 빠르다.

2018년 중국의 총인구 대비 출생아수 비율인 출생률은 1.09%로 사상 최저 수준이었다. 인구증가율도 전년대비 0.15%p나 하락한 0.38%에 머물렀다. 이러한 추세가 지속된다면 수 년 내에 총인구도 감소할 것으로 예상된다. 또한 2015년 합계출산율(total fertility rate)[80]은 1.05명에 불과하여 대체출산율(replacement rate)[81]을 크게 하회하였다. 2020~2025년에는 중국의 인구가 인도에 추월당할 것이라는 전망도 점점 실현가능성이 높아지고 있는 상황이다. 바야흐로 인구문제가 중국경제의 거대한 압력으로 대두하고 있는 셈이다. 생산가능인구가 2014년부터 감소세로 돌아선 점[82] 등을 감안할 때 장기적으로는 인구 감소 및 인구 고령화에 따른 노동시장 공급부족 문제가 중국경제의 지속적 성장을 저해할 핵심요인 중 하나이다.

즉, 인구구조의 급격한 변화에 따라 그동안 '노동력의 무한 공급'으로 특징 지어졌던 중국의 노동시장이 근본적인 변화에 직면하고 있는 셈이다. 생산가능

All China Federation of Trade Unions)의 영향력이 점차 확대되고 있는 추세이다.
79) 중국 형법상, 노동현장에서 단체행동이 발생할 경우 '대중규합 사회질서 문란죄(聚衆扰亂社會秩序罪)'로 처벌이 가능하다.(형법 제290조)
80) 한 여성이 평생 낳을 것으로 예상되는 평균 자녀수를 말한다.
81) 인구를 안정적으로 유지하는 데 필요한 출산율로 통상 2.1~2.3명으로 간주된다.
82) 생산가능인구의 감소 전환은 아시아 국가 중에서는 일본(1995년) 이후 처음이었다.

인구 감소는 노동원가 상승으로 제조·수출업체 경쟁력에 부정적 영향을 미쳐 '세계의 공장'이라는 중국의 위상 변화가 불가피할 전망이다. 그동안 저임노동력[83]을 바탕으로 세계의 생산기지 역할을 해 온 중국이 근본적인 변화에 직면하고 있는 것이다.

(2) 출산 감소

중국은 1970년대부터 시작된 산아제한 정책과 함께 결혼관 변화 등에 따라 출산이 급속히 감소하고 있는 중이다.

중국은 1973년 산아제한정책을 시작하였으며 1980년 9월부터 '1가구 1자녀(한 자녀)정책'(one-child policy)을 실시하였다. 이와 같은 정책의 결과 중국의 합계출산율(명)은 1973년 4.54 → 1989년 2.29 → 2000년 1.22 → 2015년 1.05로 감소하였다.[84] 2010년~2016년 중국의 평균 합계출산율은 1.18명에 불과해 같은 기간 일본(1.42명)보다도 낮은 수준이었다.

이와 같은 인구 감소 압력에 직면한 중국 정부는 35년간 지속된 '1가구 1자녀 정책'을 2015년 10월 폐지하고 '전면적 1가구 2자녀(全面二孩)정책'을 채택하였다.[85] 전면적 2자녀 정책이 실시된 2016년과 2017년에는 출생아 수가 다소 증가하면서 정책의 효과가 있는 듯 보였다. 그러나 2018년은 다시 출생아 수가 급감하였다. 2018년 출생아 수는 1,523만 명으로 1961년 이후 최저치였다. 이는 가임기 여성인구의 감소 및 출산에 대한 인식변화와 사회·경제적 비용 증가[86] 등을 감안할 때 전면적인 2자녀 정책의 효과가 제한적임을

---

83) 중국 저임금의 본질은 기본적으로 풍부한 노동력이 존재한다는 점 이외에, 개혁개방 이후 과거 국가가 보장하던 주택 및 의료 등의 가격이 시장화 된 반면 임금은 개방 전의 낮은 수준이 그대로 유지된 데에 있다.

84) 특히 교육수준이 높은 동북지역(헤이룽장, 랴오닝 및 지린성)은 2015년 합계출산율이 0.56에 불과하였다.(Yi Fuxian, Worse than Japna: how China's looming demographic crisis will doom its economic dream, SCMP, 2019.1.4)

85) 중국은 1980년 이후 '1가구 1자녀'정책을 유지하다 2013년 11월 부부가 독자일 경우 두 자녀 출산을 허용하는 '제한적 2자녀 정책(單獨二孩)'을 도입한 바 있다.

86) HSBC가 미국, 중국, 영국 등 글로벌 15개국의 8,481가구를 설문 조사한 결과 중국의 자녀 총 교육비는 42,892달러에 달해 조사대상국 중 6번째로 높은 것으로 나타났다.(Global Report, "The Value of Education Higher and higher", 2017.6.28). 또한 상하이 기준 국공립 유치원 교육비가 월 최대 700위안인데 반해, 사립유치원은 평균 3,800위안에 달하는 것으로 조사되었다.(網易, 2019.3)

시사한다.

최근 중국의 출생아 수(만 명)

연 도	2014	2015	2016	2017	2018
출생아 수	1,687	1,655	1,786	1,723	1,523

자료: CEIC

출산 감소는 혼인율의 감소에도 기인한다. 혼인율 감소 또한 결혼에 대한 인식 변화 및 경제적 요인이 그 배경에 있음은 물론이다. 2018년 기준 중국의 조(粗)혼인율(crude marriage rate)[87]은 7.2까지 하락하였다. 혼인 연령도 지속적으로 상승하고 있다. 상하이의 경우 2005년 남성 25.3세, 여성 23.0세이던 평균 초혼 연령은 2015년 남성 30.3세, 여성 28.4세로 10년만에 약 5년이 상승하였다.[88] 이는 8, 90년대 중국에서 통상 남성 25세, 여성 23세가 넘으면 만혼(晚婚)으로 간주했던 점을 감안하면 현재 중국인들의 결혼에 대한 인식이 얼마나 빠르게 변화하고 있는지를 잘 알려주는 수치라 할 수 있다. 과거 만혼을 장려하기 위해 법정 혼인 연령을 올린 경험이 있는 중국으로서는 최근의 급격한 혼인 연령 상승을 상전벽해(桑田碧海)로 느낄 법도 하다.[89]

최근 중국의 조혼인율(‰)

연 도	2013	2014	2015	2016	2017	2018
혼인율	9.9	9.6	9.0	8.3	7.7	7.2

자료: 중국국가통계국, 민정부

---

87) 인구 1천 명당 혼인 건수를 말한다. 특히 대도시인 상하이는 4.4까지 하락하였다. 한편 우리나라의 경우 중국(7.2)보다 더 낮은 5.0에 머물렀다.
88) 상하이부녀연합회(2018.11.27).
89) 중국은 1950년 '혼인법'을 제정하면서 남성 20세, 여성 18세 이상을 법정혼인연령으로 규정하였다. 그러나 만혼을 장려하기 위해 1980년 법 개정을 통해 남성 22세, 여성 20세 이상으로 상향 조정한 바 있다.

(3) 고령화

중국은 출산률의 저하와 함께 평균수명 연장에 따른 고령화도 급속히 진행되고 있다.

1970년대 초반 전체인구의 4.3% 수준이던 65세 이상 고령인구는 2001년 7%를 넘어서면서 중국은 고령화사회(aging society)로 진입하였다.[90] 2018년 현재 고령인구는 11.9%에 달한다. 중국의 고령화는 고령화 속도가 매우 빠르고 고령인구의 규모가 큰 것이 특징이다. 산업화, 도시화와 함께 장기간에 걸쳐 고령화가 진행된 유럽 등의 선진국들과 달리[91] 중국은 한 세대만에 고령화가 진행되었다. 즉, 선진국들이 40~100여 년에 걸쳐 고령화가 진행되었다면 중국은 우리나라와 유사하게 불과 20~30여 년 동안에 급속한 고령화를 겪고 있다.

고령화는 사회·경제발전에 따르는 일반적인 현상이지만 중국이 당면한 문제의 심각성은 고령화에 대처할 만한 소득수준과 사회보장체계를 갖추지 못한 상황하에서 급속한 고령화가 진행되고 있다는 점이다. 선진국들은 1인당소득이 5,000~10,000달러 이상인 시기에 고령화사회로 진입하였으나 중국은 고령화사회에 들어선 2001년 1인당소득이 924달러에 불과하였다.

한편 중간연령(median age)의 경우에도 중국은 1980년 22세에서 2018년 40세로 증가하였다.[92] 이는 미국(1980년 30세, 2018년 38세)보다 높은 수준이다. 특히 인도(1980년 20세, 2018년 28세)보다는 크게 높다. 젊은 인구 비중이 높을수록 경제활력이 강하다는 점을 감안할 때 중국경제의 미래에 대한 우려가 깊어지는 부분이다.

특히 중국의 고령화가 급속도로 진행된 것은 경제발전이 고령화의 주요인이었던 선진국들과 달리 1979년부터 시행된 '한 자녀 정책' 등 강력한 산아제한

---

90) UN은 전체인구 중 65세 이상 인구가 차지하는 비중에 따라 고령화사회(7%~14%), 고령사회(14%~20%), 초고령사회(20% 이상)로 분류하고 있다.

91) 프랑스는 고령화사회(1864년)에서 고령사회(1979년)까지 115년, 미국은 73년(1942년→2015년), 영국은 47년(1929년→1976년), 일본은 24년(1970년→1994년)이 걸린데 반해 중국은 20년 내외인 2020년 전후에 고령사회가 될 전망이다.

92) 2030년이면 46세에 이를 전망이다.(UN)

정책이 경제성장과 복합적으로 작용한 결과라는 해석이다.

중국의 인구정책 변화

연도	제도
1949~53	다산 권장. 피임약 수입 및 낙태 금지
1957	베이징대 마인추(馬寅初) 총장 '신인구론'에서 인구조절 필요성 주장
1958	대약진운동으로 산아제한 정책 흐지부지
1962	국무원 '산아제한 관련 통지문'
1973	완시샤오(晩稀少)원칙(결혼 늦게, 임신 적게, 자녀는 최대 2명)
1978	국무원, 가임기 여성 1명 출산 권고(소수민족은 2명)
1980	공산당 중앙위원회, 한 자녀 정책 권고
1982	한 자녀 정책 강제적인 법률로 시행
1984	일부 省 대상으로 1.5자녀 정책 시행(첫째가 딸이면 둘째 허용)
2002	부모가 모두 외동일 경우 2명까지 허용
2014	부모 중 한쪽 외동일 경우 2명까지 허용
2016	한 자녀 정책 폐지. 전면적인 두 자녀 허용
2019 현재	산아제한 정책 전면 폐지 여론

자료: 뉴스핌(2019.1.28) 일부 수정

이렇게 빠른 중국의 고령화는 소위 부유해지기 전에 늙는(未富先老, aging before affluence) 현상을 초래하여 사회보장 등 재정지출 부문의 압력으로 작용할 가능성이 크다는 점에서 문제가 있다. 이는 또한 중국경제가 인구보너스 소멸과 함께 루이스 전환점[93](LTP)에 근접해 가고 있거나 이미 도달했음을 의미한다.

---

93) Lewisian Turning Point. 임금상승 없는 상태로 농촌지역의 잉여 노동력이 완전히 흡수되는 시점을 지칭한다. LTP에 도달하게 되면 저임금 노동에 의존한 제조업 발전이 한계에 이르면서 임금이 빠르게 상승하고 성장도 둔화되는 현상이 나타난다. 1979년 노벨경제학상 수상자인 개발경제학자 A.Lewis의 이름에서 명명되었다.

(4) 퇴직연령 상한 조치

중국은 전체 근로자 평균 퇴직연령이 약 54세로 여타 주요국보다 크게 낮은 상황이다. 그러나 저출산, 고령화 등에 따른 경제활동인구 감소 및 연금고갈 가능성[94] 등을 감안할 때 퇴직연령의 상향 조정이 불가피하다는 인식이 널리 퍼지고 있다.

결국 중국 정부는 2017년에 '퇴직연령 연장 관련 최신규정'을 통해 직군에 따라 다르게 적용되던 여성의 퇴직연령을 통일시키는 조치를 실시하였다. 이에 따라 50세와 55세(관리직)로 차이가 나던 여성근로자 퇴직연령은 55세로 통일되었다.

각국 법정 퇴직연령(세, 2017년 현재)

	중국	독일	프랑스	일본	한국	멕시코	브라질
남 성	60	65	65	65	60	65	65
여 성	55	65	65	65	60	65	60

자료: 인력자원사회보장부

한편 중국 정부는 현재 차별을 두고 있는 남녀 퇴직연령을 동일하게 조정하는 동시에 점차 연장할 방침이다. 현재 전세계 170여 개 국가 중 남녀 퇴직연령이 동일한 국가는 111개로 65.3%를 차지한다.[95] 당초 정부의 계획안에 따르면 2018년부터 여성근로자는 3년에 1세, 남성근로자는 6년에 1세 퇴직연령을 연장하는 것이었다. 이는 2017년 현재 남성 60세, 여성 55세인 남녀 근로자 모두 2045년이면 65세로 퇴직연령이 연장된다는 의미이다. 그러나 이 방안은 아직까지는 시행되지 않고 있으며, 빠르면 2022년경부터 시행될 예정이다.

---

94) 현재와 같은 체제하에서 양로보험기금(養老金)은 2035년이면 고갈될 것으로 전망된다.(中國社會科學院, 中國養老金精算報告 2019~2050, 2019.4)
95) 인력자원사회보장부 국제노동보장연구소, 2017.7.26.

4. 전망

현재 중국 노동시장에서는 인구구조 변화, 경제발전방식 전환 및 삶의 질 추구라는 인식 제고 등이 맞물려 중요한 구조적 변화가 진행되고 있다.

우선 중국의 인구성장세 둔화와 고령화는 노동력 부족과 이에 따른 임금 상승압력을 크게 증대시킬 것이다. 이는 노동비용 상승과 소득 증대라는 양방향 변화를 초래할 것으로 예상된다. 노동비용 상승은 저임금에 기반을 둔 단순 조립 생산기지로서의 중국 입지를 약화시키는 동시에 기술심화 요인으로 작용하면서 여타국과의 경쟁 가속화를 초래하는 측면이 있다.

다만 생산기지로서 중국의 경쟁력은 당분간 유지될 전망이다. 이는 임금상승 추세에도 불구하고 당분간은 생산기지가 대규모로 중국에서 동남아국가 등으로 이전될 가능성은 크지 않다는 의미이다. 이렇게 판단하는 근거는 중국이 막대한 수의 제조업체 종사자,[96] 높은 생산성, 효율적인 인프라, 일사불란한 행정시스템 등에서 높은 경쟁력이 있어 생산기지로서의 이점이 여전히 강하기 때문이다. 중국은 2010년에 미국을 넘어 글로벌 제1의 제조업 생산기지로 올라선 이후 그 지위를 굳건하게 유지하고 있다.[97] 현재도 중국은 주요 상품의 절대적인 생산기지 역할을 여전히 담당하고 있다. 예를 들어 2018년 기준으로 중국은 전 세계 통신장비 및 자동데이터처리장비의 35% 이상, 가구 및 의류의 30% 이상, 금속제품의 20% 이상, 전기기계의 15% 이상을 생산하고 있다.[98]

둘째, 임금 상승에 따른 근로자의 소득증대는 내수확대를 견인하면서 소비시장으로서 중국의 위상을 한층 강화시키고 경제구조 전환을 가속화시킬 전망이다. 이에 따라 중국경제는 세계의 생산기지에서 소비 중심지로 그 역할의 중심이 점차 변화할 것이다. 특히 중국 정부는 그동안 성장을 위해 분배가 희생되어 왔다는 인식하에 근로자 실질소득 증대 노력 및 노동조건에 대한 감독강

---

96) 약 2.15억 명으로 추정되며 이는 인도 및 동남아 제조업체 종사자 전체보다 58% 많은 규모이다.(BCG)
97) 중국은 2014~2016년 기간 중 글로벌 제조업 생산의 25~26%를 담당한 데 반해 같은 기간 미국은 18% 내외를 생산하는데 그쳤다.(M.Levinson, U.S. Manufacturing in International Perspective, Congressional Research Service, 2018.2.21)
98) The Economist, Loving China, leaving China, 2019.7.13.

화를 지속할 것으로 예상된다. 중국의 전략적 의의가 종전의 인건비 절감형 생산기지에서 소비시장으로 점차 변화하고 있음을 감안한 전략변화의 필요성을 시사하는 대목이다. 일부에서 이야기하듯 이제 Made in China의 시대에서 Made for China의 시대로 변화하고 있는 것이다.

셋째, 과잉설비 산업을 중심으로 추진 중인 기업구조조정 정책에 따라 향후 고용상황이 악화될 가능성이 높다는 점은 우려할 부분이다. 더구나 고학력 청년실업의 증가 등 새로운 문제도 표면화되고 있는 실정이다. 호적제도 개선을 비롯한 노동시장의 근본적인 개혁이 필요한 대목이다. 특히 호적제도는 인구이동을 제약하면서 전국적인 노동시장의 형성을 저해하는 제도로 꼽히고 있다. 상하이 등 주요 대도시의 인구구성을 보면 이들 도시의 인구 상당수가 농민공 등의 비호적(非戶口) 인구임을 알 수 있다. 이와 같은 이유로 중국의 도시화율은 상주인구 기준으로는 2018년 59.6%에 이르지만 호적인구 기준으로는 아직 43.4%에 그치는 상황이다.

중국 주요 도시 비호적(非戶口) 인구 수 및 전체 도시 인구 중 비중(2017년)

도 시	상하이	션전	베이징	광저우	텐진
비호적 인구(만 명)	976	818	765	563	499
전체 인구 중 비중(%)	40.3	65.3	35.5	37.8	32.0

자료: 중국도시통계연감

중국의 호적제도는 중국의 경제발전 과정에서 농업잉여의 도시이전을 통한 도시기반시설 건설 및 중공업투자 확대, 지방분권화와 지역중심 경제발전 촉진, 사회안정 등에 기여한 것으로 평가된다. 그러나 자원의 원활한 이동을 제한함으로써 전국적인 생산요소시장 형성을 제약하고, 각 지방이 연방국가처럼 기능함으로써 기간산업에 대한 중복투자를 유발하며, 농민공 반발 등으로 사회불안 및 성장을 저해하는 요인으로도 지목된다.[99] 이와 같은 문제를 완화하기 위해 최근 호적제도 개선이 이루어지고 있으나[100] 근본적인 개혁은 쉽지 않은

99) 한국은행 북경사무소, 중국의 호적제도와 경제발전, 중국경제 브리프, 2012.4.13.
100) 중국 정부가 2019년 4월, 인구 100만~300만 명의 도시에 대한 호적제도를 철폐하는 동시

일이다. 이는 호적제도가 인구의 과도한 대도시 집중을 막기 위해 불가피하게 유지되는 제도의 성격이 짙기 때문이다. 이를 폐지하였을 경우 대도시의 인구 집중에 따라 교육, 의료, 복지, 연금 등 사회서비스 제공에 소요될 비용을 감당할 수 없는 상황이 될 것이다. 이런 면에서 보면 현재 인구 500만 명 이상의 대도시 (2018년 말 현재 14개)의 경우 호적제도가 철폐될 가능성은 당분간 매우 낮다고 할수 있다.

마지막으로 중국의 인구 고령화는 실버산업에 대한 수요를 촉진시켜 새로운 성장동력으로 작용할 여지가 있다. 중국에서 실버산업은 통상 고령자를 대상으로 제공하는 상품 및 서비스와 관련된 모든 사업을 의미하며 노인용품, 양로서비스, 양로부동산, 실버금융 등 4개 분야로 분류된다.[101] 이 중 가사관리, 간병서비스, 의료, 관광 등과 관련된 양로서비스 분야가 가장 주목을 받으며 투자도 많이 되고 있는 상황이다.[102]

중국 정부는 양로서비스 시장 개방, 양로기관 설립절차 간소화 및 조세 부문 지원 등의 다양한 정책을 통해 실버산업 지원에 노력하고 있는 모습이다.

중국 정부의 실버산업 지원 관련 주요 정책

발표 시기	주요 내용
2016.12	2020년까지 양로서비스 시장을 전면 개방
2018. 9	양로기관 설립시 요구되던 별도의 승인절차 취소
2019. 3	내수소비 확대의 일환으로 실버산업 육성 및 양로 서비스업 발전 계획 발표
2019. 5	2025년까지 양로산업에 대한 증치세(부가가치세) 면제

자료: 국무원

에 300만~500만 명의 도시(2018년 말 현재 16개)는 호적제도를 완화하는 조치를 발표한 것이 대표적이다.
101) 홍진희, 최근 중국 실버산업 육성정책 동향, CSF 중국전문가포럼, 2019.4.5.
102) 한국무역협회 베이징지부, 중국 실버산업 동향 및 시사점, KITA Market Report, 2019.7. 동 보고서에 따르면 중국 자본시장에서 2018년 1월~2019년 3월에 발생한 18건의 실버산업에 대한 투자 중 13건이 양로서비스 분야에 대한 투자였다.

노인인구의 잠재소비력이 급증하면서 관련 시장이 확대되고 있는 것은 중국의 경우에도 예외가 아니다. 2016년 2.8조 위안이던 중국의 실버산업 시장 규모는 2021년 5.7조 위안으로 2배 이상 커질 전망이다.[103] 질적인 발전단계로 이행중인 중국이 지향하는 발전 방향은 혁신이 주도하는 선진제조업 육성, 풍요로운 생활을 위한 서비스업 확대, 아름다운 중국을 위한 생태환경보호 등이다. 이 중 실버산업 시장은 풍요로운 생활을 위한 서비스업 확대와 관련된 대표적인 산업으로 우리가 중국 서비스 시장을 진출할 때 역점을 둘 주요 부문의 하나인 셈이다. 이와 관련하여 효도관광상품 개발, 의료서비스, 건강기능식품 등의 분야가 유망하다는 의견이 있다.[104]

---

103) 普華永道, 2017年 中國老年消費習慣, 2018.1.23.
104) 한국무역협회(2019.7).

중국인들은 어떤 사람들일까?

　3장에서는 중국의 주요 시장별 현황을 살펴보았다. 제도를 만들어 운용하고 각 시장에서 활동하는 주체는 결국 사람들이다. 중국의 시장을 알기 위해서는 우선 중국인들을 알 필요가 있는 이유이다. 물론 쉽지는 않다. 중국은 거대한 국토에서 다양한 민족이 어울려 살고 있으며 지방색도 확실하기 때문이다. 현대 중국인의 특징을 개괄적으로 설명하거나 역사상 주요 인물에 대해 평가해 놓은 책들을 맛보기로 소개하였다.

중국인 이야기 1~7

- 저　자: 김명호
- 출판사: 한길사(2012~2019)
- 감　상: 성공회대 교수를 역임한 저자가 쓴 중국인 이야기이다. 중앙일
　　　　　보에 연재된 내용이 엮여서 시리즈 책으로 나오고 있다. 중국
　　　　　근현대 인물들을 중심으로 중국 역사를 이야기하고 있다. 마오
　　　　　쩌둥, 류샤오치, 린뱌오, 쑹칭링, 캉성, 장제스, 장징궈, 허쯔전,
　　　　　리커눙, 위안스카이 등 중국 근현대사를 수놓은 인물들의 이야
　　　　　기가 수많은 문헌과 인터뷰를 통해 생생하게 살아난다. 읽고
　　　　　나면 중국과 중국인에 대한 이해를 조금은 넓힌 것 같다는 생
　　　　　각이 든다. 엄청난 자료를 섭렵한 저자의 내공이 느껴지는 책
　　　　　이다. 유명인들의 명언은 덤이다.[105] 2019년 7월에 출간된 7편
　　　　　에는 시진핑 주석의 아버지 시중쉰(習仲勛) 이야기 등이 나온
　　　　　다. 강력 추천한다.

---

[105] 일단 써 놓고, 맘에 들 때까지 고치면 된다(마오쩌둥), 붓은 무기가 될 수 있지만 총은
붓 역할을 못한다(펑더화이), 원래 싸우다 지치면 친구가 되는 법이다(마오쩌둥), 시간이
돈이라면 효율은 생명이다(덩샤오핑) 등.

📖 나의 이상한 나라, 중국

- 저　자: 한한(韓寒)
- 출판사: 문학동네(2014)
- 감　상: 중국 문단의 이단아이자 청년 문화의 아이콘인 저자가 본 오늘의 중국, 중국인 이야기이다. 촌철살인의 풍자와 신랄한 풍자가 돋보인다. 현대 중국인에 대해 다시 한 번 생각해 보는 계기가 되었다.

📖 다큐멘터리 차이나

- 저　자: 고희영
- 출판사: 나남(2014)
- 감　상: 다큐멘터리 방송작가 겸 영화감독인 저자가 쓴 중국인 이야기이다. 중국 서민들의 가슴 아픈 이야기와 사진이 가득하다. 농민공 등 사회적으로 약자의 위치에 있는 중국인들의 현실을 예리하게 포착하고 있다. 책에 소개되는 여러 에피소드들은 중국 대도시의 발전된 모습만을 알고 있는 많은 사람들에게 충격을 줄 수 있다. 피상적이고 신변 잡기식의 중국 여행기가 난무하는 가운데 이 책은 보기 드문 깊이와 진솔함을 갖추고 있는 좋은 책이라고 생각한다. 강력하게 추천한다.

📖 상인이야기-인의와 실리를 좇아 천하를 밟은 중국 상인사

- 저　자: 이화승
- 출판사: 행성: B잎새(2013)
- 감　상: 세계 3대 상인의 하나로 일컬어지는 중국의 상인 이야기이다. 고대부터 현재까지 중국의 유명 상인들을 소개하고 관련 역사를 부연설명하고 있다. 유가의 도리(義)와 상인의 도리(利)를 조화시키기 위해 노력했던 중국 상인들의 도도한 성장사이다. 대학 시절 많이 들었던 '매판자본'의 유래 등이 흥미롭다.

📖 강희제

- 저　자: 조너선 D. 스펜스
- 출판사: 이산(2001)
- 감　상: 문무를 겸비하였으며 뛰어난 정치·군사적 능력으로 오늘날의 중국 국토를 실질적으로 완성시킨 청의 4대 황제 강희제(1654~1722년, 재위 1661~1722년) 이야기이다. 그는 개인적으로나 국가적으로나 풍족한 세월을 구가하였던 뛰어난 군주였다. 저자는 이 책을 강희제가 자신의 삶을 스스로 돌아보는 1인칭 형식으로 쓰고 있다. 자료가 풍부하며 깊이가 있지만 쉽지는 않다. 한편 그렇게 성공한 군주였던 강희제도 아들 문제는 쉽지 않았던 것 같다. 결국 황태자를 폐위시키고 그 동생(후일의 옹정제)을 황태자로 앉힌 것을 보면 …

📖 康熙大帝(강희대제)

- 저　자: 阎崇年(염숭년)
- 출판사: 中華書局出版社(중화서국출판사)(2008)
- 감　상: 중국사회과학원 연구원인 저자가 CCTV10의 백가강단(百家講壇)이라는 프로그램에서 행한 강연을 정리해 놓은 책이다. 8세에 황제가 되어 중국 역사상 최장기인 61년을 재위한 청의 4대 황제 강희제의 일대기이다. 대만통일, 강희자전 편찬, 삼번의 난 평정 등 그의 다양한 업적을 체계적으로 설명하고 있다. 또한 그가 장남이 아니었음에도 어떻게 황제에 오를 수 있었는지 등106) 소소한 이야기들을 많이 소개하고 있어 지루하지 않다. 저자는 중국 역대 2,132년 349명의 황제 중 전반기는 당태종, 후반기는 강희제를 최고의 황제로 꼽고 있다. 다만 역사는 시세와 영웅이 공동으로 창조하는 것임을 강조하면서 균형을 잃지 않으려는 노력을 아울러 하고 있다.(중국어)

---

106) 강희제가 태자로 책봉된 결정적 이유 중 하나는 그가 어린 시절에 천연두를 이미 앓아 면역이 생겼기 때문이라는 설명이다. 당시 청 황실의 왕자 중 천연두로 죽은 이들이 많다고 한다.

📖 武則天(무측천)

- 저　자: 蒙曼(몽만)
- 출판사: 廣西師範大學出版社(광서사범대학출판사)(2008)
- 감　상: 역시 중국 CCTV10의 백가강단(百家講壇) 프로그램에서 인기 있었던 강연을 정리한 책이다. 우리에게는 측천무후로 알려져 있는 중국 역사상 유일무이한 여성 황제 무측천의 생애를 그리고 있다. 흔히 요부(妖婦)요 폭정을 펼친 인물로 알려져 있는 무측천의 다양한 측면을 풍부한 예화를 들어 재미있게 이야기하고 있다. 저자는 무측천에 대해 상당히 긍정적인 평가를 하고 있다. 그녀의 치세는 당태종의 시대와 더불어 당 최고의 전성기로 평가되며, 우리가 알고 있는 상당수의 부정적 이미지들은 이후 남성 위정자들이 왜곡 날조한 것이 많다는 것이다. 그녀 치세에 디런지에(狄仁杰) 같은 명 재상이 나온 것을 보면 이러한 평가가 완전히 틀린 것은 아닐 거라는 생각이 든다. 재미있다.(중국어)[107]

📖 결국 이기는 사마의

- 저　자: 친타오(秦濤)
- 출판사: 더봄(2018)
- 감　상: 원제는 '老謀子司馬懿(늙은 모사가 사마의).' 삼국지를 읽어 본 독자들이라면 '죽은 제갈량이 산 중달(사마의)을 달아나게 했다'라는 표현을 잘 알고 있을 것이다. 소설에서 제갈량에 훨씬 못 미치는 인물로 묘사되고 있는 바로 그 인물 사마의에 대한 평전이다. 그러나 과연 그럴까? 그의 손자 사마염이 서진(西晉)을 세우고 삼국을 통일하였으니 결국 실질적인 최후의 승자는 그였던 점을 알 수 있다. 특히 그의 인내와 끈기, 냉철한 판단력과 자제심 등은 남들이 쉽게 따라 하기 힘든 장점이라 하겠다. 다만 그가 전형적인 후흑학(厚黑學)[108]의 인물이라는

---

107) 이 책은 우리말로도 번역이 되어 있다.
108) 청말 민초의 사상가인 이종오(李宗吾)가 제창한 것으로 후흑이란 '큰 일을 이루기 위해서

점에서 인간적인 매력을 느끼기는 어렵다는 생각이다.

📖 건륭제: 하늘의 아들, 현세의 인간

- 저 자: 마크 C. 엘리엇
- 출판사: 천지인(2011)
- 감 상: 할아버지 강희제, 아버지 옹정제와 함께 중국 역사상 최고의
         전성기를 이끈 청의 6대 황제 건륭제(1711~1799년, 재위
         1736~1795년) 이야기이다. 흔히 부자가 3대 가기 어렵다는
         말이 있듯이 중국의 황제들도 마찬가지였다. 저자에 의하면
         중국 역사상 연이어 영민한 군주 3명이 나타난 시기는 강희,
         옹정, 건륭이 다스린 이 시기가 유일하다고 한다. 그의 치세는
         중국의 시대극 드라마에 가장 많이 등장하는 시대이기도 하
         다. 다만, 그의 집권 말기부터 청이 쇠퇴기로 접어들었다는 점
         을 감안하면 그의 과(過)에 대한 평가는 다소 미흡한 듯하다.

📖 乾隆名臣(건륭명신)

- 저 자: 紀連海(기연해)
- 출판사: 當代世界出版社(당대세계출판사)(2010)
- 감 상: 북경사범대 제2부속 중학 교사인 저자가 TV시리즈 백가강단
         (百家講壇)에서 강연한 내용을 편집한 책이다. 청의 전성기를
         이끈 건륭제와 그의 주요 신하들 이야기이다. 특히 중국 제1
         의 탐관으로 회자[109]되지만 저자는 상당히 긍정적으로 묘사
         하고 있는 허션(和珅) 부분이 인상적이었다.(중국어)

는 얼굴은 두껍고 마음은 시꺼매야 한다'라는 의미이다. 목표달성을 위해 수단과 방법을
가리지 않는 지극히 현실적인 실용주의와 뻔뻔함을 지칭한다.
109) 허션은 건륭제 사후 15일 만에 후임 황제 가경제(嘉慶帝)에 의해 죽임을 당하였다. 몰수된
허션의 재산은 청(淸)의 15년 재정수입에 해당하는 규모였다고 한다.

📖 朱元璋(주원장)

- 저　자: 毛佩琦(모패기)
- 출판사: 萬卷出版公司(만권출판공사)(2008)
- 감　상: 중국 인기프로그램이었던 CCTV 백가강단(百家講壇)의 강의
　　　　　내용을 책으로 엮은 것이다. 중국 역사상 2명 밖에 없다는 평
　　　　　민 출신 황제[110] 중 한 명인 명(明)의 태조 주원장 이야기이
　　　　　다. 그가 황제가 되기까지의 과정이 마치 드라마를 보듯 실감
　　　　　나게 서술되어 있다. 건국 후 그의 주변인들에 대한 숙청과정
　　　　　을 보면 권력의 속성에 대해 다시 한 번 생각하게 된다. 마각
　　　　　(馬脚)의 유래 등을 알게 된 것은 덤으로 얻게 된 상식이다.
　　　　　(중국어)

📖 무질서의 지배자 마오쩌동

- 저　자: 조너선 D.스펜스
- 출판사: 도서출판 푸른숲(2007)
- 감　상: 중국사의 권위자 중 한 명인 저자가 쓴 마오쩌동 평전. 20세기
　　　　　중국을 디자인한 수수께끼의 황제, 마오쩌동의 생애를 짧게 그
　　　　　리고 있다. 쉽고 재미있으나 너무 간략하다는 단점이 있다.

📖 마오쩌둥 평전: 현대 중국의 마지막 절대 권력자

- 저　자: 알렉산더 판초프, 스티븐 레빈
- 출판사: 민음사(2017)
- 감　상: 러시아 원저를 영역한 책을 다시 번역한 책이다. 마오쩌동의
　　　　　업적, 과오, 개인적 삶 등을 상세하게 소개하고 있다. 러시아
　　　　　문서 보관소 자료들을 다수 활용하고 있다는 점이 특징이다.

---

110) 또 다른 한 명은 한(漢)을 건국한 유방(劉邦)(BC 256~BC 195년)이다.

📖 덩샤오핑 평전(Deng Xiaoping and the Transformation of China)

- 저　자: 에즈라 보걸
- 출판사: 민음사(2014)
- 감　상: 현대 중국의 건설자로 일컬어지는 덩샤오핑 전기이다. 그가 어떻게 정상에 오를 수 있었는지, 개혁개방은 어떤 과정을 거쳐 계획되고 실시되었는지, 그의 역사적 위치와 평가는 어떠한지 등을 상세하게 서술하고 있다. 그도 분명 공과가 있는 정치인임에는 틀림없다. 다만 다른 모든 것은 논외로 한다 해도 그가 절치부심(切齒腐心)하면서 한없는 인내심을 통해 정치적으로 재기하는 과정은 무척 인상적이다. 부도옹(不倒翁, 오뚝이)이라는 그의 별명이 그저 나온 것이 아님을 깨닫게 된다. 그의 참을성은 보통 사람이 따라 하기 쉽지 않은 수준이다. 참고문헌을 포함하여 1,100여 페이지에 이르는 방대한 역작이다. 작정하고 시간을 들여 천천히 읽어야 하는 책이다.

📖 장칭: 정치적 마녀의 초상

- 저　자: 로스 테릴
- 출판사: 교양인(2012)
- 감　상: 마오쩌둥의 네 번째 아내였으며 문화대혁명 시기 소위 4인방 중 하나였던 장칭(江青)의 일대기를 그린 평전이다. 왜 장칭이 그렇게 권력의 노예가 될 수밖에 없었는지, 어떤 과정을 거쳐 그녀가 비상하였다가 몰락하였는지 등을 생생하게 기술하고 있다. 자료조사가 광범위하며 내용이 방대하고 재미있다. 1984년 초판이 발행되었는데 장칭을 다룬 평전으로는 가장 객관적이고 훌륭하다는 평가를 받는다고 한다. 저자의 역량이 느껴지는 책이다. 강력 추천한다.

📖 저우언라이 평전

- 저 자: 리핑
- 출판사: 한얼미디어(2005)
- 감 상: 중국 근현대사의 영원한 2인자 칭호를 듣는 '저우언라이' 총리 평전이다. 충실한 전기 형식을 따르고 있으나 지나치게 미화한 측면이 없지 않다. 공산당 학자가 쓴 태생적인 한계 때문일 것이다. 다만 문화대혁명 기간 중 그가 정치적 이유든 인도주의적 이유든 방패막이 역할을 통해 많은 사람의 목숨을 구했던 것만은 사실이라는 생각이 든다. 시진핑 주석의 아버지 시중쉰도 그 중 한 명이었다.[111]

📖 가희 덩리쥔(歌姬鄧麗君)

- 저 자: 최창근
- 출판사: 한길사(2017)
- 감 상: 부제 '아시아의 밤을 노래하다.' 대만 출신의 세계적 가수 덩리쥔의 삶을 그린 평전이다. 그녀가 부른 '첨밀밀(添蜜蜜)'이나 '저 달빛이 내 마음을 비추네(月亮代表我的心)' 등은 우리에게도 익숙한 중화권 노래이다. 43세(1953~1995년)라는 짧은 인생을 살다 갔지만 그녀가 중화권에 남긴 음악적 영향은 지금도 계속되는 것 같다. 그렇게 유명했음에도 불구하고 정치적 이유로 결국 중국대륙을 밟아 보지 못한 그녀의 안타까운 삶은 비슷하게 아픈 기억을 공유하는 우리에게도 울림을 준다. 평전이 드문 우리 출판계에 이런 책이 나왔다는 것 자체가 기쁜 일이다.

---

111) 한편 자녀가 없었던 저우언라이는 부모를 잃은 많은 혁명 동지의 자녀들을 양자로 삼아 키워냈는데 그 중 한 명이 천안문 민주화 사태의 유혈진압자로 유명한 리펑(李鵬) 전 총리이다.

📖 말에서 내리지 않는 무사 1~8

- 저　자: 허영만
- 출판사: 김영사(2014)
- 감　상: 칭기즈칸 '테무진(鐵木眞)'의 일대기를 그린 허영만 화백의 8권
　　　　　짜리 만화책이다. 몽골 역사의 기본서라 할 '몽골비사'의 구절
　　　　　이 곳곳에 삽입되어 있다. 재미있고 감동적이다.

📖 品人錄(품인록)

- 저　자: 易中天(이중천)
- 출판사: 上海文藝出版社(상해문예출판사)(2007)
- 감　상: 중국 CCTV10의 백가강단(百家講壇) 프로그램으로 일약 유명
　　　　　해진 베스트셀러 작가이자 교수인 저자가 쓴 중국 역사적 인
　　　　　물의 평전이다. 우리에게도 익숙한 항우(BC 232년~BC 202
　　　　　년), 조조(155년~220년), 무측천(624년~705년), 옹정제(1678
　　　　　년~1735년) 등 6명의 인물을 평하고 있다. 다양한 차원에서
　　　　　이들 인물의 공과를 논하고 있다. '체면을 중시하는 사람의 마
　　　　　음은 취약하다'는 구절 등이 인상적이었다. 중국어 문장이 읽
　　　　　기에 쉽지는 않다.(중국어)

📖 칭기즈칸의 위대한 장군, 수부타이

- 저　자: 리처드 A. 가브리엘
- 출판사: 글항아리(2014)
- 감　상: 몽골사나 전쟁사에 대해 어지간히 관심이 있는 독자가 아니라
　　　　　면 모르는 인물이 칭기즈칸의 부하 '수부타이(速不臺)'이다. 그
　　　　　러나 그는 한니발에 견줄 책략가요 뛰어난 장군으로 평가받는
　　　　　인물이다. 속도전과 섬멸전에 능했던 그의 일생을 간략하게 소
　　　　　개하고 있다. 능력이나 업적에 비해 과소평가되는 대표적 인물
　　　　　인 수부타이를 소개한 드문 책이라고 하겠다. 비록 관련 사료
　　　　　가 부족하여 내용이 풍부하지는 않지만 이런 책이 번역되었다
　　　　　는 것만으로도 만족이다.

중국의 양면성 - 중국을 바라보는 시각 두 가지

어떤 사람들은 올림픽 개최시기를 예로 들면서 일본(1964년), 한국(1988년), 중국(2008년)의 경제적·사회적 격차가 각각 약 20년 정도 있다고 이야기한다.

여러 가지 이견이 있을 수 있겠지만 시민의식, 사회시스템 등에서 중국이 우리나라보다 많이 미흡한 것은 사실이다. 공중도덕이나 타인을 배려하는 마음 등에서 볼 수 있는 중국인들의 의식 및 문화수준은 아직 실망스러운 부분이 많다. 또한 환경, 의료 및 보건 등의 낙후성도 많은 사람이 지적하는 아쉬운 부분이다. 중국에서 생활해 본 경험이 있는 외국인이 가장 많은 고통을 호소하는 것도 이 부분이 아닐까 한다. 우리나라에서는 몇천 원의 비용이면 해결이 될 감기와 같은 질병의 치료도 베이징의 외국인 전용 병원에 갈 경우 몇십만 원이 드는 것은 드문 예가 아니다. 오죽하면 중국에서 조금이라도 아픈 한국인들은 귀국해서 치료받는 것이 더 낫다는 말이 있을까 …

그러나 여기에서는 중국의 시스템이 모두 후진적이고 우리보다 뒤떨어져 있는 것만은 아니라는 점도 이야기 해보고 싶다.

후발주자의 이익이 있는 중국은 모든 면에서 시행착오를 겪을 필요 없이 다양한 국가에서 검증된 좋은 제도나 시스템을 수입하여 신속하게 시행하는 경향이 있다. 중국은 우리보다 먼저 주 5일 근무를 실시하였으며[112] 연간 2회의 장기간 휴무일(춘절 및 국경절) 시행을 통해 소비촉진을 통한 경제 활성화에도 노력하고 있다. 최근에는 일부 성(省)에서 금요일 오전근무를 시범실시하고 있기도 하다.

또한 정무직 공무원의 임기 보장을 통해 장기적 시계를 가지고 국가정책을 실시할 수 있다는 점도 시스템상의 큰 장점이다. 중국의 중앙은행인 중국인민

---

[112] 주 5일 근무제를 우리나라가 2004년 7월부터 실시한 데 반해 중국은 이보다 훨씬 빠른 1995년 5월부터 실시하였다.

은행 총재가 인민은행법이 제정된 1995년 이후 단 세 명에 불과하다는 사실은 조직의 안정성 면에서 우리와는 비교할 수 없음을 의미한다.

한편 미시적인 사소한 예를 하나 든다면 과일이나 채소의 소비자가격이 우리처럼 개수가 아닌 무게를 통해 산정되므로 공평하다는 점이다. 과일가게에서 조금이라도 큰 것을 골라보겠다고 머리를 싸맸던 기억이 있는 소시민인 저자로서는 중국에서의 생활 중 이런 부분은 아주 만족스러웠던 기억이 난다.

또 한 가지 들 수 있는 중국의 장점은 그들의 문화적 자부심이다. 중국인들은 그들의 언어와 역사, 문화에 대한 자부심이 매우 높다. 중국의 농업부장(장관)직을 12년째 수행중인 한장푸(韓長賦)는 수년 전 농업부 홈페이지에 서설(瑞雪)이라는 한시를 올린 바 있다. 오랫동안의 겨울 가뭄 끝에 반가운 눈이 내린 것을 기뻐하는 감상을 올린 시였다. 어느 나라의 장관이 시를 통해 국민들에게 메시지를 전달할까? 수십 개의 한시를 초등학교 시절부터 외우게 하는 중국과 중국인만이 가능한 일이라고 본다. 문화적 깊이와 민족적 자긍심이 없이는 불가능한 일이다.

그러나 이와 같은 중국의 양면성을 모두 감안하지 않은 채 우리의 언론이나 출판물 등에 나타나는 중국에 대한 시각은 뚜렷하게 양 극단으로 나뉘는 것을 흔히 보게 된다. 한편에서는 무서운 속도로 성장 중인 중국의 압도적인 변화에 찬사를 보낸다. 이들은 중국만이 향후 우리의 먹거리를 제공해 줄 것이므로 상승중인 중국이라는 용의 등에 얼마나 잘 올라타느냐가 우리의 운명을 결정할 것이라는 의견을 강조한다. 중국에서 사업을 하거나 터전을 잡고 사는 사람, 일부 피상적인 중국여행기 등의 관점이다. 반면 다른 한편에서는 공산당독재, 언론통제, 공해 및 먹거리문제, 부패 및 관료주의 등 다양한 중국사회의 문제점과 후진성을 강조한다. 이들은 중국의 외향적 성공은 신기루에 불과한 사상누각이라는 비판적 시각을 견지한다. 중국에서의 생활 중 좋지 않은 경험을 한 사람이나 심심치 않게 등장하는 다소 자극적인 언론기사 등의 관점이다. 미국 등 서구 연구기관 중심의 소위 '중국경제 붕괴론'이나 '중국경제 경착륙론'도 같은 맥락이라고 할 수 있다.

이와 같은 두 시각은 모두 사실을 내포하고 있으며 따라서 일리가 있다. 그렇지만 두 시각 모두 진리는 아니다. 특히 자신의 경험만으로 쉽게 판단할 수 있는 것은 더더욱 아니다. 균형 있는 자세가 필요한 이유이다. 중국과 중국인을 이해하기 위해서는 다른 방법이 없다. 많이 읽고 많이 듣고 많이 경험해보는 것이다. 그러기 위해 첫 번째로 해야 할 가장 기초적이고 필수적인 방법은 중국어를 배우는 것이라고 생각한다. 특히 중국어는 우리에게 익숙하면서도 매력 있고 아름다운 언어라는 점에서 한 번 도전해 볼 가치는 충분할 것이다. 물론 저자가 중국어 학습 특히 발음의 어려움을 모르지는 않는다. 특히 성조(聲調)는 어쩌면 그렇게 안 외워 지는지 원 …

4장을 시작하며

　우리나라는 미세먼지로 인해 화창한 봄날을 찾기 어려운 시대가 점점 되어가고 있다. 미세먼지 문제의 원인과 관련해서는 중국이다, 아니다 우리 측 오염원도 무시할 수 없다 등 갑론을박이 계속되고 있다. 미세먼지는 국외(중국) 영향이 평상시에는 30~50%, 고농도시에는 60~80% 수준이라는 것이 우리 정부(2016년 6월, 환경부)가 지금까지 내 놓은 공식 입장이었다. 한편 2019년에는 한 · 중 · 일 3국이 공동으로 초미세먼지 영향을 분석한 보고서를 발표하였다. 이에 따르면 한국 초미세먼지 중 자체 요인에 기인한 것은 51%인 것으로 나타났다. 중국이 32%, 일본이 2%, 몽골 및 러시아 등 기타 국가가 15%의 영향을 미쳤다.[1]

　이처럼 중국의 환경 문제는 중국 국내뿐만 아니라 우리를 포함한 글로벌 국가들의 주요 이슈이기도 하다.

　우선 부인할 수 없는 한 가지 사실은 중국의 환경오염 상황은 대단히 심각하다는 점이다. 2018년 미국 시카고대학 연구보고서에 의하면 중국은 전세계 222개국 중 4번째로 대기오염이 심각한 국가였다.[2] 또한 대기오염으로 인한 수명감소 연수가 2016년 기준 2.9년에 달하는 상황이었다. 우리나라가 1.4년이었으니 적어도 우리보다 2배 이상 공기 질이 안 좋다는 의미이다. 다만 이 보고서는 중국의 대기오염이 2013년을 정점으로 이후 점차 개선되고 있다는 점을 지적하였다. 2013~2017년 기간 중 중국 대기오염 정도는 약 32% 나아진 것으로 추정되었다. 이는 중국 정부의 강력한 환경보호 정책 때문이다. 상하이가 2019년 7월부터 정식 시행중인 '쓰레기 분리수거 처리 시스템 구축'은 대표적이다. 쓰레기를 재활용품, 유해폐기물, 음식물 쓰레기 및 일반 쓰레기 등 4종류로 구분하여 분리수거를 의무화하는 것을 핵심으로 하는 이 정

---

1) 국립환경과학원, 동북아 장거리 이동 대기오염물질 국제 공동연구, 2019.11.
2) Energy Policy Institute of the University of Chicago, Introducing the Air Quality Life Index, 2018.11. 중국보다 대기오염 상황이 더 심각한 국가는 인도, 방글라데시 및 파키스탄이었다.

책은 강력한 벌금을 통해 이행을 강제하고 있다. 이 제도는 2020년까지 전국 46개 주요 도시로 확대될 방침이다.

이번 4장에서는 환경문제, 소득격차문제 등 중국경제와 관련하여 흔히 제기되는 대표적인 이슈들을 살펴보았다. 쉽지 않지만 장기적으로 안정적인 경제발전을 이루기 위해 반드시 해결해야 할 과제들이다.

제4장

중국경제 관련 주요 이슈 및 평가

I. 서론

이 장에서는 중국경제와 관련하여 가장 자주 논의되고 의견도 다양한 몇 가지 주제를 간략하게 소개하고 설명하였다.

우선 조그마한 변동에도 국내외의 큰 주목을 받게 되는 중국의 성장률 문제이다. 왜 중국경제 성장률이 그렇게 중요한 의미를 가지게 되었는지와 향후 전망 등을 서술하였다. 중국경제 성장률의 하락은 불가피한 측면이 있다는 점을 아는 것이 중요하다.

두 번째는 위안화 국제화 문제이다. 명실상부한 G2로 부상했다고 하는 중국이지만 글로벌 금융시장에서의 위상은 아직 한참 낮은 것이 현실이다. 달러 헤게모니에 도전하는 중국의 다양한 노력과 현실을 살펴보았다.

세 번째는 세계적 이슈가 되고 있는 환경문제이다. 특히 중국은 그동안 양적 성장에 치우치면서 환경분야를 소홀히 한 결과 그 후유증이 점점 커져왔다.

더 이상 미룰 수 없는 과제가 된 환경문제를 완화하기 위한 중국 정부의 노력과 앞으로의 전개 방향 등을 전망하였다.

　　마지막은 소득재분배 문제이다. 사회주의 국가임에도 불구하고 세계 최고의 소득불평등도를 나타내고 있는 중국의 아이러니한 현실을 살펴보았다.

　　중국경제와 관련된 위와 같은 이슈들은 중국경제가 지속가능한 성장(sustainable growth)을 이어 나갈 수 있을지 여부를 결정할 핵심 과제들과 관련이 깊다. 물론 그 해결을 위해 중국 정부가 추진하는 정책이나 조치들이 우리에게 미칠 영향이나 시사점을 꼼꼼하게 분석할 필요도 있다.

Ⅱ. 경제성장률

1. 추이

　　중국경제는 개혁개방 이후 역사상 유례가 없는 급속한 경제성장을 이룩해 왔다. 1979년 0.4조 위안에 불과했던 중국의 GDP는 연평균 9.5% 성장하여 2018년 91.9조 위안으로 증가하였다. 경제규모가 230배 커진 것이다. 같은 기간 중 글로벌 경제가 연평균 2.9% 성장한 것을 감안하면 중국경제가 얼마나 빠른 속도로 성장해 왔는지를 잘 알 수 있다. 한편 글로벌 GDP에서 중국이 차지하는 비중도 1.8%에서 15.2%로 상승하였다.

　　그러나 경제규모의 급증 및 성장과정에서 발생한 제반 부작용 등의 문제로 인해 중국경제 성장률은 2010년대 들어 점차 하락하는 추세이다. 특히 최근 3년(2016~2018년) 평균 경제성장률은 6.7%로 낮아졌다.

중국경제 기간별 성장률(%)

	1970~79	1980~89	1990~99	2000~09	2010~2018
성장률 평균	7.4	9.7	10.0	10.3	7.8

자료: 중국국가통계국

한편 중국 정부의 목표성장률도 점차 낮아지는 추세이다. 2005~2011년 7년 연속 8% 성장률 목표를 설정한 바 있으나 이후 7%대로, 2017년부터는 6%대로 목표가 하향 조정되었다. 중국도 이제 더 이상 과거와 같은 소위 바오빠(保八, 8% 성장률 유지) 내지 바오치(保七, 7% 성장률 유지) 등의 슬로건이 유용하지 않은 시대가 된 것이다.

중국경제 목표성장률 및 실적(%)

연도	목표	실적	연도	목표	실적
2004	7.0	10.1	2012	7.5	7.9
2005	8.0	11.4	2013	7.5	7.8
2006	8.0	12.7	2014	7.5	7.3
2007	8.0	14.2	2015	7.0	6.9
2008	8.0	9.7	2016	6.5~7.0	6.7
2009	8.0	9.4	2017	6.5% 내외	6.8
2010	8.0	10.6	2018	6.5% 내외	6.6
2011	8.0	9.5	2019	6.0~6.5	6.2[1]

주: 1) 2019년은 1/4~3/4분기 실적
자료: CEIC

2. 고속성장 강조 이유 및 여건 변화

중국 정부가 그동안 고속성장을 강조한 것은 높은 성장률, 고용안정, 체제안정이 상호 밀접한 관계에 있다고 믿었기 때문이다. 오랜 기간 바오빠 정책을 철칙으로 고수한 것도 8% 성장률을 연간 대졸자 및 도시 유입 농민공의 고용안정을 위해 필요한 최소한의 성장률로 간주했던 것에 기인한다. 중국공산당 장기집권의 정당성은 지속적 경제성장에 기반했다는 평가가 일반적이다. 일당독재 및 부패 등의 문제에도 불구하고 고속 경제성장이라는 경제적 과실을 통해 공산당에 대한 정치적 지지는 확고해질 수 있었다. 이러한 배경하에 성장률 제고는 공산당 및 정부의 최우선 정책목표가 될 수밖에 없는 상황이었다.

그러나 중국경제는 급증한 경제규모 및 최근의 대내외 여건 등을 감안할 때 더 이상 과거와 같은 고속성장은 불가능한 시대가 되었다.

10년만에 3배로 급증[3]한 중국의 경제규모가 가장 큰 원인이다. 투자의 한계효율성 등을 감안할 때 중국과 같은 거대규모(2018년 GDP 13.9조 달러)의 경제에 있어 매년 1조 달러 내외의 추가적인 경제규모 확대는 쉽지 않은 일이다.

또한 여전히 높은 대외의존도 상황하에서 성장패러다임의 전환과정 중에 있는 중국이 아직 충분하게 성장 동력을 확보하지 못한 것도 성장률 하락 원인으로 지적된다. 중국의 대외무역의존도(무역액/GDP)는 금융위기 직전의 약 62~63%에서 2018년 33%로 하락하였다. 그러나 여전히 미국(20%, 2017년 기준), 일본(28%) 등에 비해 높은 수준이다. 또한 기존 성장동력이었던 투자와 수출[4] 대신에 소비가 주요 역할을 수행중이지만[5] 소비증가율 자체는 점차 하락하는 모습[6]을 보이고 있다. 즉, 중국경제는 아직 대외여건의 영향을 받을 수밖에 없는 구조적 취약성을 지닌다. 미·중 통상갈등에 따라 중국경제 경착륙 우려가 불거졌던 2018년 말에서 2019년 초의 상황은 이를 잘 반영한다.

한편 그동안 양적 성장에 치중한 결과 발생한 환경문제, 소득재분배 문제, 자원부족문제 등도 중국 정부가 성장률 지상주의 추구 전략에서 벗어나는 계기가 되고 있는 상황이다. 즉, 지금은 적정한 성장률을 유지하는 한 질적인 성장이 더 중요하다는 인식이 확산되는 시기라 할 수 있다.

---

3) 2008년 중국의 명목 GDP는 31.9조 위안이었으나 2018년은 91.9조 위안이었다.
4) 수출의존도(수출/GDP)는 2006년 38.6%로 최고치를 달성한 이후 하락세를 보여 2018년은 17.9%까지 하락하였다.
5) 2018년 소비의 경제성장 기여율은 76.2%에 달하였다.
6) 소매판매증가율(%): 21.6(2008) → 17.1(2011) → 12.0(2014) → 10.7(2015) → 9.0(2018)→ 8.1 (2019.1~10)

3. 전망

중국경제는 급증한 경제규모, 고속성장과정에서 파생된 제반 경제사회적 문제점 및 대외여건의 불확실성 등을 고려할 때 과거와 같은 7~8% 이상의 고성장을 유지하기는 어렵다.

당분간은 현재 중국의 잠재성장률로 평가되는 6% 내외[7]의 성장세를 유지할 것으로 예상된다. 2019~2020년 중국 정부가 마지노선으로 설정하고 있는 최소한의 경제성장률은 6.1~6.2%일 것으로 추정된다. 이는 2012년 제18차 당대회에서 설정한 2010년(실질 GDP 47.2조 위안) 대비 2020년 경제규모 2배 목표의 달성을 위해서는 2019~2020년의 2년간 평균 6.15% 성장이 필요하기 때문이다.

특히 그동안의 고속 경제성장과정 중 잠복되어 있던 부패, 지역차별, 계층 간 불평등 확대, 능력위주 시스템 균열가능성 등의 문제는 더 이상 방치할 수 없는 수준으로 높아지고 있다. 중국이 성장패러다임 전환을 통해 지속가능한 성장을 추구하면서 성장률의 정체 내지 하락을 다소 용인하는 태도를 취하는 배경은 이와 같은 상황에 기인한다.

결국 중국 정부는 성장률의 점진적 하락을 감수하면서 성장구조의 전환을 추진해 나가는 동시에 제반 리스크 요인들의 효율적 관리에 주력해 나갈 것으로 예상된다. 이는 성장둔화 우려가 제기된다 해도 중국 정부가 글로벌 금융위기 당시와 같은 대규모 경기부양책[8]보다는 재고조정(destocking)과 기업부채 축소(deleveraging) 등을 통한 성장의 내실화에 초점을 둘 것임을 시사한다. 다만 인프라 투자확대와 기업세금 감면 등의 확장적 재정정책과 지준율 인하 등의 완화적 통화정책을 통하여 급격한 성장률 하락을 막기 위한 노력[9]은 지속될 것으로 예상된다.

중국의 경제성장률은 향후 점진적인 하향 과정을 거쳐 2021년 이후 5%대

---

7) 2016~2020년 중국경제의 잠재성장률은 6.0~6.2% 수준으로 추정된다.(중국사회과학원, 중국은행 등)
8) 당시의 경기부양 규모는 약 4조 위안(6천억 달러)으로 GDP의 13%에 해당하는 수준이었다.
9) 중국 정부가 GDP 대비 재정적자 비율 목표를 2018년 2.6%에서 2019년 2.8%로 상향조정(국무원 업무보고, 2019.3)한 것이 대표적이다.

로 하락할 전망이다.[10] 다만 글로벌 경제둔화에 따른 수출 부진, 국유기업 및 과잉설비 부문 구조개혁 미흡, 금융시장 불안 심화 등의 하방리스크 요인이 현재화될 경우 성장률 하락이 가속화될 가능성도 배제할 수 없다.

Ⅲ. 위안화 국제화

1. 추진과정, 목적 및 리스크

(1) 추진과정

위안화 국제화 추진의 주된 통로 내지 방법은 위안화를 이용한 무역결제였다. 중국 정부는 접경 국가와 소규모 국경무역을 할 때 관행적으로 이루어지던 위안화 무역결제[11]를 1990년대 초부터 공식화하는 작업을 꾸준히 진행하였다. 베트남(1993년)을 시작으로 라오스, 네팔 등 주변국과 국경무역에서 양국 화폐로 결제하는 협정을 체결한 것이 그 예이다. 다만 이들 국가와의 교역이 중국 전체 교역에서 차지하는 비중은 미미한 편이었다. 그러던 중국 정부가 위안화의 국제화 추진을 대내외에 공식적으로 천명한 것은 2009년 3월 개최된 양회(兩會)[12]에서였다. 이후 2009년 6월 홍콩과의 양해각서가 체결되면서 위안화를 사용한 무역결제 제도가 본격화되었다. 이 양해각서를 근거로 중국인민은행은 그 해 7월 상하이 및 광둥성 4개 도시[13] 기업이 홍콩·마카오 기업과 위안화로 무역결제하는 것을 허용하였다. 이후 2011년 8월에는 위안화 무역결제가 전국으로 확대되었다.

한편 위안화 무역결제 이외에 중국 정부는 2005년 위안화채권 발행 허용, 2009년 이후 우리나라를 비롯한 다수 국가와의 통화스왑계약 체결 등 다양한

---

10) IMF는 2021~2024년 중국경제 성장률 평균을 5.7%로 전망하였다.(IMF, World Economic Outlook, 2019.4)
11) 미얀마, 베트남, 몽골, 중앙아시아 국가 등과 중국간 접경 무역시 무역업자들의 달러부족 및 낮은 신용도, 중국 외 다른 국가 통화의 가치 불안정 등으로 위안화 현금결제가 선호되었다.
12) 전국인민대표대회 및 전국인민정치협상회의를 의미한다.
13) 션전, 광저우, 주하이 및 동관이다.

경로를 통해 위안화의 국제화를 추진하고 있다.

(2) 추진목적[14]

중국이 2000년대에 들어서며 위안화의 국제화를 꾸준히 추진하고 있는 것은 국제금융시장에서 자국의 경제위상에 걸맞은 영향력을 확보하는 것이 주요 목적이다. 구체적으로는 다음과 같은 의도가 있는 것으로 판단된다.

우선 외환보유액의 달러에 대한 의존도를 축소하여 달러 함정(dollar trap)[15]에서 탈피하고자 하는 목적이다. 그동안 지속적으로 증가하던 중국의 미국채 보유규모 및 비중이 정체 내지 하락하는 모습을 보이는 것은 이러한 목적을 위한 노력의 일환으로 해석된다.

중국의 미국채 보유액(억 달러)

	2013	2014	2015	2016	2017	2018	2019.9
미국채 보유액	12,701	12,443	12,461	10,584	11,849	11,235	11,024

자료 : 미국 재무부

둘째, 자국통화의 국제화는 무역거래비용 및 환리스크 감소에 따른 편익을 통해 무역 및 투자를 촉진하여 경제성장에 기여하는 측면이 있다.

셋째, 자국통화의 국제화를 통해 기축통화 발행에 따른 시뇨리지(seigniorage)[16]를 얻을 수 있음은 물론 금융기관 자금조달의 효율성과 편리성을 증대시킬 수 있다. 현재 국제채권시장에서의 발행통화 및 외환보유액 구성통화는 달러, 유로, 파운드, 엔 등에 집중되어 있다. 이에 따라 중국은 경제규모에 상응하는 자금조달 면에서의 편익을 누리지 못하는 동시에 가치저장 수단으로서 위안화가 제대로 대접을 받지 못하고 있다는 불만이 있다.

---

14) 한재현, 위안화 국제화 추진과정에서의 리스크, 한국은행 국제경제정보 제2012−2호, 2012년 1월 3일을 수정 보완하였다.

15) 여기에서는 중국이 달러의 가치하락에 대한 우려로 미국채 매입을 중단할 경우 가치하락을 더욱 부추겨 결국 자신의 외환보유액(약 1/3이 미국채)에서 손실이 발생하므로 지속적으로 달러자산을 매입할 수밖에 없는 딜레마 상황을 의미한다.

16) 미국의 경우 1977~1995년 중 해외부문에서 얻은 시뇨리지 규모가 연간 23~118억 달러로 전체 조세수입의 0.4~1.8%에 이르는 것으로 추정된다.(Jefferson, 1998)

국제채권 표시통화별 발행잔액 (2019년 2/4분기 말)		
통화	금액(조 달러)	비중(%)
달러	11.41	46.3
유로	9.47	38.4
파운드	1.96	8.0
엔	0.47	1.9
기타	1.32	5.4
합 계	24.63	100.0

자료 : BIS

외환보유액 구성통화 (2019년 2/4분기 말)		
통화	금액(억 달러)	비중(%)
달러	67,922	61.6
유로	22,427	20.3
엔	5,966	5.4
파운드	4,886	4.4
위안	**2,176**	**2.0**
캐나다달러	2,111	1.9
호주달러	1,876	1.7
스위스프랑	158	0.1

자료 : IMF COFER

(3) 추진과정상의 리스크

자본거래가 대부분 규제되고 금융시장 발달이 미진한 상황에서 중국이 위안화 국제화를 추진하는 것은 다음과 같은 리스크를 수반한다. 이는 중국 정부가 신중하게 국제화를 추진하고 있는 배경이기도 하다.

우선 자본거래 자유화 등에 대한 국외 압력의 증가문제를 들 수 있다. 금융시장과 제도의 발전이 더딘 상황에서 위안화 국제화 추진은 자본거래 자유화, 위안화 환율제도 개혁 등에 대한 외부의 압력을 증가시켜 중국이 채택하고 있는 정부주도 경제성장 모델에 배치되는 갈등을 초래한다. 이는 국제금융시장에서 지속적인 위안화 수요 창출을 위해서는 자본거래의 자유화, 직접투자절차 간소화, 시장이 결정하는 환율제도 등이 필요하다는 것이 일반적인 외부의 시각이기 때문이다. 결국 중국은 자본거래를 통제하면서 통화의 국제화를 추구하는 어찌 보면 모순되는 정책을 추진 중인 상황이라 할 수 있다.

둘째, 이처럼 자본거래가 통제되는 상황에서 창출되는 위안화 수요는 위안화의 일방적인 절상기조 시기에만 나타나는 등 그 수요기반이 취약하다는 근본적 문제에 직면하게 된다. 그동안 크게 증가해오던 위안화 무역결제액과 홍콩의 위안화예금 잔액이 최근 급감한 것은 국외수요 위축에 따른 수출 감소와 함께 위안화의 일방적인 절상기대가 약화된 데 기인하는 것으로 추정된다. 위안화 무역결제액은 2015년 이후 감소하여 2018년은 2015년 정점 때보다 약 30%가 감소하였다. 홍콩의 위안화예금 잔액도 2018년 말 현재 6,150억 위안으로 정점이던 2014년보다 약 40% 감소하였다.

위안화 무역결제액 추이(억 위안)

	2012	2013	2014	2015	2016	2017	2018
상품거래	26,040	41,368	58,947	63,911	41,209	32,700	36,600
서비스 및 기타거래	2,758	4,999	6,564	8,432	11,068	10,900	14,500
합계	28,798	46,367	65,511	72,343	52,277	43,800	51,100

자료 : 중국인민은행

홍콩의 위안화예금 잔액(억 위안)

	2012	2013	2014	2015	2016	2017	2018
위안화예금 잔액	6,030	8,605	10,035	8,511	5,467	5,591	6,150

자료 : CEIC

위안화의 국제화는 정부가 주도하는 경제성장 모델하에서 일정한 통제 아래 추진되어야 한다는 것이 중국 정부의 일관된 입장이다. 이는 현재의 경제발전단계에서 자본거래 통제 및 환율에 대한 규제는 금융시장 안정과 사회주의 시장경제질서 유지에 필수적인 조건이라는 인식하에 도출되는 결론인 셈이다. 이러한 시각에서 중국이 자본시장의 개방을 허용하지 않은 채 위안화의 국제적 위상 및 활용도를 높이기 위해 추진한 방법의 하나가 위안화를 SDR(Special Drawing Rights) 바스켓에 포함시키는 방안이었다. IMF는 매 5년 단위로 바스켓 구성통화를 결정하는데 바스켓 통화의 구성요건인 '자유사용가능통화(freely usable currency)'의 해석과 관련하여 선진국과 중국은 그동안 상반된 입장을 보여왔다. 자유사용가능통화란 국제거래 및 외환시장에서 광범위하게 사용되는 통화를 의미한다. 흔히 '상품·서비스·소득 수출' 및 '다른 회원국에 의해 보유된 준비자산'을 대용지표로 사용한다. 선진국은 완전한 태환성 및 자유변동환율제도 등이 자유사용가능통화의 조건이라는 입장에서 중국의 자본시장 개방을 압박하였다. 이에 반해 중국은 위안화 편입에 따른 SDR 가치안정 및 바스켓의 대표성 개선효과를 강조하면서 자유사용가능통화와 완전한 태환성이 동일한 개념으로 사용된 적이 없음을 주장하여 왔다. 결국 IMF는 2015년 11월, G2로 급증한 중국의 경제규모와 현실적인 대표성 문제를 감안하여 위안화를 SDR에 포함하는 결정을 내렸다.[17]

　　마지막으로 역외 위안화 자산의 급증은 통화정책 운영의 자율성 및 효과성을 저하시킬 가능성이 높다는 문제가 있다. 즉, 중국기업들의 역외 위안화채권 발행이 증가할수록 국내은행시스템에 대한 의존도가 줄고 그에 따라 중국정부의 통화 및 신용통제는 더욱 어려워질 가능성이 있다. 이는 국내경기 안정을 위한 통화량 중심의 통화정책 수행에 있어 그 자율성 및 효과가 약화될 소지가 큼을 의미한다. 더욱이 자본거래가 통제되는 상황에서 위안화의 역외 유출 확대는 역내외 금리차를 노린 투기적인 재정거래(arbitrage)를 유발할 수 있다는 점에서도 통화정책의 유효성을 제약할 가능성이 크다.

 〈참고 11〉 위안화 국제화 관련 주요 사건 및 조치

시기	내용
2005.10	ADB, IFC 등 국제개발기구의 위안화채권(판다본드)[18] 발행 허용
2009. 1	중국인민은행과 홍콩금융관리국, 2,000억 위안(2,270억 홍콩달러) 통화스왑계약 체결
2009. 4	중국인민은행과 한국은행, 1,800억 위안(38조 원) 통화스왑계약 체결
2009. 7	상하이 및 광둥성 등 일부 지역, 위안화 무역결제 시범실시 시작
2009. 9	홍콩에서 최초로 위안화 국채 발행(60억 위안)

---

17) 2016년 10월부터 발효되었으며 편입 비중은 10.92%였다. 이에 따라 위안화는 SDR 내에서 달러화(41.73%), 유로화(30.93%)에 이어 세 번째로 비중이 높은 통화가 되었다.(엔화 8.33%, 파운드화 8.09%)

2010. 6	위안화 무역결제 해외시범지역(홍콩 및 마카오 등 → 전세계) 및 대상업무(무역거래 → 경상거래) 범위 확대
2011. 8	위안화 무역결제 중국 전역으로 확대
2011.10	중국인민은행과 한국은행, 통화스왑계약 연장 및 금액 확대(3,600억 위안/64조 원)
2014.10	중국인민은행과 한국은행, 통화스왑계약 연장(3,600억 위안/64조 원)
2014.12	원화－위안화 직거래 시장 개설
2015.10	중국인민은행, 런던에서 해외 최초 위안화 표시 채권 발행(50억 위안)
2015.10	중국의 독자 국제결제시스템인 CIPS(Cross-border Inter-bank Payment System) 운영 시작(2019년 5월 현재 89개국 865개 은행 이용)
2015.12	우리나라, 위안화표시 외평채 최초로 발행(30억 위안)
2016.10	위안화, IMF의 SDR바스켓에 편입(달러, 유로에 이은 세 번째 비중)
2017.10	중국인민은행과 한국은행, 통화스왑계약 연장(3,600억 위안/64조 원)
2018. 1	파키스탄, 무역·투자 활동에서 자유로운 위안화 사용가능 조치
2018. 3	위안화 표시 원유선물거래제도 도입
2018. 6	A주, 'MSCI 신흥시장지수(MSCI Emerging Markets Index)' 편입
2019. 4	중국채권, '블룸버그－바클레이스 채권 지수(Bloomberg-Barclays Global Aggregate Bond Index)' 편입

자료 : 중국인민은행, 언론보도 등 종합

---

18) 판다본드(Panda Bond)는 국제기관이나 외국기업이 중국에서 발행하는 위안화표시 채권을 지칭한다. 2018년 말 현재 3,147억 위안(누적)의 판다본드가 발행되었다.(중국인민은행, 2019.8.23) 이는 홍콩 등 역외에서 발행된 위안화 채권을 가리키는 딤섬본드(Dimsum Bond)와는 구별되는 개념이다.

2. 현황[19]

(1) 위안화 유입

기존의 QFII 및 RQFII 이외에 2016년 출범한 '후강퉁 ' 및 '션강퉁'을 통한 위안화 순유입 규모가 크게 증가하고 있다. 2018년 말 현재 외국인들이 이들 네 가지 통로를 이용하여 보유중인 중국 주식 보유액은 1.3조 위안에 달한다. 다만 전체 주식시장 시가 대비 비중은 아직 3.5%에 불과하다.

한편 2018년 중 은행간 채권시장에 참가한 외국인투자자는 1,186개 기관이었으며 직접투자가 681개, '채권퉁'을 통한 참가가 505개 기관이었다. 2018년 말 현재 은행간 채권시장에서 이들 외국인투자자가 보유중인 중국 채권보유액은 1.8조 위안에 달한다.[20] 다만 전체 채권시장에서의 비중은 아직 2.1%에 머문다.[21]

(2) 위안화 결제 및 보유

경상거래 및 자본거래에서 위안화를 사용하여 결제한 금액은 2018년 기준 15.9조 위안(2.4조 달러)이었다. 다만 아직은 대부분이 홍콩에 집중되어 있다는 한계가 있다. 한편 홍콩 이외에는 싱가포르와 독일 등에서의 위안화 결제금액이 많았다.

위안화 결제금액의 국가별 분포

	국가	홍콩	싱가포르	독일	일본	한국	대만	영국	미국
비중(%)	2017년	49.7	9.0	5.6	4.9	3.4	3.3	2.0	1.8
	2018년	40.5	9.0	4.2	3.5	3.9	3.4	2.4	1.9

자료 : 중국인민은행

---

19) 중국인민은행의 2019년 위안화국제화보고서(人民币国际化报告)(2019년 8월)를 중심으로 여타 자료를 보완하여 정리한 것이다.
20) 2013년 0.39조 위안에 불과했던 점을 감안하면 5년만에 4.6배 증가한 셈이다.
21) 이는 브라질(5%), 한국(6%), 일본(12%), 미국(25%) 등 여타국보다 크게 낮은 수준이다.(중국국가외환관리국, 2019.3.29)

한편 우리나라의 통화별 수출입 결제 현황을 보면 위안화가 2018년 기준 1.3%의 비중을 차지하고 있다.[22] 달러나 유로 등 주요 통화에 비해 아직 크게 낮은 상황이다. 상대적으로 위안화 결제금액이 많은 우리나라가 이 정도 수준 이라는 점은 국제무역에서 위안화의 사용범위 및 빈도가 아직은 극히 제한적 임을 시사한다.

우리나라의 통화별 수출입 결제금액 및 비중(2018년 기준)

	달러화	유로화	엔화	원화	위안화	기타
금액(억 달러)	9,400	686	494	472	148	201
비중(%)	82.5	6.0	4.3	4.1	1.3	1.8

자료 : 한국은행 ECOS

한편 위안화가 2016년 10월부터 IMF SDR 바스켓에 편입된 이후 점점 더 많은 국가의 중앙은행이 위안화를 외환보유액에 편입하고 있다. 2018년 말 현재 싱가포르, 러시아 등 글로벌 60여 개 국가에서 위안화 자산을 외환보유액에 편입하였다. IMF의 COFER에 의하면 2018년 말 전 세계 외환보유액 중 위안화 자산이 차지하는 금액 및 비중은 각각 2,028억 달러 및 1.89%[23]로 글로벌 통화 중 5번째의 지위를 차지하고 있다.

(3) 위안화 표시 원유선물거래[24] 도입

중국은 2018년 3월 상하이선물거래소 자회사인 국제에너지거래소(INE: International Energy Exchange)에 위안화 표시 원유선물거래를 도입하였다. 원유선물은 뉴욕상업거래소(NYMEX)에서 거래되는 서부텍사스유(WTI) 및 대륙간거래소(ICE)에서 거래되는 브렌트유(Brent) 선물거래가 대표적인데, 중국은 자체 선물시장을 오랜 기간의 준비과정을 거쳐 출범하였다.[25] 이는 글로벌 원유시장에서

---

22) 그 중 수출이 1.7%(103억 달러), 수입이 0.8%(45억 달러)로 수출 비중이 2배 이상 더 높았다.
23) 이는 2017년 말에 비해 금액은 793억 달러, 비중은 0.66%p 증가한 수준이다.
24) 미래 특정 시점에서 특정한 가격으로 원유를 인수도(引受渡)하는 거래계약으로 실물 인수도보다는 헤징이나 투자차익을 주요 목적으로 한다.
25) 중국이 원유선물계약 도입을 추진하기 시작한 것은 2012년이다.

주도권을 확보하려는 노력인 동시에 페트로 달러에 도전하는 위안화 국제화 노력의 일환이기도 하다.

이 거래는 시행 1년간(2018년 3월~2019년 3월) 누적거래량 3,670만 계약, 누적거래액 17.1조 위안으로 일평균 거래량 15.1만 건, 일평균 누적거래액 705억 위안을 기록하였다. 비교적 성공적으로 정착되고 있다는 평가를 받기에 충분한 수준이라 할 수 있다.

(4) 역외 위안화 청산결제은행

역외 위안화 청산결제은행은 2003년 홍콩 및 2004년 마카오에 처음 설립되었다. 이후 일대일로 프로젝트 추진, 중국기업의 해외진출 확대 등으로 매년 그 수는 증가하고 있다. 2018년 6월 말 현재 전 세계 23개 국가 및 지역에 역외 위안화 청산결제은행이 설립되었다.[26]

역외 위안화 청산결제은행 현황

설립순서	국가	설립시기	청산결제은행
1	홍콩	2003.12	중국은행(홍콩) 유한회사
2	마카오	2004. 9	중국은행 마카오분행
3	대만	2012.12	중국은행 타이베이분행
4	싱가포르	2013. 2	중국공상은행 싱가포르분행
5	영국	2014. 6	중국건설은행 런던분행
6	독일	2014. 6	중국은행 프랑크푸르트분행
7	한국	2014. 7	교통은행 서울분행
8	프랑스	2014. 9	중국은행 파리분행
9	룩셈부르크	2014. 9	중국공상은행 룩셈부르크분행
10	카타르	2014.11	중국공상은행 도하분행
11	캐나다	2014.11	중국공상은행(캐나다) 유한회사

---

26) 특히 미국에는 2개의 청산결제은행이 있다.

12	호주	2014.11	중국은행 시드니분행
13	말레이시아	2015. 1	중국은행(말레이시아) 유한회사
14	태국	2015. 1	중국공상은행(태국) 유한회사
15	칠레	2015. 5	중국건설은행 칠레분행
16	헝가리	2015. 6	중국은행 헝가리분행
17	남아공	2015. 7	중국은행 요하네스버그분행
18	아르헨티나	2015. 9	중국공상은행(아르헨티나) 주식회사
19	잠비아	2015. 9	잠비아중국은행
20	스위스	2015.11	중국건설은행 취리히분행
21	미국	2016. 9	중국은행 뉴욕분행
22	러시아	2016. 9	중국공상은행(모스코바) 주식회사
23	아랍에미리트	2016.12	중국농업은행 두바이분행
24	미국	2018. 2	JP Morgan은행

자료: 중국인민은행

(5) 통화스왑 체결

중국인민은행은 2009년 1월 홍콩금융관리국과 최초로 통화스왑 계약을 체결하였다. 이후 2009년 4월 한국은행과 1,800억 위안(38조원) 규모로 계약을 체결하는 등 대상국가와 금액은 꾸준히 증가하여 왔다. 통상 3년 단위로 체결된 대부분의 계약들은 만기가 도래하면 재계약을 통해 연장하는 방법을 통해 유지되고 있다. 2019년 6월 말 기준으로 22개국과 2조 9,635억 위안의 통화스왑 계약이 체결되어 있는 상황이다.

중국인민은행의 통화스왑 체결 현황(2019년 6월 말 기준, 억 위안)

국가	체결(재계약)	만기	규모
홍콩	2017.11.27	2020.11.26	4,000
한국	2017.10.11	2020.10.10	3,600
영국	2018.11.12	2021.11.11	3,500
ECB	2016. 9.27	2019. 9.26	3,500
싱가포르	2019. 5.13	2022. 5.12	3,000
호주	2018. 3.30	2021. 3.29	2,000
말레이시아	2018. 8.20	2021. 8.19	1,800
스위스	2017. 7.21	2020. 7.20	1,500
태국	2018. 1. 8	2021. 1. 7	700
아르헨티나	2017. 7.18	2020. 7.17	700
뉴질랜드	2017. 5.19	2020. 5.18	250
이집트	2016.12. 6	2019.12. 5	180
우크라이나	2018.12.10	2021.12. 9	150
몽고	2017. 7. 6	2020. 7. 5	150
스리랑카	2017. 9.15	2020. 9.14	100
파키스탄	2018. 5.24	2021. 5.23	200
헝가리	2016. 9.12	2019. 9.11	100
아이슬란드	2016.12.21	2019.12.20	35
나이지리아	2018. 4.27	2021. 4.26	150
일본	2018.10.26	2021.10.25	2,000
인도네시아	2018.11.19	2021.11.18	2,000
알바니아	2018. 4. 3	2021. 4. 2	20
22개국(지역)			29,635

자료: 중국인민은행

3. 전망

중국 금융시장 개방이 확대되고 금융인프라 시설이 완비되면 향후 역외 투자자는 더욱 편리하게 중국 금융시장에 참여하게 될 것이다. 그렇게 되면 위안화의 역외 거래도 지속적으로 증가할 전망이다. 한편 앞으로 위안화의 국제 결제, 투자 및 준비자산 기능이 보다 강화되고 통화스왑 체결 등 각국 중앙은행과의 상호 공조도 더욱 긴밀해질 가능성이 높다.

다만 자본통제에 기인하는 위안화 수요 기반의 한계, 금융시장의 취약성, 금융기관의 경쟁력 부족 등을 감안할 때 위안화의 국제화가 단기간에 급진전 되기는 어려운 상황이다. 특히 위안화의 완전한 태환성(full convertibility) 확보에 는 상당한 시간이 필요할 것으로 판단된다. 이러한 점을 감안할 때 중국 정부 는 위안화의 완전한 태환성 없이 국제화를 추진하는 소위 통제된 국제화 (managed internationalization)정책을 추진할 것으로 예상된다. 이는 위안화 국제화 의 빠른 추진보다는 안정적인 추진을 선호할 것이라는 의미이다. 홍콩에 위안 화 역외시장을 구축하여 위안화 관련 예금, 대출, 결제, 채권발행, 자산관리, 환 리스크 회피 등 제반 업무를 전개시키고 있는 양상이 이를 잘 보여준다. 특히 홍콩을 비롯한 역외에서 발행하는 위안화표시 채권을 지칭하는 딤섬본드는 2007년 7월 최초 발행(國家開發銀行, 50억 위안)된 이후 2018년 6월 현재 667건 5,798억 위안의 발행잔액이 남아있다. 홍콩의 적극적 활용은 중국 본토에서 자 본거래의 자유화 없이 통화의 국제화 효과를 얻기 위한 중국 정부의 노력을 나 타낸다고 할 수 있다.27)

한편 중국은 향후 위안화의 지역통화(regional money)로서의 기능 확대를 통 한 지정학적 우위 확보 추구에 주력할 것으로 전망된다. 중국이 아시아지역 국 가들과의 통화스왑 체결을 확대28)하고 있는 것은 우선 아시아지역을 '위안화 블록(renminbi block)'으로 묶고 이를 확대해 나가는 전략이 가장 현실적인 국제

---

27) 중국 정부는 당초 2020년까지 상하이를 국제금융센터로 육성한다는 계획을 발표한 바 있다.(2009.3) 그러나 상하이와 홍콩을 위안화 국제금융 허브의 양대 축으로 발전시킨다는 당초 계획의 실현에는 상당 시일이 더 소요될 전망이다.
28) 2019년 6월 말 현재 통화스왑 체결 22개 국가(지역) 중 45.5%인 10개 지역, 금액으로는 59.2%인 1조 7,550억 위안이 아시아 국가들과의 통화스왑이다.

화 전략이라는 판단이 그 배경인 것으로 해석된다. 이는 일본 엔화의 국제화 전략과도 동일한 것으로 향후 아시아 지역에서 양국의 경쟁이 더욱 치열해질 것임을 시사한다. 일본 정부는 1984년부터 무역 및 자본거래의 결제통화, 준비 자산으로서의 기능 실현 등에 역점을 두고 엔화의 국제화를 추진하였다. 그러나 엔화의 국제화는 당초 계획처럼 순조롭게 추진되지 못하였으며 1990년대 말부터는 국제금융센터 기능 활성화, 역내 금융협력에서의 역할증대 등 아시아 지역에서 엔화의 기능 확대에 중점을 두는 지역화전략으로 전환한 바 있다.

이처럼 지역통화를 추구하는 중국의 입장은 향후 동아시아 중심의 경제협력체가 탄생할 경우 중국이 유로 출범시의 독일과 같은 핵심적인 역할을 기대하는 것으로 해석되기도 한다.[29] 즉, ASEAN+3 중심으로 동아시아 경제통합을 추진하는 과정에서 중심적인 역할을 추구하는 것이 중국이 실현가능한 국제화 전략이라는 분석도 제기된다.

물론 아직 위안화의 국제화에는 많은 선결과제가 남아있다. 대표적으로 국제수지흑자 축소[30] 문제를 들 수 있다. 위안화의 국제화를 위해서는 경상수지 적자를 통한 위안화 공급이 있어야 하는데 이는 통화가치 안정이라는 중국 정부의 정책목표와 상충되게 된다. 환율안정 및 자본유출 억제라는 정책방향과도 맞지 않는다. 이는 미국달러가 겪은 '트리핀의 딜레마(Triffin's Dilemma)'[31]를 위안화도 겪을 수 있게 됨을 의미한다.

한편 위안화의 완전한 태환성, 외환시장에의 간여 축소, 환율 탄력성 제고,

---

29) M.O.Iglesias, The Internationalisation of the Renminbi: Prospects and Risks, International Economy & Trade, ARI 73/2011, 2011.4.
30) 무역수지흑자 축소 및 서비스수지적자 확대로 중국의 국제수지흑자는 점차 감소하는 추세이다.

중국의 국제수지흑자 규모와 GDP대비 비중

	2015	2016	2017	2018
국제수지흑자(억 달러)	3,042	2,022	1,951	491
국제수지흑자/GDP(%)	2.7	1.8	1.6	0.4

31) 1960년 당시 예일대 교수이던 R.Triffin 교수가 기축통화의 구조적 모순을 설명하기 위해 사용한 용어이다. 기축통화 역할을 수행하기 위해서는 대외거래에서 적자를 발생시켜 국외에 유동성을 공급해야 한다. 그러나 적자상태가 지속되면 유동성 과잉으로 기축통화 가치는 흔들릴 수밖에 없다. 반면 대외거래에서 장기간 흑자상태를 지속하면 기축통화 가치는 안정시킬 수 있으나 국제무역과 자본거래를 제약할 수 있게 된다. 결국 이럴 수도 저럴 수도 없는 모순 상황에 처하게 된다.(한국은행, 경제금융용어 700선, 2018.1)

금융시스템 효율성 증진, 자본시장 및 채권시장 발전 등도 해결해야 할 과제들이다. 그러나 이들 선결과제와 국제정치적 견제에도 불구하고 위안화의 영향력은 점진적이지만 지속적으로 확대될 것은 확실하다. 이미 아시아지역을 중심으로 중국이라는 거대 경제시스템과 어떤 형태로든 관계를 맺지 않고는 경제성장과 발전을 추진하기 쉽지 않은 상황이 되었기 때문이다.

Ⅳ. 환경문제

1. 배경

중국경제의 급속한 성장과정에서 초래된 대표적인 부작용 중의 하나가 환경문제이다. 이를 해결하지 않고는 삶의 질을 담보할 수 없을 뿐만 아니라 지속적이고 건전한 경제성장을 이룰 수 없다는 것이 많은 사람들의 공통된 인식이다.

국민소득이 일정 수준(5,000~10,000달러)에 이르면 환경여건에 대한 인식이 높아지면서 정부의 환경규제가 강화되는 경향이 있다. 즉, 환경오염과 국민소득 간의 관계는 경제발전의 진전에 따라 변화하는 게 일반적이다. 일반적으로 경제발전 초기에는 환경오염이 증가하나, 어느 지점(turning point)을 지나면서부터는 감소 추세를 나타내는 역U자형의 형태를 이루게 된다. 이를 흔히 '환경쿠즈네츠 곡선(Environmental Kuznets Curve)'이라고 부르는데[32] 중국도 예외가 아닌 것으로 보인다.

중국 정부는 심각한 환경문제에 대응하여 고(高)오염업종 구조조정 및 환경 관련 강력한 규제 등의 환경정책을 추진하는 중이다. 또한 대외적으로도 기후변화 이슈에 적극적으로 참여하고 있다. 당초 중국은 온실가스 배출을 규제하기 위한 교토협약(1997년)에 대해 선진국 책임을 강조하며 소극적이었다, 그러나 이를 대체하는 파리협약(2015년)에서는 감축목표 비준 및 이행에 적극적으

---

32) 김정인, 오경희, 한국의 환경쿠즈네츠 곡선에 관한 고찰, 통계청 통계연구 제10권 제1호, 2005.

로 호응하고 있다. 미국의 파리협약 탈퇴(2017년 6월) 이후 중국의 글로벌 영향력이 한층 더 확대될 가능성이 높아지는 대목이다.

한편 중국 정부는 신재생에너지, 신에너지차 등 친환경산업 육성[33]을 통해 산업 전체의 생산성 제고 및 미래성장동력 발굴에도 노력하고 있다. 중국은 이미 태양광, 풍력발전 등 신재생에너지 생산과 전기차 판매 등에서 세계 최대 규모[34]를 기록하고 있다.

2. 현황

(1) 환경오염 현황

중국의 환경오염 중 가장 심각한 것이 대기오염이다. 대기오염으로 인한 조기 사망자수는 1백만 명당 842명, 건강수명 손실년수[35]는 1천 명당 16.3년으로 추정된다. 이는 OECD국가 평균 대비 각각 2.1배, 2.8배 수준(2015년 기준)으로, 중국 대기오염의 열악한 상황을 직관적으로 나타내 주는 수치들이다.

대기오염[1]으로 인한 조기 사망자
(명, 백만 명당)

	중국	OECD	한국
2000	873	424	287
2005	923	391	281
2010	856	362	290
2015	842	393	375

주: 1) 오염물질은 PM 2.5 및 오존 기준
자료: OECD(박동준 등(2017) 전재)

대기오염[1]으로 인한 건강수명 손실년수
(년, 천 명당)

	중국	OECD	한국
2000	19.9	7.2	5.8
2005	19.4	6.4	5.3
2010	17.2	5.6	4.9
2015	16.3	5.8	5.8

주: 1) 오염물질은 PM 2.5 및 오존 기준
자료: OECD(박동준 등(2017) 전재)

---

33) 친환경산업(신재생에너지, 신에너지차, 환경보호산업 등)을 5대 신흥전략산업으로 선정하고 발전계획을 발표한 바 있다.(2016.12)
34) 중국의 태양광 및 풍력발전은 2018년 기준 글로벌 발전설비 용량의 35.9% 및 32.7%를 차지하고 있으며 전기차의 세계시장 점유율도 50.3% 수준이다.
35) 건강수명 손실년수(DALY: Disability Adjusted Life Year)는 '조기 사망으로 인한 수명손실'과 '질병·장애로 인한 건강유지기간 손실'을 더하여 산출되며 통상 1천 명 합계로 표시된다.

한편 대기오염 정도는 통상 스모그를 유발하는 주요 오염물질인 초미세먼지(PM 2.5, Particulate Matter≤2.5μm) 농도로 측정한다.[36] 세계보건기구(WHO)가 2013년 초미세먼지를 위험한 '발암물질'로 지정[37]한 것에서 알 수 있듯 초미세먼지의 위험성은 갈수록 심각해지는 상황이다.

중국의 초미세먼지 농도는 2017년 기준 53.5μg/m^{3}으로 WHO(10μg/m^3) 및 중국 기준치(35μg/m^3)를 큰 폭 상회하고 있다.[38] 2018년 전국 338개 도시 가운데 기준에 미달하는 도시는 217개로 64.2%에 달한다.[39]

수질오염의 경우 식수 부적합 비율이 2016년 기준 전국 지표수 32.2%, 지하수 60.1%로 역시 매우 심각한 수준이다. 지하수는 전국 5,100개의 측정지역 중 66.6%에 해당하는 지역의 수질이 열악한 수준인 것으로 나타났다.[40]

또한 토양오염도 심각한데 2014년 기준 전체 농경지 중 토양이 오염된 면적은 19.1%로 추정되며 이 중 40%에서 카드뮴, 비소 등 발암성 중금속이 배출되었다.[41]

(2) 환경오염 원인

중국의 환경오염 특히 대기오염 악화는 우선 석탄의존적인 산업구조에 기인한다. 에너지소비 중 석탄 비중이 주요국에 비해 크게 높은 수준인 60% 내외를 차지하고 있다.[42] 한편 가정에서도 난방·취사 등의 에너지소비가 전력 및 도시가스보다 석탄에 크게 의존하고 있는 상황이다. 이는 겨울철 난방기간 중 중국 주요도시의 초미세먼지 농도가 크게 상승[43]하는 것을 보면 잘 알 수 있다.

---

36) 초미세먼지는 머리카락 굵기(50~70μm)의 1/20 수준에 불과한 2.5μm보다 작은 먼지를 말한다. 우리나라에서는 통상 10μm보다 작은 먼지를 미세먼지, 2.5μm보다 작은 먼지를 초미세먼지로 부른다.

37) 초미세먼지와 같은 그룹에 속한 발암 물질 가운데에는 석면, 플루토늄, 자외선, 담배연기 등이 있다.(강양구, 수상한 질문 위험한 생각들, 북트리거, 2019)

38) 초미세먼지(PM 2.5) 농도(연평균 μg/m^3) 기준은 WHO가 10, 우리나라, 미국 및 일본이 15, EU가 25, 중국이 35이다.(2018년 3월 현재)

39) 중국국가통계국, 2018년 국민경제 및 사회발전통계공보, 2019.2.28.

40) 생태환경부, 2017년 중국생태환경상황공보, 2018.5.31.

41) 환경보호부, 2014년 토양오염 실태조사, 2014.4.1.

42) 글로벌 전체적으로 2018년의 경우 에너지 소비에서 석탄이 차지하는 비중은 27.2%이다. 가장 큰 비중을 차지하는 에너지원은 원유(33.6%)이다.

43) 2013~2016년 중 74개 도시 PM 2.5 농도는 4~10월이 46μg/m^{3}이었던데 반해 11~3월은 80μg/m^{3}로 거의 두 배에 달하였다.

중국의 에너지소비 비중(2018년, %)

	석탄	원유	수력	천연가스	풍력	원자력	태양열	기타
비중	59.0	18.8	8.2	7.8	2.4	2.0	1.2	0.6

자료: 中國電力規劃設計總院(2019.4)

　　또한 2000년대 이후 급증하고 있는 자동차 배기가스도 대기오염을 가속화시키는 요인이다. 중국의 자동차 보유대수는 2003년 1,219만 대에서 2018년 2.4억 대를 돌파하였다. 2018년 판매량은 2,808만 대에 이르렀다. 한편 판매량 기준으로 2005년 8.7%에 불과하던 글로벌 자동차 시장에서의 중국 비중은 2018년 29.5%로 급등하였다. 이는 이미 성숙한 시장단계에 접어들어 판매량이 소폭 증가하거나 하락한 선진국은 물론이고 브라질 등의 신흥국보다 훨씬 큰 폭으로 증가한 것이다.

주요 국가 자동차 판매량과 글로벌 시장 비중

	2005		2018	
	판매량(대)	비중(%)	판매량(대)	비중(%)
독일	3,614,886	5.5	3,822,060	4.0
미국	17,444,329	26.5	17,701,402	18.6
브라질	1,714,644	2.6	2,468,434	2.6
중국	5,758,189	8.7	28,080,577	29.5
일본	5,852,034	8.9	5,272,067	5.5
한국	1,145,230	1.7	1,827,141	1.9
글로벌 전체	65,923,794	100.0	95,055,937	100.0

자료: OICA

　　글로벌 이산화탄소(CO_2) 배출량에서 중국은 2016년 기준 28.2%를 차지하고 있다. 1973년 이 비중이 5.7%에 그쳤던 점을 감안하면 산업화 진전에 따른 중국의 환경오염 변화가 얼마나 급격하게 진행되었는지를 잘 알 수 있다. 다만 1인당 CO_2배출량(metric tonnes)은 7.5로 미국(16.5), 호주(15.4), 일본(9.5), 독일(8.9) 등보다 아직 낮은 수준이다.[44]

수질오염은 급속한 도시화에 따른 오폐수 배출 급증과 미흡한 처리시설 등이 원인으로 지적된다. 2015년 기준 중국의 오수처리시설 보급 비율은 76.5%로 OECD평균 97.8%에 크게 못 미치는 수준이다.

주요 지역별 CO_2 배출 비중(%)

	OECD	중국	비 OECD 아시아	비 OECD 유럽	중동	아프리카
1973	66.6	5.7	3.0	15.9	0.8	1.8
2016	35.9	28.2	12.3	7.3	5.5	3.6

자료: BP

토양오염은 산업시설의 오염물질·오폐수 유출과 농경지의 농약·화학비료 남용에 주로 기인한다. 또한 황무지화 및 사막화 현상 지속도 미세먼지·황사 발생, 수자원 부족 등의 문제를 야기하는 원인으로 지목된다. 2018년 기준 중국의 사막 면적은 172.1만km^2로 국토의 17.9%를 차지하고 있는 상황이다.[45]

한편 2016년 기준 GDP 단위당 에너지 수요가 OECD국가 평균의 2.3배에 달하는 등 중국의 에너지소비 또한 과도하다는 평가이다. 이는 정부의 보조금 지급 등으로 에너지 및 원자재 가격이 적정가격보다 낮고 그동안 환경오염 규제도 미흡하였던 것이 원인인 것으로 추정된다.[46]

(3) 최근 추세

중국의 환경오염 상황은 중국 정부의 강력한 규제정책으로 2012년 이후 다소 개선되는 추세를 보이고 있다. 초미세먼지(PM 2.5) 농도의 경우 전국 338개 도시 중 기준(35 $\mu g/m^3$)에 미달하는 도시의 수는 2015년 262개에서 2018년 217개, 2019년 상반기 195개로 점차 감소하고 있다.[47] 베이징을 예로 들면 2013년 기준 89$\mu g/m^3$에 달하던 초미세먼지(PM 2.5) 농도는 2018년 51$\mu g/m^3$까지 하락

---

44) World Bank, 2017년 10월 기준.
45) 중국국가통계국(2019.7.18). 이는 한반도 전체 넓이의 7.8배에 해당한다.
46) IMF(2017).
47) 中國生態環境部(2019.7.8).

하였다. 5년만에 대기 질이 42.7%가 개선된 셈이다.

　이와 같은 현상은 선진국의 경우에도 동일하게 나타난 바 있다. 이는 경제성장에 따라 삶의 질에 대한 요구가 높아지기 때문이다.

　한편 2013~2017년 기간 중 지속된 강력한 환경규제정책에 따른 미세먼지 감축[48]은 중국인 조기사망을 감소시켜 평균기대수명을 2.3년 연장시킨 것으로 추정된다는 연구가 있다.[49]

주요국 초미세먼지(PM 2.5) 농도($\mu g/m^3$)

	2013	2014	2015	2016	2017
미국	8.7	8.2	8.0	7.4	7.4
일본	13.6	12.8	12.9	11.8	11.9
OECD 평균	14.3	13.5	13.4	12.5	12.5
한국	29.3	27.2	28.1	25.0	25.1
중국	66.5	60.5	60.0	53.1	53.5
인도	92.0	89.4	88.6	89.9	90.2

자료: OECD

3. 중국 정부 정책

(1) 환경개선 목표 설정

　중국 정부는 제13차 5개년 계획(2016~2020년) 5대 발전이념[50] 가운데 하나로 녹색발전을 포함하고 구체적인 환경개선 목표를 설정하였다.

---

48) 중국 정부는 2013년 9월 발표한 「대기오염방지 행동계획」에서 산업구조 고도화, 에너지 소비구조 개선, 모니터링 체계 구축 등의 정책과 함께 미세먼지 감축 목표를 설정한 바 있다.
49) Energy Policy Institute of the University of Chicago(2018).
50) 5대 발전이념은 ① 혁신(創新), ② 협력(協助), ③ 녹색(綠色), ④ 개방(開放) 및 ⑤ 공동향유(共享)이다.

제13차 5개년 계획 중 환경개선 목표(2015년 대비 2020년)

에너지·자원 효율성 개선		오염물질배출 감축		생태환경개선	
GDP 단위당 에너지 소모	△15%	GDP 단위당 탄소 배출	△18%	3급 이상 수질비율	66% → 70%
GDP 단위당 수자원 사용	△23%	PM 2.5 농도	△18%	도시 대기질 우량일수	77% → 80%

자료: 중국국무원

한편 에너지별 소비 비중 목표도 구체적으로 설정하였다. 2015년 64%인 석탄비중은 2020년 58%까지 감소시키고[51] 신재생에너지와 천연가스 등 청정에너지 비중은 25%로 확대한다는 것이다. 구체적으로는 비(非)화석에너지 비중을 2015년 12.0%에서 2020년 15.0%로, 천연가스 비중을 2015년 5.9%에서 2020년 10.0%로 증가시킬 계획이다. 이에 따라 2018년 이미 45.3%에 이르는 천연가스 해외의존도는 향후 더욱 증가할 전망이다.

최근에는 토양환경 개선을 위한 기초 작업의 하나로 고체폐기물 처리시설 건설 강화 및 폐기물 활용·처리 능력 향상에 노력하고 있다. 이를 위해 폐기물 감소, 처리, 활용 및 선순환을 이끌 '폐기물 제로 도시(無廢城市)'정책이 추진 중이다. 중국 생태환경부는 2019년 4월 선전, 충칭 등 11개의 시범도시를 선정하여 이 정책 시행을 가속화하고 있다.

(2) 법률 개정 및 단속 강화

환경보호법 및 주요 분야별 관련법을 개정하여 오염물질 배출 규제 및 처벌을 강화하는 조치를 실시하고 있다. 환경유해시설에 대한 대규모 단속이나 오염물질 배출에 대한 벌금부과 등이 대표적이다. 생태환경부는 2018년 중 18.6만 건의 행정처분과 152.8억 위안의 벌금을 부과하는 등 강력한 단속을 시행하였다. 이러한 벌금 규모는 2014년의 4.8배에 해당하는 수준이다.[52]

---

51) 2018년 이미 59.0%까지 하락하였다.(중국국가통계국, 2019.7.18)
52) 생태환경부, 2019.1.19.

최근 제 · 개정된 주요 환경 관련 법률

법률	주요 개정내용	시행일
환경보호법	▶ 벌금 강화(상한 없이 위법일수에 따라 벌금 누적), 감독 공무원 책임 강화, 사전 환경영향 평가 의무화 등	2015.1월
대기오염방지법	▶ 총량억제 책임 강화, 자동차 배기가스 관리 강화, 석탄연료 감축, 고오염업종 오염물질 배출기준 발표 등	2016.1월
수질오염방지법	▶ 지방 정부 책임 강화, 총량 관리제도 및 오염물 배출허가제 도입, 오염행위에 대한 처벌 강화 등	2018.1월
환경보호세법	▶ 지방 정부에 오염물질 규제 및 세금 조정 권한 부여하고 환경보호 세수를 100% 귀속 등	2018.1월
토양오염방지법	▶ 토양오염에 대한 토지사용권자의 법적 책임, 토양오염방지 목표 책임제, 토양환경정보 공유플랫폼 구축 등	2019.1월

자료: 중국국무원

(3) 탄소배출권 거래 확대

중국 정부는 온실가스 감축 촉진을 위해 일부 지역에서 시범운영 중이던 탄소배출권 거래제도[53]를 확대 강화하고 있다.

2010년 관련 규정을 제정하고 2013년부터 7개 지역을 대상으로 시범운영 중이던 이 제도는 2018년부터 전국으로 확대되었다. 2018년 현재 거래소는 베이징, 상하이, 후베이, 푸지엔, 톈진, 션전, 광둥, 충칭 등 8곳에 있다. 2013~2018년까지 총 6년의 기간 동안 누적 거래량은 약 8억 톤, 거래규모는 약 110억 위안을 기록하였다.[54] 거래소 이용 기업은 주로 정유, 발전, 화학, 건축자재, 철강, 비철금속, 제지, 항공 등 8개 고(高)탄소배출 업종 기업 중 일정규모 이상의 기업이다.

한편 2018년 말 현재 거래소의 탄소배출권 평균 거래가격은 22위안(약 3,700원)/톤으로 탄소배출 억제를 위해 기능할 수 있는 가격으로 국가발전개혁위원회가 추정하는 300위안/톤보다 한참 낮은 수준이다. 이는 우리나라 탄소배

---

53) 기업별로 온실가스 배출 한도를 할당하여, 허용량이 남으면 다른 기업에게 판매하고 할당량을 초과하면 부족한 만큼 시장에서 구매하거나 과징금을 납부하는 제도이다.

54) 중국탄소배출거래망(中國碳排放交易網, 2019.3).

출권 거래가격의 약 1/6 수준에 불과하다.[55] 이와 같은 낮은 가격은 제도 시행 초기의 기업 부담을 고려한 조치인 것으로 해석된다.

(4) 오염업종 구조조정

중국 정부는 2016년 이후 과잉설비 축소 등 공급측 구조개혁을 추진하면서 에너지 효율성 및 환경영향 정도를 구조조정의 중요 요소로 감안하고 있다. 특히 석탄 및 철강 산업의 과잉설비 축소 목표를 정하고 매년 이를 이행하고 있다. 2016~2020년 중 석탄 산업은 8억 톤,[56] 철강 산업은 1.5억 톤의 과잉설비를 감축한다는 것이 중국 정부의 목표이다. 3년이 지난 2018년 말 현재 석탄 산업은 5년 목표의 88.8%를, 철강산업은 100%를 달성하였다.

2019년부터 화석연료 사용 자동차 생산을 위한 공장의 신규증설을 금지하는 조치가 취해진 것도 배기가스 배출 억제 및 자동차산업 구조조정이 목적이다.

석탄 및 철강산업 과잉설비 축소 목표와 실적(억 톤)

	석탄		철강	
	목표	실적	목표	실적
2016	2.5	2.9	0.45	0.65
2017	1.5	1.5	0.50	0.50
2018	1.5	2.7	0.30	0.35

자료: 중국국무원

(5) 환경인프라 투자 확대

중국 정부는 대기, 수질, 토양오염 개선 등을 위한 인프라 투자를 확대하고 있다. 수리·환경·공공시설관리 부문에 대한 투자증가율은 2012~2017년

---

55) 한국거래소에 따르면 우리나라의 탄소배출권 평균 거래가격은 톤당 2015년 11,184원, 16년 17,738원, 17년 21,143원, 18년 22,127원이었다. 2018년 기준으로 우리나라가 약 6~7배 높은 수준이다.
56) 한편 석탄 기업의 수는 2012년 7,869개에서 2018년 6월 말 현재 4,467개로 감소하였다.(중국석탄공업협회)

중 평균 22.3%에 이른다. 또한 전체 고정자산투자 중 이 부문이 차지하는 비중
도 2012년 7.9%에서 2017년 12.8%까지 상승하였다.

한편 정부의 환경인프라 투자 확대로 환경보호 및 정화산업이 빠르게 성
장하고 있다. 중국의 환경보호산업 시장은 2011~2017년 중 매년 15~20% 꾸준
히 성장하여 2017년에는 매출규모가 1.35조 위안(GDP대비 1.6%)으로 확대되었
다.57) 이 중 환경보호장비 산업이 약 6,000억 위안, 환경서비스 산업이 약 7,550
억 위안의 매출을 올린 것으로 조사되었다. 부문별로는 수질오염 정화 및 배출
감축(36.6%), 환경모니터링 및 측정(25.8%), 고체폐기물 처리 및 재활용(14.3%), 대
기오염 정화 및 배출 감축(14.0%) 등의 순이었다. 다만 고급기술 부족, 저가입찰
경쟁 등은 환경보호산업 발전을 제약하는 요인으로 작용하고 있다는 비판이다.
중국의 환경보호산업은 앞으로도 정부와 민간자본 협력사업 방식(PPP: Public
Private Partnership) 활성화 등으로 높은 성장세가 지속될 것으로 예상된다.

중국의 환경인프라 투자

	투자액(억 위안)	증가율(%)	전체 고정투자 중 비중(%)
2012	29,622	20.8	7.9
2013	37,664	27.1	8.4
2014	46,225	22.7	9.0
2015	55,680	20.5	9.9
2016	68,648	23.3	11.3
2017	82,106	19.6	12.8

자료: 중국국가통계국

(6) 녹색금융 활성화

'녹색금융상품'이란 환경개선과 기후변화 대응, 자원의 절약 및 효율적 이
용 등과 관련된 경제활동을 지원하기 위해 제공하는 신용대출, 채권, 펀드, 보
험 등의 금융상품을 의미한다.58) 이 중 녹색채권(Green Bond)59)은 2015년 7월

---

57) 중국환경보호산업협회, 중국환경보호산업 발전상황보고(2018), 2019.1.24.

처음 발행(3억 달러, 농업은행)되었으며 이후 관련 규정, 우대정책 등이 마련되면서 급격히 성장하였다.[60] 이 채권으로 조달한 자금은 청정에너지 및 친환경교통 투자, 에너지효율 개선, 오염방지시설 확충 등의 사업에 주로 사용된다. 2016년 중 중국의 녹색채권 발행은 236억 달러로 세계 최대 규모(글로벌시장의 25.4%)를 기록한 바 있다.[61] 2018년의 경우에도 중국은 1위를 기록한 미국(341억 달러)에 이어 글로벌 두 번째 규모(312억 달러, 18.0%)의 녹색채권을 발행하였다. 특히 미국과 중국의 녹색채권 발행액은 3위를 기록한 프랑스(142억 달러)와 크게 차이 나는 수준으로 미·중 양국이 전체 시장을 이끌고 있는 상황이다.[62]

(7) 신재생에너지 산업

중국은 2016년 최대 신재생에너지 생산국가로 부상하였으며, 2018년 기준 글로벌 신재생에너지 생산의 25.6%를 차지하고 있다. 더불어 관련 투자 면에서도 여타 국가들을 압도하고 있다. 2017년 기준 중국은 글로벌 신재생에너지 투자의 32.9%인 98억 달러를 투자하였다.

주요국(지역) 글로벌 신재생에너지 생산 및 투자 비중(%)[63]

생산(2018년)		투자(2017년)	
국가	비중	국가	비중
중국	25.6	중국	32.9
미국	18.5	EU	18.5
독일	8.4	미국	13.8
인도	4.9	인도	6.4
일본	4.5	일본	6.0

자료: BP, IEA

---

58) 중국인민은행(2016.9).
59) 친환경 투자프로젝트 전용으로 사용될 자금을 조달하기 위한 일종의 특수채권을 의미한다.
60) 2016년 9월 녹색금융상품 발행을 지원하기 위한 대책이 발표되었다.
61) 2017년은 235억 달러로 글로벌 시장의 15.0%를 차지했다.
62) Climate Bond Initiative, China's green bond market in 2018, 2019.1.
63) BP, Statistical Review of World Energy 2019, 2019.6 & International Energy Agency, World Energy Investment 2018, 2018.12.

세부적으로는 우선 태양광발전의 경우 2013년 이후 중국의 신규증설이 크게 늘어났다. 2013~2018년 5년간 연평균 약 58.8%씩 확대되었다.[64] 중국은 2018년 기준 글로벌 태양광발전설비 용량의 35.9%를 차지하고 있다. 또한 2018년 기준 글로벌 생산량의 30.4%를 담당 중이다. 태양광발전은 중국의 신재생에너지 중 가장 빠른 성장세를 보이고 있는 부문이기도 하다.

주요 국가별 태양광 발전능력 및 생산량(2018년)

국가	발전능력		생산량	
	설비용량(GW)[1]	비중(%)	생산량(TWh)[2]	비중(%)
중국	175.0	35.9	177.5	30.4
일본	55.5	11.4	71.7	12.3
미국	51.5	10.6	97.1	16.6
독일	45.9	9.4	46.2	7.9
이탈리아	20.1	4.1	23.2	4.0
인도	17.9	3.7	30.7	5.3
영국	13.1	2.7	12.9	2.2

주: 1) GW; Gigawatt   2) TWh; Terawatt hour
자료: BP

풍력발전의 경우 2011년 이후 빠른 증가세를 보이면서 2018년 기준 글로벌 발전설비 용량의 32.7%를, 생산량은 28.8%를 점하고 있다. 풍력발전은 중국 전기생산 구조에서 차지하는 비중이 2010년 3.1%에서 2018년 9.7%로 상승하면서 화력(60.2%), 수력(18.5%)에 이어 3대 발전방식으로 부상하였다.

---

64) 2013년 17.8 Gigawatt에서 2018년 175.0 Gigawatt로 약 9.8배 증가하였다.

주요 국가별 풍력 발전능력 및 생산량(2018년)

국가	발전능력		생산량	
	설비용량(GW)[1]	비중(%)	생산량(TWh)[2]	비중(%)
중국	184.7	32.7	366.0	28.8
미국	94.3	16.7	277.7	21.9
독일	59.4	10.5	111.6	8.8
인도	35.3	6.3	60.3	4.7
스페인	23.4	4.2	50.8	4.0
영국	21.7	3.9	57.1	4.5
프랑스	15.1	2.7	28.2	2.2

주: 1) GW; Gigawatt   2) TWh; Terawatt hour
자료: BP

(8) 신에너지 자동차

중국 정부는 환경보호 및 글로벌 시장 주도권 확보 등을 위해 전기차 등 신에너지 자동차(NEV: New Energy Vehicle, 新能源汽車) 산업을 적극 육성해 왔다. 중국에서 신에너지 자동차는 내연기관차보다 대기오염물질이나 CO_2배출이 적고 연비가 우수한 자동차를 말하며 크게 다음의 네 가지 차량으로 구분된다. 우리나라에서는 흔히 '친환경 자동차'로 불린다.[65]

중국의 신에너지 자동차 구분

구분	성격
① 하이브리드차(HEV: Hybrid Electric Vehicle)	내연기관(엔진)과 전기모터 동력을 조합·구동하여 내연기관차보다 고연비·고효율
② 플러그인하이브리드차(PHEV: Plug-in Hybrid Electric Vehicle)	단거리는 전기모터, 장거리는 내연기관(엔진)으로 주행
③ 순수전기차(BEV: Battery Electric Vehicle)	순수 전기모터로 구동되며 공해물질 배출이 없음
④ 수소연료전지차(FCEV: Fuel Cell Electric Vehicle)	수소와 산소 반응으로 생성한 전기를 이용한 모터로 구동되며 공해물질 배출 없음

자료: 이수향(2018)

---

65) 이수향, 중국 자동차시장 현황 및 시사점, 한국은행 해외경제포커스, 2018.3.23.

중국은 2018년 현재 약 2,800만 대의 자동차가 생산 및 판매되는 세계 최대 자동차시장이다. 하지만 내연기관 차량의 기술력 및 브랜드는 선진국에 크게 뒤떨어져 있다. 또한 화석연료를 사용한 자동차는 공해물질의 주요 배출원이라는 점에서 장기적으로는 사용을 지양해야 할 필요도 있다.

이런 상황에서 중국 정부는 배터리 기술력이 중요한 전기차시장 확대에 주력하는 전략을 취하였다. 전기차 판매자 및 구매자에 대한 보조금 지급, 등록 우대정책,[66] 충전소 확충 등의 정책이 그것이다. 이처럼 정부의 강력한 지원 정책 등에 힘입어 2017년 기준 중국은 글로벌 전기승용차 판매의 39.5%를 점하고 있다.[67]

중국에서 전기차를 포함한 신에너지 자동차의 판매는 2012년 이후 급증하고 있다. 2012년 1.3만 대가 판매되어 전체 자동차 판매의 0.1%에 미치지 못하던 신에너지 자동차는 2018년 125.6만 대가 판매되어 비중이 4.5%까지 상승하였다.

또한 보유량에서 신에너지 자동차는 2019년 6월 말 현재 344만 대로 전체 자동차 보유량의 1.4%를 점하고 있으며 이 비율은 빠르게 상승중이다. 2019년 상반기에도 전년 동기대비 31.9% 증가한 83만 대가 판매되었다.

한편 그동안 보조금 지급을 통해 전기차 등 신에너지 자동차의 생산을 독려하던 중국 정부는 최근 보조금지급을 축소하고 있다. 보조금지급은 전기차 시장 확대에 기여하였으나 자발적 민간수요 제한, 핵심기술 개발 및 연비개선 유인 제약 등의 문제점을 초래하였다고 판단하였기 때문이다. 중국 정부는 관련 보조금을 2021년 전면 폐지할 계획이다.

---

66) 중국은 자동차 보유를 억제하기 위해 2011년부터 베이징, 상하이, 선전 등 대도시에 신규 번호판 발급을 추첨, 경매 등의 방식으로 제한하고 있다. 2018년 12월 션전의 신규번호판 발급 추첨을 예로 들면 2,933대 추첨에 신청 인원은 114.7만 명에 달해 당첨률이 0.25%에 불과하였다. 그러나 전기차는 번호판 취득이 즉시 가능하고 일부 지역에서는 수수료도 감면해주고 있다.

67) 미국이 24.4%로 두 번째로 많은 전기차를 판매하였다. 한편 글로벌 전기차 판매에서 중국의 비중은 2013년 7.9%에 불과하였으나 2015년 25.2%, 2017년 39.5%로 급증하였다.

신에너지 자동차 판매

	전체 차량	신에너지 자동차		
	판매(대, A)	판매(대, B)	증가율(%)	비중(%, B/A)
2011	18,505,114	8,159	–	0.04
2012	19,306,435	12,791	56.8	0.07
2013	21,984,079	17,642	37.9	0.08
2014	23,491,893	74,763	323.8	0.32
2015	24,597,583	331,092	342.9	1.35
2016	28,028,175	506,849	53.1	1.81
2017	28,878,904	777,000	53.3	2.69
2018	28,080,577	1,256,200	61.7	4.47

자료: 중국자동차산업협회

　　더불어 중국 정부는 일정 규모의 신에너지 자동차 의무생산 규제를 추가하였다. 2019년 1월부터 실시하고 있는 승용차 대상 더블포인트(双積分)제도가 그것이다. 이는 각 기업이 생산 내지 수입하는 승용차의 평균 연료소모량과 신에너지 자동차 생산량에 대해 각각 포인트를 부여하는 제도이다.[68] 이 제도하에서 신에너지 자동차의 생산량은 내연기관 자동차 생산(수입) 기업의 생산량(수입량)에 포인트 목표 비율(2019년 10%, 2020년 12%)을 감안하여 결정된다.[69] 이와 같은 제도는 내연기관 자동차의 생산을 점차 축소시키는 동시에 신에너지 자동차의 의무생산을 높이기 위한 목적으로 시행되는 정책이다. 중국의 유명 휴양지 하이난(海南)성의 경우 2020년 공공차량의 신에너지 자동차 의무 구입을 시작으로 2030년부터는 내연기관 자동차의 판매를 전면 금지하고 신에너지 자동차만 판매할 계획임을 밝히기도 하였다.(2018년 4월)

---

68) 박민숙, 중국 승용차 대상 더블포인트(双積分)제도 시행, CSF 중국전문가포럼, KIEP, 2019. 2.15.
69) 2019년 7월 중국공업정보화부는 2021년 14%, 22년 16%, 23년 18%의 추가적인 목표 비율을 발표하였다.(2019.7.9)

4. 전망

중국경제의 성장에 따라 질적인 발전이 강조되면서 환경에 대한 관심이 높아지게 된 것은 2010년대에 들어서이다. 대표적인 조치가 2013년 9월에 발표된 「대기오염방지행동계획」이다. 이는 베이징, 상하이 등 대도시의 자동차 보유량 제한, 자동차용 배출가스 기준 강화, 노후차량 폐차, 석탄이용 제한, 대기오염 감시 및 경보시스템 구축 등을 종합적으로 규정한 조치이다. 이후에도 중국 정부는 관련 법령을 지속적으로 발표, 시행하고 있다. 2019년 7월 상하이에서 정식 시작된 '쓰레기 분리수거 처리시스템' 제도도 2020년 전국 46개 중점 도시로, 2025년 전국 338개 주요도시(地級 이상)로 확대될 계획이다.[70]

세계 최대의 희토류 생산국인 중국이 생산량을 엄격히 통제[71]하고 있는 것도 채굴, 정제, 재활용 등 희토류 생산과정 중에 발생하는 막대한 환경오염 상황을 감안한 조치로 해석된다.

이와 같은 중국 정부의 환경규제 강화 및 친환경산업 육성정책은 단기적으로는 중국경제의 성장둔화 요인으로 작용할 수 있다. 고오염·고에너지 소모 업종의 생산비용 상승, 투자 위축 등이 뒤따를 수 있기 때문이다. 2018년 하반기부터 경기둔화 우려가 확대됨에 따라 규제가 다소 완화되는 조짐을 보인 것은 이를 잘 보여준다. 또한 지방정부는 지난 몇 년간의 강력한 환경규제에 대한 피로감으로 규제를 다소 느슨하게 적용하는 경향이 생기고 있다는 지적도 있다.[72]

2017년 및 2018년 환경규제 정도 비교[1]

	PM 2.5 감축 목표	철강 생산능력 감축 목표
▶ 2017년:	전년동기대비 15% 이상	30~50% 일괄 감산
▶ 2018년:	전년동기대비 3% 이상	지역별 자율적 감산(감산비율 미기재)

주: 1) 징진지(베이징, 톈진, 허베이) 및 주변 지역, 동절기 기준
자료: 국무원

---

70) 주택 및 도시농촌 건설부(2019.2) 및 생태환경부(2019.6).
71) 중국의 희토류 생산은 2009년 12.9만 톤으로 정점에 달한 이후 2010년 8.9만 톤, 2011~2013년 9.4만 톤, 2014~2017년 10.5만 톤으로 하락한 바 있다.(BP, 2019)
72) South China Morning Post(2019.3.6).

그러나 장기적으로는 환경규제 강화 정책이 에너지 효율성 제고, 신성장동력 발전 등의 기회가 될 것으로 예상된다. 환경 관련 산업에 대한 투자 및 부가가치가 지속적으로 증가하고 있는 것이 이를 반영한다.[73] 환경에 대한 고려는 지속가능한 성장을 위한 필수불가결한 선택이라는 의미이다.

한편 중국의 친환경산업 육성 전략은 국제원자재 및 소재, 자동차시장 등에 광범위한 영향을 미칠 전망이다. 중국의 철강, 비철금속, 화학 등 부문의 공급 감소는 글로벌 소재가격을 높이는 반면 철광석, 원유 등의 수요 감소는 국제원자재가격을 떨어뜨리는 요인이 될 것으로 예상된다. 또한 세계 최대시장인 중국의 전기차보급 확대는 자동차산업의 전기차 전환을 가속화하면서 주요 생산국간 경쟁구도에 변화를 초래할 소지가 있다. 이는 내연기관 생산에서 후발주자였던 중국이 전기차시장에서는 선도주자로 시장을 지배할 수 있는 여지가 있다는 의미이다. 2018년 글로벌 전기차 판매량은 209.9만 대에 이르렀는데 중국(47.6%)과 미국(24.0%)이 시장을 과점하고 있는 상황이다.[74]

중국의 환경규제 강화에 따른 성장세 둔화가 단기적으로는 우리경제에 부정적인 영향을 미칠 수 있다. 그러나 다른 한편으로는 중국의 친환경산업 발전이 장기적으로 하나의 기회가 될 수도 있다. 예를 들어 중국의 가정용 정수기 시장 규모는 2010년 237억 위안에서 2018년 643억 위안으로 단 8년만에 2.7배 성장하였다.[75] 친환경산업 육성은 우리경제에도 필수적인 과제일 뿐만 아니라 신성장동력 발굴 방안이 될 수 있기 때문이다. 중국의 대응정책을 면밀히 모니터링하면서 합자 및 협력 사업을 적극 발굴하고 관련 시장 진출에 노력할 필요가 있는 대목이다.[76]

---

73) 2017년 중국의 환경오염처리 관련 투자액은 9,539억 위안에 달해 2001년보다 7.2배 증가하였다. 이는 연평균 14.0% 증가해 온 속도이다.(중국국가통계국, 2019.7.18)
74) 김대운, 이채현, 중국의 첨단산업 발전 현황 및 주요 과제, 한국은행 해외경제포커스, 제2019-30호, 2019.8.2.
75) 中國産業信息(2019.7.1).
76) 한중 FTA에 따라 한국의 기업들은 중국에서 하수처리, 고형폐기물 처리, 배기가스 정화, 소음 저감, 위생 등의 분야와 관련된 단독법인을 설립할 수 있다.

V. 소득재분배

1. 소득불평등 현황

(1) 개황

사회주의 국가인 중국은 아이러니하게도 세계에서 거의 최고 수준의 소득불평등 국가라는 오명을 안고 있다. 대표적인 소득분배 현황 지표인 지니계수(Gini coefficient)에서 이는 잘 나타난다. 중국국가통계국이 공식적으로 이 지수를 발표하기 시작한 2003년 이후 0.46~0.50 사이를 줄곧 유지하고 있다. 이는 사회불안의 척도로 흔히 간주되는 0.4를 크게 초과하는 수준이다.[77] 더구나 2008년을 정점으로 다소 감소하는 듯하던 이 지수는 2016년부터 다시 증가세로 전환되었다.

중국의 지니계수

	2003	2006	2008	2011	2014	2015	2016	2017
지니계수	0.479	0.487	0.491	0.477	0.469	0.462	0.465	0.467

자료: 중국국가통계국

또한 소득 5분위별 평균가처분소득은 10배 이상의 차이가 나고 있다.

중국의 5분위 소득계층별 가처분소득(위안, 2018년)

	1분위	2분위	3분위	4분위	5분위
가처분소득	6,440	14,361	23,189	36,471	70,640

자료: 중국국가통계국

---

77) 참고로 2018년 기준 우리나라 전체가구의 균등화 처분가능소득 기준 지니계수는 0.345였다.(통계청)

(2) 도농·지역·직업 간 불평등

중국의 소득불평등 상황은 구체적으로 도농간, 지역간, 직업간 격차 등을 통해서도 극명하게 나타나고 있다.

우선 도농간의 경우 차이가 다소 줄어들고 있다고는 하나 여전히 약 2.7배의 소득차이가 있다.

중국의 도농간 가처분소득(2018년)

	도시(위안, A)	농촌(위안, B)	소득 차이(배, A/B)
가처분소득	39,251	14,617	2.69

자료: 중국국가통계국

지역 간의 경우 차이가 더 크게 나타나는데 상위 3개 지역이 하위 3개 지역보다 1인당 GDP는 약 3.6배, 가처분소득은 약 3.3배 높은 상황이다. 상위 지역은 모두 동부에, 하위 지역은 모두 서부에 있다.[78]

중국의 지역 간 1인당 GDP 및 가처분소득 차이(2018년)

	상위 3개 지역 평균 (위안, A)	하위 3개 지역 평균 (위안, B)	차이 (배, A/B)
1인당 GDP[1]	131,532	36,609	3.59
가처분소득[2]	57,461	17,682	3.25

주: 1) 상위 3개는 베이징, 상하이, 톈진이며 하위 3개는 구이저우, 윈난, 간쑤
2) 상위 3개는 상하이, 베이징, 저지앙이며 하위 3개는 구이저우, 간쑤, 씨장
자료: 중국국가통계국

---

[78] 중국은 1986년부터 전국을 크게 동부(11개 省), 중부(8개), 서부(12개) 등 3개 지역으로 구분하고 있다. 단, 동부의 랴오닝과 중부의 지린 및 헤이룽장 등 3개 성을 동북부로 별도 구분하기도 한다.

구분	지역(4개 직할시 및 27개 성)
동부	베이징, 톈진, 허베이, 랴오닝, 상하이, 지앙수, 저지앙, 푸지엔, 산동, 광둥, 하이난
중부	산시, 지린, 헤이룽장, 안후이, 지앙시, 허난, 후베이, 후난
서부	쓰촨, 구이저우, 윈난, 씨장, 샨시, 간쑤, 칭하이, 닝시아, 신지앙, 네이멍구, 총칭, 광시

한편 직종별로도 큰 차이가 있다. 2018년 월평균 기준 가장 높은 임금을 받는 정보통신업의 경우 약 14.8만 위안을 받는데 반해 가장 낮은 농어업의 경우 3.6만 위안에 불과하다. 지역별 차이보다 큰 약 4.1배의 차이가 발생하고 있는 셈이다.

중국의 직종별 월평균 임금(위안, 2018년 챠민영기업 기준)

	정보통신	금융	과학연구	부동산	제조	숙박음식	농어업
평균임금	147,678	129,837	123,343	75,281	72,088	48,260	36,466

자료: 중국국가통계국

2. 소득분배 악화 원인

(1) 중국 정부의 불균형 성장 전략

중국은 개혁개방 이후 등소평의 소위 선부론(先富論)에 기초하여 지역적으로는 동부 연안지역, 산업별로는 제조업 중심의 성장정책을 추진하였다. 1984년 10월 제12기 3중전회에서 '효율이 공평에 우선한다'고 언급한 것은 이와 같은 정책의 배경이 되는 사상을 집약한 것이라 할 수 있다. 이에 따라 지역간, 계층간, 도농간 발전 속도 및 소득격차가 확대된 것은 피할 수 없는 결과였다.

또한 이와 같은 불균형전략에 따라 가계보다는 정부와 기업 편향적인 경제성장이 추진되면서 발생하게 된 문제도 있다. 정부의 환율 및 금리규제 등 금융억압(Financial Repression)과 요소시장 규제정책으로 인한 시장왜곡이 대표적이다. 중국 정부가 기업에 산업용 토지 및 에너지를 저렴하게 공급하는 동시에 임금상승률은 낮게 유지하는 정책을 추진하면서 국유기업 중심의 기업부문으로 부(富)가 이전되는 결과가 초래되었다. 또한 예대금리 규제로 인해 저금리 자금조달(가계부문)·저금리 대출(기업부문)을 통해 대규모 자원이 가계부문에서 기업부문으로 이전되었다. 이러한 요인들이 복합적으로 작용하게 됨에 따라 가계의 가처분소득은 감소하였다.

한편 국유부문 등의 독과점적 지위가 보장됨에 따라 이를 활용한 지대추구(rent-seeking)행태가 만성화되고 이들 부문에 음성(陰性)소득[79] 등이 집중되면서 소득분배가 악화된 측면도 있다.

마지막으로 호적(Hukou, 戶口)제도[80] 또한 농촌인구의 도시이동을 어렵게 하여 농촌주민의 소득향상을 저해하고 도농간 소득격차를 확대시키는 요인으로 작용하였다는 비판이다. 중국 농촌지역의 전반적인 경제적·사회적 열악함은 2015년부터 중국 정부가 추진 중인 소위 '화장실 혁명(厠所革命)'운동을 통해서도 잘 나타난다.[81]

(2) 노동시장의 공급우위 기조와 만성적 저임금

그동안 중국경제는 농민 등 잉여 노동력이 도시 노동시장에 대규모로 유입되면서 노동시장의 공급우위 및 저임금 기조가 지속되었다. 즉, 인구보너스(demographic bonus, 人口紅利)를 누려왔다고 할 수 있다. 여기서 인구보너스란 생산가능인구(15~64세)의 비중 증가로 노동력과 소비가 늘면서 경제성장이 촉진되는 것을 의미한다.

그러나 인구구조의 측면에서 중국경제는 이미 루이스 전환점(LTP)에 근접했거나 이미 통과한 것으로 간주된다. 따라서 이제는 중국도 인구오너스(demographic onus, 人口負擔) 시대로 접어든 것이 아니냐는 평가가 나오고 있다.[82]

이런 면에서 판단해 보면 향후 중국 노동자의 임금소득 상승은 불가피할 것이다. 성장동력으로서의 가계소비 역할 증대 등 전반적인 경제구조 변화가 이어질 것으로 예상되는 이유이다.

---

79) 음성소득은 근로소득 등의 합법적 소득 이외에 겸직소득, 차명소득, 은닉재산소득 등 회색수입과 부패 관련 불법소득을 포괄하는 개념이다.

80) 농촌인구의 도시유입을 방지하기 위해 1958년부터 원칙적으로 비농업 호적 보유자만 도시에 거주토록 한 제도이다.

81) 중국 정부는 2015년부터 3년간 7만여 개의 화장실을 신설하는 등 농촌지역 환경개선에 노력중이다. 그러나 농촌의 수세식 화장실 사용 비중은 36.2%에 불과하다. 심지어 아직 화장실이 없는 가구도 469만 가구로 전체의 2.0%에 달한다.(邱靜, 爲什么說中國還是發展中國家?, 中國社會科學院 世界經濟與政治研究所, 2019.4)

82) 인구오너스란 인구보너스와는 반대로 생산가능인구(15~64세)의 비중이 감소하면서 경제성장이 지체되는 것을 의미한다.

(3) 재정정책의 소득재분배 기능 취약

그동안 중국경제는 조세제도 및 사회보장제도 등을 통한 재정정책의 소득재분배 기능이 매우 취약하였다.

우선 세금 중 직접세 비중이 낮고 간접세 비중이 높아 소득재분배 기능이 미약하다. 예를 들어 2019년 상반기 전체 세입 중 개인소득세 비중은 6.1%로 OECD 국가 평균(25% 내외)에 비해 크게 낮은 수준이다.[83]

이처럼 조세와 정부지출 등의 재정정책을 통한 소득불평등 완화 효과가 다른 나라에 비해 미진하다는 점은 지니계수로 측정한 소득재분배 효과가 거의 없는 것으로도 나타난다. 대부분 국가에서 정부보조금 및 세금 등 재정의 소득재분배 효과로 지니계수가 0.1~0.2 하락하는 것으로 나타났으나 중국은 거의 변화가 없는 것으로 분석되었다.[84]

중국 주요 조세수입 및 비중

조세	성격	2018년		2019년 상반	
		조세수입 (억 위안)	비중 (%)	조세수입 (억 위안)	비중 (%)
국내 부가가치세	간접세	61,529	39.3	35,570	38.5
국내 소비세		10,632	6.8	8,471	9.2
수입 부가가치세 및 소비세		16,879	10.8	8,291	9.0
법인세	직접세	35,323	22.6	25,199	27.2
개인소득세		13,872	8.9	5,639	6.1
기타	–	18,166	11.6	9,254	10.0
전체		156,401	100.0	92,424	100.0

자료: 중국재정부

83) 한편 2019년 상반기 개인소득세 비중이 전년(8.9%)보다 급감한 것은 개인소득세 면세점 기준 월 소득이 2018년 10월부터 종전의 3,500위안에서 5,000위안으로 증가하였기 때문이다.
84) 시장에서 결정된 임금 및 소득기준으로 측정한 2013년 기준 OECD 평균 지니계수는 0.43이었으나 소득세 및 정부보조금을 감안한 가처분 소득기준으로는 0.31이었다. 반면 중국은 0.46으로 변함이 없었다.(노원종, 중국 재정정책의 특징과 전망, 한국은행 해외경제포커스 제2017-5호, 2017.2.10)

또한 사회보장제도가 아직 미흡한 데다 단일화된 사회보장시스템이 확립되어 있지 않아 도농간, 지역간, 집단간 보장 정도가 상이한 점도 사회 빈부격차 확대요인으로 작용하고 있다. 우리나라의 국민연금에 해당하는 양로보험의 경우 2018년 평균 수혜금액이 직장가입자는 37,841위안, 지역가입자는 1,828위안으로 20배 이상 차이가 나는 것으로 추정되고 있다.

더구나 기업의 부담 경감을 위한 사회보장비 분담금 비율 인하 정책은 고령화 추세와 맞물려 사회보장기금의 고갈 가능성에 대한 우려를 증대시키고 있는 상황이다.[85]

중국 양로보험 가입자와 1인당 수혜 금액(2018년)

가입자	가입 인원 (만 명)	수혜 인원 (만 명)	총 수혜 금액 (억 위안)	1인당 수혜 금액 (위안)
직장	41,902	11,798	44,645	37,841
지역	52,392	15,898	2,906	1,828
전체	94,294	27,696	47,551	17,169

자료: 인력자원사회보장부

3. 중국 정부 정책

(1) 도농간 격차해소

농민공 처우 개선 노력이 대표적이다. 농민공에 대한 사회보험 및 도시호적 부여 확대와 함께 지속적인 임금 인상이 이루어지고 있다. 농민공 월평균 임금은 2008년 1,340위안에서 2018년 3,721위안까지 10년 동안 연평균 10.9% 상승하였다. 이에 따라 현재 농민공 평균임금은 민간기업의 81.8% 수준까지 상승[86]한 상황이다.

---

85) 2017년부터 중국 정부가 일부 국유기업 지분의 10%를 사회보장기금에 이전하는 정책을 실시하고 있는 것은 사회보장기금의 재원 확충을 위한 노력의 일환이다. 2019년 9월 현재 중국공상은행 등 67개 국유기업 8,601억 위안의 지분에 대한 이전 작업이 완료된 상태이다. (중국재정부, 2019.9.27)
86) 2018년 기준 민간기업 월평균 임금은 4,546위안이다.

또한 농촌지역 가처분소득 증가를 위한 사회개발프로그램 운영정책을 들 수 있다. 중학교 의무교육 실시, 건강 및 양로보험 확대, 최저생계비 지급 등이 대표적이다.

다만 현재의 격차해소를 위해서는 더 많은 자원과 노력이 필요할 것으로 보인다. 농민공의 사회보험 가입률이 아직 전체 국민 가입률의 1/3 내외에 불과하게 나타나는 등 부족한 부분이 여전히 많기 때문이다.

농민공의 건강보험 등 가입률(%, 2014년)[87]

	건강보험	양로보험	실업보험
농민공	17.6	16.7	10.5
국민 전체	43.7	61.6	22.1

자료: 중국국가통계국

(2) 지역간 격차해소

서부[88]대개발 정책을 통한 동서 지역간 격차해소 노력이 대표적이다. 이 정책은 2000년에 시작되어 2050년까지 지속되는 대규모 장기 국가개발 프로젝트이다. 철도 등 각종 인프라, 초·중고교 리모델링, 천연림 보호 및 사막화 방지를 위한 행태사업 등 낙후된 서부지역에 투자를 집중하고 있다.[89] 예를 들어 1999년 2.6만km이던 서부지역의 철도 연장 거리는 2017년 5.4만km로 증가하였다. 이는 연간 5.2% 증가한 것으로 전국 평균(3.7%)을 크게 웃도는 것이다.

---

87) 국가통계국은 매년 4~5월 '전국농민공 모니터링 조사보고서(全國農民工監測調査報告)'를 발표한다. 농민공 인원, 연령, 수입, 지역, 종사 분야 등 다양한 내용이 수록된다. 그러나 농민공의 각종 사회보험 가입률 공개는 2014년이 마지막이었다. 더 이상 조사를 하지 않거나 혹은 수치가 그다지 개선되지 않아서 발표하지 않는 것으로 추정된다.

88) 서부지역은 국토의 71%를 차지하고 있으나 1인당 GDP는 동부 지역의 약 40% 수준에 불과하다.

89) 김지은, 중국의 미래대비 주요 정책과 전망, 한국은행 해외경제포커스 제2017-6호, 2017. 2.17.

중국 동부, 중부, 서부의 1인당 GDP 변화(위안, 배)

	2000년(A)	2018년(B)	증가 정도(B/A)
동부	14,139	93,285	6.6
중부	6,021	51,473	8.5
서부	5,122	49,521	9.7

자료: 중국국가통계국

1인당 GDP의 경우도 서부지역은 2000년 평균 5,122위안에서 2018년 49,521위안으로 9.7배 증가하여 동부(6.6배) 및 중부(8.5배) 증가율을 초과하였다. 이에 따라 동부와 서부의 차이도 2000년 2.8배에서 2018년 1.9배로 축소되었다. 한편 서부지역 GDP가 전국에서 차지하는 비중도 2002년 15.0%에서 2018년 20.6%로 소폭 상승하였다.

(3) 직업간 격차해소

국유기업 임원 등의 임금을 직접 통제하여 임직원간 및 국유·민간 기업간의 과도한 임금 격차를 줄이기 위해 노력하는 정책이 대표적이다. '국유기업임금표준(2017년)'에 의하면 국유기업 임원 연봉은 전체직원 평균 연봉의 8배를 초과하지 못하도록 되어 있다.[90] 또한 '국유기업 임원 신보수제도 개혁방안(2014년)'에 따라 국유 금융기업 임원 연봉은 60만 위안을 초과할 수 없다.

최근에는 연예인 등의 고액 출연료 및 이면계약 문제 등이 불거지면서 영화나 드라마 등 출연 배우의 출연료를 제한하는 조치도 실시되고 있다.[91]

4. 전망

중국경제는 이제 새로운 정상상태(新常態, New Normal)에 진입하였다. 더 이상 과거와 같은 7~8%의 고성장시대는 반복되지 않을 것이다. 질적인 성장과

---

90) 일부 지역은 5배 이내로 제한되어 있다.
91) 드라마나 영화 출연 배우들의 출연료는 총 제작비의 40% 미만으로, 특히 주연배우 출연료는 전체 배우 출연료의 70% 미만으로 제한하였다.(2017.9.22). 물론 이러한 조치에 대해서는 연예산업에 대한 국가의 지나친 간섭과 통제라는 비판이 있다.

지속가능한 성장이 추구해야 할 목표가 된 것이다.

이러한 점에서 성장 패러다임 전환과 함께 소득 불균형 완화정책이 강력하게 지속될 것임은 확실하다. 특히 안정적인 성장을 위해서는 소비가 충분히 확대되어 새로운 성장동력으로 작용할 필요가 있다는 점에서 더욱 그러하다. 이를 위한 전제조건 중의 하나가 바로 소득격차 해소이다. 즉, 소득격차 해소는 중국경제의 연착륙을 유도하기 위한 필수 요소라고 할 수 있다.

또한 소득격차 해소는 사회안정이라는 정치·사회적 목적을 위해서도 필요하다. 1인당 GDP가 1만 달러에 육박하여 기본적으로 빈곤상태에서 벗어났다고 평가되는 중국으로서는 점차 정치적인 발언과 주장이 대두될 가능성이 크다. 이때 소득불평등 문제는 가장 민감한 이슈가 될 수 있다. 중국 정부가 다양한 차원에서 이 문제의 완화를 위해 노력하는 이유이다.

중국이 성공적으로 소득격차 문제를 완화하면서 중산층을 확대시킬 수 있다면 중국시장은 안정적으로 글로벌 소비시장의 중심이 될 것이다. 이는 우리나라를 포함한 많은 국가들의 대중국 전략이 향후 중국의 중산층[92]을 목표로 해야 함을 의미한다. 중국제품을 사용하는 단계(Made in China)에서 벗어나 중국인을 위한 제품을 공급하는 단계(Made for China)로 나아가야 한다는 주장이 나오는 배경이다. 중국 내수시장에 대한 맞춤형 전략과 서비스부문 협력 강화 등 다양한 차원에서의 노력이 필요한 이유이기도 하다. 예를 들어, 질적인 발전단계로 이행중인 중국이 역점을 두는 분야의 하나인 '풍요로운 생활을 위한 서비스업 확대'에 부응하는 대응전략이 요구된다. 교육, 의료, 관광,[93] 영화[94] 및 오락 등이 이에 해당하는 대표적인 부문이다.

---

92) 다만 중국에서는 정치적 이유로 중산층(middle class)이란 용어는 금기시된다. 대신 중간소득계층(middle-income group)이란 용어를 사용한다.

93) 2018년 중국 국내 여행객 수는 55억 명에 달하여 1994년 대비 11배가 증가하였다. 해외여행객 수도 1.49억 명으로 세계 1위였다. 한편 2017년 기준 관광 및 관련 산업 GDP는 3.72조 위안으로 전체 GDP의 4.5%를 차지하였다.(중국국가통계국, 2019.8.2)

94) 중국은 2012년 이후 미국에 이어 글로벌 2위 규모의 영화시장이 되었다. 2018년의 경우 국내 제작 상업영화만 902편이었으며 매출도 609.8억 위안에 달하였다. 한편 중국 국산영화의 영화시장 점유율은 50~60%이다.(중국국가통계국, 2019.8.2)

관련 도서 추천

중국 고대사

　4장에서는 중국경제 관련 주요 이슈 및 평가를 살펴보았다. 우리는 역사에서 배운다고 한다. 현재의 문제를 해결하기 위한 최선의 방법 중 하나가 과거를 돌아보고 반성함에 있다는 의미일 것이다. 인간의 성정은 쉽게 변하지 않는다는 점에서 과거 사람들의 흔적과 그들의 대응방안을 돌아보는 것은 중요하다. 특히 중국처럼 기록문화가 발달한 곳인 경우에는 읽고 참고해야 할 자료가 너무도 풍부하다. 중국 고대사에 관련된 극히 일부 책들을 소개하였다.

📖 사기(史記)

- 저　자: 사마천
- 출판사: 사단법인 올재(2018)
- 감　상: 설명이 필요 없는 세계 최고의 역사서 중 하나이다.[95] 전한 시대의 역사가 사마천이 궁형이라는 치욕을 견뎌내면서 중국 고대의 오제(五帝)에서 한무제 시기까지 3,000여 년의 역사를 사건 중심으로 써 내려간 책이다. 본기(本紀, 12편), 세가(世家, 30편), 표(表, 10편), 서(書, 8편), 열전(列傳, 70편) 등 5개 부문으로 구성되어 있다. 이 중 대중적으로 가장 널리 알려진 부분은 항우와 유방 이야기가 나오는 본기와 한비, 손자, 이사, 한신, 형가 등의 인물을 소개한 열전 부분이다. 특히 항우본기(項羽本紀)는 사기의 백미로 일컬어진다. 이후의 역사책은 직간접적으로 모두 사기의 영향을 받았다는 말이 있다. '사람은 반드시 한 번 죽기 마련인데 어떤 죽음은 태산보다 무겁고 어떤 죽음은 기러기 깃털보다 가볍다' 등 인상적인 구절이 많다. 또한 우리가 많이 들어온 사자성어의 상당수가 바로 이 책에 나오는 말들이다.[96] 완독에는 시간이 오래 걸리고 끈기가 필요

---

95) 사기의 영문명은 Records of the Historian이다.
96) 몇 가지 예를 든다면 지록위마(指鹿爲馬), 사면초가(四面楚歌), 다다익선(多多益善), 위편삼절(韋編三絶) 등이다.

하다.[97] 하지만 중국의 역사와 문화를 제대로 공부하고 싶은 사람에게는 필수인 것 같다. 강력 추천한다.

📖 사기 교양강의

- 저   자: 한자오치
- 출판사: 돌베개(2013)
- 감   상: 중국인민대 석좌교수인 저자가 TV에서 강연한 내용을 정리한 책이다. 고전 사기를 쉽게 설명하고 있다. 사기는 동양 최고의 역사서이자 기전체(紀傳體)를 완성한 사서로 알려져 있다. 이 책에서는 사기의 주요 인물인 진시황, 이사, 항우, 유방, 여후, 한신, 장량, 한무제 등 12명을 다루고 있다. 역사공부의 중요성을 다시 한 번 생각하게 한다. '슬기로운 사람도 천 번 생각에 한 번의 실수가 있을 수 있고, 어리석은 사람도 천 번 생각하면 한 번은 맞을 수 있다'는 구절 등이 인상적이었다. 사기 완역본을 읽기에 부담이 될 경우 우선 맛보기로 읽어볼 만한 책이다.

📖 자치통감을 읽다(德政之要-資治通鑑中的智慧)

- 저   자: 장펑(姜鵬)
- 출판사: 흐름출판(주)(2018)
- 감   상: 부제 '중국 최고 역사서로 보는 욕망과 대의, 흥망성쇠의 원리.' 자치통감은 북송시대 정치가이자 학자였던 사마광(司馬光)이 통치자들의 다스림에 도움을 주기 위해 그 당시까지의 중국 역사를 요약한 책이다. 요약집이라고 해도 분량이 294권 300만자에 달한다고 하니 한 번 읽기도 쉽지 않은 고전이라 할 수 있다. 자치통감 전체 완독은 그 방대한 분량으로 인해 저자도 아직 엄두를 못 내고 있다. 이 책은 자치통감 일부를 소개하면서 수신(修身), 제가(濟家), 치도(治道)의 기본을 설명하고 있다. 특히 이 책에서는 혼자 있을 때도 언행을 절제하고 삼가는 수양 자세인 '신독(愼獨)'과

---

97) 저자가 읽은 번역본은 총 다섯 권으로 구성되어 있었으며 총 3,169페이지에 달하였다. 원문은 526,500자에 달한다고 한다.

'검약'을 현대사회에도 필요한 덕성으로서 강조하고 있다. 우리가 보고 느끼는 인간의 기본 감정, 사상, 행위는 거의 모두 옛날 사람들도 똑같이 경험했었다는 점에서 역사공부의 중요성을 다시 한 번 깨닫는다. 인상적인 구절이 많다.[98] 적극 추천한다.

📖 십팔사략

- 저　자: 증선지(曾先之)
- 출판사: 사단법인 올재(2019)
- 감　상: 이 책은 송말원초(宋末元初)의 학자였던 저자가 '자치통감'을 축약하고 여기에 송 및 원 역사까지 추가하여 기록한 사서이다. 소설이나 만화로도 널리 알려진 책이다. 항우, 유방, 조조, 당태종, 무측천, 칭기즈칸 등 무수한 중국 역사상 인물들 이야기가 생생하다. '예란 장차 그렇게 되기 전에 금지시키는 것이고, 법은 이미 그렇게 된 연후에야 금지시키는 것이다', '사람은 자족하지 못해 고뇌한다' 등의 구절이 인상적이었다. 저자가 읽은 것은 두 권으로 된 책이었는데 글자가 작은데다 총 900페이지가 넘어 읽기에 쉽지는 않았다. 또한 긴 역사를 축약하다 보니 이미 중국 역사에 대해 어느 정도 아는 독자가 아니라면 이해하기 어려운 부분이 많았다. 원전을 완역한 책으로 읽기에는 쉽지 않다는 생각이다. 십팔사략의 일정 부분을 이야기 식으로 풀어 쓴 책이 많은 이유를 알 것 같다.

📖 박한제 교수의 중국 역사기행 1~3권

- 저　자: 박한제
- 출판사: 사계절(2003)
- 감　상: 서울대 명예교수인 저자의 중국 역사기행 시리즈이다. 총 3권으로 구성되어 있다. 주요 유적지를 탐방하면서 그곳에 얽힌

---

98) 예를 들면 ■ 재능이란 덕성의 도우미요, 덕성이란 재능의 통솔자다. ■ 검약한 생활에서 사치한 생활로 들어가기는 쉽지만, 사치한 생활에서 검약한 생활로 들어가기는 어려운 것이 인지상정이다. ■ 규칙을 지키고 존중하면 장기적 이익을 확보할 수 있고, 이는 규칙을 융통성 있게 운용하여 목전의 이익을 얻는 것보다 훨씬 중요하다 등.

역사적 사건이나 인물을 다루는 형식이다. 1권 영웅시대의 빛과 그늘에서는 삼국시대와 오호십육국 시대를, 2권 강남의 낭만과 비극은 동진과 남조 시대를, 3권 제국으로 가는 긴 여정은 북조, 수, 초당 시대를 각각 다루고 있다. 당시 인물들이 생생하게 살아 숨 쉬는 듯하며 저자 특유의 유머도 간간히 눈에 띈다. 역사 설명과 여행기가 비교적 잘 어우러진 책이라는 생각이다. 역사에서 우리가 무엇을 보고 느낄 것인가는 천편일률적으로 말할 수 없는 것 같다. 그 속에 숨어있는 참된 의미를 발견하는 자가 진정으로 역사를 통해 배울 수 있을 것이지만 그것이 쉽지는 않다는 것이 우리에게 남겨진 과제이다.

📖 정관정요(貞觀政要)

- 저　자: 오긍(吳兢)
- 출판사: 휴머니스트(2016)
- 감　상: 당 태종 이세민(재위 626~649년)이 신하들과 정치에 관해 폭넓게 대화를 나눈 토론집의 성격을 지닌 책이다.[99] 리더의 자기관리 능력 및 관계에 대한 고민을 엿볼 수 있다. 겸허한 제왕이었던 당 태종에게서 배울 수 있는 제왕학의 전범인 책이라 할 수 있겠다. 지도자가 기억해야 할 명언들이 많다. '군주는 배이고 백성은 물이다. 물은 배를 띄울 수도 있지만, 배를 뒤엎을 수도 있다',[100] '처음에 훌륭했던 이는 확실히 많지만, 끝까지 훌륭한 행실을 한 이는 아주 적다', '이해하는 것은 어렵지 않지만 실천하는 것은 쉽지 않다. 실천하는 것을 끝까지 견지함은 더욱 어렵다' 등. 부하가 상사에게 직언을 하기는 어려운 일이다. 그러나 그보다 더 어려운 것은 상사가 부하의 직언을 편견 없이 받아 들여 자신의 말과 행동을 평가하고 잘못이 있을 경우 이를 고치는 것이다. 지위가 높아질수록 이는 점

---

99) 당태종의 이름 세민(世民)은 세상을 구하고 백성을 편안하게 한다는 의미의 제세안민(濟世安民)에서 취한 것이라고 한다.
100) 이 비유의 원전은 '순자(荀子)'라고 하는데, 정관정요 전체에 걸쳐 여러 차례 인용되고 있다.

점 더 어려운 일이 된다. 그런 점에서 당태종과 충신 위징(魏徵)의 이와 관련된 많은 일화는 리더와 충직한 부하의 전범이 될 만하다는 생각이다.[101] 적극 추천한다.

📖 講唐史(강당사)

- 저　자: 孟憲實(맹헌실)
- 출판사: 廣西師範大學出版社(광서사범대학출판사)(2007)
- 감　상: 부제는 '현무문(玄武門)의 변(變)에서 정관지치(貞觀之治)까지' 중국인민대학 교수가 쓴 당태종 이야기이다. 태종 이세민이 어떻게 황제에 올라 찬란한 당 시대를 열었는가에 대해 위징, 방현령 등 충신들의 일화를 곁들이면서 상세하게 이야기해주고 있다. CCTV에서 강연한 내용을 정리한 것이라 쉽고 재미있다. 역사에 이름을 남기는 것이 쉬운 일은 아니라는 생각이 든다. (중국어)

📖 1587, 만력 15년 아무 일도 없었던 해

- 저　자: 레이황(黃仁宇)
- 출판사: 도서출판 가지 않은 길(2000)
- 감　상: 재미사학자였던 저자(1918~2000년)의 중국 역사책이다. 명(明)대의 주요 인물들을 통해 명의 정치 및 사회상을 그리고 있다. 저자는 명조 쇠락의 상징적인 해를 1587년으로 잡고 있다. 명의 13대 황제 만력제(萬歷帝), 개혁가 장거정(張居正), 유별난 모범 관리 해서(海瑞), 고독한 장군 척계광(戚繼光) 등 개성적인 인물들이 그려내는 당시 사회상에 대한 자세하고 구체적인 묘사가 소설처럼 그려진다. 번역도 훌륭하다. 한편 중국의 유명 작가이자 교수인 이중톈은 레이황의 이런 글을 취설(趣說)의 대표적인 사례로 들고 있다. 취설이란 역사적 사실을 토대로 하되 문학적 요소가 내용에 포함되

---

101) 위징 사후 2년이 지난 645년 당태종이 고구려를 침공하였다가 실패한 일은 목숨을 거는 충직한 신하의 고언이 얼마나 필요한지를 잘 나타낸다.

는 방법을 말한다. 이는 역사적 진실과 문학적 재미를 동시에 추구하는 글쓰기를 의미한다. 역사에 대한 안목과 글쓰기 능력이 동시에 필요하다는 점에서 쉬운 작업은 아닌 셈이다.

📖 허드슨 강변에서 중국사를 이야기하다(A discourse on Chinese history by the Hudson river)

- 저　자: 레이황(黃仁宇)
- 출판사: 푸른역사(2001)
- 감　상: 부제 '레이황의 중국사 평설.' 진시황부터 원나라까지의 중국 유명 인물과 사건들을 다루고 있다. 역사는 결코 한 인물에 의해 좌우되는 것이 아니라 전후의 흐름에 의해 제 조건이 갖추어졌을 때 변화 발전한다는 거시사(巨視史)적인 시각을 가지고 있다. 재미있지만 꼼꼼하게 집중해서 읽어야 하는 책이다.

📖 하버드 중국사- 청, 중국 최후의 제국

- 저　자: 윌리엄 T. 로
- 출판사: 너머북스(2014)
- 감　상: 중국을 어떻게 보고 해석할 것인가에 대한 하버드대의 특별기획 시리즈 중 하나이다. 정복, 통치, 성세, 사회, 상업, 위기, 반란, 중흥, 제국주의, 혁명 등 10장으로 나누어 서술한 청나라 역사(淸史)이다. 포괄 범위가 다양하고 깊이가 있다.

📖 사진과 그림으로 보는 케임브리지 중국사

- 저　자: 페트리샤 버클리 에브리
- 출판사: 시공사(2001)
- 감　상: 영국의 역사가인 저자가 쓴 중국사 책이다. 고대부터 현대 중국까지를 다 어우르고 있는데 제목 그대로 사진과 그림이 많아서 쉽게 읽힌다. 다만 설명이 너무 간략하다는 점은 아쉽다.

📖 황제들의 당제국사

- 저　자: 임사영
- 출판사: 푸른역사(2016)
- 감　상: 중국 역사상 최전성기라고 하는 당(唐) 시대를 21명의 황제를 통해 이해하려는 노력의 일환으로 쓰인 책이다. 다만 짧은 분량에 너무 많은 이야기를 담으려다 보니 설명이 다소 부족하다는 점은 아쉽다.

📖 제왕의 위엄(The grace of Kings)

- 저　자: 켄 리우
- 출판사: 황금가지(2019)
- 감　상: 중국계 미국 작가가 쓴 SF 장편소설이다. 그런데, 소재가 독특하다. 춘추전국 시대의 중국을 '다라'라고 하는 가상의 섬으로 옮겨 놓았다. 진시황(마피데레), 유방(쿠니 가루), 항우(마타 진두), 소하(코고 옐루), 장량(루안 지아), 한신(긴 마조티) 등의 인물들을 그대로 옮겨 놓았다. 특히 한신을 여성으로 설정한 것은 파격이다. 초한지(楚漢志)에 익숙한 독자들이라면 비교하면서 읽는 재미가 쏠쏠할 듯하다. 유명한 미드 '왕좌의 게임(Game of Thrones)'을 떠올리는 독자도 많다고 한다. 장대한 대하 무협 서사소설의 분위기가 있으며 지루하지 않다. 참신하고 박진감이 넘친다. 강력 추천한다.102)

---

102) 켄 리우의 SF 중단편집인 '종이동물원'도 강력 추천한다. SF이지만 대부분 소설이 문화대혁명, 대만 2·28사건, 일본 731부대 만행 등 중국 근현대사의 아픔을 배경으로 하고 있다. 재미있으면서도 묵직한 울림을 주는 소설책을 만나기가 쉽지 않은데 이 책이 바로 그런 책이다.

중국어의 세계

간체자와 번체자

한국인들이 중국어를 처음 배울 때 맞닥뜨리게 되는 난관 중 하나가 우리가 그동안 배운 한자와는 다른 모양의 글자를 공부하게 된다는 점이다. 이것이 소위 간체자(簡體字, simplified Chinese)와 번체자(繁體字, traditional Chinese)의 문제이다.

예로부터 중국인들 또한 평생 배워도 전체 한자를 다 배울 수 없다는 말이 있을 정도로 한자의 수는 많고 복잡하다. 예를 들어 가장 복잡한 한자 중 하나로 알려져 있는 '수다스러울 절'자의 경우 용(龍)자가 위아래 2개씩 4개가 합쳐진 모양의 글자이다.

이런 배경하에 한자를 간소화하자는 운동이 청(淸)말 캉유웨이(康有爲) 등의 표음문자 표기 주장 등으로 나타난 바 있다. 그러나 정식으로 문자개혁이 실시된 것은 1956년이다. 당시 중국은 강희자전(康熙字典)에 수록된 47,035자에 이르는 한자를 2,235자의 간체자로 통폐합하는 문자개혁을 단행하였다.[103] 당시 16~19자에 이르던 평균 획수는 간체자 개혁 이후 8~11자로 감소하였다. 간체자는 상당수가 한자 서예 글씨체의 한 종류인 초서체(草書體)에서 왔다고 할 수 있다. 한편 2년 뒤인 1958년에는 한자 발음을 로마자로 표기하는 '한어병음(漢語拼音)'방안을 시행하였다. 이후 싱가포르가 1969년, 말레이시아가 1981년부터 간체자를 사용하기 시작하였다. 한편 중국이 1971년 대만을 축출하고 UN에 가입한 이후[104] 간체자와 번체자는 병용되었으나 2008년 UN은 간체자로 중국어 표기를 통일하였다. 현재 간체자를 사용하는 국가는 중국, 싱가포르, 말레이시아이며 번체자를 사용하는 국가는 한국, 일본, 대만, 홍콩, 마카오 등이다.

---

[103] 간체자 수는 1986년에 2,274자로 확장되었다.
[104] 2019년 10월 현재 중국은 180개 국과 외교관계를 맺고 있는데 반해, 대만은 수교국이 15개에 불과한 실정이다.

간체자는 배우기 쉽다는 장점이 있으나 글씨로서의 아름다움은 떨어진다는 것이 중국인들의 생각인 것 같다. 서예를 할 때는 여전히 번체자를 쓰고 있는 것을 보면 이를 잘 알 수 있다. 이외에 문화유적을 표시하거나 동음이의의 성(姓)을 표시할 때 등에 번체자는 여전히 사용되고 있다.

중국어는 푸통화와 광둥어로 구분?

주윤발이나 왕조현이 나오던 홍콩 영화를 기억하는 사람들에게 중국어는 곧 광둥어(廣東語, Cantonese)였다. 이는 물론 중국의 표준어라고 하는 푸통화(普通話, Mandarin)와는 다른 언어이다. 이 둘은 의사소통이 전혀 되지 않는 완전히 다른 언어라고 보면 된다.

그러나 중국어는 우리가 흔히 아는 푸통화와 광둥어 이외에도 약 130여 개의 소수언어가 존재하는 언어이다. 그 중 최소 2백만 명 이상의 비교적 많은 사람이 사용하는 소수언어만 10여 개[105]에 이르는 것으로 알려져 있다. 즉, Mandarin, Cantonese(Yue), Jin, Xiang, Hakka, Gan, Ping, Min, Hui, Wu 등이 그것이다.

2019년 9월 말 현재 중국 정부는 중국어와 중국 문화를 가르치기 위한 비영리 교육기관인 '공자학원(Confucius Institute)'을 전 세계 158개 국에 535개를 설립하여 중국어 보급에 노력중이다.[106]

---

105) Economist, 2018.5.19.
106) 孔子·學院總部(2019.10). 2004년 서울에 설립된 공자학원이 세계 최초였다.

중국어의 분포

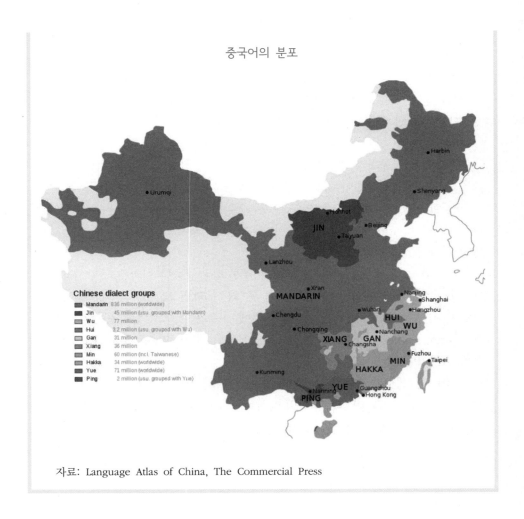

자료: Language Atlas of China, The Commercial Press

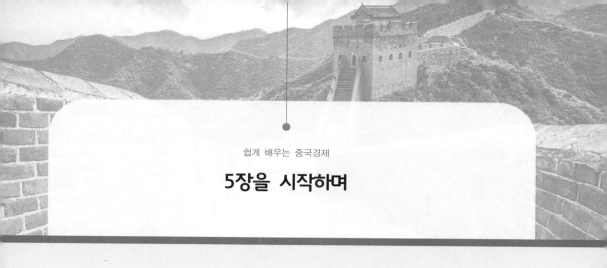

5장을 시작하며

　직장인들이 가장 좋아하는 점심 메뉴 중의 하나가 제육볶음이다. 매콤 달콤한 양념에 적당하게 버무려진 부드러운 돼지고기의 식감은 밥 한 그릇을 뚝딱 해치우게 만드는 매력이 있다.

　이 제육볶음이라는 말은 저육(猪肉)볶음에서 유래한 것이다. 말 그대로 돼지고기 볶음이다. 중국에서 그냥 고기(肉)라고 하면 돼지고기를 의미할 정도로 중국인들의 돼지고기 사랑은 유별나다. 중국인들의 전체 육류 소비 중 돼지고기가 차지하는 비중은 절대적이다. 2018년 1인당 소비량이 40.0kg으로 글로벌 평균의 2.7배 수준에 이른다는 점은 이를 잘 보여준다.[1] 이에 반해 소고기와 양고기 소비량은 8.3kg, 닭과 오리 등 가금류 소비량은 14.8kg에 불과하였다. 또한 중국은 전 세계 돼지고기 생산 및 소비의 약 절반을 차지할 정도로 절대적인 영향력을 지니고 있기도 하다.

　당초 중국인들 특히 지배계층이 좋아한 것은 양고기였다. 귀족들은 먹지 않고 평민들은 요리 방법을 몰랐던 돼지고기 요리 확산에 큰 기여를 한 대표적 요리가 동파육(東坡肉)이다. 송의 문인 소동파가 만들었다는 이 요리는 돼지고기를 기름에 튀긴 뒤 술, 파, 간장 등으로 양념을 한 다음 센 불에 끓였다가 약한 불로 푹 고아낸 음식이다. 완성된 돼지고기 색깔이 검붉다고 해서 홍샤오로우(紅燒肉)라고도 한다. 마오쩌둥이 평생 즐겼다는 이 음식은 지금도 중국의 어지간한 식당에는 모두 있는 인기 메뉴이다. 이처럼 하층민들이 주로 먹던 돼지고기는 평민 출신 주원장(朱元璋)이 명을 건국하면서부터 황실 식탁에 오르게 되었으며 이후 전국으로 확산된다.[2] 이때부터 시작된 중국인들의 돼지고기 사랑이 지금까지 계속되고 있는 것이다.

　돼지고기는 중국 국민들의 생활에 밀접하게 연결되어 있다. 돼지고기가 소비자물가(CPI)에서 차지하는 비중은 3% 내외로 추정된다. 그러나 관련 식품가격 등을 감안할 때 돼지고기 가격은 소비자물가에 10~15%의 영향을 미치는 것으로 예상된다. 예를 들어 2019년 10월 중국의

---

[1] 글로벌 평균은 14.8kg이었다.
[2] 윤덕노(2019).

소비자물가 상승률은 3.8%였다. 이는 2018년 연간 소비자물가 상승률 2.1%보다 크게 높은 수준이다. 그 중요한 원인이 급등한 돼지고기 가격이었다. 전년 같은 기간보다 101.3% 급등한 돼지고기 가격이 소비자물가 상승률을 2.43%p 상승시킨 것이다.[3] 상승분의 상당 부분이 돼지고기 때문임을 알 수 있다.

이런 상황이다 보니 중국에는 돼지고기 주기(猪周期, Pork Cycle)에 따라 물가가 영향을 받게 되는 경우가 많다. 소위 포크플레이션(Porkflation) 현상이 발생할 수 있다는 말이다. 중국의 소비자물가를 분석할 때 특히 유의해야 할 부분의 하나이다.

이번 5장에서는 경제성장률, 소비자물가 등 중국의 주요 경제지표를 개괄적으로 소개하고 각 지표의 특징 등을 서술하였다. 경제지표의 해석은 모든 경제분석의 기본이며 출발점이다. 정확한 이해가 무엇보다도 필요한 이유이다. 특히 포크플레이션 가능성 등 중국 경제지표의 특징과 한계점 등을 명확하게 이해하는 것이 중요하다.

---

3) 중국국가통계국(2019.11.9).

제5장

중국 주요 경제지표 해설

Ⅰ. 중국 경제지표 개관

우선 일부[4])를 제외하고 중국의 대부분 경제지표는 개혁개방(1978년) 이후 비로소 작성되기 시작하여 시계열이 짧다는 특징이 있다.

또한 중국의 경제통계는 아직 질적 수준이 낮고 비공개 항목이 많다는 특징이 있다. 원(原) 데이터를 발표하지 않고 통계산출 방법에 대한 설명이 없는 경우가 여전히 많다. 이의 대표적인 사례는 분기 GDP 통계에서 소비, 투자 및 순수출 금액이나 증가율을 발표하지 않고 기여율만 발표하는 점, 소비자물가지수(CPI)의 품목별 구성 비율을 공개하지 않고 있는 점 등이다. 또한, 정기적으로 수치를 발표하지 않거나 누락하는 경우[5]) 및 기존 통계자료의 발표를 중단하는

---

4) 연간 재정수입과 지출은 1950년, 연간 GDP는 1952년부터 작성되기 시작하였다.
5) 지방정부 부채의 경우 2013년 12월 최초 공개된 이후 부정기적으로 규모를 발표하고 있어 시계열 자료를 구성하여 분석하기가 곤란하다.

중국 주요 경제지표의 최초 발표시기 및 발표기관

	주요 경제지표		최초 발표시기	발표기관
생산	GDP 성장률(전년동기비)		1992. 3	중국국가통계국
	GDP 성장률(전분기비)		2010.12	중국국가통계국
	산업생산 증가율		1995. 1	중국국가통계국
	제조업 PMI		2005. 1	중국국가통계국
투자 및 부동산	고정자산투자 증가율		1995.12	중국국가통계국
	부동산가격(31개 省)		1995.12	중국국가통계국
	부동산투자 증가율		2004. 1	중국국가통계국
소비	소매판매 증가율		1994. 1	중국국가통계국
교역 및 대외투자	수출입액 및 증가율		1992. 1	해관총서
	FDI(월별)		1997. 1	상무부
	ODI(분기별)		2008.12	상무부
	외환보유액(총액)		1989. 1	중국인민은행
	외환보유액(항목별 금액)		2015. 6	중국인민은행
고용	등기실업률(분기별)		1999.12	인력자원사회보장부
	조사실업률(월별)		2018. 1	중국국가통계국
물가	소비자물가지수		1985. 1	중국국가통계국
	생산자물가지수		1996.10	중국국가통계국
금융	M2잔액 및 증가율		1997. 3	중국인민은행
	부실채권 금액 및 비율(분기별)		2005. 3	중국은행보험감독관리위원회
	환율(고시환율)		2000. 6	중국인민은행

주: ▨▨▨▨ 는 2000년대 이후 발표된 지표
자료: 중국국가통계국, 중국인민은행, CEIC

사례[6] 등이 종종 있다. 이러한 모든 것들이 중국 통계의 신뢰성을 떨어뜨리는 요인으로 작용한다는 비판이다.

다만 이전보다는 경제통계의 투명성과 예측가능성이 높아지고 있다는 긍정적인 평가도 있다. 2001년부터 연초에 1년간의 '주요 경제통계 발표 일정'을 공개하는 것은 대표적 사례이다.

한편 중국의 경제통계는 포괄범위과 산출방법 등이 국제 표준과 크게 다른 경우가 있음을 감안하여 자료를 이용할 때 유의할 필요가 있다. 고용이나 부동산 관련 지표가 대표적이다. 또한 소비 관련 지표로는 소매판매증가율이 거의 유일한 가운데 그나마 명목증가율만 발표된다는 점 등 각 지표가 지닌 한계도 염두에 두어야 한다.

이하에서는 중국의 주요 경제지표별 발표기관, 시기 및 주요 내용과 한계 등을 소개하였다.[7]

II. 거시경제 및 경기

1. 국내총생산(國內生産總值, GDP)

(1) 발표기관

중국국가통계국(www.stats.gov.cn)

(2) 발표시기

분기 지표는 해당 분기 종료 후 첫째 월의 20일 전후에, 연간 지표는 해당 년도 종료 후 20일 전후에 발표된다. 다음해 1월에 발표되는 연간 GDP는 속보치(初步核算)이며, 그 다음 다음해 1월에 확정치(最終核實)가 발표된다. 2016년까

---

6) 부동산가격지수는 2011년 말에, 36개 주요 도시의 1인당 소득 및 지출 현황은 2012년 말에 각각 발표를 중단한 바 있다.
7) 이하의 내용은 중국의 경제지표 해설, 한국은행 해외조사실 아주경제팀, 2007.7, 歐樂鷹, 解讀中國經濟指標, 中國經濟出版社, 2012 등을 기초로 중국국가통계국 통계용어 해설 등을 참고하여 수정 보완한 것이다.

지는 속보치(다음해 1월) − 수정치(初步核實, 다음해 9월) − 확정치(다음 다음해 1월)의 3단계를 거쳐 발표되었으나 2017년부터 2단계로 간소화되었다.

(3) 주요내용 및 특징

연도별 수치는 1952년부터, 분기별 수치는 1992년부터 명목금액과 실질증가율을 발표하고 있다. 다만 분기별 수치의 경우 1992년 1/4분기에서 2015년 2/4분기까지는 분기 누계금액을 발표하였으며, 2015년 3/4분기부터 비로소 각 분기별 금액을 발표하기 시작하였다.

전기 대비 GDP증가율은 2011년 1/4분기부터 발표하고 있다. 이 수치는 국가통계국의 계절조정 S/W(NBS−SA)[8]를 이용하여 조정된 수치이다.

한편 중국 정부는 1993년부터 핵심 경제지표로 기존의 GNP 대신 GDP를 사용하고 있다.

생산 측면에서 제1차, 제2차, 제3차 산업별 생산내역을 발표한다. 지출 측면에서는 소비지출(가계 및 정부), 투자(총고정자본형성 및 재고증가), 순수출로 구분하여 공표한다. 그러나 지출 측면에서 명목금액만 발표되고 실질금액이 미공개이므로 항목별 성장률은 알 수 없다는 한계가 있다. 단지 분기 누계 기준의 항목별 성장기여율만 발표될 뿐이다.[9]

중국은 1985년부터 UN의 SNA방식[10]에 따라 GDP를 추계하고 있으며 2015년 3/4분기부터 GDP 산출 기준을 종전의 1993 SNA에서 2008 SNA로 변경하였다. 2008 SNA에 따르면 종전에 비용으로 처리되던 R&D, 군사무기시스템, 오락·문화·예술품 원본 등에 대한 지출을 투자항목으로 처리하도록 하고 있어 GDP를 증가시키는 요인으로 작용하였다는 평가이다.

한편 중국의 각 지역 GDP 합계가 국가전체 GDP 총액을 초과하는 현상이 빈번하다. 이는 지역별로 기업부가가치의 중복계산 혹은 통계기법 및 통계범위

---

8) 일반적인 계절조정 S/W를 기본으로 중국 특유의 요인들(춘절, 단오절, 중추철 등)을 추가한 S/W로 알려져 있다.(중국국가통계국, 2019.4.17)
9) 2019년 상반기의 경우 지출항목별 성장기여율은 소비 60.1%, 투자 19.2%, 순수출 20.7%였다.
10) System of National Accounts. UN 등 국제기구가 권고하는 국민계정통계 작성기준으로 1953년, 1968년, 1993년, 2008년에 기준이 변경되었다. 우리나라는 2014년 3월에 2008 SNA로 기준이 변경되었다.

차이 등의 기술적인 요인 이외에 정치적 목적을 위한 지방정부의 과다보고 경향 등에 기인하는 것으로 해석된다.

　　GDP성장률은 중국의 주요 경제지표 중 산업생산증가율과 함께 명목증가율이 아닌 실질증가율이 발표되는 대표적인 지표이다.

GDP 명목금액과 성장률

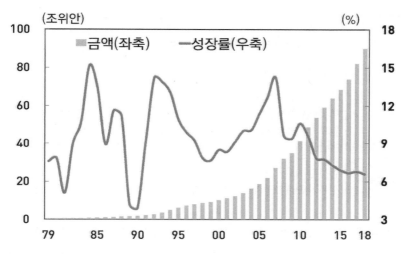

자료: 중국국가통계국

2. 산업생산(工業增加值, Value-Added Industry)

(1) 발표기관

중국국가통계국(www.stats.gov.cn)

(2) 발표시기

해당 월 종료 후 15일 전후에 발표된다.

(3) 주요내용 및 특징

일정 규모 이상[11] 기업의 부가가치를 월별(1995년부터), 연도별(1994년부터)로 발표하고 있다.

또한 소유주체별 및 산업별로 실질증가율을 발표한다. 이와 함께 주요 10개 산업의 실질증가율도 발표한다. 한편 주요 상품별로는 명목생산량과 실질증가율을 발표한다.

산업생산 세부 항목(2018년 말 현재)

구분	항목
소유주체별	(1) 국유기업 (2) 집체기업 (3) 주식제기업 (4) 외자기업
산업별	(1) 광산업 (2) 제조업 (3) 전력·천연가스 등 생산 및 공급
주요 10개 산업	(1) 방직업 (2) 화학원료 및 화학제품제조업 (3) 비금속광물제조업 (4) 철 제련 및 압연가공업 (5) 일반설비제조업 (6) 자동차제조업 (7) 철로·선박·항공·기타 운송설비제조업 (8) 전기기계 및 기자재제조업 (9) 계산기·통신·기타 전자설비제조업 (10) 전력·화력 생산 및 공급업
주요 상품별	(1) 발전량 (2) 석탄 (3) 철강 (4) 자동차 (5) 비철금속 (6) 원유가공 (7) 시멘트 (8) 화학섬유 (9) 평판유리 (10) 집적회로 등

한편 비중 및 중요성이 증가하고 있는 서비스산업의 생산활동을 파악하기 위해 2017년 3월부터 매월 '서비스업생산지수'를 발표하고 있다. 다만 아직 활용은 미미한 상황이다. 이 지수는 가격요인을 제외한 서비스업의 생산활동 변화를 반영하는 지수이다.

중국은 춘절(설)이 1월 혹은 2월 어디에 위치하느냐에 따라 경제활동에 큰 차이가 발생하게 된다. 1, 2월 산업생산 지표에 큰 변동이 발생하게 되었던 이유이다. 이러한 점을 감안하여 2013년부터 산업생산 지표는 1월 데이터가 발표되지 않고 1~2월 누계 수치만 발표되고 있다.[12]

이 지표는 GDP와 함께 실질증가율이 발표되는 대표적인 경제지표이다. 또한 중국경제의 실상을 비교적 정확하게 평가할 수 있는 월별 지표로 간주된다.

---

11) 연 매출 2,000만 위안 이상의 기업이 대상이다. 1998~2006년은 국유기업 및 연 매출 500만 위안 이상 민영기업, 2007~2010년은 연 매출 500만 위안 이상 기업이 대상이었으며 현재의 기준은 2011년 이후 사용중이다.
12) 2006년까지는 1, 2월 수치가 모두 발표된 바 있으며, 2007~2012년은 1월 수치를 제외하고 2월 수치와 1~2월 누계 수치가 발표되었던 과도기가 있었다.

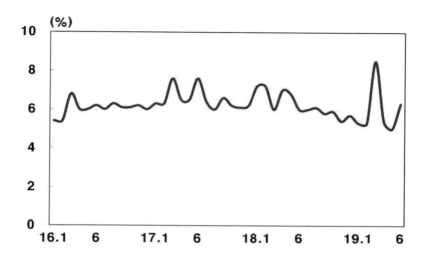

자료: 중국국가통계국

3. **공업기업이익**(工業企業利潤, Total Profits of Industrial Enterprises)

(1) 발표기관

중국국가통계국(www.stats.gov.cn)

(2) 발표시기

해당 월 종료 후 25일 전후하여 누계기준으로 발표한다.

(3) 주요내용 및 특징

일정 규모 이상의 공업기업[13] 이익을 집계하여 1998년부터 발표하기 시작하였다.

이 지표는 소유주체별(국유, 집체, 민영, 주식제 및 외자기업)로 구분하여 이익증

---

13) 제조업, 채광(採鑛)업, 전력·천연가스·수력 공급업 중 연 매출 2000만 위안 이상(2011년 이후)인 법인기업이 대상이다. 이 중 제조업이 약 90%의 비중을 차지한다. 컴퓨터 및 통신 설비 등 제조업(2019년 상반기 매출 기준 비중 9.9%), 자동차 제조업(7.6%) 비중이 가장 크다.

감률을 발표하므로 제조업 전체뿐 아니라 소유주체별 경영실적 파악이 가능하다는 장점이 있다. 역시 춘절 연휴 영향을 고려하여 1월중 데이터는 발표하지 않고 1~2월 누계로 발표된다. 한편 41개 산업별로 세분된 이익증감률을 발표하므로 산업별 경영실적 파악에도 용이하다. 다만, 산업분류가 다른 나라와 정확하게 일치하지는 않아 비교 분석할 때에는 주의해야 한다.

공업기업이익

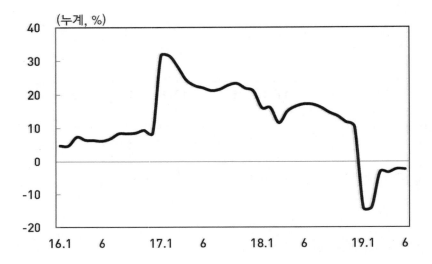

자료: 중국국가통계국

4. 구매관리자지수(采购经理指数, PMI: Purchasing Managers' Index)

(1) 발표기관

중국국가통계국과 중국물류구매연합회[14](China Federation of Logistics & Purchasing)가 공동으로 작성·발표한다.

---

14) 2001년 2월 국무원의 중앙부처 개혁 방침에 따라 국내물자 유통과 통계업무를 담당하던 '국내무역국'이 폐지되면서 일부 기능이 이관되어 조직된 민간단체이다.

(2) 발표시기

2017년 2월까지는 매월 초(1~3일)에 전월의 지수를 발표하였으나, 2017년 3월부터는 매월 말일에 해당 월 지수를 발표하고 있다.

(3) 주요내용 및 특징

제조업 PMI는 2005년부터, 비제조업 PMI는 2007년부터 발표하기 시작하였다.

PMI는 기업들의 경기전망을 파악하는 대표적인 심리지표라 할 수 있다. PMI는 일반적으로 50을 기준으로 50을 웃돌면 경기 확장을, 밑돌면 위축을 의미한다.

현재 제조업 PMI는 31개 업종의 3,000개 기업, 비제조업 PMI는 36개 업종의 4,000개 기업을 대상으로 설문조사[15]를 실시하여 지표를 산출한다. 기업을 선정할 때에는 지역별, 업종별, 소유형태별 균형을 고려한다.

제조업 PMI의 경우 생산, 고용, 신규주문, 공급업체 배송시간, 원재료재고 등 5개 부문을 각각의 가중치로 합산하여 종합 PMI를 편제한다. 그리고 부수적으로 8개 부문을 추가로 조사하여 각 부문의 PMI를 발표한다. 이 8개 부문은 신규수출주문, 수입, 구매량, 주요원재료 구매가격, 생산자가격, 제품재고, 수주잔량, 생산·경영활동 기대 등이다. 결국 제조업 PMI는 종합 PMI와 함께 총 13개 부문의 세부 PMI로 나뉜다고 할 수 있다. 이 중 특히 고용 PMI는 고용 관련 지표가 부족한 중국에서 고용 관련 상황을 파악하는 보조지표로 흔히 사용된다.

비제조업 PMI에는 10개 세부 항목의 PMI가 존재한다. 이들 10개 항목은 비즈니스활동, 신규주문, 신규수출주문, 경영활동기대, 중간재구매가격, 서비스제공가격, 고용, 수주잔량, 재고, 공급업체 배송시간 등이다. 다만 이들을 합산한 비제조업 종합 PMI 지수는 없다. 통상적으로 비제조업 PMI라 하면 위의 10개 세부 PMI 중 비즈니스활동 PMI를 지칭한다.

한편 2018년 1월부터는 제조업 PMI와 비제조업 PMI를 GDP에서의 비중으로 가중평균하여 산출한 종합 PMI 지수를 발표하고 있다. 다만 아직 널리 활용

---

15) 매월 22~25일 설문조사를 실시한다.

되지는 않고 있다.

제조업 PMI 세부 구성 항목

구분	항목	구성 가중치(%)
종합지수 구성 항목	신규주문(New Order)	30
	생산(Production)	25
	고용(Employment)	20
	공급업체 배송시간(Suppliers' Delivery Time)	15
	원재료재고(Raw Materials Inventory)	10
부수 항목	신규수출주문(New Export Order)[16]	
	수입(Import)	
	구매량(Quantity of Purchases)	
	주요원재료 구매가격(Main Raw Material Purchase Price)	
	생산자가격(Producer Prices)	
	제품재고(Finished Goods Inventory)	
	수주잔량(In Hand Orders)	
	생산·경영활동 기대(Expected Production and Business Activities)	

자료: 중국국가통계국

PMI 지수는 계절효과를 고려하여 조정된 수치가 발표됨에도 불구하고 여전히 명절효과에 의한 월별 차이가 뚜렷하게 나타난다는 특징이 있다. 일반적으로 3, 9월의 수치가 높게 나타난다. 이는 가장 긴 휴무일이 있는 2월 춘절 이후 3월중 생산량 급증 현상과, 10월 국경절 직전 월(9월)에 생산 및 재고축적 등이 활발하게 이루어지는 것 등에 주로 기인한다.

한편 이 지수는 일반적으로 기준치인 50 이상으로 즉, 경기를 다소 긍정적

---

16) 신규수출주문 PMI지수와 6개월 후의 수출증가율은 강한 상관관계가 있는 것으로 나타나고 있다.(상관계수 약 0.6)

으로 평가하는 경향이 있다. 제조업 PMI의 경우 2005~2018년 중 기준치(50) 이하를 기록한 경우는 전체 168개월 중 단 21회에 그쳤으며[17] 평균 51.9에 달하였다.[18] 이는 대부분의 설문대상 기업이 대형 국유 필수산업에 속해 있어 경기의 영향을 덜 받는 동시에 부양책 등 국가정책의 수혜 대상이 되기 쉽기 때문이다. 따라서 기준점(50) 이상인지 여부에 못지않게 동 수치가 전월보다 상승하였는지 하락하였는지 여부가 경기 판단에 중요한 신호를 준다고 할 수 있다.

제조업 PMI   비제조업 PMI

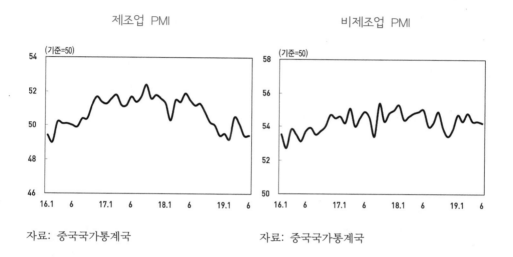

자료: 중국국가통계국   자료: 중국국가통계국

5. 차이신 구매관리자지수(財新采购经理指数, Caixin PMI: Caixin Purchasing Managers' Index)

(1) 발표기관

영국 시장조사업체 마킷(IHS Markit)과 중국 경제전문지 차이신(財新)이 공동으로 작성 발표한다. 이 지수는 경쟁 입찰을 통한 PMI 타이틀 스폰서 교체에 따라 그동안 크레디리요네 지수(~2009년 8월) → HSBC 지수(~2015년 7월) → 차이신 지수(2015년 8월~)로 명칭이 변화되어 왔다.

---

17) 비제조업 PMI의 경우는 기준치 이하인 경우가 한 번도 없었다.
18) 이런 점에서 2019년 1월~10월 중 8차례나 제조업 PMI가 기준치 이하의 수치를 보였다는 점은 미중 통상갈등으로 인한 대외여건 악화로 중국경제의 성장세 둔화에 대한 우려가 얼마나 컸는지를 잘 나타내 준다고 할 수 있다.

(2) 발표시기

매월 첫째 주(1~7일)에 전월 지수가 발표된다.

(3) 주요내용 및 특징

차이신 제조업 PMI의 지수구성 5개 항목과 가중치는 중국국가통계국 제조업 PMI와 동일하다.

다만, 중국국가통계국 PMI 조사대상 기업이 주로 대형 국유기업에 집중된 반면 차이신 PMI는 중소기업이 중점 조사대상이다. 2019년 현재 주로 동남부 연해도시에 분포한 420개 기업이며, 중소기업 및 수출기업의 비중이 높다.

한편 중국국가통계국 비제조업 PMI와 동일하게 차이신 서비스업 PMI가 발표되고 있으나 자주 활용되지는 않는다.

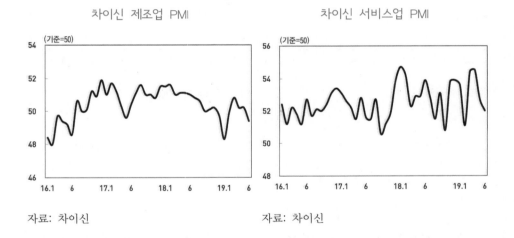

차이신 제조업 PMI   차이신 서비스업 PMI

자료: 차이신   자료: 차이신

6. 선행지수(先行指数, Leading Indicators) 및 동행지수(一致指数, Coincident Indicators)

(1) 발표기관

중국국가통계국(www.stats.gov.cn)

(2) 발표시기

해당 월 종료 후 다음 월 25일 전후에 발표된다.

(3) 주요내용 및 특징

1995년부터 발표되기 시작하였다.

경기선행지수는 선행 6개지표 합성지수, 소비자기대지수 및 국채장단기금리차 등 3개 요소를 가중평균하여 구성된다. 경기동행지수는 산업생산, 광공업고용, 사회소득지수, 사회수요지수 등 4개 요소를 가중평균하여 구성된다.

지수의 구성요소 및 비중은 각각 다음과 같다.

경기선행지수

구성항목	가중치(%)
1. 선행 6개지표 합성지수	78.67
항셍H지수	7.87
판매/생산비율	15.08
통화공급(M2)	15.73
신규착공	15.73
물류지표	13.78
전체화물운송량	(6.89)
항만화물물동량	(6.89)
부동산개발투자	10.48
토지개발면적	(5.24)
신규착공면적	(5.24)
2. 소비자기대지수	9.33
3. 국채장단기금리차	12.00

자료: 중국경기예측센터(中國經濟景氣監測中心)

경기동행지수

구성항목	가중치(%)
1. 산업생산	14.75
2. 광공업고용	12.50
3. 사회소득지수	32.00
재정세수	8.53
공업기업이윤	10.67
주민가처분소득	12.80
4. 사회수요지수	40.75
고정자산투자	13.58
소매판매	16.30
수출입	10.87

자료: 중국경기예측센터(中國經濟景氣監測中心)

이 지표는 1996년을 100의 기준점으로 현재의 경기 상황을 하나의 수치로 쉽게 파악할 수 있다는 점에 의의가 있다. 그러나 2017년 12월을 마지막으로 2019년 10월 현재까지도 발표가 잠정 중단된 상황이다. 지표 개선작업 중인 것으로 알려져 있다.

선행지수   동행지수

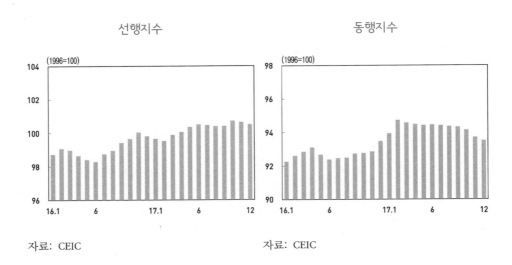

자료: CEIC   자료: CEIC

한편 OECD에서 발표하는 경기선행지수 지표도 보조적으로 활용되고 있으나 자주 사용하지는 않는 상황이다.

OECD 중국 경기선행지수(CLI: Composite Leading Indicator)

(Long-term trend=100)

	2017.3	6	9	12	2018.3	6	9	12	2019.3	6
지수	101.0	101.2	101.0	100.4	99.9	99.5	98.9	98.6	98.6	98.9

자료: OECD

7. 부동산경기지수(國房景氣指數, Real Estate Climate Index)

(1) 발표기관

중국국가통계국(www.stats.gov.cn)

(2) 발표시기

해당 월 종료 후 3~4주 후에 발표된다.

(3) 주요내용 및 특징

정식 명칭은 '전국부동산개발업 종합경기지수(全國房地産開發業綜合景氣指數)' 이며 흔히 약칭 '부동산경기지수'로 불린다. 부동산시장의 전반적인 경기상황을 나타내는 지표이다.

1997년부터 발표되기 시작하였다.

기준연도는 그동안 1995년 3월＝100, 2000년＝100, 2012년＝100 등으로 변화되어 왔다. 2019년 10월 현재 사용 중인 2012＝100의 기준은 2016년부터 사용되고 있다. 지수 100 이상은 부동산시장의 '양호' 혹은 '호조'를 의미하며 100 이하는 부동산시장의 '악화' 혹은 '위축'을 의미한다.

지수를 구성하는 요소는 ① 토지사용권 판매수입, ② 토지개발면적, ③ 부동산개발투자, ④ 자금원, ⑤ 부동산판매가격, ⑥ 착공면적, ⑦ 준공면적, ⑧ 공실면적 등 8개이다. 이들 8개 요소 중 ①, ③, ④, ⑤의 경우는 가격조정을 한다. 또한 부동산은 계절성이 강하다는 점에서 이 지수는 계절조정의 과정 을 거친다.

한편 과거 2010년까지는 이 지수 이외에 부동산가격의 전반적 수준을 파 악할 수 있는 '부동산가격지수'가 발표된 바 있으나 지금은 편제되지 않는다.

이 지표는 부동산개발과 관련된 종합적인 지표라는 점에서 부동산시장의 전반적인 상황 파악에 도움이 된다는 장점이 있다. 그러나 여타 지표보다 다소 늦게 발표되어 속보성이 떨어지고 경기변동의 영향을 신속하게 반영하지 못한 다는 한계가 있다.

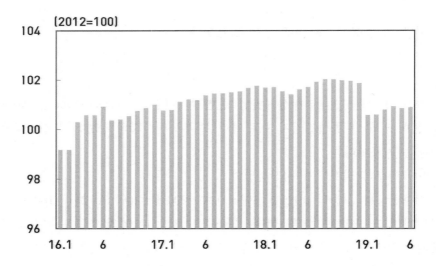

부동산경기지수

(2012=100)

자료: 중국국가통계국

Ⅲ. 소비 및 고용

1. 소매판매(社会消費品零售總額, Retail Sales)

(1) 발표기관

중국국가통계국(www.stats.gov.cn)

(2) 발표시기

해당 월 종료 후 15일 전후에 발표된다.

(3) 주요내용 및 특징

연도별 자료는 1952년부터 월별 자료는 1994년부터 발표되고 있다.

이 지표는 기업이 거래를 통해 개인 및 기업·정부 등에게 판매하는 소비 목적의 상품 및 음식판매 금액 합계를 나타낸다. 조사방법의 경우 일정 규모 이상의 기업[19]은 전수 조사, 그 미만의 기업은 표본 조사를 실시한다.

세부적으로는 지역별(도시와 농촌) 및 소비유형별(상품판매액과 요식업매출)로 구분하여 발표된다. 한편 인터넷 활성화와 온라인을 통한 소매판매의 급증에 따라 2016년부터는 온라인 소매판매액, 증가율 및 비중 등을 함께 발표하고 있다.[20]

소매판매액은 중국에서 발표되는 가장 중요하면서 거의 유일한 소비 관련 지표이다. 그러나 이를 분석할 때에는 다음과 같은 한계가 존재하는 점을 유념해야 한다.

우선 소매판매액은 요식업을 제외한 교육·의료·문화 등 개인의 서비스 소비에 대한 지출이 포함되어 있지 않다. 2018년에 서비스 소비가 전체 소비에서 차지하는 비중이 49.5%에 이르는 점[21]을 감안하면 이 지표의 소비지표로서의 한계가 뚜렷하다는 점을 알 수 있다. 온라인 소매판매의 경우에도 실물상품 판매만 포함되며 서비스상품 판매는 집계에서 제외된다.

둘째, 소매판매액은 농민이 자가생산하여 소비하는 부분을 포함하고 있지 않으므로 실제 소비를 과소 계상하는 측면이 있다.

셋째, 소매판매액은 개인이 아닌 기업이나 정부기관 등의 소비를 위해 판매하는 부분이 포함되므로 진정한 의미의 개인 내지 가계소비 활동을 측정하기에는 한계가 있다.

마지막으로 일정 규모 이상 기업의 경우 상품별 소매판매액이 비교적 자세하게 제공되나 그 미만 기업의 경우 총액만 있어 상세 내용을 알기 어렵다.

이 지표 또한 춘절(설)이 미치는 영향을 감안하여 1월 및 2월 수치의 경우 2012년부터는 1~2월 누계치만을 발표하고 있다.

---

19) ① 도매기업: 연간 매출액 2,000만 위안 이상, ② 소매기업: 연간 매출액 500만 위안 이상, ③ 숙박 및 요식업: 연간 매출액 200만 위안 이상이다. 한편 전체 소매판매액 중 일정 규모 이상 기업의 소매판매액이 차지하는 비중은 2019년 상반기의 경우 36.4%였다. 또한 일정 규모 이상 기업의 소매판매액 중 비중이 가장 큰 상품은 자동차(2019년 상반기 26.9%)였다.

20) 전체 소매판매에서 온라인 소매판매가 차지하는 비중은 2017년 15.0%, 2018년 18.4%, 2019년 상반기 19.6%로 지속적인 상승중이다.

21) 중국국가통계국(2019.2.13).

소매판매

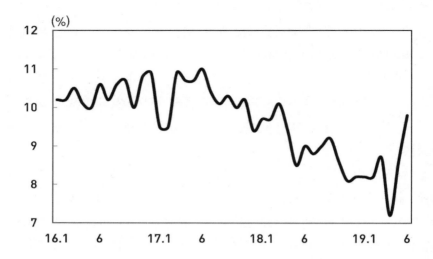

자료: 중국국가통계국

2. 소비자신뢰지수(消費者信心指数, Consumer Confidence Index)

(1) 발표기관

중국국가통계국(www.stats.gov.cn)

(2) 발표시기

해당 월 종료 후 3~4주 전후에 발표된다.

(3) 주요내용 및 특징

1997년 12월에 시범 편제를 시작하여 1998년 8월부터 정식 발표되었다. 이 지수는 ① 소비자기대지수(consumer expectation index)와 ② 소비자만족지수 (consumer satisfactory index)로 구성되어 있다. 각 세부 지수의 가중치는 각각 60% 및 40%이므로 소비자신뢰지수는 미래지향적인 성격이 좀 더 강한 지표라 할 수 있다.

100을 기준으로 경제상황에 대한 소비자들의 낙관과 비관 정도를 나타내며 100 이상이면 낙관적, 100 미만이면 비관적임을 의미한다. 다만 그동안 이 지수를 이용하여 경제동향 및 전망에 대해 예측하기는 어려웠던 측면이 있다. 이는 투자 주도의 경제성장을 추진해 온 중국경제에서 소비의 역할이 미미하였기 때문이다. 다만 소비 중심 성장구조로의 전환이 추진 중인 점을 감안할 때 향후에는 이 지표의 중요성이 더욱 커질 것으로 예상된다.

소비자신뢰지수

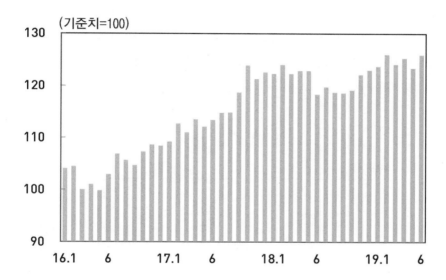

자료: 중국국가통계국

3. 도시가계가처분소득(城镇家庭可支配收入, Disposable Income of Urban Household)

(1) 발표기관

중국국가통계국(www.stats.gov.cn)

(2) 발표시기

통상 해당 분기 종료 후 네 번째 주에 발표된다.

(3) 주요내용 및 특징

도시가계 가처분소득은 가계 총수입에서 개인소득세 및 사회보장지출비를 제외하고 보조금을 합한 소득을 의미한다. 소비 여력을 나타내주는 직관적 지표라 할 수 있다.

이 지표는 2012년 이전까지는 226개 도시의 5.6만여 가구에 대한 샘플조사 방식으로 진행하면서 매 3년마다 통계대상을 갱신하였다. 그러나 2012년 4/4분기부터 국가통계국은 새로운 서베이 방법을 적용하여 전국 2백만 대상가구 중 16만 가구를 샘플 조사하는 방식으로 변경하여 작성해오고 있다.[22]

도시가계가처분소득[1]

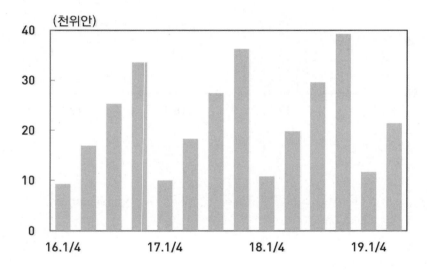

주: 1) 누계
자료: 중국국가통계국

22) The Goldman Sachs Group, Inc., Understanding China's Economic Statistics, Economics Research, 2017.6.

4. 도시등기실업률(城镇登記失業率, Registered Urban Unemployment Rate)

(1) 발표기관

인력자원사회보장부(www.molss.gov.cn)

(2) 발표시기

분기 통계인 이 지표는 해당 분기 종료 약 한 달 후 발표된다.

(3) 주요내용 및 특징

1978년부터 발표된 중국의 공식 실업률 지표이다. '도시지역 등록실업률' 이라고도 한다. 도시등기실업률은 도시등기실업인구를 도시노동인구로 나누어 산출된다. 이때 도시등기실업인구란 노동능력과 취업의사가 있으며 비농업호 적을 보유한 16세~60세(여성은 55세) 사이의 미취업 인구를 의미한다. 도시노동 인구는 취업인구와 도시등기실업인구를 합한 개념으로, 취업인구란 실제 도시 취업인구에서 농민공, 재고용 퇴직자, 외국인취업자 등을 제외한 인구를 말한다.

도시등기실업률(%)

	17.1/4	2/4	3/4	4/4	18.1/4	2/4	3/4	4/4	19.1/4	2/4
실업률	4.0	4.0	4.0	3.9	3.9	3.8	3.8	3.8	3.7	3.6

자료: 인력자원사회보장부

이렇게 산출된 중국의 등기실업률은 2002년 이후 경기와 상관없이 4.0~ 4.3% 수준으로 거의 변함이 없었다. 더구나 2016년 이후로는 지속적인 하락세 를 보이고 있다. 실업 상황을 정확히 파악하지 못한 셈이다. 이는 도시등기실업 률이 국제적으로 통용되는 조사실업률과 달라 여러 한계[23]가 있었기 때문이다.

---

23) 대표적인 한계점으로는 ⅰ) 도시지역만 포함, ⅱ) 현지주민으로 등록된 사람만 조사대상에 포함되므로 다수의 이주 주민(농민공 등) 제외, ⅲ) 피고용자가 실업 후 2개월 이내에 자 신의 호적이 있는 지역에서 직접 등록해야 하는 번거로움으로 등록률이 낮다는 점 ⅳ) 국 유기업에서 강제적인 장기간 휴가로 실질적으로는 실업 상태인 Xiagang(下綱) 근로자 제외

이와 같은 한계로 현재 이 지표는 거의 사용되지 않는다. 아마 조만간 편제 자체가 중단될 것으로 예상된다.

5. 조사실업률(調查失業率, Survey Unemployment Rate)

(1) 발표기관

중국국가통계국(www.stats.gov.cn)

(2) 발표시기

해당 월 종료 후 15일 전후에 발표된다.

(3) 주요내용 및 특징

전술한 도시등기실업률 지표의 한계점을 보완하기 위해 중국국가통계국은 2018년부터 국제 기준에 부합하는 새로운 실업률 지표인 조사실업률(Survey Unemployment Rate)을 공표하기 시작하였다.

이 지표는 2005년 전국을 대상으로 일 년에 두 차례 조사한 것을 시작으로 2009년부터는 31개 도시를 대상으로 매월 조사하였다. 이 두 조사가 2016년 통합되어 전국 및 31개 도시를 매월 조사하게 되었다. 다만, 그동안 내부 참고용으로만 사용하고 대외적 공개는 하지 않고 있는 상황이었다.

이 지표는 ILO 등에서 발표하는 국제 기준의 서베이 실업률 지표와 큰 차이가 없다.[24] 조사실업률 지표에서 실업자는 ⅰ) 조사기간 내(1주일), ⅱ) 보수나 영업수익 있는 일을 1시간 이상 하지 못하였으며, ⅲ) 3개월간 적극적 구직행위에도 불구하고 ⅳ) 일자리를 찾지 못한 16세 이상으로 정의된다. 이와 같은 정의는 기본적으로 ILO 기준과 동일하다고 할 수 있다.

전술한 도시등기실업률이 호적인구를 기준으로 산출되는데 반해 조사실업

등이 지적된다.

[24] ILO는 경제활동인구 중 조사기간(1주 혹은 4주) 동안 구직활동을 하였지만 수입이 있는 일을 하지 못한 구직자를 실업자로 정의하며 통상 표본가구에 대한 서베이 조사를 통해 실업자를 파악한다.

률은 상주인구를 기준으로 산출된다는 점도 차이점 중 하나이다.

조사실업률도 매년 3월 전인대에서 연간 목표를 발표하고 있다. 2018년은 5.5% 이내였으며, 2019년은 5.5% 내외였다. 대내외 환경의 불확실성 증대로 2019년 고용 상황이 더 어려울 것임을 감안한 목표인 것으로 보인다.

조사실업률 지표 산정을 위해 현재 매월 중국 1,800여 개 시(市)·현(縣)의 약 9만 가구를 1만여 명의 조사원이 조사하는 것으로 알려져 있다. 동 지표는 95%의 신뢰수준에서 ±3.5%의 표본오차를 지닌다.[25]

또한 조사실업률 이외에 주요 대도시 실업 현황을 파악하기 위해 '31개 대도시 조사실업률'을 함께 발표하고 있다. 이 지표는 전체 조사실업률 지표보다 대체적으로 더 낮은 수치가 나오고 있다.

한편 현재 조사실업률과 함께 고용 관련 대표적인 지표로 여겨지는 것이 '도시지역 신규 취업자 수'이다. 이는 도시지역을 대상으로 기간 중 신규로 증가한 기업 취업자, 창업자, 공익기관 및 당정(黨政)기관 취업자 등을 합한 개념이다. 단, 이들 취업자들의 보수는 해당 지역 최저임금 이상이어야 한다는 조건이 있다.

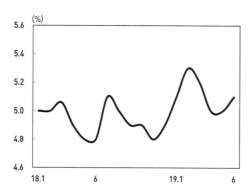

조사실업률

자료: 중국국가통계국

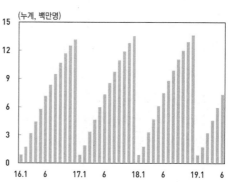

도시지역 신규 취업자

자료: 중국국가통계국

---

25) 중국국가통계국(2019.8.16).

조사실업률과 마찬가지로 중국 정부는 매년 3월 전인대에서 연간 '도시지역 신규 취업자 수' 목표를 발표한다. 그리고 매월 누적 실적을 발표한다.[26] 다만, 이 지표는 도시지역만 조사대상으로 한다는 점에서 일정한 한계가 있다.

Ⅳ. 투자

1. 고정자산투자(固定資産投資, Fixed asset investment)

(1) 발표기관

중국국가통계국(www.stats.gov.cn)

(2) 발표시기

해당 월 종료 후 15일 전후에 발표된다.

(3) 주요내용 및 특징

1995년부터 월 단위로 발표되고 있는 지표이다. 통상적으로는 도시지역 고정자산투자를 많이 사용한다.

이 지표는 현(縣) 및 현급 이상 행정지역[27]에서 행해지는 투자금액 500만 위안 이상[28]의 투자를 포괄한다. 후술하는 부동산개발투자를 포함한다.

한편 이 지표는 월별 데이터가 아닌 누계치로만 발표된다는 특징이 있다. 일반적으로 경제를 분석하고 해석할 때에도 누계치를 사용한다. 이는 고정자산 투자의 경우 정부투자가 큰 비중을 차지하므로 예산지출에 따른 계절적 요인의 영향을 많이 받게 되어 월별 데이터를 사용할 경우 변동성이 커지기 때문이다.

---

26) 2015~2018년 중 목표는 1,000만~1,100만 명이었으며 실적은 1,300만 명 내외를 기록하였다.
27) 중국 행정체제는 성(省)–현(縣)–향진(鄉鎭)으로 구성되어 있다. 성은 전국에 31개가 있으며 우리의 도에 해당한다. 현은 2,200여 개가 있으며 우리의 시, 군, 구에 해당한다.
28) 현재의 투자금액 기준은 2011년부터 사용 중이다. 1996년까지 5만 위안, 2010년까지는 50만 위안이었다.

고정자산투자 내용 구성

전(全)사회	농촌	주체별: 농가와 비농가
	도시	주체별: 국유기업, 민간기업
		지역별: 중앙, 지방
		국적별: 국내기업, 홍콩·마카오·대만기업, 외자기업
		산업별: 농업, 채굴업, 제조업, 인프라, 부동산 등
		종류별: 건설, 설비, 기타

　　다만 이 지표는 500만 위안 미만의 고정자산투자 활동 및 S/W 등 지식재
산권 상품에 대한 지출 활동이 포함되지 않는다는 점을 유의해야 한다.
　　산업생산 및 소매판매 등의 지표와 마찬가지로, 춘절(설) 연휴 영향을 고려
하여 1, 2월 데이터는 별도로 발표하지 않고 1~2월 누계 수치만을 발표한다.

고정자산투자

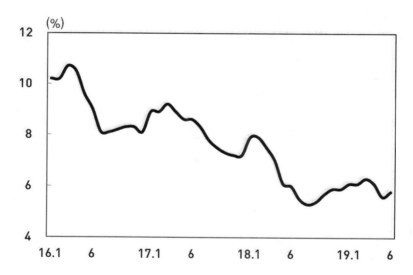

자료: 중국국가통계국

한편 그동안 투자 및 수출 중심의 경제성장을 추진해 온 중국경제는 고정자산투자 증가율이 거의 두 자리 수를 유지해 왔으나 2016년 이후 한 자리 수로 하락하였다.[29]

2. 부동산개발투자(房地産開發投资, Property development investment)

(1) 발표기관

중국국가통계국(www.stats.gov.cn)

(2) 발표시기

해당 월 종료 후 15일 전후에 발표된다.

(3) 주요내용 및 특징

고정자산투자의 주요 구성항목 중 하나로 매월 누계기준으로 발표된다. 특히 주택, 오피스빌딩, 사무실 관련 투자를 별도로 발표한다. 세 분야별로 투자액, 시공면적, 착공면적, 준공면적, 판매면적, 판매액 등이 각각 발표된다. 부동산개발투자의 약 70~80%가 주택에 대한 투자이다.

부동산개발투자 항목별 비중(2018년, %)

	투자액	시공면적	판매면적	판매액
주택	70.8	69.3	86.2	84.3
오피스빌딩	5.0	4.4	2.5	4.2
사무실	11.8	12.5	7.0	8.9
기타	12.4	13.8	4.3	2.6

자료: 중국국가통계국

---

[29] 2019년 1~10월 증가율이 5.2%를 기록하여 종전 최저 증가율 5.3%(2018년 1~8월)를 경신하였다.

부동산개발투자

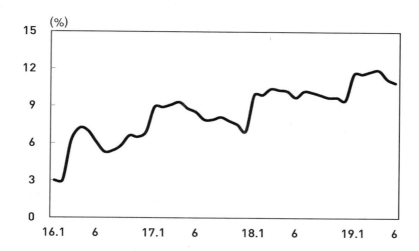

자료: 중국국가통계국

3. 외국인직접투자(外商直接投资, FDI: Foreign Direct Investment)

(1) 발표기관

중국상무부(www.mofcom.gov.cn)

(2) 발표시기

해당 월 종료 후 두 번째 주에 발표된다.

(3) 주요내용 및 특징

1997년부터 발표하기 시작하였다. 투자계약 체결건수와 실제사용 금액을 발표하며 계절조정은 없다. 기업유형(합자, 독자기업 등)별 실제사용 금액은 월별로, 국가별 대중국 투자는 분기별로, 산업별 투자는 연도별로 집계하여 발표된다.

통계범위는 외국기업, 해외 경제조직 및 개인[30]의 중국에 대한 직접투자

---

30) 화교, 홍콩, 마카오, 대만 및 해외에 등록된 중국기업을 지칭한다.

와 정부 관련 부서의 허가총액 한도 내에서 차입한 외국자금을 포함한다.

한편 이 지표에는 중국 내국인의 해외기업 등록을 통한 우회적인 투자(round-tripping)가 포함되어 있어 실제 외국인직접투자에 비해 과대평가될 가능성이 존재하는 점을 유의해야 한다.

외국인직접투자(FDI)

자료: 중국상무부

V. 무역

1. 수출입(進出口, Merchandise Trade)

(1) 발표기관

중국해관총서(www.customs.gov.cn)

(2) 발표시기

해당 월 종료 후 다음 달 10일 전후에 잠정치가, 23일 전후에 확정치가 발표된다.

(3) 주요내용 및 특징

연도별 자료는 1950년부터, 월별 자료는 1992년부터 발표되었다.

이 지표는 상품별, 국가별 및 무역방식별로 구분 발표된다. 무역방식은 일반무역 및 가공무역 등으로 분류된다. 가공무역이란 국외에서 원재료나 부품을 수입하여 국내에서 가공하고 제품을 다시 수출하는 무역방식을 의미한다. 이는 다시 진료가공(進料加工)[31]과 내료가공(来料加工)[32]으로 구분된다. 중국의 가공무역 비중은 그동안 꾸준하게 증가해 왔으나 2000년대 중반 이후 가공무역 금지 품목이 점차 확대되면서 지속적으로 감소중이다.[33]

한편 수출통계는 목적지 기준(본선인도가격, F.O.B.: free on board)으로 작성된다. 특히 중국 수출은 홍콩을 통한 재수출이 많으므로[34] 국별 수출통계를 이용할 때에는 유의해야 한다. 이는 중국의 대미 무역흑자와 미국의 대중 무역적자 간 차이가 발생하는 주요 원인이기도 하다. 양국 간 상이한 기준에 따른 상품수지 적자(흑자)의 차이는 연간 1,000억 달러 내외에 이를 정도로 크다.

미중 간 상품수지 통계 차이(억 달러)

	2016	2017	2018
미국의 대중 무역적자(A)	3,473	3,759	4,192
중국의 대미 무역흑자(B)	2,508	2,758	3,233
차이(A-B)	965	1,001	959

자료: Bureau of Economic Analysis, 중국해관총서

수입통계는 원산지 기준(운임보험료 부담가격, C.I.F.: cost insurance freight)으로

---

31) Manufacturing with purchasing imported materials. 해외 제3업체로부터 원자재를 유상 수입하고 일부를 국내에서 조달하여 완제품을 제조한 후 수출하는 것을 말한다.
32) Manufacturing with imported materials. 해외기업의 위탁으로 원자재, 포장 등을 보세반입 가공 후 해당 기업에 재수출하는 것을 말한다. 이 경우 단순 가공임만 발생하게 되므로 진료가공의 경우보다 부가가치가 떨어진다.
33) 가공무역 비중은 1998년 53.4%에 이르렀으나 2018년 27.4%까지 하락하였다.
34) 중국의 홍콩에 대한 수출비중이 공식통계상 약 15% 내외(2018년 12.2%)이지만 홍콩의 중계무역을 제외하면 순수한 대홍콩 수출비중은 5% 미만으로 추정된다.

작성되므로 무역상대국의 수입통계를 보면 중국의 수출통계를 미루어 알 수 있다.

수출입 통계는 계절성이 크다는 점도 유의해야 한다. 우선 미국, EU 등 국가의 크리스마스 특수 등으로 인해 하반기 수치가 상반기에 비해 높게 나타나는 것이 일반적이다. 또 하나는 설(춘절)이 언제 있느냐에 따라 1, 2월 수치의 변동성이 크다는 점이다. 따라서 전반적인 추세나 동향 파악을 위해서는 1~2월 수치를 합해서 분석하는 것이 더 합리적이다.

최근 3년간 중국의 1~2월 수출증가율(전년동기대비, %)

	2017	2018	2019
1월	6.4	10.7	9.3
2월	−2.3	43.6	−20.7
1~2월 합계	2.7	23.7	−4.6

자료: 중국해관총서

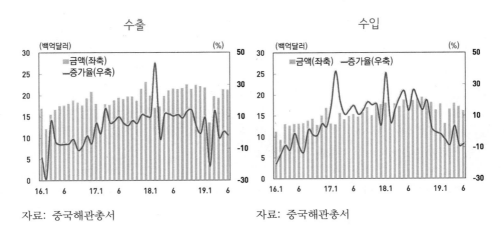

자료: 중국해관총서   자료: 중국해관총서

2. 외환보유액(外匯儲備, Foreign Reserves)

(1) 발표기관

중국인민은행(www.pbc.gov.cn)

(2) 발표시기

해당 월 종료 후 2주 내외에 발표된다.

(3) 주요내용 및 특징

1992년부터 국제적인 외환비축 통계기준을 적용하여 발표되고 있다.[35]
　　중국의 외환보유액은 외환집중제 채택에 따른 비축성 외환보유액 이외에
경영성 외환보유액도 상대적으로 많이 포함되어 있다는 평가를 받고 있다.[36]
경영성 외환보유액은 위안화의 불완전태환에 의한 기업의 해외투자 및 개인의
출국시 사용하기 위해 보유하는 외환을 의미한다.

외환보유액

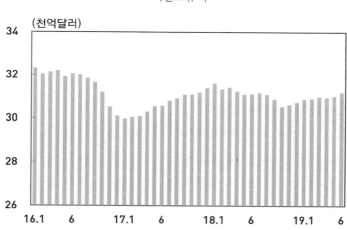

자료: 중국인민은행

　　한편 분산투자 원칙이 강화되면서 중국 외환보유액 내 달러화 비중은
1995년 79%에서 2014년 58%까지 하락하였다.[37]

---

35) 1989년부터 발표된 외환보유액은 중국은행이 상업은행으로 개편(1992년)되기 전에는 국가
　　의 외환보유액과 중국은행의 외환잔고 합계로 구성되어 있었다.
36) 약 30%로 추정된다.(한국은행, 2007)
37) 이는 글로벌 전체 외환보유액 중 달러화 비중인 65%보다도 낮은 수준이다.(國家外匯管理局,
　　2018年報, 2019.7.28)

Ⅵ. 물가 및 가격

1. 소비자물가지수(居民消費價格指数, CPI: Comsumer Price Index)

(1) 발표기관

중국국가통계국(www.stats.gov.cn)

(2) 발표시기

해당 월 종료 후 다음달 10일 전후에 발표된다.

(3) 주요내용 및 특징

1985년부터 발표되기 시작하였다.

통계범위는 전국의 도시와 농촌 주민이 소비하는 식품·주류·담배, 주거, 생활용품 및 서비스 등 8대 항목의 262개 기본 분류 상품과 서비스 가격이다. 도시와 농촌, 식품과 비식품, 상품과 서비스로 나누어 각각의 전년 동기[38] 및 전월 대비 상승률이 발표된다.

조사방식은 '일정한 인원, 지점, 시간'에 직접 조사인원이 투입되는 방식이다. 전국 31개 성 500개의 시와 현, 8.8만여 개 점포[39]가 조사대상이다.

소비자물가지수 구성항목의 가중치는 매 5년마다 수정되며 매년 미세조정을 하는 것으로 알려져 있다. 가장 최근의 수정은 2016년이다. 그러나 품목별 구성 비율은 비공개되어 있다. 현재 학자들이 추정하는 8개 구성항목별 가중치는 대략 ① 식품·주류·담배 34~37%, ② 주거 15%, ③ 교육·오락·문화용품 14%, ④ 교통·통신 12%, ⑤ 의복 9%, ⑥ 의료·보건 8%, ⑦ 생활용품·서비스 4%, ⑧ 기타용품·서비스 1~4% 등이다. 다만 최근의 소비지출 추세를 감안할 때 동 비중은 조정될 것으로 예상한다. 구체적으로 식품·주류·담배와 의복 항

---

38) 전년 동기의 경우 해당 월까지의 누계치도 함께 발표한다.
39) 식료품점, 백화점, 슈퍼, 편의점, 시장, 전문점, 쇼핑몰, 농촌시장 및 서비스업체 등을 포함한다.

목은 가중치를 감소시키고, 주거와 생활용품·서비스 항목은 증가시키는 방향으로의 조정이 필요할 것으로 보인다.

CPI 구성요소 및 품목별 가중치 추정

구성요소		가중치 (추정, %)	지출 비중 (%)[1]
수정 전(2015년 이전)	수정 후(2016년 이후)		
식품	식품·주류·담배	34~37	28.4
담배			
의복	의복	9	6.5
가정용품 및 수리 서비스	생활용품·서비스	4	6.2
의료보건 및 개인용품	의료·보건	8	8.5
교통 및 통신	교통·통신	12	13.5
오락교육문화용품 및 서비스	교육·오락·문화	14	11.2
주거	주거	15	23.4
–	기타용품·서비스	1~4	2.4

주: 1) 2018년 전국가계소비지출 항목 비중(중국국가통계국, 2019.2.28)

중국 소비자물가지수의 가장 큰 특징은 구성요소 중 식품 비중이 여타국에 비해 높아 식품 가격 상승이 전체 지수에 큰 영향을 미친다는 점이다. 특히 돼지고기의 영향력이 크다.[40] 한편 선진국의 소비자물가지수 구성요소를 보면 '식품'이 차지하는 비중이 통상 20% 미만으로 작은데 반해 '주거' 비중은 상대적으로 크다는 특징이 있다.[41]

---

40) 관련 식품가격 등을 감안할 때 돼지고기는 CPI에 10~15%의 영향을 미칠 것으로 추정된다.
41) 소비자물가지수에서 주거비 비중이 미국 42.2%, 캐나다 26%이다.(2017년 기준)

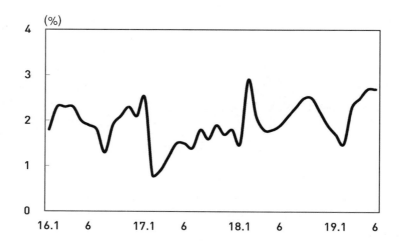

소비자물가지수(CPI)

자료: 중국국가통계국

2. 생산자물가지수(工業生産者出廠价格指数, PPI: Producer Price Indexfor Industrial Products)

(1) 발표기관

중국국가통계국(www.stats.gov.cn)

(2) 발표시기

해당 월 종료 후 다음달 10일 전후에 발표된다.

(3) 주요내용 및 특징

소비자물가보다 10여 년 이상 늦은 1996년부터 발표되기 시작하였다.

현재 400개 도시의 5만여 개 기업을 대상으로 1,638개 품목의 약 2만 개 공업제품 가격을 조사하여 산출한다. 연간 매출액이 2,000만 위안 이상인 기업은 중점 조사(집중 선택), 2,000만 위안 미만인 기업은 일반 조사(무작위 선택)를 실시한다. 또한 생산자료(채굴, 원재료, 가공) 및 생활자료(식품, 의류, 일반일용품, 내구소비품)로 구분하여 각각의 상승률(전년 동기[42] 및 전월 대비)이 발표된다. 주요 산업별 상승률도 함께 발표된다.

이 지표는 기업활동 및 전반적 경기상황을 파악하는 주요 지표의 하나로 간주되며, 통상 소비자물가지수를 6개월 정도 선행하는 것으로 알려져 있다.

생산자물가지수(PPI)

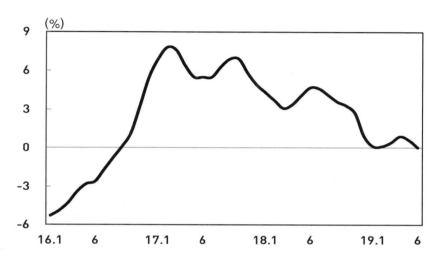

자료: 중국국가통계국

3. **상하이종합지수**(上證綜合指數, Shanghai Stock Exchange Composite Index)

(1) 발표기관

상하이증권거래소(www.sse.com.cn)

(2) 발표시기

매일 발표된다.

---

42) 전년 동기의 경우 해당 월까지의 누계치도 함께 발표한다.

(3) 주요내용 및 특징

상하이종합지수는 중국의 주식시장을 파악하는 가장 기본적인 지수이다. 이는 상하이주식시장에 상장되어 있는 주식의 가격 변동을 포괄적으로 나타내는 지표이다. 이 지수는 1990년 12월 19일을 기준(100)으로 하며 1991년 7월 15일부터 공식 발표되기 시작하였다. 시가총액 방식으로 산출된다.

1990년 8개의 주식으로 시작된 상하이증권거래소는 2019년 11월 20일 현재 1,551개의 기업이 상장된 거대 거래소로 성장하였다. 지수의 경우에도 종합지수 이외에 상하이50지수(SSE 50 Index), 상하이180지수(SSE 180 Index), 상하이380지수(SSE 380 Index) 등 다양한 상품이 존재한다.

상장된 주식은 크게 A주와 B주로 나뉘는데 A주는 중국 내에서 상장되어 중국 A주 시장에서 거래되는 주식을 말하며 내국인 투자를 위한 보통주로 위안화로만 거래된다.43) 한편 B주는 자본시장이 완전 개방되어 있지 않은 중국에서 외국인 투자자를 위한 주식이다.44) 해외자본 유치를 위해 외국인과 기관투자자 전용으로 시작했으나 2001년부터 부분적으로 내국인 투자가 가능해졌다. 다만, B주는 거래금액 및 시가총액 등이 A주의 1%에도 미치지 못할 정도로 미미하여 큰 의미는 없다고 할 수 있다.45)

한편 또 다른 중국 주식시장인 선전주식시장을 대표하는 지수가 선전성분지수(深證成份指數, Shenzhen Stock Exchange Component Index)이다. 선전성분지수는 선전주식시장에 상장되어 있는 주식 중 업종을 대표하는 우량주를 뽑아 개별 주가를 가중평균해 지수로 나타낸 것이다. 현재 이에 포함되는 우량주는 500개이다.46) 상하이주식시장과는 다르게 선전주식시장의 경우 종합지수가 아닌 성

---

43) 내국인이나 QFII, RQFII 자격이 있는 기관투자자만 거래가 가능했으나 2014년 '후강퉁(滬港通)'제도 시행 이후, 외국인 개인도 상하이 A주 투자가 가능하게 되었다.

44) 상하이증권거래소에서는 미달러(USD), 선전증권거래소에서는 홍콩달러(HKD)로만 B주 증권거래가 가능하다.

45) 2019년 11월 20일 상하이증권거래소 기준으로 A주 시가총액은 32.4조 위안(일 거래금액은 1,515억 위안)인데 반해 B주 시가총액은 787억 위안(일 거래금액은 0.6억 위안)에 불과하였다.

46) 2015년 5월 20일부터 선전성분지수에 편입된 종목 수가 기존의 40개에서 500개로 대폭 확대되었다. 이때 고려된 요소는 해당 주식의 총시가 비중(가중치 1), 유통시가 비중(가중치 1) 및 평균거래금액 비중(가중치 1)이었다.

분지수를 주로 사용한다. 그 이유는 션전주식시장에 상장된 주식들의 종류와 성격이 매우 다양하여[47] 성분지수가 기업들의 실적을 좀 더 보편적으로 대변한다고 간주되기 때문이다. 이 지수는 1994년 7월 20일을 기준(1,000)으로 하여 1995년 1월 23일부터 공식 발표되기 시작하였다.

션전성분지수 이외에 션전종합지수(1991년 4월 이후), 중소판지수(2006년 1월 이후), 창업판지수(2010년 6월 이후) 등이 션전주식시장 상황을 나타내는 지수로 다양하게 사용되고 있다.[48]

상하이종합지수와 션전성분지수

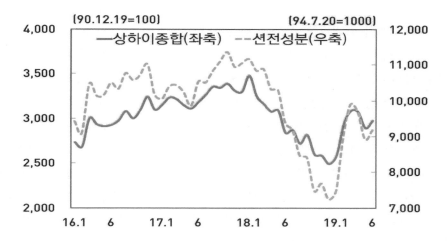

자료: 상하이증권거래소, 션전증권거래소

4. 70대도시 부동산가격(70个大中城市房屋销售價格)

(1) 발표기관

중국국가통계국(www.stats.gov.cn)

---

47) 중소기업, 창업기업 등 규모와 성격이 다른 기업들이 상장되어 있다. 션전거래소 상장기업 수는 상하이거래소보다 많은 2,194개이다.(2019년 11월 20일 현재)
48) 상장 기업의 다양성을 반영하듯 션전거래소에 상장된 지수의 종류는 2019년 7월 말 현재 168개에 이른다.

(2) 발표시기

해당 월 종료 후 2~3주 사이에 발표된다.

(3) 주요내용 및 특징

2011년 1월부터 발표되었다.

1·2·3선 도시 70개를 선정하여 각 지역별로 기존 및 신규주택 가격의 전년 동월 및 전월 대비 변동 상황을 발표한다. 1선은 베이징, 상하이, 광저우, 션전 등 4개, 2선은 톈진, 항저우 등 31개, 3선은 탕산, 진황타오 등 35개 도시가 포함되어 있다. 또한 주택의 크기를 3개(90m² 이하, 90~144m² 미만 및 144m² 이상)로 구분하여 각각의 가격변동 상황을 발표한다.

2010년까지 발표했던 '부동산가격지수'는 전국의 주택가격 상황을 하나의 숫자로 나타내 보여주었다는 점에서 명확하고 이해가 쉬웠다. 그러나 지역별 가격차이를 반영하지 못한다는 비판이 제기되면서 이 지수의 사용은 중단되었다. 당시 주택가격 급등이 일부 대도시에 국한된 현상이었음에도 불구하고 '부동산가격지수'가 지속적으로 상승하면서 중국 주택시장 전체에 대한 버블 논란이 발생하였다. 부담을 느낀 중국 정부가 이를 회피하기 위해 주택가격 산출방법을 변경하였다는 의심이 드는 대목이다. 이런 점에서 현재의 지수는 직관성은 떨어진다. 각 도시의 상승률 평균 값을 사용할 수는 있으나 도시별 가중치가 반영되지 않는다는 점에서 한계가 있다.

한편 현재 신규 및 기존 주택의 가격변동 상황이 모두 발표되나 주로 사용하는 것은 신규주택의 가격변동 상황이다. 이는 기존 주택 판매가격은 실제 거래금액을 반영하지 못해 해당 지역 거래동향과 차이가 나는 등 신뢰성에 다소 문제가 있는 것으로 평가되기 때문이다.[49]

---

49) 신규주택은 현지 정부의 부동산관리 부문에 등록된 가격 및 면적 등의 자료를 그대로 사용한다. 그러나 기존 주택은 지역 부동산업자 등이 제공해주는 자료와 함께 현지 조사원의 일부 중점지역 조사를 결합한 非전면적인 방식이 사용된다.

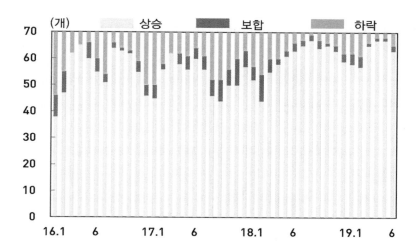

70대도시 부동산가격(전월대비)

자료: 중국국가통계국

5. 위안화 환율(人民幣匯率, CNY)

(1) 발표기관

중국인민은행 산하의 중국외환거래센터(www.chinamoney.com.cn)

(2) 발표시기

매일 발표한다.

(3) 주요내용 및 특징

2006년 1월부터 발표되었다.

중국외환거래센터는 매일 오전 외환시장 개장 전 모든 시장조성자로부터 위안화－미달러화 호가를 받아 산출한 가중평균 환율을 토대로 전일 종가와 통화바스켓 구성통화[50]의 변화를 참조하여 당일의 매매기준율을 정하고 있다.

---

50) 2016년까지는 13개, 2017년부터 11개 통화가 추가되어 2019년 말 현재 바스켓 구성통화는 모두 24개이다. 한국 원화는 달러, 유로, 엔에 이어 네 번째로 높은 비중(10.68%)을 차지하

한편 2017년 5월부터는 경기대응 능력 강화를 위해 환율 결정시 '역주기조절요인'을 추가로 감안하게 되었다. 결국 현재 위안화 환율은 시장수급, 통화바스켓, 경기대응요인의 세 가지 요인에 의해 결정되는 관리변동환율이라 할 수 있다.

기타 통화의 매매기준율은 위안화－미달러화 매매기준율과 오전 9시 국제금융시장의 해당 통화별 대미달러환율을 재정(arbitrage)하여 산출하거나 매일 개장 전 시장조성자의 호가를 받아 평균하여 산출하고 있다.[51]

통상 위안화 환율이라 할 때는 위안화－미달러화 환율을 가리키는 것이 일반적이다.

한편 경제분석시 사용되는 위안화 환율은 당일 외환거래의 기준이 되는 기준환율과 실제 외환시장에 참가하는 외국환은행 간 거래에서 형성되는 시장환율이 있다. 두 환율 간에는 어느 정도 차이가 존재하나 크지는 않다.

통화바스켓 구성 통화 및 비중(%)[1]

통화	달러	유로	엔	홍콩달러	파운드	호주달러	뉴질랜드달러	싱가포르달러
비중	21.59	17.40	11.16	3.57	2.75	5.20	0.57	2.82
통화	스위스프랑	캐나다달러	말련링기트	러시아루블	태국바트	남아공랜드	한국원	아랍에미리트디르함
비중	1.44	2.17	3.70	3.65	2.98	1.48	10.68	1.57
통화	사우디리얄	헝가리포린트	폴란드즈워티	덴마크크로네	스웨덴크로나	노르웨이크로네	터키리라	멕시코페소
비중	2.16	0.37	0.84	0.40	0.58	0.21	0.73	1.98

주: 1) 2020년부터 적용되는 비중
자료: 중국인민은행

고 있다.
51) 한국은행(2012).

위안화-대미달러 환율

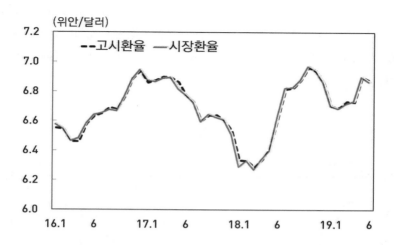

(위안/달러)

`- - 고시환율` `—— 시장환율`

자료: 중국인민은행

Ⅶ. 금융

1. 통화(货币供應量, Money and Credit Aggregates)

(1) 발표기관

중국인민은행(www.pbc.gov.cn)

(2) 발표시기

해당 월 종료 후 다음달 10일~15일 사이에 발표된다.

(3) 주요내용 및 특징

1997년부터 M0(현금통화), M1(M0+요구불 예금) 및 M2(M1+저축성예금+외화예금+신탁 등 기타 금융자산) 금액과 증가율을 발표하고 있다. 시중 유동성 상황을 파악하는 기본지표라 할 수 있다.

통화량 중심의 통화정책을 운영해 온 중국인민은행은 그동안 M2를 통화정책의 중간목표로 사용하여 왔으며 2017년까지는 매년 M2 증가율 목표를 연초에 발표하였다. 그러나 2018년부터는 목표를 설정하지 않고 있다. 이는 중국인민은행의 통화정책이 수량 중심에서 가격 중심으로 점차 변화하고 있음을 의미한다.

통화량(M2)

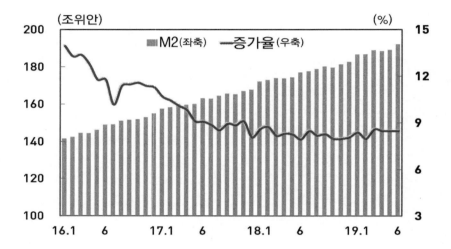

자료: 중국인민은행

2. 예금 및 대출(存款 & 信贷, Deposits & Loans)

(1) 발표기관

중국인민은행(www.pbc.gov.cn)

(2) 발표시기

해당 월 종료 후 다음달 10일~15일 사이에 발표된다.

(3) 주요내용 및 특징

2002년부터 예금, 대출액의 증감률과 잔액 및 신규금액을 발표하고 있다. 신규대출 금액은 M2와 함께 중국인민은행의 통화정책 완화 정도를 추정하는 대표적인 지표로 흔히 사용된다. 이는 그동안 중국의 통화정책 전달경로 중 신용경로(credit channel)가 중요시되어 온 것과 관련이 있다. 중국 정부는 그동안 대형상업은행을 중심으로 은행의 대출여력을 조절하여 시중유동성을 통제해 왔다.

한편 중국 정부는 20여 년간 예대율(loan to deposit ratio, 대출잔액/예금잔액)을 75% 미만으로 규제해 왔으나 이 규정은 2015년 10월 폐지되었다.52)

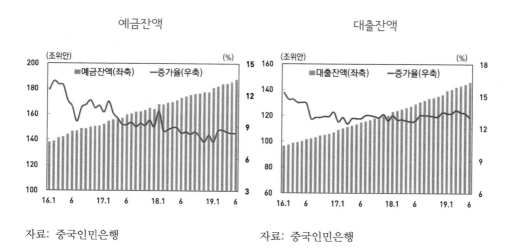

예금잔액	대출잔액
자료: 중국인민은행	자료: 중국인민은행

3. **사회융자총액**(社會融資總量, Aggregate Financing to the Real Economy)

(1) 발표기관

중국인민은행(www.pbc.gov.cn)

---

52) 2019년 3/4분기 말 현재 상업은행 예대율은 74.36%로 여전히 예전의 감독 기준 이내인 수준이다.(중국은행보험감독관리위원회, 2019.11.12)

(2) 발표시기

해당 월 종료 후 다음달 10일~15일 사이에 발표된다.

(3) 주요내용 및 특징

사회융자총액은 금융기관이 실물부문에 신규 공급한 자금 총량을 나타내는 지표이다. 2010년 12월 중앙경제공작회의에서 새로운 경제 지표로 소개되었으며 2011년부터 분기별, 2012년부터 월별 통계가 발표되기 시작[53]하였다. 이 지표는 위안화대출 및 외화대출 등 은행권 대출, 위탁대출·신탁대출·은행인수어음 등 그림자금융, 주식발행액 및 채권발행액 등으로 구성된다. 또한 각 지역별 통계도 분기별로 발표되고 있다.

한편 이 지표는 기존의 유동성 지표인 위안화 신규대출이나 M2와 함께 광범위하게 이용되고 있다. 현재 중국경제 전체의 유동성 상황을 가장 포괄적으로 나타내는 지표로 간주된다.

사회융자총액

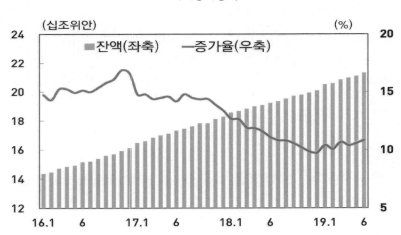

자료: 중국인민은행

---

53) 2012년 9월에 2002년 이후의 월별 지표가 일괄 발표되었다.

4. 상하이은행 간 콜시장 기준금리(上海银行间同業拆放利率, SHIBOR: Shanghai InterBank Offered Rate)

(1) 발표기관

중국인민은행 산하의 중국외환거래센터(www.chinamoney.com.cn)

(2) 발표시기

별도의 홈페이지(www.shibor.org)를 통해 매일 오전 12시 30분(한국시간)에 발표된다.

(3) 주요내용 및 특징

상하이은행 간 콜시장 기준금리(SHIBOR)는 LIBOR와 비슷한 개념으로 중국의 은행 간 거래에 있어 기준이 되는 금리이다.

구체적으로 이 금리는 공개시장조작 주간사은행, 외환시장 시장조성자은행 등 총 18개 우량은행이 제시한 호가 중 최고치와 최저치 각각 2개를 제외한 14개 호가를 산술평균하여 결정된다.

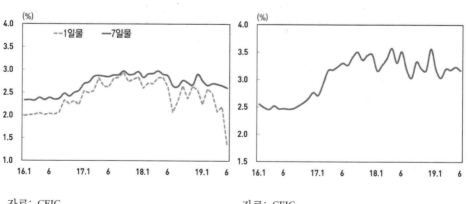

1일 및 7일물 SHIBOR	7일물 CHIBOR
자료: CEIC	자료: CEIC

만기는 1일, 7일, 14일, 1개월, 3개월, 6개월, 9개월 및 1년물 등 8종이 있으며 각각의 금리가 공표된다. 이처럼 공표되는 8종 이외에 비공표되는 다양한 만기의 8종류 금리가 있어 SHIBOR는 모두 16종이 있다. 이 중 단기금리 지표로는 1일 및 7일물이 많이 사용된다.

SHIBOR는 거래를 수반하지 않는 참조금리의 가중평균 금리로 담보가 필요 없는 도매금리라고 할 수 있다.

SHIBOR는 종류가 많다는 장점이 있어 2007년 1월 4일부터 전국은행 간 콜시장 기준금리(CHIBOR: China InterBank Offered Rate)를 대체하여 단기금융시장 지표금리로 활용되고 있다. CHIBOR는 콜시장 거래에서 실제로 행해진 거래의 평균금리이다. 다양한 만기의 CHIBOR 중에서는 특히 7일물이 전체 거래량의 60~70%를 차지하므로 가장 중요한 금리로 평가된다.

중국 금융시장의 핵심 참조금리

자료: CEIC

한편 통상 중국 금융시장의 핵심 참조금리(key benchmark rate)라고 하면 크게 세 가지를 들 수 있다. 우선 1년 만기 대출금리이다. 공식적인 정책금리가 없는 중국에서 통상 기준금리로 불리며 은행이 대출할 때 기준이 된다.[54] 다만 중국인민은행은 2019년 8월 기존의 대출우대금리(LPR: Loan Prime Rate) 제도를 개혁하면서 이 금리를 은행이 대출금리를 산정할 때 기준으로 삼도록 규정하였다. 중국인민은행이 2019년 12월, 2020년부터는 기존 대출에 대해서도 대출우대금리(LPR)를 적용하도록 함에 따라 대출기준이 되는 기준금리가 변경되었다고 할 수 있다. 두 번째는 7일물 Repo(RP) 금리이다. 이는 시장거래의 기준이 되는 금리로 중국인민은행이 통화정책을 운영할 때 실질적인 목표로 삼는 금리이다. 마지막은 3개월 SHIBOR이다. 이는 은행 간 거래의 기준이 되는 금리라 할 수 있다.

 〈참고 12〉 중국경제 관련 중국 주요 기관 및 언론 홈페이지[55]

기관	홈페이지 주소	비고
중국인민은행	www.pbc.gov.cn	통화·금융 통계
국가통계국	www.stats.gov.cn	기본적 중국통계
상무부	www.mofcom.gov.cn	무역 통계
재정부	www.mof.gov.cn	재정 통계
국가발전개혁위원회	www.ndrc.gov.cn	
해관총서	www.customs.gov.cn	무역 관련 기본 자료
중국증권감독관리위원회	www.csrc.gov.cn	
중국은행보험감독관리위원회	www.cbrc.gov.cn	
외환관리국	www.safe.gov.cn	외환 통계
국유자산감독관리위원회	www.sasac.gov.cn	국유기업 통계
상하이증권거래소	www.sse.com.cn	주식 통계
선전증권거래소	www.szse.cn	주식 통계

54) 공식적으로는 대출금리가 자유화되어 있으나 실제로는 은행간 담합 등을 통해 대출금리 하한선이 설정되어 운영되는 상황이다.

국무원발전연구센터	www.drc.gov.cn	국무원 소속 연구소
사회과학원경제연구소	ie.cass.cn/academics/	경제 논문 다양
신화재경(新华财經)	www.xinhuanet.com/fortune/	국무원 기관지
21경제(21经济网)	www.21jingji.com	
차이나데일리(Chinadaily)	www.chinadaily.com.cn	영어 신문
중국금융신문(中国金融新闻网)	www.financialnews.com.cn	
인민일보(人民网)	www.people.com.cn	중국공산당 기관지
제일재경(第一财经)	www.yicai.com	
경제관찰(经济观察网)	www.eeo.com.cn	
재경(财经网)	www.caijing.com.cn	심층 기사 많음
신랑재경(新浪财经)	finance.sina.com.cn	
South China Morning Post	www.scmp.com	홍콩 발행 영어 신문

---

55) 여기에 소개된 홈페이지는 극히 일부를 제외하고 모두 중국어로 된 사이트이다. 대부분 사이트는 영문 사이트도 함께 개설되어 있으나 자료가 빈약하고 업데이트도 잘 되지 않아 별로 도움이 되지 않는 경우가 많다.

관련 도서 추천

중국의 문화

  5장에서는 중국의 주요 경제지표를 살펴보았다. 지표에 나타난 숫자만 기계적으로 읽는 것은 차가운 머리에 해당한다. 경제학을 공부할 때는 따뜻한 가슴이 필요한 법. 여기에서는 한자(漢字), 한시(漢詩), 음식, 여행 등 중국의 문화와 관련된 다양한 책들을 소개하였다.

나의 문화유산답사기 중국편 1, 2

- 저 자: 유홍준
- 출판사: ㈜창비(2019)
- 감 상: 유홍준 교수의 '나의 문화유산답사기' 시리즈 중국편이다. 1편은 돈황 전반을, 2편은 돈황 석굴인 막고굴을 주로 다루고 있다. 중국에 있을 때 중국 3대 석굴 중 용문(龍門), 운강(雲崗) 석굴을 본 저자로서는 마지막으로 남은 막고굴을 언젠가는 봐야지 하는 생각을 늘 하고 있었는데 책으로나마 보게 되어 무척 반가왔다. 돈황 석굴을 보존하기 위해 노력했던 창수홍(常書鴻) 등 많은 사람들의 눈물겨운 희생이 감동적으로 다가온다. 한편으로는 돈황 석굴에 있던 이른바 돈황 문서들이 영국, 프랑스, 러시아, 일본 등 제국주의의 문화재 침탈 행위로 흩어진 사건도 상세하게 소개되어 있다. 일본인이 약탈해 온 돈황과 실크로드의 유물 약 1,700여 점이 기구한 과정을 거쳐 현재 우리 국립중앙박물관에 소장되어 있다고 한다. 우리의 아픈 일제 식민지 역사를 다시 돌아보게 된다.

📖 12개 한자로 읽는 중국

- 저　자: 장일청
- 출판사: 뿌리와이파리(2016)
- 감　상: 부제 '왕조 이름 12개로 푸는 중국 문화의 수수께끼.' 하(夏), 상(商), 주(周), 진(秦), 한(漢), 진(晉), 수(隋), 당(唐), 송(宋), 원(元), 명(明), 청(淸) 등 중국 12개 왕조의 한자 이름에 나타난 의미를 중심으로 중국 문화를 설명하고 있다. 참신한 접근법이었다.

📖 손자병법

- 저　자: 손무 – 임용한 역
- 출판사: 사단법인 올재(2015)
- 감　상: 병법의 고전 '손자병법'을 역자가 쉽게 설명하고 있는 책이다. 특히 전쟁사에 해박한 역자가 동서양의 다양한 전쟁과 전투를 예로 들면서 손자병법의 각 구절을 설명하고 있다. 쉽게 읽히고 재미있다. '마음을 얻는 것이 최선의 승리이다', '자신의 경험, 전술, 편의에 근거하지 마라', '독보적 능력과 기술에 주목하라', '인간은 믿고 싶은 것만을 믿는다', '권위는 세우는 것이 아니라 얻는 것이다' 등의 구절이 인상적이었다. 종합적이고 다양한 이해를 위해서는 다른 번역본도 읽어 볼 필요가 있을 듯하다.

📖 장자

- 저　자: 장자 – 오강남 풀이
- 출판사: 현암사(2013)
- 감　상: 고전 '장자'를 종교학 교수인 저자가 설명하고 있는 책이다.[56]

---

56) 역자인 오강남 교수는 2001년에 초판이 발간된 '예수는 없다'라는 책을 통해 한국 교회의 교조주의와 부패를 통렬하게 비판한 바 있다. 또한 2012년에는 '종교란 무엇인가'라는 책에서 기독교, 불교, 도교의 다양한 관점과 사례를 들어 참된 종교의 의미를 설명하기도 하였다.

기발한 상상력, 박력 있는 표현, 풍자와 상징을 통해 우주와 인생의 깊은 뜻을 일깨워주는 책이라는 평을 받는 장자를 쉽게 풀어서 이야기해주고 있다. 두고두고 곱씹어 볼만한 책이다. '삶이 있기에 죽음이 있고 죽음이 있기에 삶이 있다', '길은 다녀서 생기고 사물도 그렇게 불러서 그렇게 된다', '조금 아는 것으로 많이 아는 것을 헤아릴 수 없다', '대저 대지는 내게 몸을 주어 싣게 하고, 삶을 주어 힘쓰게 하고, 늙음을 주어 편안하게 하고, 죽음을 주어 쉬게 하지. 그러니 삶이 좋으면 죽음도 좋다고 여길 수밖에' 등의 구절이 인상적이었다. 한두 권 설명서만으로 '장자'의 오묘한 세계를 이해하기에는 턱없이 부족할 것이다. 다양한 설명서와 관련 책들을 정독해 볼 필요가 있다는 생각이다.

📖 중국 문화 만담

- 저　자: 남희근
- 출판사: 주식회사 부키(2016)
- 감　상: 중국의 원로 한학자인 저자가 강의한 내용을 모아 정리해 놓은 책이다. 풍부한 중국 고전의 인용이 인상적이다. 다만 강연록을 정리해 놓은 것이다 보니 다소 산만하다. '중국 문화에서 경제는 부수적인 것으로, 정치를 잘하면 경제는 저절로 좋아진다고 생각했다'는 구절 등이 인상적이었다.

📖 아침 꽃을 저녁에 줍다

- 저　자: 루쉰－이욱연 편역
- 출판사: 예문(2003)
- 감　상: 루쉰의 산문집에서 발췌하여 번역한 책이다. 중국의 대사상가이자 혁명가였던 루쉰의 글은 오늘날 우리들에게도 많은 울림을 준다. 인간의 본질을 직시하면서 부조리를 매섭게 질타하는 그가 오늘의 중국 사회를 본다면 어떤 말을 할지 궁금해진다.[57]

📖 한비야의 중국견문록

- 저　자: 한비야
- 출판사: 푸른숲(2001)
- 감　상: '바람의 딸 시리즈' 등으로 유명한 오지여행가 한비야의 중국
　　　　　체험기이다. 저자는 7년간의 세계 오지 여행을 끝내고 세계난
　　　　　민들을 위한 긴급구호 활동에 투신하기로 결심하였다. 이 책
　　　　　은 그 준비과정의 하나로 중국에서 1년 동안 중국어를 배우며
　　　　　4계절을 지낸 과정을 담았다. 세상에 대한 따뜻한 시선과 확
　　　　　고한 인생관이 잘 나타나 있다. 중국생활을 앞둔 사람들에 대
　　　　　한 입문서가 될 수 있을 것 같다. 다만 출판된 지 너무 오래되
　　　　　어 현재와 맞지 않는 부분이 많다는 점은 고려해야 할 듯 …

📖 중국, 엄청나게 가깝지만 놀라울 만큼 낯선

- 저　자: 스위즈
- 출판사: 애플북스(2016)
- 감　상: 부제 '의외로 낯선 중국 문화와 사유의 인문학.' 음식과 언어,
　　　　　모방과 창조, 미신, 도덕과 양심, 실용성과 조악성, 허세와 체
　　　　　면 등 중국 문화와 관련된 다양한 주제들에 대해 이야기하고
　　　　　있다. 중국인을 그리고 중국 문화를 조금 더 깊게 이해하는데
　　　　　도움이 될 만한 책이다.

📖 중국 한시 −漢代부터 淸代까지−

- 저　자: 송용준
- 출판사: 서울대학교 출판문화원(2014)
- 감　상: 중국 한시의 감상을 위한 종합 기본서이다. 시가 가장 발달했
　　　　　던 당(唐)과 송(宋) 시대의 시가 중심을 이루고 있다. 특히 번
　　　　　역은 직역이 아니라 최대한 자연스러운 의역을 하여 유려한

---

57) 그가 남긴 인상적인 구절 중 하나. '인간에게는 한 가지 큰 결점이 있지요. 자주 배가 고
　　픈 것입니다.'

느낌이다. 틈틈이 참고할 만한 책으로 중국 한시를 좋아하는 독자들에게는 강력 추천이다.

📖 당나라 뒷골목을 읊다

- 저　자: 마오샤오원
- 출판사: 글항아리(2018)
- 감　상: 부제는 '당시에서 건져낸 고대 중국의 풍속과 물정 - 唐詩風物志 -' 전당시(全唐詩)에 실린 5만여 수의 시를 9개 주제로 분류하여 선별한 후 그림과 함께 소개하고 있는 책이다. 9개 주제는 문인들의 자기 홍보, 결혼 풍습, 꽃에 대한 애호, 창의적 발상, 화장의 종류와 유행, 기녀의 일생, 패션 감각, 음식, 경쟁심 등이다. 당시를 통해 당나라 시대의 사회상을 세밀하게 엿보는 기분이 든다. 저자는 당시를 현대의 SNS에 비유하고 있다. 다만 너무 많은 내용을 다루려다 보니 다소 산만한 느낌이다.

📖 당시정해(唐詩精解)

- 저　자: 임창순
- 출판사: 소나무(2017)
- 감　상: 명(明) 시기에 편찬된 당시선(唐詩選)을 저본으로 하여 주로 성당(盛唐) 시대[58]의 시를 소개하고 해설한 책이다. 원문, 해설, 통석, 감상 등으로 나뉘어 있으며 내용이 풍부하다. 번역은 우직한 직역을 하여 다소 부자연스러운 부분도 있지만 시를 해석하고 공부하기에는 좋을 듯하다.

---

58) 당시의 발달과 관련하여 당나라를 보통 4개 시기로 구분한다. 初唐(고조 원년에서 현종 원년까지, 618~713년), 盛唐 (현종 원년에서 두보 사망까지, 713~770년), 中唐(770~835년), 晚唐(835~906년) 등이 그것이다. 이백, 두보, 왕유 등이 활발하게 활동한 盛唐 시기가 당시의 전성기라 할 수 있다.

📖 당시삼백수 1, 2

- 저　자: 손수(孫洙) 편, 임동석 역
- 출판사: 사단법인 올재(2019)
- 감　상: 청대(淸代) 손수(孫洙)가 당시(唐詩)의 대표작을 분류해 편집한 '당시삼백수(唐詩三百首)'를 번역한 책이다. 다양한 주제하의 당시(唐詩)를 상세하게 설명하고 있다. 1~2권 합해 750여 페이지에 달한다. 서가에 두고 틈날 때마다 참고하면서 음미할 책이다.

📖 중국, 당시의 나라

- 저　자: 김준연
- 출판사: 궁리(2014)
- 감　상: 부제 '중국 땅 12,500 Km를 누빈 대장정, '당시(唐詩)'라는 보물을 찾아 떠나다.' 고대 중문과 교수인 저자가 중국 13개 성(省)의 명승고적을 찾아가 관련 당시(唐詩) 200여 수를 소개하는 책. 1,100여 년 이전에 창작된 당시가 여전히 현실에서 생생히 살아 숨쉰다는 것이 놀랍다. 당시(唐詩)에 관심이 많은 사람에게는 관련 유적지를 찾아 다니면서 시의 정취를 느껴보는 것이 일생의 로망 중 하나라는 점에서 저자가 무척 부럽다.

📖 당시, 황금 빛 서정

- 저　자: 유병례
- 출판사: 천지인(2009)
- 감　상: 당시 40편을 선별하여 설명하고 있다. 경쾌하고 부담 없이 고전을 읽기 위한 노력의 일환이다. 깊이 있으면서도 이해하기 쉽다.

📖 이백시선 −달과 술의 연인−

- 저　자: 이백 저, 이원섭 역해
- 출판사: 현암사(2017)
- 감　상: 시선(詩仙) 이백의 대표적인 시들을 소개하고 역자의 해설을 붙였다. 사랑, 달과 술, 이별, 험한 인생 등의 주제하에 총 95수의 시가 소개되어 있다. 번역은 의역이 대부분이다. 중국어 발음이 병기되었다면 금상첨화였을 듯하다.

📖 시와 술과 차가 있는 중국인문기행

- 저　자: 송재소
- 출판사: 창비(2015)
- 감　상: 성균관대 명예교수인 저자가 지앙수, 안후이, 난징 등의 지역을 여행하고 쓴 중국 여행기이다. 중국의 대표적인 시, 술, 차를 소개하고 있다. 중국은 가봐야 할 곳이 또한 음미할 것이 무궁무진하다는 생각이 들게 하는 책이다.

📖 술로 만나는 중국 중국인

- 저　자: 모종혁
- 출판사: 서교출판사(2016)
- 감　상: 부제 '중국 전문 저널리스트와 함께 하는 신 명주기행.' 중국 각 지역의 대표적인 술을 모티브로 하여 그 지역을 개괄적으로 소개하는 책이다. 흥미를 유발한다는 면에서 중국 및 중국 경제 초보자용으로 좋은 책이라는 생각이다.

📖 明代의 운하길을 걷다

- 저　자: 서인범
- 출판사: 한길사(2012)
- 감　상: 부제 '항주에서 북경 2500 km, 최부의 「표해록」 답사기.' 교수

인 저자가 최부(崔溥)의 '표해록(漂海錄)' 길을 따라 중국 지방을 여행하며 쓴 산문집이다. 저자는 과문하여 이 책을 통해 처음 '표해록'을 접하게 되었다.[59] 원저 '표해록'을 꼭 한 번 읽어봐야겠다.

📖 중국기행(Riding the Iron Rooster)

- 저 자: 폴 써로우(Paul Theroux)
- 출판사: 푸른솔(1998)
- 감 상: 미국의 기행작가인 저자가 중국을 기차로 여행하면서 쓴 기행문이다. 중국 각지의 풍물과 중국인들의 삶 등을 소개하고 있는 중국 기행문의 고전 중 하나이다. 몽고, 다통, 베이징, 상하이, 광저우, 란저우, 시안, 구이린, 창사, 다리엔, 칭다오, 씨아먼, 티벳 등을 소개하고 있다. 이 책이 쓰인 시기는 1980년대 중반으로 현재와는 많이 다른 모습이었다는 점에서 시의성은 떨어진다. 그러나 중국이 문화대혁명을 거치면서 겪은 여러 가지 정신적 피해를 생생하게 잘 드러내고 있다는 점은 매우 인상적이었다.

📖 혁명의 맛: 음식으로 탐사하는 중국 혁명의 풍경들

- 저 자: 가쓰미 요이치
- 출판사: 교양인(2015)
- 감 상: 중국 역사를 '음식'이라는 돋보기를 통해 설명하고 있다. 만한전석(滿漢全席),[60] 마오쩌둥의 매운 맛 선호, 점차 사라지는 중국의 전통 맛 등의 이야기가 흥미 있는 부분이었다.

---

59) '표해록'은 조선 성종 때의 관리였던 최부가 1488년 제주 앞바다에서 표류 후 중국 저지앙, 지앙수 및 산둥반도를 거쳐 고국에 돌아오기까지 6개월간의 여정을 기록한 견문기이다.
60) 만주족(滿)과 한족(漢)의 요리가 어울린 청대(淸代)의 궁중요리이다. 108개의 요리를 3일에 걸쳐 먹어야 한다는 말이 있을 정도로 고급스럽고 화려한 음식의 대명사이다. 최고로 많을 때는 전체와 후식을 포함하여 300개가 넘는 요리를 차렸던 적도 있다고 한다.

📖 짜장면뎐(傳)

- 저　자: 양세욱
- 출판사: 프로네시스(2009)
- 감　상: 부제 '시대를 풍미한 검은 중독의 문화사.' 짜장면을 중심으로 중국음식과 관련된 다양한 이야기를 소개하고 있다. 음식남녀 (飮食男女)의 의미,[61] 중국의 다양한 요리방법 소개 등이 인상적이다. 저육(猪肉) 볶음에서 유래한 제육볶음, 연계(軟鷄)에서 유래한 영계 등 중국음식과 관련된 일부 우리말의 유래를 처음 알게 되었다.

📖 음식천국 중국을 맛보다

- 저　자: 정광호
- 출판사: 매일경제신문사(2008)
- 감　상: 중국음식 및 요리에 대한 개론서이다. 중국 음식문화의 계보, 중국요리 명칭의 구성과 해부, 중국 문학에 나타난 음식문화, 중국에서 음식 주문하기 등 중국음식과 관련된 상식이 풍부하다. 실용서로서의 가치가 뛰어나다.

📖 차이니즈 봉봉 클럽 1~4

- 저　자: 조경규
- 출판사: 송송책방(2007~)
- 감　상: '오무라이스 잼잼'이라는 일상 음식 만화로 유명한 저자가 쓴 중국요리 및 중국 음식점에 대한 책이다. 중국요리를 좋아하는 고등학생들이 서울(1~2편), 베이징(3편), 광저우(4편)의 중국 음식점을 순례하면서 벌어지는 이야기를 그린 만화이다. 실제 식당과 그 식당의 대표 요리들을 사진과 그림으로 소개하는 형식이다. 내용이 쉽고 중국 음식과 관련된 자료가 풍부

---

61) 음식(飮食)은 식욕을, 남녀(男女)는 성욕을 가리킨다. 음식남녀란 유교에서 인간의 본성을 의미하는 표현이다. 출처는 예기(禮記)이다.(飮食男女人之大欲存焉 死亡貧苦人之大惡存焉)

하다. 무엇보다 중국요리에 대한 작가의 애정이 넘쳐난다.

📖 음식으로 읽는 중국사

- 저   자: 윤덕노
- 출판사: 더난출판(2019)
- 감   상: '중국을 만든 음식, 중국을 바꾼 음식'이라는 부제가 붙어 있다. 대표적인 중국 음식을 통해 중국의 역사와 문화를 소개하고 있다. 동파육 등에 나타난 지배층의 통치 원리, 후추·고구마 등에 나타난 국제정세와 문화 교류의 흔적 등이 대표적이다. 원래 양고기를 좋아하던 중국인들이 언제부터 돼지고기를 좋아하게 되었는지, 몽골 귀족의 접대음식이었던 훠궈(火鍋)의 전파과정, 최초의 합격 기원 음식이었던 돼지족발[62] 등 흥미 있는 내용이 많다. 쉽게 읽히며 재미와 정보를 동시에 주는 책이다.

---

[62] 당나라 시절 과거시험에 합격한 사람의 이름과 시 제목을 장안의 대안탑(大雁塔)에 붉은 글씨로 새기는 전통이 생겨났다. 여기에서 붉은 글씨로 제목을 적는다는 주티(朱題)라는 말이 나왔는데 돼지족발의 발음이 주티(猪蹄)로 같다는 점에서 합격을 기원하는 주술적 풍습이 생겨났다고 한다.

쉬어가는 페이지 ❺

당시(唐詩)

연말연시 등에 언론에서 흔히 볼 수 있는 연례행사 중 하나가 사자성어로 한 해를 정리하거나 어느 기관의 장이 이러이러한 사자성어로 새해 포부를 밝혔다는 소식들이다. 이는 우리나라가 뜻글자인 한자를 자유롭게 쓸 수 있다는 의미이기는 하지만 외국인이 볼 때 다소 생경한 장면이기도 할 것 같다. 우리 언어가 아닌 중국 언어로 우리의 생각을 표현하는 것이니 …

중국은 기록에 철저한 국가였다. 엄청난 분량의 문자기록이 쌓여 있다는 의미이다. 이러한 문자기록들은 방대한 문사철(文史哲) 고전 속에 고스란히 녹아 있다. 중국 정치인들이 정치외교 무대에서 흔히 인용하는 촌철살인의 표현들은 그 많은 고전 속에서 가려 뽑은 구절들이라 하겠다. 여유와 운치를 나타내는 동시에 때로는 직접 말로 할 수 없는 속내를 내비치는 역할을 한다. 출처도 다양하다. 그 중 하나를 소개한다. 중국 역대 최고의 문화상품이라고 하는 당시(唐詩)의 일부분이다. 이 구절은 1984년 레이건 대통령이 중국을 방문했을 때에 인용한 구절이다.

원문 : 海內存知己 天涯若比鄰 (해내존지기 천애약비린)

중국어 발음 : hǎinèicúnzhījǐ, tiānyáruòbǐlín

해석 : 이 세상에 나를 알아주는 이 있으면, 하늘 끝도 바로 곁인 듯 하리니

이 구절은 성당시(盛唐詩)의 선구자로 불린 왕발(王勃)(650~676년)이 장안에 있을 때 촉주로 부임하는 친구를 송별하며 지은 시 '촉주로 부임하는 두소부를 전송하며－送杜少府之任蜀州(송두소부지임촉주)－'의 한 구절이다. 특히 이 구절은 우정의 소중함을 표현한 명구로 알려져 있다. 물론 이 시를 온전히 이해하기 위해서는 알아야 할 배경지식이 많다고 하지만[63] 여러 학자들의 다양한 번역만으로도 그 의미와 내포하는 정을 느끼기에는 충분한 듯하다.

중국인들을 만날 때 특히 의례와 격식이 필요한 자리에서 지식인들과 어울려야 할 때 중국 고전 특히 당시에 대한 이해는 선택이 아닌 필수라는 생각이다. 외국인인 우리로서 쉽지는 않은 일이다. 하지만 옛 우리 선조들은 중국인 못지않게 한시를 읽고 쓰고 짓고 했던 것을 생각하면 노력 여하에 따라 그렇게 어려운 일은 아닐지도 모른다.

저자가 가장 좋아하는 낭만주의 시인 이백(李白)(701~762년)의 시 중 짧은 것 하나를 소개한다. 우리가 흔히 쓰는 '별천지'라는 말의 어원이 된 시다. 속세에서 초연한 이백의 정신이 잘 나타나 있는, 간결하면서도 인상적인 담백한 시다.

山中問答(산중문답) - 산중에서 주고받은 이야기

원문 : 問余何意栖碧山(문여하의서벽산)
　　　笑而不答心自閑(소이부답심자한)
　　　桃花流水窅然去(도화류수요연거)
　　　別有天地非人間(별유천지비인간)

중국어 발음 : wèn yú hé yì qī bì shān
　　　　　　 xiào ér bù dá xīn zì xián
　　　　　　 táo huā liú shuǐ yǎo rán qù
　　　　　　 bié yǒu tiān dì fēi rén jiān

해석[64] : 왜 산에 사느냐고 묻기에
　　　　　그냥 웃으며 대답하지 아니하니 마음이 한가롭다네
　　　　　복사꽃 물에 흘러 아득히 내려가니
　　　　　이곳이 바로 별천지, 속세가 아니라오

---

63) 소부(少府)는 당시 치안을 담당하는 직책이었다는 점, 지임(之任)은 부임하다는 뜻으로 지(之)는 '가다'라는 동사로 쓰이고 있다는 점, 해내(海內)는 사해지내(四海之內)의 줄임말로 고대 중국인들은 자국의 영토가 바다로 둘러싸여 있다고 생각해서 나라 안을 해내(海內)라고 불렀다는 점, 비린(比鄰)은 이웃에 바짝 붙어 있다는 뜻으로 여기서 비(比)는 동사라는 점 등을 들 수 있다.(송용준, 중국 한시, 漢代부터 淸代까지, 서울대학교 출판문화원, 2014년 10월).

64) 임창순(2017) 및 송용준(2014).

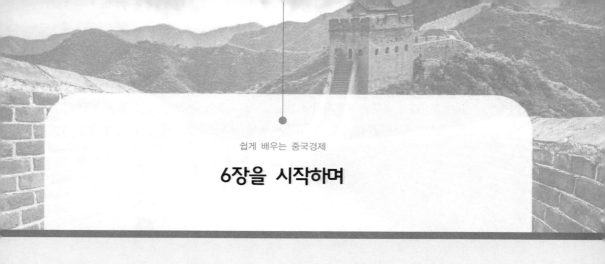

6장을 시작하며

무릇 세상 사람들은 다른 사람이 자신보다 10배 부유하면 헐뜯고, 100배가 되면 두려워하고, 1천배가 되면 그의 일을 해 주고, 1만배가 되면 그의 하인 노릇을 한다. 이것이 사물의 이치다 - 사기(史記) 화식열전(貨殖列傳)에서[1]

부자에 대한 인간의 태도를 이처럼 명확하게 서술한 책이 또 있을까?

지금부터 무려 2,100여 년 전에 나온 고전 사기(史記)는 중국 최고의 역사서로 인물 중심의 역사 서술 방식인 기전체(紀傳體)의 효시가 되는 작품이다. 총 130권 53만 6,500자에 이르는 방대한 책으로 다양한 인간 군상들에 대한 이야기가 생생하다. 이 중 한 권이 상업에 관한 논의를 집약해 놓은 '화식열전'이다. 여기에서 화는 재산, 식은 불어난다는 뜻이다. 구체적으로 화식열전에서는 춘추시대 말에서 전한(前漢) 초기의 부자 52명과 그들이 돈을 번 71가지의 사업과 활동이 소개되어 있다. 농사, 행상, 화장품 판매, 국밥 판매, 칼을 벼리는 것, 양의 내장을 삶아 조리한 음식 판매, 말의 병을 치료하는 것 등 그들은 다양한 방법으로 부를 축적했다. 사마천은 성실한 마음으로 자신의 업무에 매진하여 돈을 버는 것을 긍정적으로 보고 있다. 부를 추구하는 것은 인간의 기본적인 성정으로 배우지 않고도 하나같이 추구할 수 있다는 것이 그의 주장이다. 또한 사람은 부유해야만 비로소 인의를 행할 수 있으며 다양한 일에 종사하는 사람들이 각자 자신의 지식과 능력을 다해 열심히 일하는 것도 결국 재물을 얻으려 하는 것이 목적이라고 지적한다.

중국에서는 1990년대 중반 중상주의(重商主義)사상의 뿌리를 화식열전에서 찾고자 노력하는 등 '사회주의 시장경제' 원리와 화식열전의 이론을 조화시키려는 시도가 행해진 바 있다.

중국 상인을 세계 3대 상인의 하나로 꼽는 데에는 사기 화식열전의 인물들이 보여준 선구적인 업적과 사상이 작용하고 있다고 할 수 있다.

---

1) 사마천, 사기, 사단법인 올재, 2018.

마지막 6장에서는 유교 국가였음에도 불구하고 상업의 전통이 면면히 이어져 온 중국경제의 미래를 그려보았다. 과연 중국은 지금까지의 고도성장을 지속할 수 있을까? 어떤 변화가 기다리고 있을까? 예측이 쉽지 않지만 고민과 노력이 함께 필요한 부분이다.

제6장

중국경제의 미래

Ⅰ. 배경

오랜 산업화 시대를 거친 여타 선진국들과 달리 중국의 경제성장은 비교적 늦게 시작되었지만 빠른 속도로 이루어졌다는 특징이 있다. 따라서 중국은 항상 추종자의 입장에 있었고 시장을 이끄는 선도자의 역할을 할 수 없었다. 아니 할 필요가 없었다.

그러나 고도 성장기를 지나 이제 질적인 성장을 추구해야 하는 중국으로서는 더 이상 과거와 같은 방법으로는 지속적인 성장이 불가능하다. 새로운 성장동력의 확보가 절실한 상황이 된 것이다. 이를 위해 추진하는 방법 중 하나가 첨단 ICT 기술력 확보와 이를 통한 주요 디지털 산업의 발전이다. 이 과정에서 중국은 소위 '건너뛰기식 발전(leap frogging)'의 모습을 보여주고 있다.[2] 유선전화를 건너뛰고 스마트폰으로,[3] 신용카드를 건너뛰고 모바일결제로 변화하

---

2) 이은영, 중국 인터넷 산업의 특징과 주요 기업 간 경쟁구도, 산은조사월보 제759호, 2019.2.

는 것이 그 예이다.[4] 또한 이와 같은 변화의 배경에는 시장 확대 및 선진국들을 따라 잡기 위한 중국 정부의 실용적인 인식도 자리한다. 즉, '우선은 개발하여 발전시키고 후에 문제가 발견되면 규제한다'(First develop, then regulate)는 인식이 중국 디지털산업 발전의 배경 중 하나라는 지적이다.[5]

여기 6장에서는 우선 중국의 디지털경제 현황을 정책, 환경, 주요 인터넷 기업과 선두분야를 중심으로 개괄하였다.

그리고 중국경제가 그동안 급속한 성장을 유지해 올 수 있었던 요인과 앞으로의 과제를 정리하면서 미래를 전망해 보았다.

Ⅱ. 디지털경제 현황

1. 정책과 환경

(1) 중국 정부의 미래 핵심산업 육성 전략

기존 전통산업의 효율화를 추구하는 동시에 새로운 분야의 성장 동력을 확보하는 것은 이제 더 이상 미룰 수 없는 중국경제의 과제가 되었다. 이러한 배경에서 중국 정부는 국가 차원의 실행전략을 통해 미래 핵심산업을 전략적으로 육성하기 위해 노력하고 있다. 그리고 그 중심에 있는 것이 '중국제조 2025'와 '인터넷 플러스(+)'전략이다.

'중국제조 2025'는 2015년 5월에 공식 발표된 계획으로 중국이 향후 30년간 3단계에 걸쳐[6] 산업구조 고도화를 이루겠다는 목표와 전략이다. 이를 위해

---

3) 인구 100명당 유선전화 보유 대수는 2006년 최고치인 28.1대를 기록한 이후 점차 감소하여 2017년 13.9대에 불과하였다. 반면, 2005년 30.3대에 불과하던 모바일폰 보급률은 2017년 102.0대로 증가하였다. 2018년 기준 글로벌 스마트폰 출하량 상위 5대 업체 중 중국업체가 3~5위(각각 화웨이, 샤오미, OPPO)를 차지하고 있다.
4) 2019년 6월 말 기준 중국은 1인당 0.51장의 신용카드를 보유하고 있어 한국의 3.6장(2018년 6월 말 기준)과 크게 차이가 난다.(중국인민은행, 2019년 2/4분기 지급결제운영상황, 2019. 8.22)
5) Kristin Shi-Kupfer, Mareike Ohlberg, China's Digital Rise-Challenge for Europe, Paper on China No 7, Mercator Institute for China Studies, 2019.4.
6) 1단계로 글로벌 제조강국 진입(~2025년), 2단계로 글로벌 제조강국 내 중간수준 달성(~

10대 핵심산업 분야를 선정하여 적극적으로 지원하고 이들 핵심산업의 부품 및 기초소재 등에 대한 국산화율 목표 등을 달성한다는 계획이다.[7]

중국제조 2025의 10대 핵심산업 분야

	분야		분야
1	차세대 정보통신기술(5G, AI, 반도체 등)	6	에너지 절감 및 신에너지 자동차
2	고성능 공작기계 및 로봇	7	전력설비
3	항공우주장비	8	농업기계장비
4	해양공정 엔지니어 설비 및 첨단 선박	9	신소재
5	첨단 궤도교통 설비	10	바이오 의약 및 고성능 의료기기

자료: 중국국무원

이와 같은 중국 정부의 노력은 넓은 의미의 디지털경제화 추진의 일환이라 하겠다. 좁은 의미의 디지털경제란 통신, 인터넷, IT서비스, H/W 및 S/W 등의 ICT분야만을 지칭한다. 그러나 넓은 의미의 디지털경제란 ICT분야뿐만 아니라 디지털기술이 적용된 전통산업까지를 모두 포괄하는 개념이다. '중국제조 2025'상의 과제 중 하나가 IT기술과 제조업의 융합인 점은 이를 잘 나타낸다. 인터넷, 클라우드 컴퓨팅, 빅데이터 등의 기술을 제조업의 전 과정에 접목하여 지능형 생산설비를 개발하는 것을 그 예로 들 수 있다. 중국은 현재 좁은 의미에서는 GDP의 6%, 넓은 의미에서는 GDP의 30%가 디지털경제에 속한다고 할 수 있다.[8] 그러나 아직 중국의 디지털경제화는 주요국 대비 낮은 수준이다. World Bank의 디지털지수 순위는 131개 국가 중 50위, World Economic Forum 지수 순위는 139개 국가 중 59위, IMD의 디지털 경쟁력 순위도 63개 국가 중 30위에 불과하다.[9] 여전히 발전 여지가 많다는 의미이다.

2035년), 마지막 3단계로 글로벌 제조업 선도국가 지위 확립(~2049년)이 목표이다.
7) 10대 핵심 산업의 부품과 기초소재의 국산화율을 2020년까지 40%, 2025년까지 70%를 달성한다는 계획이다.
8) Longmei Zhang & Sally Chen, China's Digital Economy: Opportunities and Risks, IMF Working Paper WP/19/6, 2019.1.
9) Longmei Zhang & Sally Chen(2019.1), IMD, World Digital Competitiveness Ranking 2018, 2018.

한편 '인터넷 플러스(+)'는 2015년 3월에 최초 제시된 개념으로 클라우드 컴퓨팅, 빅데이터, 사물인터넷 등을 현대 제조업과 결합하여 전자상거래와 인터넷산업 및 금융업 등의 발전을 꾀하는 것이다. 이후 관련 조치들이 지속적으로 발표 시행되고 있다.[10]

이미 중국의 인터넷 환경 및 사용자는 놀랄 만큼 빠른 속도로 변화중이다. 2019년 6월 말 기준 인터넷 사용 인구는 8.5억 명이며 보급률도 61.2%에 이른다. 이는 글로벌 평균 보급률(51.7%)을 넘는 수준이다. 또한 인터넷쇼핑 이용자 6.4억 명, 인터넷 상품판매자 4.2억 명 등 관련 시장이 큰 성장세이다. 압도적인 시장의 크기를 디지털경제 발전에 활용하고 있는 셈이다.[11]

중국의 인터넷 관련 현황(2019년 6월 말 기준)

항목	현황
인터넷 사용 인구	8.54억 명
스마트폰 인터넷 사용 인구	8.47억 명
인터넷쇼핑 사용 인구	6.39억 명
스마트폰 결제 사용 인구	6.22억 명
인터넷 이용 상품 판매 인구	4.21억 명
알리페이(Alipay)와 위챗페이(WeChat pay)[1] 사용국	40개 국

주: 1) 중국의 대표적인 모바일결제 플랫폼
자료: 중국인터넷정보센터(2019.8)[12]

(2) 지식재산권 투자와 연구

중국이 디지털 통신기술을 중심으로 지식재산권에 대한 투자와 연구를 대폭 확대하고 있는 것은 새로운 성장 동력 확보와 이를 통한 미래 산업 선점이

---

10) 「인터넷 플러스 적극 추진에 관한 행동의견」(2015년 7월), 「인터넷 플러스 3개년 행동계획」(2016년 5월) 등이 대표적이다. 2019년 3월의 정부업무보고에서는 인터넷 플러스의 확장된 의미로 '스마트 플러스(智能+)'라는 용어를 사용하였다.
11) 중국의 대표적 쇼핑행사인 광군제(11월 11일)에서 알리바바가 2019년 단 하루 동안 올린 매출액이 약 45조 원(2,684억 위안)이었다. 2018년 우리나라 1년 전체 온라인 쇼핑 규모가 112조 원이었던 점을 감안하면 중국 시장이 얼마나 큰지 알 수 있다.
12) CNNIC, The 44th China Statistical Report on Internet Development, 2019.8.

목적이다. 세계지식재산권기구(WIPO)에 의하면 중국은 2018년 중 미국에 이어 두 번째로 많은 특허를 신청한 국가였다. 특히 최근 미국의 견제를 받고 있는 중국 기업 화웨이(Huawei)는 5,405건으로 최다 특허신청을 한 기업으로 나타났다.

국제특허신청 상위 5개국(2018ᵉ, 건)

국　　가	미국	중국	일본	독일	한국
신청 건수	56,142	53,345	49,702	19,883	17,014

자료: WIPO(2019.3)

국제특허신청 상위 10개 기업(2018ᵉ, 건)

기　　업	Huawei	Mitsubishi	Intel	Qualcomm	ZTE
국　　가	중국	일본	미국	미국	중국
신청건수	5,405	2,812	2,499	2,404	2,080
기　　업	Samsung	BOE	LG	Ericsson	Bosch
국　　가	한국	중국	한국	스웨덴	독일
신청건수	1,997	1,813	1,697	1,645	1,524

자료: WIPO(2019.3)

또한 중국이 기존의 요소투입 중심 성장에서 벗어나 과학기술을 통한 혁신성장을 추구하고 있는 것은 R&D 확대와 SCI 논문 급증 등으로도 잘 나타난다. 중국의 GDP대비 R&D 비중은 2002년 및 2014년에 각각 1% 및 2%를 돌파하였으며 2018년 2.19%에 달한다.[13] 투자규모로는 미국에 이어 두 번째이다. 한편 2018년 기준 SCI 수록 논문 수에서 중국은 약 41.8만 편으로 9년 연속 세계 2위를 차지하고 있다.[14]

---

13) 2017년 기준으로 OECD 국가 평균 GDP대비 R&D 비중은 2.37%이다.(중국국가통계국, 2019.8.30)
14) 중국국가통계국(2019.7.23).

주요국 R&D 규모(2017년, 억 달러)

	미국	중국	EU	일본	독일	한국
규모	4,836.8	4,427.2	3,077.0	1,551.0	1,100.8	842.5

자료: OECD

2. 주요 인터넷 기업과 선두 분야

(1) 주요 인터넷 기업의 급성장[15]

소위 BAT(Baidu, Alibaba, Tencent)로 대표되는 중국의 인터넷 기업들은 20여년의 짧은 역사에도 불구하고 급속한 성장을 이룩해왔다. 시가총액은 물론이고 진출분야도 오락, 금융, 결제, 교통 등 다양한 방면으로 확대되는 추세이다.

텐센트(Tencent)는 1998년 설립 이후 PC용 메신저인 'QQ'를 통해 가입자를 확보한 이후 2003년부터 온라인게임으로 진출하면서 급성장하였다. 알리바바(Alibaba)는 1999년 설립 이후 B2B 전자상거래에 집중하였으나 2003년 C2C플랫폼인 타오바오(淘寶), 2008년 B2C 플랫폼인 티엔마오(天猫) 등을 출시하면서 소매 전자상거래 시장을 지배하게 되었다. 현재 텐센트와 알리바바는 모바일 결제시장을 양분하며 치열한 플랫폼 경쟁을 벌이고 있는 상황이다.[16] 2000년 설립된 바이두(Baidu)는 중국 검색시장 부동의 1위 기업으로 최근에는 AI 기업으로 도약하기 위한 투자를 늘리고 있다. 한편 징둥(Jingdong)의 경우 1998년 전자상거래 업체로 출발하였으며 이후 모바일 전자상거래·물류 및 금융 등으로 사업 영역을 확대하고 있다. 최근에는 드론을 이용한 배송에서 글로벌 선두라는 평가를 받고 있다.

BAT는 글로벌 금융위기 이후 급성장하였으며 중국의 창업 생태계 발전에 크게 기여하였다는 평가를 받고 있다. 반면 막대한 자금력과 사용자를 바탕으

---

15) Oliver Wyman, New Kids on the Block : China as a new force in the wealth-tech market, 2018, 이은영(2019), 한국정보화진흥원, '중국 디지털 혁신과 新성장동력 – 주요 지능화 기술과 서비스 분석'(A.I.플러스 시리즈 2018, 2018.12), 이수향, 중국의 창업 활성화 배경과 시사점, 한국은행 국제경제리뷰, 2018.1.5, Longmei Zhang 등(2019.1) 참조.
16) 2018년 4사분기 중국의 전체 모바일 결제액 47.2조 위안 중 알리바바의 알리페이는 53.78%, 텐센트의 위챗페이는 38.87%의 시장점유율을 차지하였다.

로 과도한 영향력을 발휘하고 있다는 비판도 제기된다. 미국의 4개 IT 선도기업을 통칭하는 FANG(Facebook, Amazon, Netflix, Google)이 미국 전체 벤처투자의 5%를 차지하는 데 비해 BAT는 중국 벤처투자의 42%를 담당하고 있다는 사실 (2016년 기준)은 이러한 비판의 근거 중 하나이다. 다만 아직까지 중국 정부는 BAT가 주도하는 인공지능, 증강현실, 클라우드 서비스 등 첨단 IT분야에 대해서는 독점규제보다 지원할 필요가 더 크다는 인식을 가지고 있는 듯하다. 외국기업의 중국시장 진입을 유무형으로 규제해 왔던 것이나 새로운 인터넷 사업 및 서비스에 대해 '先허용 後규제'의 입장을 여전히 고수[17]하고 있는 것은 이러한 판단이 배경인 것으로 해석된다.

중국의 주요 인터넷기업

	바이두 (Baidu)	알리바바 (Alibaba)	텐센트 (Tencent)	징둥 (JD.com)
주식가치(억 달러) (2019.11.20 기준)	398	4,761	4,487	462
매출(억달러, 2018년)	149	561	473	698
글로벌 500 기업 순위[1]	−	182위	237위	139위
설립	2000년	1999년	1998년	1998년
오락/lifestyle	비디오, 음악	티켓, 음악	게임, 음악	게임, 음악
금융	투자, 자금모집	투자, 자금모집	투자, 자금모집	투자, 자금모집
결제/e-wallet	e-wallet	e-wallet	e-wallet	e-wallet
E-commerce	Groupon, 해외배송	C2C, B2C	할인점, B2C	B2C

주: 1) 2019 Fortune Global 500 기준
자료: O.Wyman(2018) 수정

(2) 디지털경제 주요 선두 분야

중국의 전체적인 디지털화는 아직 주요국에 뒤지고 있지만 몇몇 디지털경

---

17) 예를 들어 핀테크 관련 산업을 규제하고 감독할 '핀테크위원회'는 2017년 5월에야 출범하였다.

제 분야는 글로벌 리더라고 할 수 있다.

우선 들 수 있는 것은 전자상거래(e-commerce) 분야이다. 중국은 이미 전체 소매판매 중 온라인을 통한 소매판매가 약 1/5을 점하고 있다. 2017년 5.48조 위안으로 전체 소매판매의 15.0%를 차지했던 온라인 소매판매는 2018년 7.02 조 위안으로 전체 소매판매의 18.4%까지 상승하였다. 이는 미국(약 10%)의 약 2 배 수준이다. 또한 중국은 글로벌 전자상거래의 약 40%를 차지하고 있다. 한편 온라인 판매의 증가는 택배로 대변되는 물류산업의 급성장을 낳았다. 2018년 중국의 택배수송량은 507.1억 건으로 전년 대비 26.6% 증가하였다.[18]

두 번째는 지급결제 분야이다. 알리페이(Alipay, 支付寶)와 위쳇페이(WeChat Pay, 微信支付)로 대표되는 非은행을 통한 제3자 지급결제액은 2018년 중 208.1조 위안(약 31.4조 달러)에 달하였다. 이는 전년 대비 45.2% 급증한 규모이다. 여기서 제3자 지급결제(third-party payment)란 결제시 현금(양자 결제)이나 은행을 통해 결제하는 것이 아닌 제3자(카드사, 결제대행업자 등)를 통해 결제하는 방식을 말한다. 중국이 현금(중앙은행)이나 온라인뱅킹(은행)보다 인터넷업체 등을 이용하는 제3자 결제방식이 급속히 확산된 배경에는 ⅰ) 낙후된 금융인프라 환경하에서 현금과 유사한 지급기능을 제공한 점, ⅱ) 인터넷 및 모바일기기 보급이 급속히 확대된 점, ⅲ) 결제서비스 업체가 높은 수준의 부가서비스를 제공한 점 등이 꼽힌다.[19]

마지막으로 기타 핀테크(Fintech) 분야이다. P2P대출, 인터넷은행 및 상품 등에서 중국 시장은 급성장하고 있다. P2P대출의 경우 2018년 1.8조 위안의 거래액을 기록한 바 있다.[20] 또한 소액금융 대출 등에 특화된 인터넷은행은 2018 년 말 기준 8개가 영업 중이다. 이 중 텐센트의 미중(微衆, Webank, 2018년 총자산 2,200억 위안) 및 알리바바의 망상(網商, Mybank, 2018년 총자산 959억 위안)은행이 가

---

18) 택배수송량은 139.6억 건(14년) → 206.7억 건(15년) → 312.8억 건(16년) →400.6억 건(17년) →507.1억 건(18년)으로, 4년만에 약 3배 급증하였다.(국가우정국)
19) 이윤숙, 중국 핀테크 산업의 특징과 시사점, 한국은행 국제경제리뷰 제2016-5호, 2016.3.
20) 그러나 급증하는 가계부채에 대한 우려(2010년 가계부채 1.7조 달러, GDP대비 27.2% → 2018년 6.9조 달러, GDP대비 52.6%)로 정부가 P2P대출을 통제하면서 감소하는 추세이다. 2017년 거래액은 2.8조 위안이었다. P2P대출 업체의 수도 2017년 2,240개에서 2018년 1,021개로 급감하는 등 구조조정이 진행중이다. P2P대출 잔액도 2018년 5월의 약 1조 위안을 정점으로 하락하면서 2019년 6월 7천억 위안까지 하락하였다.

장 규모가 큰 은행이다.[21] 한편 온라인 금융시장 펀드의 경우에도 활발한 거래가 이루어지고 있다. 알리바바가 2013년 출범시킨 인터넷 MMF상품인 위어바오(餘額宝, Yuerbao)의 경우 2018년 말 기준 가입자 5.88억 명, 관리자산 1.13조 위안의 거대 펀드로 성장하였다.[22] 한편 중국은 2018년 글로벌 핀테크 스타트업 투자액도 204억 달러에 달해 글로벌 투자액의 50.2%를 차지하고 있다.[23]

(3) ABC 인터넷 시대 대비

중국 정부 및 기업들은 최근 AI, Big data, Cloud computing[24] 등 소위 ABC 인터넷 기술 개발과 적용에 노력하는 모습이다.

특히 여타 국가가 기업 중심이라면 중국은 정부를 중심으로 관련 연구와 투자를 진행하고 있다는 점이 특징이다. AI를 예로 들면 2017년 글로벌 상위 30대 특허출원 기관 중 중국은 5개 기관이 순위에 들었다. 이 중 민영기업은 바이두(26위) 하나였으며 나머지는 모두 국유기업 및 정부 연구소였다.[25] AI 기업 수에서 2018년 중국은 1,040개에 달해 미국(2,039개)에 이어 두 번째를 기록하였다. 이는 영국(392개), 캐나다(287개) 및 인도(152개) 등 여타국을 크게 앞서는 수준이다.[26] 인력 면에서도 중국은 미국 다음으로 많은 AI 관련 인재들을 보유하고 있는 것으로 나타났다. 다만, 인재들의 질적 수준에서는 아직 주요국에 비해 많이 뒤떨어지고 있어 더 많은 노력과 투자가 필요하다는 지적이다.

---

21) 나머지 6개는 신망(新網), 화통(華通), 억련(億聯), 중방(衆邦), 소녕(蘇寧), 중관촌(中關村) 은행이다.
22) 위어바오의 관리자산 규모는 2018년 3월 1.69조 위안까지 증가한 바 있으나 금융당국의 리스크 관리 강화 조치에 따른 자금유입 제한으로 감소추세이다. 다만 투자자는 2017년 말 4.74억 명에서 2018년 말 5.88억 명으로 증가 추세를 이어가고 있다.
23) 김보경, 한·미·중 스타트업 투자 생태계 비교, IIT Trade Focus, 한국무역협회, 2019년 19호. 스타트업이란 혁신적 기술과 아이디어를 기반으로 고위험 및 고수익의 가능성을 안고 빠르게 성장하는 기업을 의미한다.
24) 클라우드 컴퓨팅은 자신의 컴퓨터가 아닌 인터넷으로 연결된 다른 컴퓨터를 통해 정보를 처리하는 기술을 말한다. 한편 빅데이터 처리를 위해서는 다수의 서버를 통한 분산처리가 필수적이라는 점에서 분산처리는 클라우드 컴퓨팅의 핵심기술로 간주된다. 이런 점에서 빅데이터와 클라우드 컴퓨팅은 매우 밀접한 관계이다.
25) 국가전력망공사(15위), 중국과학원(17위), 씨단대학교(29위), 저장대학교(30위) 등이었다. (WIPO, Technology Trends 2019, Artificial Intelligence, 2019.2)
26) CAICT, 2018 World AI Industry Development Blue Book, 2018.7.

AI 관련 인재 및 상위 인재 수[1](2017년)

	AI 관련 인재 수(명)			AI 관련 상위 인재 수(명)	
1	미국	28,536	1	미국	5,158
2	중국	18,232	2	영국	1,177
3	독일	9,441	3	독일	1,119
4	영국	7,998	4	프랑스	1,056
5	프랑스	6,395	5	이탈리아	987
6	스페인	4,942	6	중국	977
7	이탈리아	4,740	7	스페인	772

주: 1) 상위 인재는 논문 피인용 횟수 등으로 측정한 상위 10% 이내 인재를 지칭
자료: 淸華大學科技政策硏究中心

한편 중국은 방대한 데이터 수집이 용이하다는 점에서 AI 및 Big data산업에 매우 유리한 조건을 갖추고 있다는 평가이다. 아직은 미국이나 일본 등에 비해 많이 뒤쳐져 있지만 따라 잡는 속도가 매우 빠를 것임을 예상하게 되는 근거이다. 중국의 AI시장 규모는 2015년 16억 달러, 2017년 34억 달러에서 2020년 143억 달러까지 증가할 것으로 전망된다.(Statista)

또한 중국의 Big data 시장은 2017년 대비 2019년은 3배 이상이 되면서 미국 다음의 거대 시장이 될 것으로 예상된다.

Big data 시장 상위 5개국

	2017년(억 달러, A)	2019년[e](억 달러, B)	규모 증가(배, B/A)
미국	97.8	152.1	1.6
중국	7.5	23.9	3.2
영국	14.5	23.5	1.6
캐나다	4.5	7.7	1.7
프랑스	2.3	4.7	2.0

자료: OnAudience.com(2018.8)[27]

한편 클라우드 컴퓨팅 시장의 경우 2018년 글로벌 시장 규모가 2017년보다 46.5% 증가하여 800억 달러를 넘어섰다. 현재 미국의 Amazon이 시장을 지배하고 있는 가운데 Microsoft, IBM, Google과 함께 Alibaba가 Big5를 형성하고 있다. 아직은 미국 기업들의 영향력이 절대적인 시장인 셈이다. 이 부문에 대한 미국의 시장개방 압력이 앞으로 더욱 커질 것으로 예상되는 이유이다.[28]

Cloud Computing 시장 주요 기업 및 시장 점유율(2018년)

	매출액(억달러)	점유율(%)	매출 증가율(%)
Amazon Web Services	254	31.7	47.1
Microsoft Azure	135	16.8	82.4
Google Cloud	68	8.5	93.9
Alibaba Cloud	32	4.0	91.8
IBM Cloud	31	3.8	17.6
기타	283	35.2	26.1
전 체	804	100.0	46.5

자료: Canalys[29]

ABC인터넷 기술과 관련하여 아직은 미국이 절대적인 우위를 가지고 있는 것이 사실이다. 그러나 중국은 정부의 대규모 투자를 바탕으로 빠르게 추격중이라 할 수 있다. 현재 미국과 중국의 기술격차는 1.2~1.4년으로 추정된다.

한편 중국은 새로운 부가가치 창출을 위해 5G, 양자통신, 블록체인, 가상현실, 사물인터넷 등에도 전방위적인 투자와 연구를 하고 있다. 그 중 대표적인 기업이 세계 최대의 이동통신 장비업체인 화웨이(Huawei)이다. 화웨이는 지속적인 R&D 투자로 기술 수준을 제고하면서 5G를 비롯한 첨단부문의 특허도 다량 보유하고 있는 중국 최고의 기업 중 하나이다.[30] 미국이 2019년 5월 화웨이를

---

27) OnAudience.com, Global Data Market Size 2017~2019, 2018.8.
28) 중국의 클라우드 컴퓨팅 시장 규모는 2018년 72억 달러로 전년 대비 76.5% 급등하였다.(SCMP, 2019.4.24)
29) Canalys, Cloud infrastructure spend grows 46% in Q4 2018 to exceed USD80 Billion for full year, 2019.2.

주요국의 미국 대비 ABC인터넷 기술 격차(2017년 기준, 년)

	중국	유럽	일본	한국
AI	1.4	1.0	1.4	1.8
Big data	1.2	0.9	1.2	1.6
Cloud computing	1.2	1.0	1.4	1.7

자료: 정보통신기술진흥센터(2018.2)

미국 기업의 거래제한 명단(Entity list)에 올린 것은 첨단기술 부문에서의 중국 부상을 견제[31])하려는 의도가 있는 것으로 해석되고 있다.

화웨이(Huawei) 그룹 개요(2018년 기준)

항 목	내 용	비 고
창 립	1987년	
직 원	18.8만 명	45%인 7.5만 명이 R&D 업무 종사
진출국	170개국	
매 출	1,052억 달러	2014년 대비 2.5배 증가
순이익	87억 달러	2014년 대비 2.1배 증가
R&D 투자액	148억 달러	매출의 14.1%
보유 특허권	87,805개	국내 43,371개, 국제 44,434개
이동통신 장비 시장 점유율	29%(1위)	화웨이-에릭슨-노키아-삼성 순
스마트폰 시장 점유율	16%(3위)	삼성-애플-화웨이-샤오미 순
글로벌 기업 순위	61위	2019 Fortune 선정 매출 기준
기업 브랜드 가치	76억 달러(68위)	2018 Interbrand global 100 기준

자료: 2018년 화웨이 연차보고서(2019.3), Dell'Oro Group(2019.3), Statista

---

30) 2018년도 중국의 985개 대학 졸업생 취업선호도 1위 기업이 화웨이였다.(工信部, 2018年各 高校就業質量報告, 2019.3.16)
31) 화웨이의 핵심 부품 공급업체 92개 중 미국 기업이 33개(중국 25개, 일본 11개 순, 2018. 11 현재)로 미국과의 거래 중단은 화웨이에 치명적이라는 평가이다.

3. 문제점

중국경제가 새로운 성장동력 확보를 위해 디지털경제화 및 지식산업 중심의 고부가가치화를 추구하는 것은 생산성을 증대시키고 지속가능한 성장을 촉진한다는 점에서 올바른 방향임에는 틀림이 없다. 그러나 그 과정에서 발생할 수 있는 문제점을 간과할 수 없다.

우선 지역 간 혹은 기업 간 경쟁 격화로 관련 기술에 대한 기초가 없고 수익성도 명확하지 않은 상황에서 과잉 중복 투자가 이루어질 수 있다는 점이다. 이는 곧 자원의 낭비 및 비효율을 초래할 수 있다. 몇 년 전 중국을 풍미했던 '공유경제'시장의 급격한 성장과 조정과정은 이와 같은 가능성을 잘 보여준다.[32]

둘째, 디지털화가 초래할 수 있는 고용에 대한 부정적 영향이다. 예를 들어 공장자동화에 따른 산업용 로봇 보급은 제조업 고용을 위축시킬 수 있다. 2017년 기준 중국의 로봇 집약도[33]는 97대로 아직 한국의 1/8 수준에 불과한 상황이지만 그 증가 속도는 세계 최고 수준이다. 2009년 로봇 집약도가 11대이었던 점을 감안하면 8년만에 9배가 증가하였음을 알 수 있다. World Bank (2016)에 의하면[34] 중국 고용 인원의 77%가 자동화에 취약한 것으로 추정되었다. 양질의 서비스업 부문에 대한 고용 수요가 증가하지 않는다면 제조업 부문에서 발생가능한 고용 감소와 이에 따른 정치·경제적 압력이 큰 문제가 될 수 있음을 시사하는 대목이다.

---

32) 공유경제(分享經濟, sharing economy)란 인터넷 등 정보기술을 활용해 사용권을 공유함으로써 분산된 자원을 종합적으로 이용하여 다양한 수요를 만족시키는 경제활동을 의미한다. 중국은 교통·차량, 지식·콘텐츠, 주택·숙박, 금융 등 다양한 분야의 공유경제가 급성장하면서 2017년 거래액이 4조 9,205억 위안에 달하였다. 그러나 유사업체 난립, 중복 투자, 공유경제를 악용한 사건사고 발생, 신뢰도 제기 등의 문제점이 발생하면서 2018년 거래 규모는 2조 9,420억 위안으로 급감한 바 있다.(国家信息中心, 中国分享經濟发展报告 2018 & 2019, 2018.3 & 2019.3)
33) 근로자 10,000명당 운영 중인 다목적용의 산업용 로봇 수로 측정한다.
34) World Bank, World Development Report 2016: Digital Dividends, 2016.1.

주요국 제조업의 산업용 로봇 집약도(대, 2017년)

국가	한국	싱가포르	독일	일본	중국	글로벌 평균
집약도	710	658	322	308	97	85

자료: International Federation of Robotics

셋째, 디지털화로 초래될 수 있는 지역 간, 계층 간, 직종 간 소득 및 삶의 질 격차 확대가능성이다. 인터넷 보급률을 예로 든다면 2019년 6월 말 기준으로 도시가 73.7%인데 반해 농촌은 26.3%에 불과한 상황이다.[35] 최근 인터넷 및 모바일에 익숙하지 않은 고령층들이 금융기관 이용이나 결제 등에서 불편함을 겪는 상황이 발생하고 있다는 사실은 이를 잘 보여주는 사례이다. 모바일 경제 확대에 따라 상당수(37%)가 최근 1년 내에 현금지급을 거절당한 경험이 있는 것으로 나타난 상황에서 중국인민은행은 해당 업체들에 시정을 요구하고 처벌을 예고한 바 있다.[36]

마지막으로 적절한 감독 및 규제와 데이터의 안전 문제 등도 소홀히 할 수 없는 분야이다. 핀테크 분야의 소비자 보호 문제, 일부 거대 IT기업의 독과점 문제, 프라이버시 문제 등과 관련되어 지속적인 관심과 정부의 노력이 필요할 것으로 예상된다. 특히 일부에서는 디지털기술의 활용을 이용한 중국 정부의 정치적·사회적 통제 강화를 우려하고 있다.[37] 현재 일부 지역에서 시범 시행 중인 사회신용시스템(Social Credit System)이 시민과 조직들을 통제하는 정도가 점점 증가하고 있는 점은 그 대표적 사례이다. 사회신용시스템은 정부가 개인의 신용을 정보화하여 다양한 사회활동의 규제기준으로 삼는 시스템이다. 예를 들어 이 시스템에 의한 신용등급 점수가 낮은 사람은 항공편이나 열차 등의 예매 및 사용이 제한된다. 2019년 6월 말 현재 신용등급으로 인해 항공편 구매가 제한된 인구가 2,682만 명, 고속열차 구매가 제한된 인구가 596만 명에 이른다.[38] 2020~2021년에 전국적으로 확대 실시될 예정인 이 시스템은 AI와 빅데이터의 활용을 통한 일종의 디지털 전체주의의 도구로 사용될 여지가 있어 우

---

35) CNNIC(2019).
36) 중국인민은행(2018).
37) Kristin Shi-Kupfer & Mareike Ohlberg(2019).
38) 국가발전개혁위원회(2019.7.16).

려를 낳고 있는 상황이다.

Ⅲ. 결어

1. 중국경제 성장요인

중국이 그동안 달성한 미증유의 경제 성장요인이 무엇인가에 대해서는 다양한 해석과 의견이 있다.[39]

이들 연구자들이 지적하는 중국경제 고성장의 공통적인 요인으로는 일반적으로 다음과 같은 것을 들 수 있다.

우선, 저렴하고 풍부한 인적자원을 들 수 있다. 높은 교육열의 배경하에 양질의 노동력이 공급되었다. 이는 시장경제의 발달과 함께 거대 소비시장을 형성하는 선순환을 이룬 결정적 원인이 된다. 중국경제가 소위 인구보너스(demographic bonus)를 누릴 수 있었던 것이다. 2018년 말 현재 2.88억 명에 달하는 농민공은 중국 경제성장에 공급된 풍부한 노동력을 대표적으로 보여주는 것이다. 2014~2018년의 4년간 신규로 공급된 농민공만 연 평균 360만 명에 달하였다.[40]

두 번째로는, 개혁개방정책을 통해 시장경제 요소를 적극 도입한 것을 들 수 있다. 이는 경제주체들의 인센티브 제고에 획기적인 전환점을 만든 사건이다. 역동적이고 충분한 기회가 있다는 시장참가자들의 인식은 현재도 여전한 것으로 판단된다. 2018년 중 신규 설립된 기업이 일일 평균 1.8만 개에 이르는 사실은 이를 잘 보여준다. 이는 또한 기업가적 기질이 풍부한 중국 상인(商人) 전통이 일부 부활하였다는 해석도 가능하다. 결국 공산주의 국가인 중국이 사회주의 시스템과 논리적으로 양립하기 쉽지 않은 사유재산제, 이윤추구의 정당

---

39) 한국은행 해외조사실, 중국경제의 고성장 배경과 성장지속 가능성, 한은조사연구, 2003.3, 하버드대학 중국연구소, 하버드대학 중국특강－The China Questions－, 미래의 창, 2018.3, 배리 노턴, 중국경제－시장으로의 이행과 성장, 서울경제경영, 2011.1, 조영남, 개혁과 개방－덩샤오핑 시대의 중국1(1976~1982년), 민영사, 2016.9, 조너선 펜비, 중국의 세기는 올 것인가?：버블차이나－Will China dominate the 21st Century－, 아마존의 나비, 2015 등.
40) 中國國家統計局, 2018年農民工監測調查報告, 2019.4.29.

성, 경쟁적인 자원배분제 등의 요소를 절묘하게 조화시켜 온 결과가 높은 경제성장으로 나타난 것으로 해석된다.

세 번째로는, 개혁개방정책 추진과정에서 장기간의 계획을 세우고 이를 실천해 온 리더십과 유능한 당정(黨政)간부의 역할도 빼놓을 수 없다. 우리나라의 경제개발과정에서 엘리트 관료 집단이 중요한 역할을 수행한 것과 동일한 맥락이다.

네 번째로는 화교 자본 중심의 해외자본과 외자기업을 적극적으로 유치한 점을 들 수 있다. 외자기업을 통해 선진기술 및 경영기법을 전수받은 중국 국내기업들은 높은 저축률[41]에 힘입은 풍부한 저금리의 자금을 바탕으로 급성장할 수 있었다.

마지막으로 중상주의 정책으로 탄력을 받은 중국의 저가 수출품에 대한 해외의 강한 수요를 들 수 있다. 특히 중국의 WTO 가입을 통한 대외교역 확대는 중국의 경제성장과 염가·양질의 중국 수입품을 통한 글로벌 경제의 혜택이라는 상호 이익이 되는 결과를 낳을 수 있었던 핵심 요소였다는 평가이다.[42]

그러나 위와 같은 해석들은 어느 한 일면만을 사후적으로 설명하는 한계가 있다는 점을 유념해야 한다. 역사에는 가정이 없다고 하지만 만약 위의 요인 중 어느 하나가 결여되었다면 중국경제의 고속성장이 불가능했었느냐 하는 점에 대해서는 누구도 자신 있게 답할 수 없는 문제이다. 만약 덩샤오핑이 1979년의 개혁개방정책을 하지 않았더라면, 중국이 2001년 WTO가입을 하지 않았더라면 지금의 중국경제와 글로벌경제는 어떤 모습일까? 혹은 어느 신흥국이 위와 같은 요인들을 적극적으로 모방하여 경제개발을 추진한다면 중국과 같은 성공을 이룰 수 있을까? 이 또한 역시 의문이 아닐 수 없다.

결국 중국의 고속성장은 비록 유사한 사례가 없는 것은 아니지만[43] 여러

---

41) 2017년 기준 중국의 총저축률(46%) 중 절반인 23%가 가계저축률인데, 이는 한국(8.8%), 미국(6.7%), 독일(9.9%) 등 주요국보다 약 15%p 높은 수준이다.(OECD). 그동안 중국의 가계저축률이 높았던 원인으로는 사회안전망 부족, 높은 주택가격, 검약을 미덕으로 여긴 전통 문화적 요인 등이 꼽힌다.

42) 저렴한 중국산 제품 수입의 영향으로 2015년 기준 미국 소비자물가는 1~1.5% 낮아질 수 있었던 것으로 추정되었다.(The US-China Business Council, Understanding the US- China Trade Relationship, 2017.1)

43) 한국 및 대만 등이 높은 저축률, 도시화, 수출 주도의 경제개발 전략 등을 통해 고성장을 이룩한 것이 그 사례이다.

가지 역사적·정치적·세계사적 요인들이 복합적으로 작용하여 일회적으로 발생한 매우 특수한 사례라고 할 수 있다. 다른 나라가 이를 모방할 수도 없을 뿐더러 모방할 필요도 없는 것이다. 더구나 대부분의 국가와는 다른 사회주의체제라는 특별한 시스템을 유지하고 있는 중국의 사례를 일반화시키기는 어려운 일이다. 즉, 국가시스템과 경제규모라는 면에서 중국의 고속성장은 과거에도 없었고 앞으로도 거의 없을 예외적 사건이라 하겠다.

2. 중국경제 과제

중국경제가 그동안 고속성장을 지속하면서 양적 성장을 이룬 것은 분명하다. 하지만 인구 및 체제적 제약 등으로 인해 아직도 부족한 부분이 많은 것도 사실이다. 비록 경제규모는 글로벌 2위로 올라섰지만 1인당 소득수준이나 삶의 질 등에서는 아직 갈 길이 먼 셈이다. 글로벌 GDP 상위 20개국 가운데 중국보다 1인당 GDP가 낮은 나라는 터키, 브라질, 인도네시아 및 인도 등 단 4개국에 불과하다. 중국이 앞으로도 상당기간 적정한 경제성장을 지속해야 할 필요가 여기에 있다.

글로벌 GDP 상위 20개국의 1인당 GDP 분포(2018년)

1인당 GDP	5만 달러 이상	4만~5만 달러	3~4만 달러	2만~3만 달러	1만~2만 달러	1만 달러 미만
국 가	스위스 미국 호주 네덜란드	독일 캐나다 영국 프랑스	일본 이탈리아 한국 스페인	사우디	러시아	멕시코 중국 터키 브라질 인도네시아 인도

자료: IMF

중국경제가 적정성장을 지속하기 위해서는 지속가능한 발전을 저해하는 요인들에 대한 대응이 무엇보다도 필요하다. 노동공급상의 애로 극복이나 금융부문 시스템리스크 예방 등을 대표적 과제로 들 수 있을 것이다.

앞의 3장 노동시장 부분에서 서술했듯이 중국은 한국 및 일본과 함께 고령화가 가장 빠르게 진행되고 있는 국가 중 하나이다. 생산가능인구 감소 및 고령화로 인해 경제 활력의 저하 및 잠재성장률 하락 등이 우려되는 배경이다.

따라서 중국이 노동공급상의 애로를 해소하기 위해서는 정년 연장, 호적제도 개혁을 통한 도시로의 인구유입 제한 완화 등을 고려할 필요가 있다. 그러나 이는 대규모 재정부담 등을 초래한다는 점에서 쉽지 않은 문제이다. 지금도 교육, 사회보장, 의료 관련 지출 등으로 인해 대도시의 수입/지출 불균형은 심각하다. 1선 도시의 경우 일반예산 수입은 지출의 67~85%에 불과하여, 중앙정부 보조금이 없으면 원활한 행정서비스 공급이 어려운 상황이다.

1선 도시 일반예산 수입과 지출(2018년)

도시	베이징	상하이	션전	광저우
수입(억 위안, A)	5,786	7,108	3,538	1,632
지출(억 위안, B)	7,468	8,352	4,283	2,423
A/B(%)	77.5	85.1	82.6	67.4

자료: 각 시 홈페이지

인구는 많지만 일할 수 있는 인구는 점점 줄어드는 진퇴양난 속에서 중국 정부의 지혜가 필요한 부분이라 하겠다.

또한 중국은 실물경제에 비해 금융부분의 경쟁력이 매우 취약한 상황이다. 특히 고성장 경제개발 시대의 금융억압(financial repression)정책[44]이 초래한 금융시장의 제반 리스크 요인들에 대한 우려가 높아지는 상황이다. 지방정부부채 과다, 유동성 과잉 및 대체금융상품 부재로 촉발된 부동산가격 버블, 정규 금융권의 미비로 확대된 그림자금융 등이 대표적 리스크 요인이다. 이들 요인들은 발생가능성이 높아 충분히 예상할 수 있지만 간과하기 쉽다는 의미에서 중국

---

[44] 중국사회과학원은 금융억압 과정에서 발생한 중국 금융시장의 특징으로 인위적 저금리, 자금배분 과정에서의 중소기업 소외, 민간부문에서 기업부문으로 부(富)의 이전 등을 예시한 바 있다.(2015.1)

경제의 '회색코뿔소(grey rhino)'로 불리운다.

비록 이러한 요인들이 단기간에 현실화할 가능성은 높지 않지만 중국 정부는 그 위험성을 인식하고 다양한 차원에서 금융부문 리스크 통제 노력을 강화하고 있다. 지방정부 관료에 대한 평가시 경제성장률 외에 민생개선 및 환경보호 등 질적 요소를 강조함으로써 대규모 투자 중심의 지방정부 성장방식을 억제하려는 조치가 대표적인 사례이다.[45] 2015년 1월부터 시행된 '예산법' 개정을 통해 지방채 발행을 허용하는 대신 발행목적과 규모를 크게 제한한 것도 이와 같은 노력의 일환이다.[46] 그동안 지방정부 부채가 급증한 데에는 지방정부가 원칙적으로 채권발행이 불가능한 상황에서 필요자금 조달을 위해 산하의 지방공사를 통해 그림자금융 등에 의존할 수밖에 없었던 구조가 한 요인이라는 지적이 있었기 때문이다.

한편 양적 성장 못지않게 질적인 성장도 중요하다. 앞의 4장에서 설명한 소득분배 문제, 환경문제 등에 대한 근본적이면서도 적극적인 대응이 필요한 이유이다.

마지막으로 적극적인 성장동력 확보 노력이 요구된다. 특히 '996규칙[47]'으로 대표되는 과도한 근로시간은 지속가능한 성장체제 구축과는 어울리지 않는 방식이라 할 수 있다. 이미 1인당 연간 근로시간이 2,200여 시간에 달하는 중국 노동자들에게 단순히 근로시간 증액을 통해 생산성 향상을 기대하기는 어려운 시대가 되었기 때문이다. 환경 및 서비스산업, ICT산업 등 기존의 제조업 중심에서 벗어난 신(新)성장산업을 추진하면서 동시에 노동방식도 합리적으로 전환할 필요성이 그 어느 때보다 높아지고 있는 상황이다.

중국은 대국이기는 하지만 아직 강국이라고는 할 수 없다. 이는 중국 정부 스스로도 인정하는 것이다.[48] 여전히 해결해야 할 과제가 산적해 있기 때문이

---

45) 산시(山西)성(2014년 7월 36개 현), 푸젠(福建)성(2014년 8월 34개 현) 등은 일부 현(縣)공무원의 평가항목에서 성장률 항목을 삭제하였다.
46) 중국 정부는 매년 3월 전인대에서 연간 지방채 발행한도 금액을 승인한다. 2019년의 경우 3.08조 위안이었다. 이는 다시 일반 지방채(0.93조 위안) 및 특수목적 지방채(2.15조 위안)로 용도가 구분된다.
47) 9시 출근, 밤 9시 퇴근 및 일주일 6일 출근하는 방식을 말하는데, 중국 IT업계를 중심으로 불문율처럼 되어 있던 이 규칙에 대한 비판이 최근 증가하고 있다.
48) 중국상무부 기자회견(2018.3.11).

다. 3,500만 명의 빈곤층,[49] 8,000만 명의 장애인, 2억 명의 고령인구 등 중국 정부가 주의를 기울여야 할 취약 계층 인구만 봐도 이 과제가 만만치 않다는 것을 잘 알 수 있다. 중국 정부가 제반 과제들에 어떻게 슬기롭게 대처해 나갈지 매우 중요한 시기이다.

3. 중국경제 전망

(1) 두 개의 시각

중국경제를 보는 시각에는 양극단의 두 가지가 있다.

하나는 소위 중국붕괴론 내지 중국위기론이다. 점증하는 제반 리스크 요인들로 인해 중국경제는 위기를 겪다가 필연적으로는 경착륙할 수밖에 없다는 의견이다. 이때 리스크 요인들로 지목되는 것들이 지방정부부채, 부동산버블, 그림자금융으로 대표되는 금융리스크, 소수민족 갈등, 민주화 요구, 사회분열, 일당독재, 부정부패 등이다. 특히 경제적 요인 이외에 정치·사회적 요인들이 주요 리스크 요인으로 포함되어 있다는 점이 특징이다. 이러한 시각에서 쓰인 많은 주장들이 있다.[50]

다른 하나는 중국기회론이다. 지금까지의 급성장은 논외로 한다 해도 현재 중국이 보여주고 있는 다양한 가능성과 미래 먹거리에 대한 투자와 실력 등을 감안할 때 중국은 여전히 엄청난 기회의 땅이라는 것이다. 이와 같은 의견의 배후에는 거대한 소비시장과 함께 드론, 인공지능, VR, AI, 전기차, 빅데이터 등 첨단 IT산업에서 중국의 경쟁력이 있다. 중국 투자를 권유하는 많은 증권사 보고서는 기본적으로 이러한 시각에서 쓰인다고 보면 될 것이다.

상반되는 이 두 가지 중 어떤 시각이 현실에 부합하는 좀 더 그럴싸한 것일까? 이는 기본적으로 중국이 직면하고 있는 리스크 요인들과 잠재력 요인들 중 어디에 더 중점을 두느냐에 따라 달라진다.

---

49) 2018년 농촌 최저생활보장대상자 연간 수입 기준은 4,833위안이었는데, 전국 1,903만 가구 3,520만 명이 대상자였다.(중국국가통계국, 2019.8.7)

50) 디니 맥마흔의 《빚의 만리장성(China's great wall of debt)》(미지북스, 2018)은 이러한 시각에서 쓰인 대표적인 책이다.

리스크 요인	소득격차, 식량 및 에너지 등 자원 부족, 환경 악화, 일당독재 부패, 부동산 버블, 사회보장제도 미흡, 지역주의, 법률시스템 미비, 기업 및 지방정부 부채 과다, 금융시스템 취약, 국유기업 비효율, 미중 갈등, 고령화, 소수민족 문제, 홍콩 및 대만 문제
잠재력 요인	거대한 내수시장, 풍부한 중산층, 상인(商人) 전통, 높은 교육열, 정치 안정, 화교네트워크, 우수한 창업환경, 중서부지역 개발 잠재력, 역사·문화적 유산, 우수 관료집단, 대규모 R&D투자

자료: 언론보도 등 종합

(2) 전제 조건과 한계

우선 향후 중국경제의 장기적·안정적 성장은 그동안의 고도성장과정에서 발생한 제반 과제들을 어떻게 해결하면서 구조조정과 성장패러다임의 전환을 성공적으로 이룩할 것이냐에 달려 있다 하겠다.

구체적으로는 경제개혁과정에서 기득권 집단의 저항 문제, 중앙과 지방정부간의 갈등과 대립 문제, 소위 airpocalypse(air + apocalypse)로 대변되는 공해 문제, 점증하고 있는 소득불평등 문제 등을 해결해야 하는 과제를 안고 있다. 이들 과제의 성공적 해결 여부는 중국경제가 '중진국함정(middle income trap)[51]' 과 '체제이행함정(transitional trap)[52]'을 극복하고 지속가능한 성장을 유지해 나갈 것인지를 결정할 주요 요인이라 할 수 있다.

그렇다면 어떻게 해야 할까? 무엇보다도 고부가가치 산업발전, 소비 위주로의 경제구조 전환 등을 통한 성장동력 확보가 필수적이다. 대규모 자본투입 위주의 성장은 이미 한계에 직면하고 있는 상황이기 때문이다. 특히 이 과정에서 전반적인 개혁의 실효성을 높이기 위해서는 고부가가치 산업발전을 위한 시장지향형 개혁과 소비확대를 위한 소득재분배 간 상충가능성을 극복하고 선순환 구조를 형성할 필요가 있다. 즉, 지속적 경제성장을 위해서는 '고부가가치

---

51) 경제발전 초기 급속한 성장세를 보이며 저개발국에서 중진국으로 도약한 국가들이 생산요소비용 상승, 노동인구 감소, 빈부격차 확대, 환경악화, 관료부패 등의 모순으로 성장세가 정체되는 현상을 일컫는다.
52) 계획경제에서 시장경제로의 이행과정 중 국유기업 등 기득권 집단의 개혁에 대한 방해로 경제사회발전 왜곡, 체제개혁 정체 및 환경파괴 심화 등이 발생하는 현상을 의미한다.

산업발전 → 산업구조 고도화 → 임금소득 상승/소득격차 축소 → 소비확대 → 고부가가치 산업 수요증가'로 이어지는 선순환 구조 형성이 중요하다.

다만 중국 정부의 일련의 개혁 노력과 성장동력 확보에는 본질적 한계가 존재한다는 점을 유의해야 한다. 그것은 바로 중국이 자본주의적 요소 확대와 함께 공산당의 일당 지배를 유지해야 하는 딜레마에 처해 있다는 점이다. 이는 사회주의 시장경제로서 중국경제가 지닌 근본적 한계이다.

우선 중국 정부가 보편적인 가치관 및 국제사회의 질서 수호자로서[53] 여타 국가의 호응을 이끌어 낼 수 있는지에 대해서는 부정적 의견이 많다. EU가 중국을 일컬어 다른 통치체제를 추구하는 체제경쟁자(systemic rival)로 지칭한 것은 이와 같은 배경에서 나온 언급이다.[54] 또한 '등롱환조(騰籠換鳥)[55]'로 표현되는 정치적 수사가 중국경제의 변화 노력을 상징적으로 표현하고 있으나 이 표현 자체가 1980년대 초의 조롱(鳥籠)경제론에 연원이 있는 것으로 본질적인 한계가 있다는 지적이다. 중국 정부의 시장개혁은 새를 새장에 가둬 키우듯 시장도 국가의 통제와 틀 속에서 운영한다는 기본 전제가 그 바탕에 있음을 유의해야 한다는 의미이다.

현재 중국 정부의 공식적인 경제발전방식은 '시장이 주도(主導)하고 정부가 인도(引導)하는(market oriented and government dominant)' 방식이다. 또한 이와 같은 정부 주도의 경제메커니즘은 향후에도 큰 변화가 없을 것으로 예상된다. 이러한 점에서 판단할 때 국유기업 개혁이나 가격의 자원배분 기능 확대 등 시장 지향적 개혁에도 한계가 있을 전망이다. 그러나 정부의 계획 및 통제를 통해 장악하기는 어려울 정도로 성장한 중국경제의 규모, 위안화의 국제화로 대변되는 금융시장의 개방 확대 등을 감안할 때 이러한 방식이 지속적으로 효과를 발휘하기는 쉽지 않은 상황이다.

---

53) 중국 정부는 입헌민주주의, 인권의 보편적 가치, 언론 독립, 신자유주의 등을 서양에서 온 7대 위험(seven perils)으로 지목하며 비판하고 있는 상황이다.(New York Times, 2013.8.19)
54) European Commission contribution to the European Council, EU-China-A strategic outlook, 2019.3.12.
55) 새장을 비워 새를 바꾼다는 의미로 2006년 시진핑 주석이 저장성 서기 당시 최초 발언한 이후 구조개혁을 강조하며 수시로 인용하였다.

(3) 전망

　그럼 앞에서 제기한 두 가지 시각을 다시 한 번 살펴보자. 중국이 여전히 엄청난 잠재력과 기회를 가진 곳임에는 틀림이 없다. 그러나 지금 암묵적으로 무시 내지 숨겨져 있는 리스크 요인들이 언제 어떤 형태로 분출될지는 아무도 알 수 없는 상황이다. 중국 정부도 이러한 사실을 잘 알고 있을 것이다. 다양한 구조조정 노력과 대응정책을 발표하고 있는 것이 이를 반영한다. 다만 그 정도와 철저함이 얼마나 될지는 여전히 미지수이다.

　결국 이와 같은 다양한 불확실 요인을 감안할 때 중국경제의 향방을 쉽게 단정할 수는 없다. 너무 유동적인 상황이다. 양비론(兩非論)이기는 하지만 너무 긍정적이지도 그렇다고 너무 비관적으로도 볼 필요는 없을 것 같다. 다만 적어도 저자가 보기에 향후 수년 간 중국경제가 5%대의 경제성장률을 유지하는 데에는 큰 어려움이 없을 것이다. 중국경제의 급격한 경착륙 가능성은 낮다는 것이다. 이렇게 보는 이유는 대략 다음과 같다.

　우선, 중국공산당의 국정 장악력이 여전하다. 그동안 중국 국민들은 정치적 자유를 유보 내지 희생하면서 경제성장을 통한 부(富)의 증대를 선택해 왔다고 할 수 있다. 중국붕괴론의 근거로 흔히 드는 논리 중의 하나가 중국 국민들 특히 중산층이 정치적 자유를 요구하면서 공산당의 일당 독재와 부패를 비판하고 사회시스템이 위기를 겪게 될 것이라는 점이다. 그러나 현 단계에서 중국에는 이러한 사회운동을 주도할 만한 지식인 및 시민 세력이 없다.[56] 방송이나 출판 등 언론에 대한 공산당의 통제는 오히려 더 강화되고 있다. 지식인들을 중심으로[57] 공산당 및 정부에 대한 신뢰가 여전하다는 점도 정치·사회·경제적 위기가 발생할 가능성이 낮다고 판단하는 근거이다.

　둘째, 국유기업 중심의 경제시스템을 유지하고 있는 중국으로서는 기업부

---

56) 장쩌민(江澤民) 전 주석이 2000년 2월 제시한 '3개 대표론'은 중국공산당이 선진생산력(자본가), 선진문화발전(지식인), 광대한 인민(노동자 및 농민) 등 3개 부문의 근본 이익을 대표해야 한다는 것이다. 이를 통해 자본가 및 지식인 계층의 공산당 입당이 자유롭게 되었으며 따라서 이들은 공산당에 자연스럽게 포획되는 과정을 거치게 된다.
57) 전문대 이상 졸업자 비율의 경우 일반 국민이 13.9%인데 반해, 공산당원은 49.6%에 달한다.(중국국가통계연감 2018, 신화사 2019.7.2)

채 과다 및 금융시스템 취약 등의 문제가 우리가 생각하는 것보다 심각하지 않을 수 있다는 점이다. 지난 2019년 5월 중국인민은행과 중국은행보험감독관리위원회는 심각한 신용위험을 겪고 있던 내몽고 지역의 도시상업은행인 바오샹은행(包商银行)[58]에 대한 1년간의 인수관리 개시를 결정한 바 있다. 일종의 국영화 조치이다. 또한 시장불안으로 자금시장 유동성이 부족해지자 대규모 공개시장운영을 통해 유동성을 공급하고[59] 창구지도도 실시하였다. 이는 중국 정부가 유동성 공급과 인수 조치 등을 통해 금융시장 리스크를 충분히 통제가능함을 보여준 사건이었다.

셋째, 성장 잠재력이 여전히 풍부하다는 점이다. 최근의 미·중 무역갈등과 글로벌 통상압력으로 중국의 성장세가 둔화 압력을 받고 있는 것은 사실이다. 또한 인건비 상승에 따라 글로벌 공급사슬에서 중국의 위치가 불안해지고 있는 것도 우려할 부분이다. 그럼에도 불구하고 중국경제의 펀더멘탈은 여전히 양호하다고 할 수 있다. 중국은 풍부한 자원 및 거대한 소비능력을 지닌 인구가 있다. 자체적인 능력만으로 경제를 어느 정도 운영해 나갈 수 있다는 의미이다. 예를 들어 중국은 벼, 밀, 옥수수 등 3대 곡물의 자급률이 98%에 달한다.[60] 먹는 문제의 기본적 해결이 가능한 국가라는 의미이다. 희토류를 비롯한 천연자원의 매장량도 풍부하다.[61] 대외의존도가 높은 우리나라와는 본질적으로 차이가 나는 부분이다. 투자 및 수출과 달리 기본적으로 큰 변동을 보이지 않는 소비의 안정성을 감안할 때 중국이 소비 주도 경제로의 변화를 성공적으로 진행 중이라는 점도 긍정적인 요인이다.[62]

---

58) 바오샹은행은 1998년에 설립되어 총 자산 규모가 5,360억 위안(2017년 말 기준)에 달하는 내몽고 최대의 도시상업은행이었다.
59) 중국인민은행은 인수관리 개시 이후 4일(5월 27일~30일)간 RP를 통해 총 5,300억 위안의 유동성을 시장에 공급하였다.
60) 다만 사료 및 식용유용으로 사용되는 대두 수입 급증 등으로 인해 전체 식량자급률은 약 82%에 머무르고 있다.(2017년 기준)
61) 중국은 희토류, 텅스텐, 주석, 안티몬 등 6종의 광물 부존량이 세계 1위이며 흑연, 납, 리튬 등은 2위, 철광석은 4위이다. 특히 반도체 설비 및 전기차 생산 등에 필수적인 희토류는 2018년 기준 세계 매장량의 37.7%, 생산량의 72.0%를 중국이 차지하고 있다.
62) 2000~2009년 중 소비의 경제성장 기여율은 50.3%였으나 2010~2018년은 57.5%로 상승하였다.

(4) 중국경제를 연구하고 분석할 때 유의사항

중국경제가 예전과 같은 고속성장을 지속할 수는 없겠지만 새로운 성장동력을 찾으면서 질적인 성장을 추진하는 노력은 계속될 것이다. 그 과정에서 성장패러다임의 변화에 따른 영향도 필연적으로 발생하게 된다. 우리가 중국을 그리고 중국인을 싫어할 수는 있다. 그러나 우리의 이웃인 중국을 완전히 무시하고 살 수는 없다. 그러기에는 정치·경제적으로 너무 긴밀하게 얽혀있기 때문이다. 쉽지 않지만 우리가 중국경제를 계속 연구하고 분석해야 하는 이유이다.

특히 중국경제의 분석 및 모니터링 과정 중 사회주의 시장경제시스템이 지닌 본질과 정치경제적 특징을 항상 염두에 두어야 한다는 점이 중요하다. 발표자료 등에 대한 이해와 함께 행간을 읽는 노력도 필수적이다. 이와 함께 타자 특히 미국과 유럽 투자은행들의 시각에서 중국경제를 보는 편견에서 벗어나 우리 스스로의 분석 틀과 종합적 시각을 키우는 자세도 필요하다. 즉, 중국경제를 해석할 때 중국과 서양의 시각을 균형 있게 종합하여 나름의 의견을 정립하는 노력이 수반되어야 한다. 중국의 정치·역사·문화·사회 등에 대한 공부가 더해진다면 금상첨화일 것임은 두 말할 필요도 없다.

 〈참고 13〉 중국의 주요 경제·사회 지표

〈글로벌 상위 수준〉

지표	기준 (연도)	수치	글로벌 순위(위)	비고
GDP	2018	13.6조 달러	2	미국(1위)의 66%, 09년 일본 추월
교역규모	2018	4.6조 달러	1	13년 미국 추월
FDI	2018	1,390억 달러	2	미국-중국-홍콩
ODI	2018	1,300억 달러	2	일본-중국-프랑스

외환보유액	2018	3.1조 달러	1	중국-일본-스위스
원유생산량	2015	2.2억 톤	4	미국-러시아-사우디-중국
해외여행객	2018	1.5억 명	1	
해외여행 지출	2017	2,577억 달러	1	중국-미국-독일
訪中 해외여행객	2017	6,074만 명	4	프랑스-스페인-미국-중국
연구개발비	2017	4,427억 달러	2	미국(1위)

〈글로벌 하위 수준〉

지표	기준 (연도)	수치	글로벌 순위(위)	비고
1인당 GNI	2018	9,732달러	71	전체 192개국(한국 28위)
지니계수	2017	0.467	–	한국 0.345(2018년)
엥겔지수	2018	28.4%	–	한국 13.8%(2017.9월)
빈곤인구	2018	3,520만 명	–	연간수입 4,833위안 미만
승용차 보급률[1]	2018	173대	86	전체 192개국(한국 411대)
인터넷 보급률	2018	59.6%	–	한국 95.1%
인간개발지수[2]	2018	0.752	86	전체 189개국(한국 22위)
기대수명	2018	76.4세	–	한국 82.4세
평균교육년수	2018	7.8년	–	한국 12.1년
부패인식지수	2018	39점	87	전체 180개국(한국 45위)

주: 1) 인구 천 명당 보유 대수
   2) HDI(Human Development Index). UNDP에서 교육수준, 국민소득, 평균수명 등 다
     양한 요인을 고려하여 각 국 생활수준을 측정하는 지수
자료: IMF, World Bank, UN, UNCTAD, UNWTO, OECD, Transparency International, 중국
    국가통계국

관련 도서 추천

중국경제와 금융

  6장에서는 중국경제의 미래를 살펴보았다. 싫든 좋든 중국과 이웃으로 살아가야 할 우리들로서는 중국경제의 현재 모습을 정확하게 파악하고 또 미래를 잘 예측하여 적절하게 대응하는 일이 절실하다. 지속적으로 중국경제를 공부해야 할 필요성이 여기에 있다. 중국경제와 금융에 대해 설명해 놓은 책들이다.

📖 중국경제-시장으로의 이행과 성장

- 저　자: 배리 노턴(Barry Naughton)
- 출판사: 서울경제경영(2010)
- 감　상: 가장 일반적이고 내용도 충실한 중국경제 개론서이다. 개혁과 시장의 개념으로 중국경제를 광범위하고도 깊게 설명하고 있다. 중국경제를 공부하고 연구하는 사람들의 기본서라 생각한다. 다만 출판된 지 한참 되어 최근 내용이 반영되어 있지 않은 점은 아쉽다. 그래도 중국경제론 내지 비슷한 이름을 단 책들 중 아직 이정도 수준의 책을 보지 못했다. 강력 추천한다.

📖 解讀中國經濟指標(해독중국경제지표, Understanding China's Economic Indicators)

- 저　자: 歐樂鷹(구락응, Tom Orlik)
- 출판사: 中國經濟出版社(중국경제출판사)(2012)
- 감　상: 월스트리트저널 주중기자 출신인 저자가 쓴 중국 경제지표에 대한 해설서이다. 주요 경제지표의 중요성, 편제방법, 시장에 미치는 영향 등에 대해 상세하게 설명하고 있다. 시간이 흘러 지금은 내용이 변화된 부분도 많지만 여전히 중국 경제지표에 대한 이해에 기본이 되는 유익한 책이다.(중국어)

📖 경제발전론과 현대중국(Development economics and contemporary China)

- 저　자: 카츠지 나까가네(Katsuji Nakagane)
- 출판사: 무역경영사(2016)
- 감　상: 차이노믹스(Chinomics)의 의미, 성장 및 분배와 사회적 안정성
　　　　과의 관계, 개발독재 모델인 중국모델(中國模式, China Model)
　　　　의 한계 등을 이야기 하고 있다. 다만 중국경제에 대한 비판론
　　　　에 다소 치우친 듯하다.

📖 레드 캐피탈리즘: 장막 뒤에 숨겨진 중국 금융의 현실

- 저　자: 칼 E.월터, 프레이저 J.T.하위
- 출판사: 시그마북스(2011)
- 감　상: 중국경제의 취약성으로 평가되는 중국 금융에 대해 여러 방면
　　　　에서 비판하고 있는 책이다. 부채문제와 얽혀 있는 중국 금융
　　　　시스템이 위기시 얼마나 쉽게 무너질 수 있는지를 다양한 사
　　　　례를 들어 설명하고 있다.

📖 값싼 중국의 종말(The end of cheap China)

- 저　자: 숀 레인(Shaun Rein)
- 출판사: 와이즈베리(2012)
- 감　상: 부제 '우리의 일자리와 경제구조를 바꿔 놓은 중국의 변화 키
　　　　워드 10.' 중국경제의 다양한 모습과 변화과정을 상세히 설명
　　　　하고 있다. 위안화 절상과 관련된 상반된 세력 간의 경쟁,[63]
　　　　인권문제와 연결되는 주거환경문제, 부동산투자에 대한 문화
　　　　적 선호 이유 등의 내용이 흥미롭다. 현대 중국 여성의 문제,
　　　　왜 중국에서 민주화보다 '안정'이 중요시 되는가 등에 대해서
　　　　도 다시 한 번 생각해 보게 된다.

---

63) 예를 들어 위안화 절상을 반대하는 그룹은 수출기업 및 사회안정과 경제성장을 고려하는
　　공업도시 등이다. 반면 찬성하는 그룹은 국유에너지회사 등이다.

📖 빛의 만리장성(China's great wall of debt)

- 저   자: 디니 맥마흔
- 출판사: 미지북스(2018)
- 감   상: 부제는 '그림자금융, 유령도시, 대규모 부채 그리고 중국 경제 기적의 종말.' 고속성장 뒤에 잠재해 있는 중국의 부채문제를 다루고 있다. 중국경제의 취약성을 고발하는 적나라한 보고서의 성격을 지닌다. 책의 내용이 모두 사실이라면 그리고 중국 정부가 이를 원만하게 해결하지 못한다면[64] 중국경제 전망은 암울할 수밖에 없을 듯하다.

📖 버블차이나 : 중국의 세기는 올 것인가?(Will China dominate the 21st Century)

- 저   자: 조너선 펜비
- 출판사: 아마존의 나비(2015)
- 감   상: 영국 언론인이 쓴 중국 이야기이다. 그동안 중국식 모델이 성공을 거둘 수 있었던 이유, 시진핑이 장기 집권의 토대를 쌓게 된 배경, 소위 '종속적 강대국'으로서 중국의 위치 등에 대한 내용이 흥미있다.

📖 한반도에 드리운 중국의 그림자

- 저   자: 복거일
- 출판사: 문학과 지성사(2013)
- 감   상: 점점 커지고 강대해져 가는 중국을 둘러싼 이웃 나라들 특히 한국과의 과거와 현재, 미래를 풀어나간 책이다. 소설가이자 시인, 사회평론가로 활동 중인 저자가 중국의 민족주의와 제국주의적 기운이 미래의 한국에 미칠 부정적인 영향력에 대해 분석하고 있다. 특히 중화중심질서(Sinocentric order)를

---

64) 중국 정부가 현재 3대 경제정책 과제의 하나로 부채 축소 및 관리를 들고 있는 것을 보면 이 문제를 충분히 인식하고 해결을 위해 노력하고 있는 것 같기는 하다.

세우려는 중국에 대한 경계와 함께 우리나라의 핀란드화 (Finlandization)[65]에 대한 우려를 나타내고 있다.

📖 중국 100년의 꿈, 한국 10년의 부

- 저　자: 전병서
- 출판사: 참돌(2016)
- 감　상: 부제 '중국 2020년, 2025년의 비전을 알아야 한국이 가야할 길이 열린다.' 제조·소유경제에서 정보·공유·플랫폼경제로 전환되고 있는 중국경제의 다양한 측면을 소개하면서 전망하고 있다. 중국경제가 지닌 기회로서의 측면이 부각되어 있다.

📖 중국의 금융제도

- 저　자: 한국은행
- 출판사: 한국은행(2012)
- 감　상: 한국은행에서 펴낸 중국 금융제도 전반에 대한 해설서이다. 중국 금융제도 개관, 중앙은행제도, 금융기관, 금융감독제도, 지급결제제도, 외환제도, 금융시장 등 총 7장으로 구성되어 있다. 이 중 저자가 금융기관 및 외환제도 등 2개의 장을 맡아 당시 집필에 참여하였다. 중국 금융과 관련된 자료가 부족한 상황에서 독자들이 중국 금융제도의 큰 그림을 이해하기 쉽도록 하려는 목적에서 발간된 책이다. 여러 여건상 개정판이 나오지 못하고 있는 점이 아쉽다.[66]

---

65) 핀란드어로 Suomettuminen. 강대국 옆에 위치한 약소국이 강대국의 눈치를 보면서 점차 자국 이익을 양보하게 되는 현상을 일컫는다.
66) 이 책은 절판되었으나 한국은행 홈페이지에서 PDF 파일로 내려 받을 수 있다.

여러 가지 소소한 중국 관련 사실들

○ 중국은 몇 개 국가와 국경을 접하고 있을까?

중국은 22,000km의 국경선을 14개 국가와 접하고 있다. 북한, 러시아, 몽골, 카자흐스탄, 키르키즈스탄, 타지키스탄, 아프가니스탄, 파키스탄, 인도, 네팔, 부탄, 미얀마, 라오스 및 베트남이 이들 국가들이다.

○ 중국은 국화(國花)가 없다?

중국은 공식적인 國花가 없다. 매화와 모란이 선호도에서 백중세인데 여론조사 등에서는 후자를 선호하는 경향이 있다고 한다.

○ 중국의 국가(國歌)는 영화주제가이다?

중국의 국가인 의용군행진곡(義勇軍進行曲)은 원래 항일전을 배경으로 한 1935년 영화 풍운남녀(風雲兒女)의 주제가였다.

○ 중국은 일당제 국가이다?

아니다. 중국은 형식상으로는 일당제나 양당제 국가가 아니다. 공산당의 영도하에 다양한 정당(현재 8개)이 공존하는 다당합작제(多黨合作制)라고 표현되어 있다. 매년 3월 개최되는 양회(兩會)는 '전국인민대표대회'와 '인민정치협상회의'를 의미하는데 후자가 바로 공산당 및 8개 정당 대표들이 모이는 자리이다. 물론 실질적으로는 일당제 국가이다.

○ 중국은 표준시간대가 하나이다?

그렇다. 중국은 시차가 없는 국가 중 가장 영토가 넓은 국가이다. 참고로 표준시간대가 가장 많은 국가는 프랑스로 12개이다. 이는 프랑스가 해외 영토를 많이 가지고 있기 때문이다.

○ 중국의 군대는 국가의 군대가 아니라 당의 군대이다?

지금 중국의 군대인 '중국인민해방군'의 전신은 1927년 8월 창설된 중국 공산당의 군대인 '홍군(紅軍)'이다. 중국은 국가 성립(1949년) 이전에 공산당이 창당(1921년)되었다. 따라서 국가의 군대 이전에 이미 당의 군대가 존재하였다는 독특한 특징을 가진다.

중국인민해방군은 그동안 당의 군대로 국방, 건설, 정치공작 등 세 가지 임무를 수행하였다. 즉, 군대의 임무가 전투 및 방위에 한정되지 않고 생산 및 정치 활동도 본래의 임무로써 수행하여 왔던 것이다.[67] 다만 중국은 군이 본연의 임무에 충실해야 한다면서 2016년부터 3년에 걸쳐 그동안 군에서 담당하던 수익사업들을 국유기업에 이전하는 방법 등을 통해 정리하였다.

공산당이 지도하는 무장력으로 중국인민해방군이 계속 존재해 오면서 중국은 당이 군대를 절대적으로 지배하는 체제(absolute leadership of Party over Army)를 형성하게 되었다. 물론 지금은 당의 군대와 국가의 군대가 일치하지만 형식상으로는 지금도 양자가 구분되어 있다고 할 수 있다.[68]

○ 현대 중국의 지도자들은 모두 다른 지역 출신이다?

현대 중국 성립(1949년) 이후 실질적으로 중국을 이끈 지도자는 마오쩌동 이후 현재의 시진핑까지 5명이다. 그런데, 이들은 모두 다른 지역 출신이다.

중국의 역대 최고 지도자

지도자	생몰 기간	집권 기간	출신 지역
마오쩌동(毛澤東)	1893~1976	1949~1976	후난(湖南)
덩샤오핑(鄧小平)	1904~1997	1977~1997	쓰촨(四川)
장쩌민(江澤民)	1926~	1993~2003	지앙수(江蘇)
후진타오(胡錦濤)	1942~	2003~2013	안후이(安徽)
시진핑(習近平)	1953~	2013~현재	산시(陝西)

---

67) 모리 가즈코(2013).
68) 중국공산당 중앙군사위원회와 중화인민공화국 중앙군사위원회가 별도로 존재하지만 실질적으로는 동일한 기구라 할 수 있다.

○ 중국 5대 명산은?

예로부터 중국의 명산으로 꼽힌 5개의 산을 오악(5岳)이라 일컫는다. '태산이 높다 하되~' 시조에 나오는 태산, 무협지에 종종 등장하는 '화산논검(華山論劍)'의 화산, 소림사로 유명한 숭산 등으로 우리에게도 익숙한 산들이다. 다만 실제 각 산의 높이는 생각만큼 그렇게 높지 않다.

중국의 오악

이름	별칭	위치	높이(미터)	특징
태산(泰山)	東岳	산동(山東)	1,545	泰山雄(웅장)
화산(華山)	西岳	섬서(陝西)	2,155	華山險(험준)
형산(衡山)	南岳	호남(湖南)	1,300	衡山秀(수려)
항산(恒山)	北岳	산서(山西)	2,016	恒山奇(기묘)
숭산(嵩山)	中岳	하남(河南)	1,492	嵩山奧(오묘)

○ 중국의 역대 왕조 평균 존속기간은 200년?

우리나라가 삼국 시대 이후 왕조 평균 존속 기간이 600년이 넘는데 반해 중국은 수(隋) 이후 평균 219년에 불과하다. 만약 수가 아니라 최초의 통일 왕조인 진(秦)에서 청(淸)까지 49개 왕조로 계산하면 중국의 역대 왕조 평균 존속기간은 70년에 불과하다.[69]

한중 역대왕조 존속 기간

	왕조	시기	존속 기간(년)
한국	백제	B.C.18~660	678
	고구려	B.C.37~668	705
	신라	B.C.57~935	992
	고려	918~1392	474
	조선	1392~1910	518
	평균		673

중국	隋(수)	581~618	37
	唐(당)	618~907	289
	宋(송)	960~1279	319
	元(원)	1271~1368	97
	明(명)	1340~1616	276
	淸(청)	1616~1912	296
	평균		219

69) 하버드대학 중국연구소(2018).

참고문헌

국문자료

가쓰미 요이치, 혁명의 맛: 음식으로 탐사하는 중국 혁명의 풍경들, 교양인, 2015

강내영, 강성은, 한국과 주요국의 대중 수출 공급경로 비교 분석, Trade Issue, 한국
　　무역협회 국제무역연구원, 2019년 21호, 2019.5

강양구, 수상한 질문 위험한 생각들, 북트리거, 2019

강인욱, 강인욱의 고고학 여행, 흐름출판, 2019

개빈 맨지스, 1421 중국, 세계를 발견하다, 사계절, 2004

고용수, 최윤찬, 중국의 비유통주 개혁 추진상황 평가 및 향후 과제, 한국은행 해외
　　경제정보 제2006-15, 2006.2.15

고희영, 다큐멘터리 차이나, 나남, 2014

교육부, 2018년 국내 고등교육기관 외국인 유학생 통계, 2018.11.5

그레이엄 앨리슨, 예정된 전쟁-미국과 중국의 패권 경쟁, 그리고 한반도의 운명, 세종
　　서적, 2018

김대운, 이채현, 중국의 첨단산업 발전 현황 및 주요 과제, 한국은행 해외경제포커스,
　　제2019-30호, 2019.8.2

김명호, 중국인 이야기 1~7, 한길사, 2012~

김보경, 한·미·중 스타트업 투자 생태계 비교, IIT Trade Focus, 한국무역협회,
　　2019년 19호

김정인, 오경희, 한국의 환경쿠즈네츠 곡선에 관한 고찰, 통계청 통계연구 제10권 제
　　1호(2005), 2005

김종선, 중국의 과학기술 역량 변화와 시사점, 중국산업경제 브리프, 2019년 2월호,
　　산업연구원 북경지원, 2019

김준연, 중국, 당시의 나라, 궁리, 2014

김지은, 중국의 미래대비 주요 정책과 전망, 한국은행 해외경제포커스 제2017-6호,
　　2017.2.17

남희근, 중국 문화 만담, 주식회사 부키, 2016

노원종, 중국 재정정책의 특징과 전망, 한국은행 해외경제포커스 제2017-5호,
　　2017.2.10

뉴스핌, '개혁개방 40년 그래픽으로 본 중국 개혁개방 40년 일지', 2018.1.1

_____, 짜이젠 계획 생육-산아 제한 역사 속으로-14억 인구대국 인구결핍에 신음, 2019.1.28

디니 맥마흔, 빚의 만리장성, 미지북스, 2018

레이황, 허드슨 강변에서 중국사를 이야기하다, 푸른역사, 2001

_____, 1587 만력 15년 아무 일도 없었던 해, 도서출판 가지 않은 길, 2000

로드릭 맥파커 등, 중국현대정치사, ㈜푸른길, 2012

로스 테릴, 새로운 제국 중국, 나남출판, 2005

_____, 장칭: 정치적 마녀의 초상, 교양인, 2012

루쉰, 아침 꽃을 저녁에 줍다, 예문, 2003

리처드 맥그레거, 중국 공산당의 비밀, 파이카, 2012

리처드 A. 가브리엘, 칭기즈칸의 위대한 장군 수부타이, 글항아리, 2014

리핑, 저우언라이 평전, 한얼미디어, 2005

마르테 셰르 갈퉁 & 스티그 스텐슬리, 49가지 단서로 예측한 중국의 미래, 부키, 2016

마오샤오윈, 당나라 뒷골목을 읊다, 글항아리, 2018

마이클 필스버리, 백년의 마라톤: 마오쩌둥·덩샤오핑·시진핑의 세계 패권 대장정, 영림카디널, 2016

마크 C. 엘리엇, 건륭제: 하늘의 아들, 현세의 인간, 천지인, 2011

마틴 자크, 중국이 세계를 지배하면-패권국가 중국은 천하를 어떻게 바꿀 것인가?, 부키, 2010

모리 가즈코, 현대중국정치-글로벌 강대국의 특징, 한울아카데미, 2013.6

모리스 마이스너, 마오의 중국과 그 이후. 1~2, 이산, 2005

모방푸, 지도로 읽는다! 중국 도감: 슈퍼 차이나의 과거, 현재, 미래가 보인다, 이다미디어, 2016

모종혁, 술로 만나는 중국 중국인, 서교출판사, 2016

박동준, 김민석, 중국의 환경문제 현황과 정책대응, 한국은행 국제경제리뷰 제2017-32호, 2017.11.3

박민숙, 중국 승용차 대상 더블포인트(双積分)제도 시행, CSF 중국전문가포럼, KIEP, 2019.2.15

박재곤 외, 주요 업종별 중국 진출 관련 법제 동향과 대응 방향, 산업연구원 연구보고서 2018-897, 산업연구원, 2018

박창희, 현대 중국 전략의 기원: 중국혁명전쟁부터 한국전쟁 개입까지, 플래닛미디어, 2011

박한제, 박한제 교수의 중국 역사기행 1~3권, 사계절, 2003

배리 노턴, 중국경제-시장으로의 이행과 성장-, 서울경제경영, 2011

복거일, 한반도에 드리운 중국의 그림자, 문학과 지성사, 2013

사마천, 사기, 사단법인 올재, 2018

서인범, 明代의 운하길을 걷다, 한길사, 2012

손무, 손자병법, 사단법인 올재, 2015

손수, 당시삼백수, 사단법인 올재, 2019

송병건, 세계화의 단서들, 아트북스, 2019

송용준, 중국 한시, 漢代부터 淸代까지, 서울대학교 출판문화원, 2014

송재소, 시와 술과 차가 있는 중국인문기행, 창비, 2015

숀 레인, 값싼 중국의 종말-The end of cheap China-, 와이즈베리, 2012

쑤수양, 중국책(中國冊), 민음사, 2018

스위즈, 중국, 엄청나게 가깝지만 놀라울 만큼 낯선, 애플북스, 2016

스털링 시그레이브, 중국 그리고 화교, 프리미엄북스, 2002

안예홍, 中國의 經濟改革과 北韓에 주는 시사점, 금융경제연구 제204호, 한국은행
    동북아경제팀, 2004.11.26

알랭 루, 20세기 중국사: 제국의 몰락에서 강대국의 탄생까지, 책과함께, 2010

알렉산더 판초프, 스티븐 레빈, 마오쩌둥 평전 : 현대 중국의 마지막 절대 권력자,
    민음사, 2017

양세욱, 짜장면(傳), 프로네시스, 2009.2

왕단, 왕단의 중국현대사, 동아시아, 2013

오긍, 정관정요, 휴머니스트, 2016

요나하 준, 중국화하는 일본, 페이퍼로드, 2013

유광종, 연암 박지원에게 중국을 답하다, 크레듀하우, 2007

_____, 중국이 두렵지 않은가, 책밭, 2014

유병례, 당시, 황금 빛 서정, 천지인, 2009

유홍준, 나의 문화유산답사기, 중국편 1 돈황과 하서주랑, 2 막고굴과 실크로드의 관문,
    ㈜창비, 2019

윤덕노, 음식으로 읽는 중국사, 더난출판, 2019

에즈라 보걸, 덩샤오핑 평전, 민음사, 2014

위화, 사람의 목소리는 빛보다 멀리 간다, 문학동네, 2013

____, 우리는 거대한 차이 속에 살고 있다, 문학동네, 2016

윌리엄 T.로, 하버드 중국사, 청, 중국 최후의 제국, 너머북스, 2014

이규인, 중국의 부실채권 현황과 향후 정리전망, 한국은행 해외경제정보 제2002-44호, 2002.11.12.

이동욱, 중국의 세계무역기구(WTO) 가입 이후 중국인민은행의 개편 현황 및 전망, 한국은행 금융경제연구 247호, 2006.3.3

이매뉴얼 C.Y. 쉬, 근현대 중국사(하)-인민의 탄생과 굴기, 까치글방, 2013

이백, 이백시선-달과 술의 연인-, 현암사, 2017

이병한, 반전의 시대-세계사의 전환과 중화세계의 귀환, 서해문집, 2016

이수향, 중국의 창업 활성화 배경과 시사점, 한국은행 국제경제리뷰, 2018.1.5

_____, 중국 자동차시장 현황 및 시사점, 한국은행 해외경제포커스, 2018.3.23

이승용, 중국정부의 공급측 구조개혁 추진의 배경과 전망, 한국은행 북경사무소, 동향분석, 2016.4.22

이원복, 새로 만든 먼나라 이웃나라 중국편 1(근대편) 2(현대편), 김영사, 2017

이원섭, 이백시선-달과 술의 연인-, 현암사, 2017

이욱연, 이만큼 가까운 중국, ㈜창비, 2016

이유진, 중국을 빚어낸 여섯 도읍지 이야기, 메디치미디어, 2018

이윤숙, 중국 통화정책의 특징과 3대 과제, 한국은행 해외경제 포커스 제2017-4호, 2017.2

_____, 중국 핀테크 산업의 특징과 시사점, 한국은행 국제경제리뷰 제2016-5호, 2016.3

이은영, 중국 인터넷 산업의 특징과 주요 기업간 경쟁구도, 산은조사월보 제759호, 2019.2

이중톈, 제국의 슬픔, 라의눈, 2015

이한나, 상하이증권거래소의 혁신 벤처기업 전용증시 개설 의미와 평가, KIEP 세계경제 포커스, 2019.4.3

이화승, 상인이야기-인의와 실리를 좇아 천하를 밟은 중국 상인사, 행성: B잎새, 2013

이훈, 만주족 이야기, 너머북스, 2018

임사영, 황제들의 당제국사, 푸른역사, 2016

임어당, 중국·중국인, 장락, 1995

임창순, 당시정해-당대 시문학의 정치한 해석-, 소나무, 2017.7

장일청, 12개 한자로 읽는 중국, 뿌리와이파리, 2016

장자, 장자, 현암사, 2013

장평, 자치통감을 읽다, 흐름출판(주), 2018

전병서, 중국 100년의 꿈, 한국 10년의 부, 참돌, 2016

정광호, 음식천국 중국을 맛보다, 매일경제신문사, 2008

정보통신기술진흥센터, ICT 기술수준조사보고서, 2018.2

조경규, 차이니즈 봉봉 클럽 1~4, 송송책방, 2007~

조너선 펜비, 중국의 세기는 올 것인가?: 버블차이나, 아마존의 나비, 2015

조너선 D. 스펜스, 강희제, 이산, 2001

_____, 무질서의 지배자 마오쩌둥, 도서출판 푸른숲, 2007

_____, 천안문-근대 중국을 만든 사람들-, 이산, 2010

_____, 현대 중국을 찾아서 1,2, 이산, 2002

조영남, 개혁과 개방-덩샤오핑 시대의 중국1(1976~1982년), 민음사, 2016

_____, 용과 춤을 추자: 한국의 눈으로 중국 읽기, 민음사, 2012

주경철, 그해, 역사가 바뀌다-세계사에 새겨진 인류의 결정적 변곡점, 21세기 북스,
        2017

증선지, 십팔사략, 사단법인 올재, 2019

최창근, 가희 덩리쥔, 한길사, 2017

최필수, 일대일로는 부채의 덫인가, 인천연구원 한중 Zine INChinaBrief, vol.368,
        2019.2.25

친타오, 결국 이기는 사마의, 더봄, 2018

카롤린 퓌엘, 중국을 읽다-세계와 대륙을 뒤흔든 핵심사건 170장면-, 푸른숲,
        2012

카츠지 나까가네, 경제발전론과 현대중국, 무역경영사, 2016

칼 E.월터, 프레이저 J.T.하위, 레드 캐피탈리즘: 장막 뒤에 숨겨진 중국 금융의 현실,
        시그마북스, 2011

켄 리우, 제왕의 위엄, 황금가지, 2019

페트리샤 버클리 에브리, 사진과 그림으로 보는 케임브리지 중국사, 시공사, 2001

폴 로프, 옥스퍼드 중국사 수업-세계사의 맥락에서 중국을 공부하는 법, 도서출판
        유유, 2016.4

폴 써로우, 중국기행, 푸른솔, 1998

프랑크 디쾨터, 문화대혁명-중국 인민의 역사 1962~1976-, 열린책들, 2017

하버드대학 중국연구소, 하버드대학 중국특강, 미래의 창, 2018

한국무역협회 베이징지부, 중국 실버산업 동향 및 시사점, KITA Market Report,
        2019.7

한국은행, 경제금융용어 700선, 2018.1

_____, 알기 쉬운 경제지표 해설, 2014.12

_____, 중국의 금융제도, 2012.8

_____, 2014년 국제산업연관표를 이용한 한국의 대중 수출 최종 귀착지 분해, 2018.7.24

한국은행 북경사무소, 중국 세 번째 국가주도 경제개발특구(雄安新区) 지정, 현지정보, 2017.4.7

_____, 중국의 호적제도와 경제발전, 중국경제 브리프, 2012.4.13

_____, 중국인민은행의 위안화 기준환율 산정방식 개선 및 큰 폭 절하 고시에 대한 시장 평가, 현지정보, 2015.8.11

한국은행 조사부, 중국 경제의 개혁성과와 개혁정책 평가, 1998.8

한국은행 해외조사실, 중국경제의 고성장 배경과 성장지속 가능성, 한은조사연구, 2003.3

한국은행 해외조사실 아주경제팀, 중국의 경제지표 해설, 2007.7

한국정보화진흥원, 중국 디지털 혁신과 新성장동력−주요 지능화 기술과 서비스 분석, A.I.플러스 시리즈 2018, 2018.12

한비야, 한비야의 중국견문록, 푸른숲, 2001

한샤오궁, 혁명후기−인간의 역사로서의 문화대혁명−, 글항아리, 2016

한자오치, 사기 교양강의, 돌베개, 2013

한재현, 뉴노멀 시대 중국경제의 변화방향과 과제, 한국은행 국제경제리뷰 제2015−2호, 2015.2.3

_____, 위안화 국제화 추진과정에서의 리스크, 한국은행 국제경제정보 제2012−2호, 2012.1.3

_____, 중국경제의 트릴레마 관련 세 가지 에세이, 한양대학교 박사학위 논문, 2019.2

_____, 중국 노동시장의 이중구조 현황 및 평가, 한국은행 국제경제리뷰 제2014−25호, 2014.10.6

_____, 중국 노동시장의 특징·구조적 변화 및 전망, 한국은행 국제경제리뷰 제2012−2호, 2012.2

_____, 중국의 그림자금융, 지방정부 부채 및 은행건전성의 상호관계, 한국은행 국제경제리뷰 제2014−7호, 2014.3.18

_____, 중국 주식시장의 특징과 평가, 한국은행 국제경제정보 제2013−6호, 2013. 3.19

한한, 나의 이상한 나라, 중국, 문학동네, 2014

해리슨 E. 솔즈베리, 새로운 황제들: 마오쩌동과 덩샤오핑의 중국, 다섯수레, 2013
허영만, 말에서 내리지 않는 무사. 1~8, 김영사, 2014
홍진희, 최근 중국 실버산업 육성정책 동향, CSF 중국전문가포럼, 2019.4.5.

중문자료

工信部, 2018年各高校就業質量報告, 2019.3.16
邱靜, 爲什么說中國還是發展中國家?, 中國社會科學院 世界經濟與政治硏究所, 2019.4
國家外匯管理局, 2018年報, 2019.7.28
_____, 2018年 中國國際收支報告, 2019.3.29
国家信息中心, 中国分享經濟发展报告 2018, 2018.3
_____, 中国分享經濟发展报告 2019, 2019.3
國務院, 國務院2018年政府工作報告, 2018.3
_____, 國務院2019年政府工作報告, 2019.3
_____, 2016年國民經濟和社會發展計劃公報, 2016.3
廣發銀行 & 西南財經大, 2018年 中國城市家庭資産健全性報告, 2019.1
纪连海, 乾隆名臣, 當代世界出版社, 2010
西南財經大學中國家庭金融調查與硏究中心(CHFS), 2017年中國家庭金融調查, 2018.8
馬駿, 利率市場化與貨幣政策框架轉型, 2018.6.22
麥可思, 2019年中國大學生就業報告, 2019.6
蒙曼, 武則天, 廣西師範大學出版社, 2008
毛佩琦, 朱元璋, 萬卷出版公司, 2008
孟憲實, 講唐史, 廣西師範大學出版社, 2007
普華永道, 2017年中國老年消費習慣, 2018.1.23
生態環境部, 2017中國生態環境狀況公報, 2018.5.31
曾湘泉, 人大教授: 实际失业率高达24%, 香港商报, 2009.1.6.
阎崇年, 康熙大帝, 中華書局出版社, 2008
王順洪, 中國槪況, 北京大學出版社, 2003
歐樂鷹, 解讀中國經濟指標, 中國經濟出版社, 2012
易中天, 品人泉, 上海文藝出版社, 2007
人力資源和社會保障部, 2018年度人力資源和社會保障事業發展統計公報, 2019.6.10
中國國家統計局, 2018年 國民經濟和社會發展通計公報, 2019.2.28
_____, 2018年農民工監測調查報告, 2019.4.29
中國社會科學院, 中國城市競爭力第17次報告, 2019.7

_____, 中國養老金精算報告 2019～2050, 2019.4

中國人民銀行, 人民币国际化报告, 2019.8

_____, 中國金融穩定報告書 2018, 2018.11

_____, 中國人民銀行 2018年 2/4分期 貨幣政策執行報告, 2018.8.10.

_____, 中國人民銀行 2019年 3/4分期 貨幣政策執行報告, 2019.11.15

_____, 2018年 支給決濟運營狀況, 2019.3.18

中國人民銀行職能配置, 內設機構和人員編制規定, 2019.2.2

中國電力規劃設計總院, 中國能源發展報告 2018, 2019.4

中國僑聯工作, 華僑華人與中國改革開放 40年, 2018.12.21

中國環境保護産業協會, 中國環境保護産業 發展狀況報告(2018), 2019.1.24

中金公司, 一个3万亿美元的问题：中国如何配置外汇储备？, 2016.7.18

中華人民共和國物權法

中華人民共和國憲法

智聯招聘, 2019年大學生求職之南, 2019.6.2

清華大學科技政策研究中心, 2018中國人工知能發展報告, 2018.7

華頓經濟研究院, 2019年中國上市公司百强排行榜, 2019.7.19

環境保護部, 2014全國土壤污染狀況調查公報, 2014.4.1.

영문자료

BCG, Made in America, Again-Why Manufacturing Will Return to the U.S.-, 2011.8

Bert Hofman, World Bank, Reflections of Forty Years of China's Reforms, Speech at the Fudan University's Fanhai School of International Finance, 2018.1

BP, Statistical Review of World Energy 2019, 2019.6

CAICT, 2018 World AI Industry Development Blue Book, 2018.7

Canalys, Cloud infrastructure spend grows 46% in Q4 2018 to exceed USD80 Billion for full year, 2019.2

Carsten A. Holz, The Quality of China's GDP Statistics, China Social Science Workshop at Stanford University, 2013.11.27

China Daily, Over 3,000 enterprises registered in Xiongan New Area, 2019.8.20

Climate Bond Initiative, China's green bond market in 2018, 2019.1

CNNIC, The 44th China Statistical Report on Internet Development, 2019.8

Davide Furceri, Joao Tovar, and Aleksandra Zdzienicka, China Spillovers-New Evidence from Time-Varying Estimates, Spillover Task Force, IMF, 2016.11.7

Dell'Oro Group, Key Takeways-Worldwide Telecom Equipment Market 2018, 2019.3

Deloitte, 2016 Global Manufacturing Competitiveness Index, 2017

D.H.Rosen, W.Leutert and S.Guo, Missing Link: Corporate Governance in China's State Sector, An Asia Society Special Report, 2018.11

D.Kliman, R.Doshi, K.Lee and Z.Cooper, Grading China's Belt and Road, Center for a New American Security, 2019.4.8

Energy Policy Institute of the University of Chicago, Introducing the Air Quality Life Index, 2018.11

European Commission contribution to the European Council, EU-China-A strategic outlook, 2019.3.12

European Commission, On Significant Distortions in the Economy of the People's Republic of China for the Purposes of Trade Defence Investigations, Commission Staff Working Document, 2017.12.20

FT, Confidential Research, China property tax push could spark sell-off, 2018.5.9

Friedrich Wu, Chinese Economic Statistics—Caveat Emptor!, Post-Communist Economies Vol. 15, No.1, 2003

Guanghua Chi, Yu Liu, Zhengwei Wu, and Haishan Wu, 「'Ghost Cities'Analysis Based on Positioning Data in China」, Cornell University, arXiv:1510.08505v2, 2015

HSBC, Global Report "The Value of Education Higher and higher", 2017.6.28

Huawei Investment & Holding Co., Ltd, 2018 Annual Report, 2019.3

IMD, World Digital Competitiveness Ranking 2018, 2018

IMF, AREAER; Annual Report on Exchange And Exchange Restrictions 2018, 2019

___, Article Ⅳ Consultation 2016, 2016.7

___, People's Republic of China: 2017 Article Ⅳ Consultation, 2017.8

___, World Economic Outlook, 2019.4

Interbrand, Best Global Brands 2018 Rankings

International Energy Agency, World Energy Investment 2018, 2018.12

Jefferson, Philip N., Seigniorage payments for use of the dollar: 1977 − 1995,

Economics Letters, Elsevier, vol. 58(2), pages 225－230, 1998.2

J.Fernald, I.Malkin, and M.Spiegel, On the Reliability of Chinese Output Figures, FRBSF ECONOMIC LETTER, 2013.3.25

Joshua P.Meltzer and Neena Shenai, The US-China economic relationship, Global Economy and Development at Brookings Policy Brief, 2019.2

Kristin Shi-Kupfer, Mareike Ohlberg, China's Digital Rise-Challenge for Europe, Paper on China No 7, Mercator Institute for China Studies, 2019.4

Longmei Zhang and Sally Chen, China's Digital Economy : Opportunities and Risks, IMF Working Paper WP/19/6, 2019.1

M.Levinson, U.S. Manufacturing in International Perspective, Congressional Research Service, 2018.2.21

M.O.Iglesias, The Internationalisation of the Renminbi: Prospects and Risks, International Economy & Trade, ARI 73/2011, 2011.4

Morck, Randall, Bernard Yeung, and Wayne Yu, The Information content of stock markets: Why do emerging markets have synchronous stock price movements?, Journal of Financial Economics, 2000

New York Times, China Takes Aim at Western Ideas, 2013.8.19

Ningyue Liu, Don Bredin, Liming Wang & Zhihong Yi, Domestic and foreign institutional investors'behavior in China, The European Journal of Finance, volume 20, 2014

Oliver Wyman, New Kids on the Block: China as a new force in the wealth-tech market, 2018

OnAudience.com, Global Data Market Size 2017－2019, 2018.8

Organisation Internationale des Constructeurs d'Automobiles(www.oica.net)

PwC, China M&A 2018 Review and 2019 Outlook, 2019.2.19

R.H.Coase & N.Wang, How China Became Capitalist, Palgrave Macmillan, 2012.4

Statista, The 100 largest companies in the world by market value in 2018

The Banker, Top 1000 World Banks 2019, 2019.7.1

The Economist, Loving China, leaving China, 2019.7.13

＿＿＿＿＿＿＿＿＿, Special Report: Finance in China, 2016.5.7

The Goldman Sachs Group, Inc., Understanding China's Economic Statistics, Economics Research, 2017.6

The US-China Business Council, Understanding the US-China Trade Relationship,

2017.1

Thomas G.Rawski, What is happening to China's GDP statistics?, China Economic Review 12, 2001

Wang Xiaoxia and Sun Wenkai, Discrepancy between Registered and Actual Unemployment Rates in China: An Investigation in Provincial Capital Cities, China & World Economy, Vol.22, 2014

W.Chen, X.Chen, C.T.Hsieh and Z.Song, A Forensic Examination of China's National Accounts, Prepared for the March 2019 BPEA Panel, 2019.3

WIPO, Technology Trends 2019, Artificial Intelligence, 2019.2

World Bank, World Development Report 2016: Digital Dividends, 2016.1

Yi Fuxian, Worse than Japna: how China's looming demographic crisis will doom its economic dream, SCMP, 2019.1.4

Yu, Lili, The Reliability of Chinese Economic Statistics, Electronic Theses and Dissertations. Paper 727, 2014

찾아보기

저자약력

한재현(韓在賢)

한양대 경제금융대학 경제학 박사
중국 대외경제무역대 금융학원 경제학 석사
서울대 행정대학원 행정학 석사
서울대 경영학과 경영학 학사

한국은행 조사국, 북경사무소 및 금융안정국 과장
한국은행 기획국 및 총무국 조사역
현 한국은행 조사국 중국경제팀 팀장

쉽게 배우는 중국경제

초판 발행	2020년 1월 25일
중판 발행	2020년 7월 30일
지은이	한재현
펴낸이	안종만 · 안상준
편 집	우석진
기획/마케팅	정연환
표지디자인	벤스토리
제 작	우인도 · 고철민
펴낸곳	(주) 박영사
	서울특별시 종로구 새문안로3길 36, 1601
	등록 1959. 3. 11. 제300-1959-1호(倫)
전 화	02)733-6771
f a x	02)736-4818
e-mail	pys@pybook.co.kr
homepage	www.pybook.co.kr
ISBN	979-11-303-0870-8 93320

정 가   18,000원